·福建省高校创新团队发展计划平台基金资助
·绿色成形智能装备创新团队平台基金资助

ADAMS
车辆动力学案例仿真

洪 昊 吴 龙 王孝鹏 编著

厦门大学出版社 国家一级出版社
XIAMEN UNIVERSITY PRESS 全国百佳图书出版单位

图书在版编目（CIP）数据

ADAMS 车辆动力学案例仿真 / 洪昊，吴龙，王孝鹏编著. -- 厦门 ：厦门大学出版社，2023.6
ISBN 978-7-5615-9018-8

Ⅰ. ①A… Ⅱ. ①洪… ②吴… ③王… Ⅲ. ①车辆动力学－计算机仿真－应用软件 Ⅳ. ①U270.1－39

中国版本图书馆CIP数据核字(2023)第098860号

出 版 人　郑文礼
责任编辑　李峰伟
封面设计　李嘉彬
技术编辑　许克华

出版发行　厦门大学出版社
社　　址　厦门市软件园二期望海路 39 号
邮政编码　361008
总　　机　0592-2181111　0592-2181406(传真)
营销中心　0592-2184458　0592-2181365
网　　址　http://www.xmupress.com
邮　　箱　xmup@xmupress.com
印　　刷　厦门市明亮彩印有限公司

开本　787 mm×1 092 mm　1/16
印张　18.75
字数　480 千字
版次　2023 年 6 月第 1 版
印次　2023 年 6 月第 1 次印刷
定价　75.00 元

本书如有印装质量问题请直接寄承印厂调换

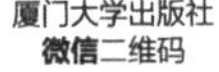

厦门大学出版社
微信二维码

厦门大学出版社
微博二维码

前　言

车辆动力学研究车辆运行过程中的动态特性，关系到整车的操纵稳定性、平顺性等性能指标，同时也可以为整车及零部件分析提供各种工况下的精确载荷谱，是研究疲劳耐久特性的前提。整车模型下研究车辆的局部子系统是一种较好的方法，此种方法在研究过程中需要建立整车模型，真实考虑整车运行工况下局部子系统的动态特性。因此，车辆模型的精确建立是研究车辆系统动力学的前提与基础。本书以车辆工程案例为主体，系统介绍商用车辆主要系统的建模与仿真。

本书内容主要包括5部分：① 全地形车(all-terrain vehicle, ATV)整车模型：ATV整车包括前双A臂悬架、后拖曳臂悬架、ATV轮胎、车架与乘员、制动系统、转向系统及整车优化。② 摩托车模型：系统介绍了几种不同底盘及变刚度特性的摩托车整车模型，摩托车建模过程中引入了柔性体扭杆弹簧与叶片弹簧部件。③ 路面类型：包括对开路面、对接路面、减速带路面、连续障碍路面、分离路面设置及不同路面对应的整车不同工况仿真。④ 对商用车平衡悬架、整车模型及四轴振动台架进行系统论述与分析：包括4×2、6×4、8×4多轴系整车模型探讨。⑤ 联合仿真：对联合系统模型(车辆机电液耦合模型)及算法[PID(proportional，比例；integral，积分；differential，微分)、模糊、双模、PID模糊]进行系统介绍，并提供案例(麦弗逊主动悬架、商用车驾驶室主动悬置)应用。

本书是普通高等院校高年级本科生、研究生及汽车工程研究院设计研发人员学习车辆系统动力学较好的资料，书中不同章节提供相关模型。

洪　昊

2022年6月12日

正文仿真模型资源包

目　　录

第1章 绪 论

ADAMS软件为系统动力学仿真软件，目前在国内外各大汽车厂商及相关研究院所均有应用。同物理样机试验相比，ADAMS软件仿真平台更快，更节约成本；在开发流程的每个阶段获得更完善的设计信息，从而降低开发风险；通过对大量的设计方案的分析，优化整个系统性能，提高产品质量；参数化模型方法可以多次变更参数进行分析，而无需更改试验仪器、固定设备以及试验程序；在安全的环境下工作，不必担心关键数据丢失或由于恶劣天气造成的设备失效。

1.1 ADAMS优势

(1) 三维实体、弹性体碰撞和冲击分析。

(2) 独特的摩擦、间隙分析功能。

(3) 大型工程问题的求解能力。

(4) 极好的解算稳定性，支持单机多中央处理器(central processing unit, CPU)并行计算。

(5) 支持系统参数化试验研究、优化分析的机械系统动力学分析软件。

(6) 独特的振动分析功能，能分析机构任意运动状态下的系统振动性能。

(7) 提供多学科软件接口，包括与计算机辅助设计(computer aided design, CAD)、有限元分析(finite element analysis, FEA)、控制系统设计(control system design, CSD)软件之间的接口。

(8) 提供凝聚了丰富行业应用经验的专业化产品，是唯一经过大量的实际工程问题验证的动力学软件，支持Windows、Linux以及UNIX操作系统。

1.2 ADAMS模块

ADAMS软件仿真平台拥有较多模块，此处仅介绍本书所涉及的模块，其他相关模块读者可以查阅Help信息，同时Help模块是学习ADAMS的最佳方式。本书主要系统介绍CAR模块中各种类型悬架模型、机电协同控制系统、制动系统、路面模型、发动机模型、车身模型、FSAE(中国大学生方程式汽车大赛)赛车模型和各类型商用车模型及对应的仿真。同时在View中介绍整车操控性仿真、转向及驱动等复杂函数的编写与调试。

1.2.1 View

View是ADAMS前/后处理的可视化环境，可建立机械系统的功能化数字样机模型，定义运动部件和约束关系，施加外力或强制运动，构建机械系统的仿真模型，并提供了对仿真结果进行可视化观察的图形界面，可同时显示多次仿真结果的动画以及数据曲线，可以进行仿真数据的后处理及干涉碰撞检测等。MSC. ADAMS/View 还提供了一个多目标、多参数试验设计分析模块，它提供了各种不同的试验方法，并对所得到的结果进行数学回归分析，从而可以用最少的仿真次数得到产品性能与众参数之间的关系。图 1-1 所示为通用模块 View 中建立的参数化双横臂悬架模型。具体应用如下：

(1) 建立参数化三维实体模型，便于改进设计。

(2) 以 igs、dwg/dxf、stp、stl、slp、shl、obj 及 parasolid 等文件格式导入其他 CAD/计算机辅助制造（computer aided manufacturing，CAM）/计算机辅助工程（computer aided engineering，CAE）软件生成的几何实体甚至整个装配系统。

(3) 可扩展的约束库、柔性连接库和力库。

(4) 提供二次开发功能，可以重新定制界面，便于实现设计流程自动化或满足用户的特殊需要。

(5) 计算结果的动画、曲线、彩色云图显示。

(6) 多窗口显示，最多可达 6 个，每一窗口可显示不同的结果或视图。

(7) 丰富的数据后处理功能[快速傅里叶变换（fast Fourier transform，FFT）、滤波、伯德图（Bode diagram）等]。

(8) 多种文件输出功能（AVI/MPG 动画文件、多种格式的图片文件、HTML 格式、表格输出等）。

(9) 输出进行有限元分析、物理实验及疲劳分析等的文件格式。

(10) 干涉碰撞、间隙检查。

(11) 数据曲线格式以及页面设置可以保存，方便用于研究。

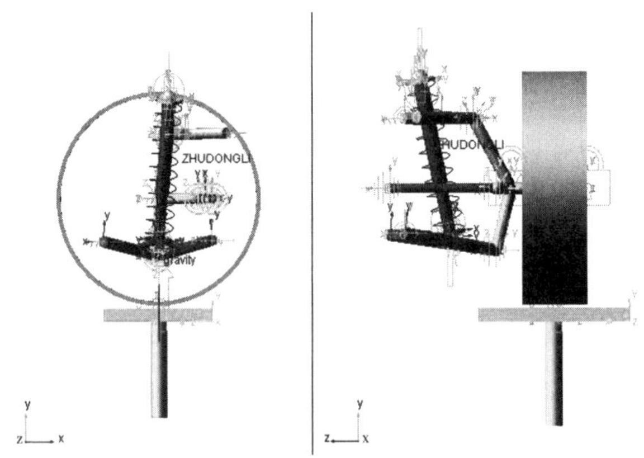

图 1-1　双横臂悬架模型_View

1.2.2　Car

Car 模块包括一系列的汽车仿真专用模块，用于快速建立功能化数字样车，并对其多种性能指标进行仿真评价。用 MSC. ADAMS/Car Package 建立的功能化数字样车可包括以下子系统：底盘（传动系、制动系、转向系、悬架）、轮胎和路面、动力总成、车身、控制系统等。用户可在虚拟的试验台架或试验场地中进行子系统或整车的功能仿真并对其设计参数进行优化。MSC. ADAMS 汽车仿真工具含有丰富的子系统标准模板以及大量用于建立子系统模板的预定义部件和一些特殊工具。通过模板的共享和组合，快速建立子系统到系统的模型，然后进行各种预定义或自定义的虚拟试验。Car 模块建立的横置板簧悬架 FSAE 赛车模型如图 1-2 所示。采用横置板簧悬架模型后，FSAE 赛车整车高度可以降低 81.18 mm，整车的操纵稳定性大幅提升，同时整车底盘可以进行 16 种刚度组合调试。

1.2.2.1　Road

Road 可以集成到 MSC. ADAMS/Tire Handling 模块中，即 MSC. ADAMS/Tire 可以使用三维道路模型文件（.rdf），用户可以通过选择道路文件选择不同的道路。在 MSC. ADAMS/Car 和 MSC. ADAMS/Chassis 中，可以方便地调用三维道路模型，且可以进行三维路面的仿真。在动画过程中，可以自动生成三维道路模型；如果三维道路需要跟踪轨迹能力，那么就需要使用适当的驾驶员控制文件（.dcf）和驾驶员控制数据文件（.dcd）确定驾驶员的输入参数和车辆的运动轨迹；当 MSC. ADAMS/3D Road 与 MSC. ADAMS/Car、MSC. ADAMS/Chassis、MSC. ADAMS/Driver 同时使用时，用户不必使用额外的驾驶员控制文件就可以确定车辆的行驶轨迹。连续减速带路面模型如图 1-3 所示。

图 1-2　FSAE 赛车模型

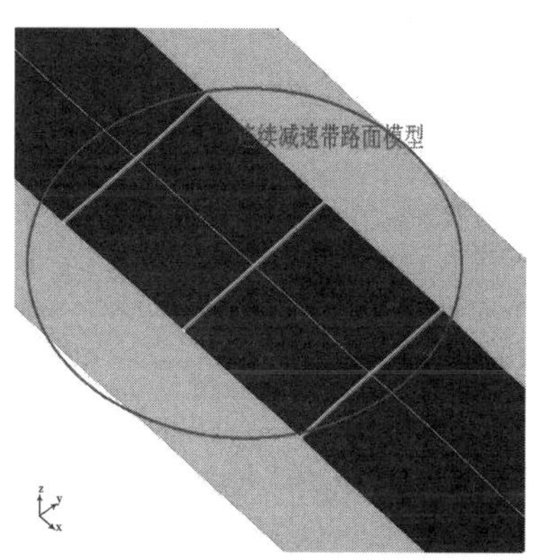

图 1-3　连续减速带路面模型

1.2.2.2　Car Ride

Car Ride 模块为 MSC. ADAMS/Car 的即插即用模块，使用该模块，可快速完成悬架或整车的装配模型，然后利用该模块提供的舒适性分析试验台，可以快速模拟悬架或整车在粗糙路面上或在实际的振动试验台上所进行的各种振动性能试验；支持各种激励信号，包括实测的位移或载荷的时间历程信号；借助 SWIFT 轮胎模型，可以同时考虑轮胎对整车振动性能的影响；借助 MSC. ADAMS/Vibration 模块，还可以在频域进行分析。

1.2.2.3　Driver

Driver 可以模拟驾驶员的各种动作，如转弯、制动、加速、换档及离合器操纵等。当 MSC. ADAMS/Driver 与 MSC. ADAMS/Tire 同时使用时，工程师就可以同时分析在不平路面和山路等工况下三维路面的驾驶性能。Driver 通过定义驾驶员的行为特性确定车辆的运动性能变化，可以明确区分赛车驾驶员和乘用车驾驶员，甚至定义某个特定驾驶员的驾驶习惯特性，这样用户就可以确定各种驾驶行为，如稳态转向、转弯制动、双移线试验、横向风试验和不同路面附着系数 μ 的制动试验。应用上述信息，MSC. ADAMS/Driver 和 MSC. ADAMS/Solver 进行数据交换，确定方向盘转角或力矩、油门踏板的位置、制动踏板上的作用力、离合器踏板的位置、变速器的档位等进一步提高整车仿真置信度。Driver 的另一个特点是具有自学习能力，能够根据车辆的动力学性能调整操纵行为或模拟实际驾驶员的操纵行为。当车辆使用了包括正、负反馈的控制系统时，如防抱死制动系统（antilock brake system，ABS）系统、四轮驱动系统、四轮转向系统、巡航驾驶系统等，该模块可以帮助工程师更好地优化汽车的性能。

1. 2. 2. 4 操纵稳定性

汽车操纵稳定性是指在驾驶者不感到过分紧张、疲劳的条件下，汽车能遵循驾驶者通过转向系及转向车轮给定的方向行驶，且当遭遇外界干扰时汽车能够抵抗干扰并保持稳定行驶的能力。汽车的操纵稳定性是汽车最重要的性能之一，它不仅仅代表汽车驾驶的操纵方便程度，更是一个决定汽车高速安全行驶的主要性能。评价操纵稳定性的指标有多个方面，如稳态回转特性、瞬态响应特性、回正性、转向轻便性、典型行驶工况的性能和极限行驶能力等。基于 View 模块建立整车模型如图 1-4 所示。

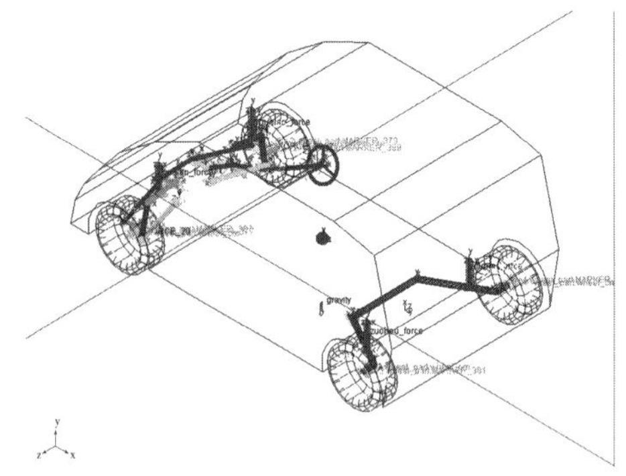

图 1-4 整车模型_View

1. 2. 3 ViewFlex

ViewFlex 是集成在 ADAMS/View 中的自动柔性体生成工具，它使得不必离开 ADAMS 环境即可创建柔性体，并且不需要借助任何其他有限元软件，就能让有关柔性体的仿真分析比传统方式更流畅、更高效。ViewFlex 可以通过外部环境（ABAQUS、ANSYS、NASTRAN、HYPERMESH 等软件）导入模态中性文件对系统中的部件进行柔性化处理。通过 ABAQUS 软件导入的装配体叶片弹簧柔性体如图 1-5 所示。

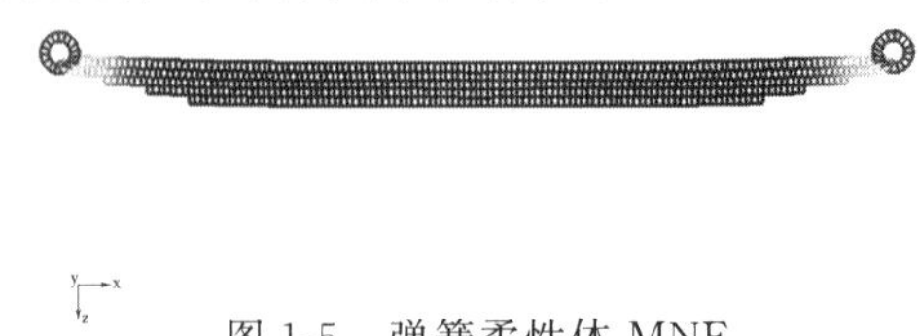

图 1-5 弹簧柔性体 MNF

功能特色：

(1) 在 ADAMS 环境下自动直接生成弹性体。

(2) 后台完成网格划分、求解、MNF 文件生成的流程。

(3) 由内置的 Nastran 求解。

(4) 流程高效、流畅的。

(5) 高精确度。

1.2.4 Controls

Controls 模块将控制系统与机械系统集成在一起进行联合仿真。集成的方式有两种：一种是将 MSC. ADAMS 建立的机械系统模型集成入控制系统仿真环境中，组成完整的耦合系统模型进行联合仿真；另一种是将控制软件中建立的控制系统读入 MSC. ADAMS 的模型中进行全系统联合仿真。FSAE 赛车弯道制动系统联合仿真模型如图 1-6 所示。机控耦合系统优势如下：

(1) 机械系统中可以考虑各部件的惯性、摩擦、重力、碰撞和其他因素的影响。

(2) 与常用控制软件进行双向数据传递，包括 MSC Easy5、MATLAB 和 MATRIX。

(3) 支持联合仿真和函数估值两种模式。

(4) 通过状态方程支持连续和离散系统。

(5) 使控制系统工程师和机械系统工程师之间的交流更方便。

(6) 有效地求解机械、控制系统耦合模型。

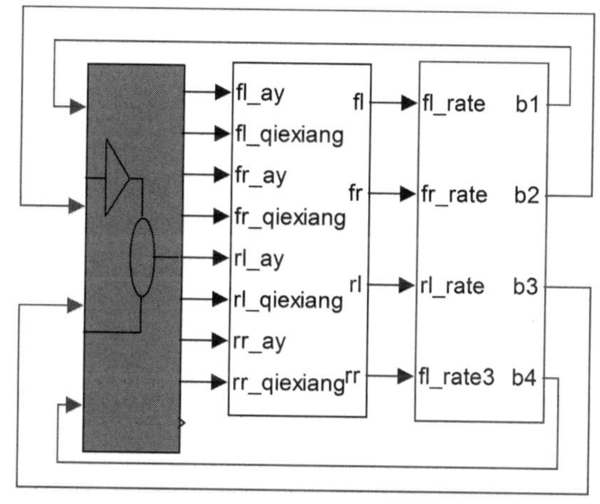

图 1-6 制动系统联合仿真模型

1.2.5 Truck

Truck 模块集成在 Car 模块中，以插件的形式可以在 Car 环境中随时调用。Truck 模块中有客车、货车及挂车模型，数据库中的公版模型主要为北美及欧洲卡车标准，整车、前后悬架及车身都不适用于中国大陆地区的商用模型及客车。国内较多文献依然通过保持垂向刚度简化特性用公版模型对整车性能进行各种分析，此处应持谨慎态度，国内商用牵引车的悬架物理结构与公版模型完全不一致。采用 ADAMS/Car 模块建立的导向杆式平衡悬架如图 1-7 所示，在此基础上建立的 6×4 牵引车模型如图 1-8 所示。整车模型包含前非独立钢板弹簧悬架模型、右舵转向模型、车身模型、6 轮制动模型、发动机模型和导向杆式平衡悬架模型。读者可以在此整车模型基础上继续建立驾驶室、挂车及挂车制动系统等。商用车建模的难点在于钢板弹簧模型的建立及推杆式、导向杆式悬架集成参数的设定。

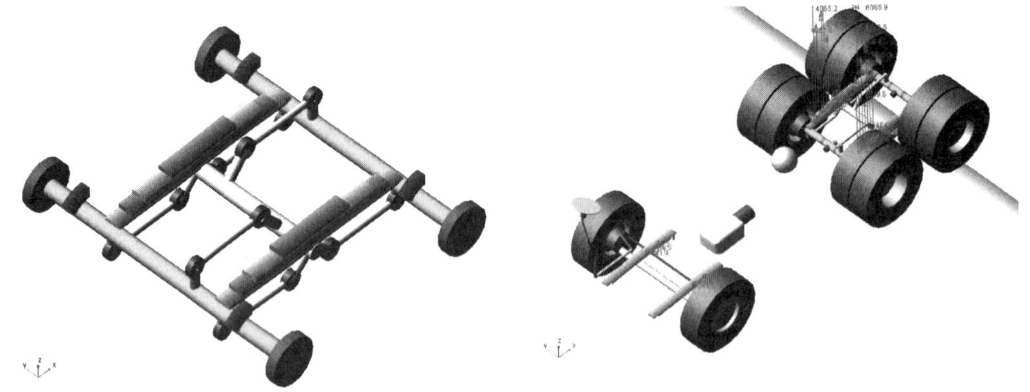

图 1-7　导向杆式平衡悬架　　　　图 1-8　商用 6×4 牵引车

1.2.6　Solver

Solver 是 ADAMS 的核心解算器，解算过程先自动校验模型，然后视模型情况自动进行各种类型的解算，求解过程中可以观察主要数据的变化以及机构的运动情况。MSC. ADAMS/Solver 同时提供了用于计算机械系统的固有频率（特征值）和振型（特征矢量）的专用工具。具体功能如下：

（1）使用欧拉-拉格朗日（Euler-Lagrange）方法自动形成运动学方程、空间坐标系及欧拉角、牛顿-拉夫森迭代法。

（2）多种显式、隐式积分算法：刚性积分方法［基尔霍夫（Gear）型和修正的 Gear 型］、非刚性积分方法［龙格-库塔法（Runge-Kutta）和 ABAM］和固定步长方法（constant_BDF）以及二阶希尔伯特-黄变换（Hilbert-Huang transform，HHT）和纽马克（Newmark）等积分方法。

（3）多种积分修正方法：三阶指数法、稳定二阶指数法和稳定一阶指数法。

（4）Calahan 和 Harwell 线性化求解器。

（5）支持用户自定义的子程序。

（6）解算稳定，结果精确，经过大量实际工程问题检验。

（7）提供大量的求解参数选项供用户进一步调试解算器，以改进求解的效率和精度。

第 2 章　全地形车(ATV)

ATV 为全地形车，目前国内已制定其生产标准 QC/T 760—2006《四轮全地形车通用技术条件》。ATV 是可以在任何地形上行驶的车辆，简单实用，越野性能好，外观一般无篷，宽大的轮胎增加了与地面的接触面积，能产生更大的摩擦力，再配合独特的胎纹使轮胎不易空转打滑，因此更容易行驶于沙地、河床、林道、溪流甚至更恶劣的沙漠上载送人员或运输物品。建立好的 ATV 整车模型如图 2-1 所示。

图 2-1　ATV 整车模型

2.1　双 A 臂悬架模型

(1) 启动 ADAMS/Car，选择专家模块进入建模界面。

(2) 单击 File>New 命令，弹出建模对话框，如图 2-2 所示。

(3) Template Name：ATV_front_sus_simple。

(4) Major Role：suspension。

(5) 单击 OK，完成悬架模板 ATV_front_sus_simple 的建立。

(6) 单击 Build>Hardpoint>New 命令，弹出创建硬点对话框，如图 2-3 所示。

(7) Hardpoint Name：lca_front。

(8) Type：left。

(9) Location：254.0，—73.025，349.25。

(10) 单击 Apply，完成 lca_front 硬点的创建。

(11) 重复(6)～(10)步骤，完成图 2-4 中硬点的创建。

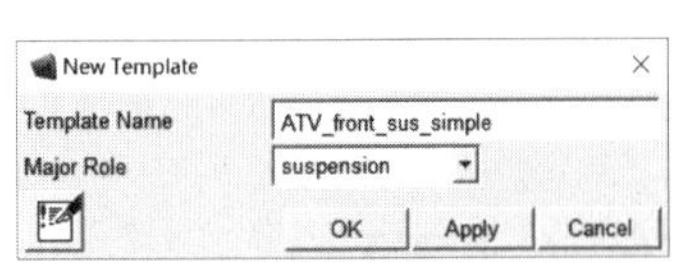

图 2-2 双 A 臂悬架模板

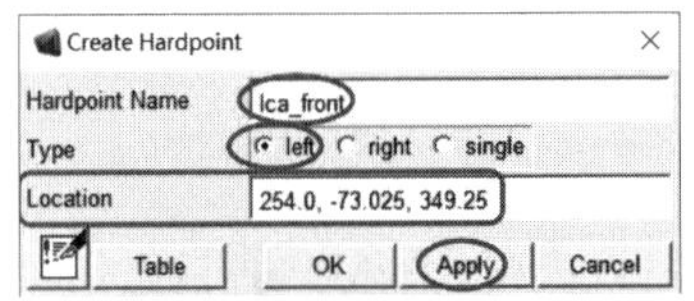

图 2-3 硬点 lca_front

	loc_x	loc_y	loc_z
hpr_damp_up	427.396107106	119.0625	644.906091948
hpr_lca_front	254.0	73.025	349.25
hpr_lca_outer	339.1662	383.3114	216.408
hpr_lca_rear	469.9	73.025	304.8
hpr_shock_down	351.7392	233.8324	277.4442
hpr_tierod_inner	445.492692198	25.4	392.376950322
hpr_tierod_outer	440.8213815	366.041817572	273.779765114
hpr_uca_front	280.890416882	96.8375	479.860596792
hpr_uca_outer	369.570377444	359.387618282	364.038262524
hpr_uca_rear	496.790416882	96.8375	435.410596792
hpr_wheel_center	349.518755114	429.541707844	266.644668132
hps_hps_global	0.0	0.0	0.0

图 2-4 双 A 臂悬架硬点数据

2.1.1 上控制臂部件 uca

(1) 单击 Build>Part>General Part>New 命令，弹出创建部件对话框，如图 2-5 所示。

(2) General Part:._ATV_front_sus_simple. gel_uca。

(3) Location Dependency:Centered between coordinates。

(4) Centered between:Three Coordinates。上控制臂部件 uca 位于 3 点坐标的中心位置。

(5) Coordinate Reference #1:._ATV_front_sus_simple. ground. hpl_uca_front。

(6) Coordinate Reference #2:._ATV_front_sus_simple. ground. hpl_uca_rear。

(7) Coordinate Reference #3:._ATV_front_sus_simple. ground. hpl_uca_outer。

(8) Orient Using:Euler Angles。部件定向采用欧拉角模式。

(9) Euler Angles:0. 0,0. 0,0. 0。

(10) Mass:1。

(11) Ixx:1。

(12) Iyy:1。

(13) Izz:1。

注：Mass、Ixx、Iyy、Izz 这些质量与惯量参数在建模过程中均按 1 输入，等对应的部件几何体建立完成后，系统会自动根据几何体的质量计算对应部件的质量并更新对应数据，后同。

(14) Density:Material。

(15) Material Type:. materials. steel。

(16) 单击 OK，完成 ._ATV_front_sus_simple. gel_uca 部件的创建。

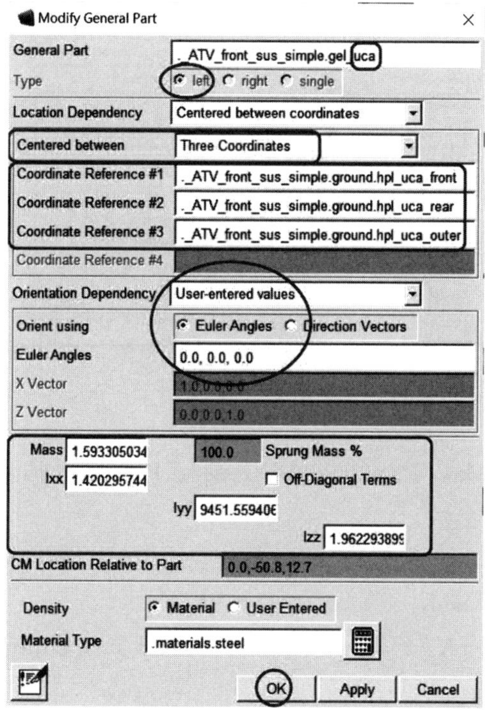

图 2-5　uca 部件

(17) 单击 Build>Geometry>Link>New 命令，弹出创建连杆几何体对话框，如图 2-6 所示。

(18) Link Name:. ATV_front_sus_simple_uca. gralin_uca_1。

(19) General Part:. _ATV_front_sus_simple. gel_uca。

(20) Coordinate Reference ＃1:. _ATV_front_sus_simple. ground. hpl_uca_outer。

(21) Coordinate Reference ＃2:. _ATV_front_sus_simple. ground. hpl_uca_rear。

(22) Radius：10. 0。

(23) Color：cyan。

(24) 选择 Calculate Mass Properties of General Part 复选框，当几何体建立好之后会更新对应部件的质量和惯量参数。

(25) Density：Material。

(26) Material Type：steel。

(27) 单击 Apply，完成 . _ATV_front_sus_simple. gel_uca. gralin_uca_1 几何体的创建。

(28) Link Name:. ATV_front_sus_simple. gel_uca. gralin_uca_2。

(29) General Part:. _ATV_front_sus_simple. gel_uca。

(30) Coordinate Reference ＃1:. _ATV_front_sus_simple. ground. hpl_uca_outer。

(31) Coordinate Reference ＃2:. _ATV_front_sus_simple. ground. hpl_uca_front。

(32) Radius：10. 0。

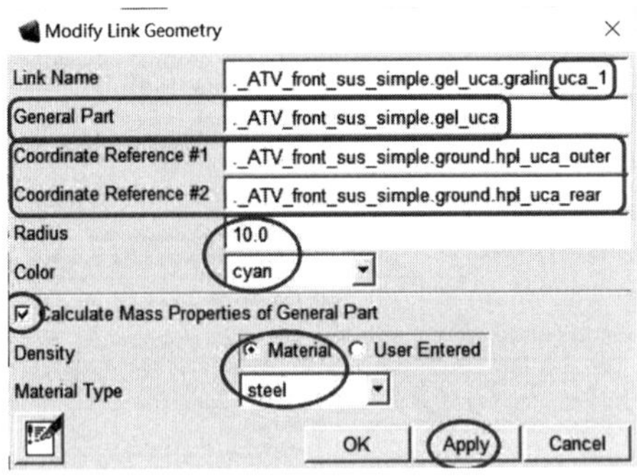

图 2-6 连杆 uca_1 几何体

(33) Color:cyan。

(34) 选择 Calculate Mass Properties of General Part 复选框,当几何体建立好之后会更新对应部件的质量和惯量参数。

(35) Density:Material。

(36) Material Type:steel。

(37) 单击 OK,完成 . _ATV_front_sus_simple. gel_uca. gralin_uca_2 几何体的创建。

2.1.2 下控制臂部件 lca

(1) 单击 Build>Part>General Part>New 命令,弹出创建部件对话框,可参考图 2-5。

(2) General Part:. _ATV_front_sus_simple. gel_lca。

(3) Location Dependency:Centered between coordinates。

(4) Centered between:Three Coordinates。

(5) Coordinate Reference #1:. _ATV _front_sus_simple. ground. hpl_lca_front。

(6) Coordinate Reference #2:. _ATV _front_sus_simple. ground. hpl_lca_rear。

(7) Coordinate Reference #3:. _ATV _front_sus_simple. ground. hpl_lca_outer。

(8) Orient Using:Euler Angles。

(9) Euler Angles:0. 0,0. 0,0. 0。

(10) Mass:1。

(11) Ixx:1。

(12) Iyy:1。

(13) Izz:1。

(14) Density:Material。

(15) Material Type:. materials. steel。

(16) 单击 OK,完成 . _ATV_front_sus_simple. gel_lca 部件的创建。

(17) 单击 Build>Geometry>Link>New 命令,弹出创建连杆几何体对话框,可参考图 2-6。

(18) Link Name:. _ATV_front_sus_simple. gel_lca. gralin_lca_1。

(19) General Part:. _ATV_front_sus_simple. gel_lca。

(20) Coordinate Reference #1:. _ATV_front_sus_simple. ground. hpl_lca_outer。

(21) Coordinate Reference #2:. _ATV_front_sus_simple. ground. hpl_lca_rear。

(22) Radius:10. 0。

(23) Color:red。

(24) 选择 Calculate Mass Properties of General Part 复选框,当几何体建立好之后会更新对应部件的质量和惯量参数。

(25) Density:Material。

(26) Material Type:steel。

(27) 单击 Apply,完成 . _ATV_front_sus_simple. gel_lca. gralin_lca_1 几何体的创建。

(28) Link Name:. ATV_front_sus_simple. gel_lca. gralin_lca_2。

(29) General Part:. _ATV_front_sus_simple. gel_lca。

(30) Coordinate Reference #1:. _ATV_front_sus_simple. ground. hpl_lca_outer。

(31) Coordinate Reference #2:. _ATV_front_sus_simple. ground. hpl_lca_front。

(32) Radius:10. 0。

(33) Color:red。

(34) 选择 Calculate Mass Properties of General Part 复选框,当几何体建立好之后会更新对应部件的质量和惯量参数。

(35) Density:Material。

(36) Material Type:steel。

(37) 单击 OK,完成 . _ATV_front_sus_simple. gel_lca. gralin_lca_2 几何体的创建。

2.1.3　转向节部件 upright

(1) 单击 Build>Part>General Part>New 命令,弹出创建部件对话框,可参考图 2-5。

(2) General Part:. _ATV_front_sus_simple. gel_upright。

(3) Location Dependency:Centered between coordinates。

(4) Centered between:Two Coordinates。

(5) Coordinate Reference #1:. _ATV_front_sus_simple. ground. hpl_uca_outer。

(6) Coordinate Reference #2:. _ATV_front_sus_simple. ground. hpl_lca_outer。

(7) Orient Using:Euler Angles。

(8) Euler Angles:0. 0,0. 0,0. 0。

(9) Mass:1。

(10) Ixx:1。

(11) Iyy:1。

(12) Izz:1。

(13) Density:Material。

(14) Material Type:. materials. steel。

(15) 单击 OK,完成 . _ATV_front_sus_simple. gel_upright 部件的创建。

(16) 单击 Build>Geometry>Link>New 命令，弹出创建连杆几何体对话框，可参考图 2-6。

(17) Link Name:. _ATV_front_sus_simple. get_upright. gralin_upright_1。

(18) General Part:. _ATV_front_sus_simple. gel_upright。

(19) Coordinate Reference ＃1:. _ATV _front_sus_simple. ground. hpl_lca_outer。

(20) Coordinate Reference ＃2:. _ATV _front_sus_simple. ground. hpl_uca_outer。

(21) Radius:10. 0。

(22) Color:dark gray。

(23) 选择 Calculate Mass Properties of General Part 复选框，当几何体建立好之后会更新对应部件的质量和惯量参数。

(24) Density:Material。

(25) Material Type:steel。

(26) 单击 Apply，完成 . _ATV_front_sus_simple. gel_upright. gralin_upright_1 几何体的创建。

(27) Link Name:. _ATV_front_sus_simple. gel_upright. gralin_upright_2。

(28) General Part:. _ATV_front_sus_simple. gel_upright。

(29) Coordinate Reference ＃1:. _ATV _front_sus_simple. ground. cfl_upright_center。

(30) Coordinate Reference ＃2:. _ATV _front_sus_simple. ground. hpl_tierod_outer。

(31) Radius:10. 0。

(32) Color:dark gray。

(33) 选择 Calculate Mass Properties of General Part 复选框，当几何体建立好之后会更新对应部件的质量和惯量参数。

(34) Density:Material。

(35) Material Type:steel。

(36) 单击 OK，完成 . _ATV_front_sus_simple. gel_upright. gralin_upright_2 几何体的创建。

2.1.4 转向横拉杆部件 tierod

(1) 单击 Build>Part>General Part>New 命令，弹出创建部件对话框，可参考图 2-5。

(2) General Part:. _ATV_front_sus_simple. gel_tierod。

(3) Location Dependency:Centered between coordinates。

(4) Centered between:Two Coordinates。

(5) Coordinate Reference ＃1:. _ATV _front_sus_simple. ground. hpl_tierod_inner。

(6) Coordinate Reference ＃2:. _ATV _front_sus_simple. ground. hpl_tierod_outer。

(7) Orientation Dependency:Orient axis along line。

(8) Coordinate Reference ＃1:. _ATV _front_sus_simple. ground. hpl_tierod_inner。

(9) Coordinate Reference ＃2:. _ATV _front_sus_simple. ground. hpl_tierod_outer。

(10) Axis:Z。

(11) Mass:1。

(12) Ixx:1。

(13) Iyy:1。

(14) Izz:1。

(15) Density:Material。

(16) Material Type:. materials. steel。

(17) 单击 OK,完成 . _ATV_front_sus_simple. gel_tierod 部件的创建。

(18) 单击 Build>Geometry>Link>New 命令,弹出创建连杆几何体对话框,可参考图 2-6。

(19) Link Name:. ATV_front_sus_simple. gel_tierod. gralin_tierod。

(20) General Part:. _ATV_front_sus_simple. gel_tierod。

(21) Coordinate Reference #1:. _ATV_front_sus_simple. ground. hpl_tierod_inner。

(22) Coordinate Reference #2:. _ATV_front_sus_simple. ground. hpl_tierod_outer。

(23) Radius:7. 0。

(24) Color:white。

(25) 选择 Calculate Mass Properties of General Part 复选框,当几何体建立好之后会更新对应部件的质量和惯量参数。

(26) Density:Material。

(27) Material Type:steel。

(28) 单击 OK,完成 . _ATV_front_sus_simple. gel_tierod. gralin_tierod 几何体的创建。

2.1.5 部件 damper_up

(1) 单击 Build>Part>General Part>New 命令,弹出创建部件对话框,可参考图 2-5。

(2) General Part:. _ATV_front_sus_simple. gel_damper_up。

(3) Location Dependency:Delta location from coordinate。

(4) Coordinate Reference:. _ATV_front_sus_simple. ground. hpl_damper_up。

(5) Location:0,0,0。

(6) Location in:local。

(7) Orientation Dependency:User-entered values。

(8) Orient Using:Euler Angles。

(9) Euler Angles:0. 0,0. 0,0. 0。

(10) Mass:1。

(11) Ixx:1。

(12) Iyy:1。

(13) Izz:1。

(14) Density:Material。

(15) Material Type:. materials. steel。

(16) 单击 OK,完成 . _ATV_front_sus_simple. gel_damper_up 部件的创建。

2.1.6 部件 damper_down

(1) 单击 Build>Part>General Part>New 命令，弹出创建部件对话框，可参考图 2-5。

(2) General Part:. _ATV_front_sus_simple. gel_damper_down。

(3) Location Dependency:Delta location from coordinate。

(4) Coordinate Reference:. _ATV _front_sus_simple. ground. hpl_shock_down。

(5) Location:0,0,0。

(6) Location in:local。

(7) Orientation Dependency:User-entered values。

(8) Orient Using:Euler Angles。

(9) Euler Angles:0. 0,0. 0,0. 0。

(10) Mass:1。

(11) Ixx:1。

(12) Iyy:1。

(13) Izz:1。

(14) Density:Material。

(15) Material Type:. materials. steel。

(16) 单击 OK，完成 . _ATV_front_sus_simple. gel_damper_down 部件的创建。

2.1.7 轮毂部件 spindle

(1) 单击 Build>Suspension Parameters>Toe/Camber Values>Set 命令，弹出如图 2-7 所示对话框。

(2) Toe Angles:0. 0。

(3) Camber Angles:0. 0。

(4) 单击 OK，完成参数的创建。与此同时，系统自动建立两个输出通讯器：col[r]_toe_angle 和 col[r]_camber_angle。

(5) 单击 Build>Construction Frame>New 命令，弹出创建结构框对话框，如图 2-8 所示。

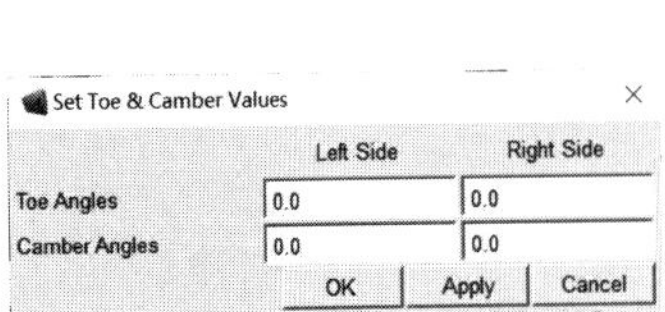

图 2-7　悬架参数

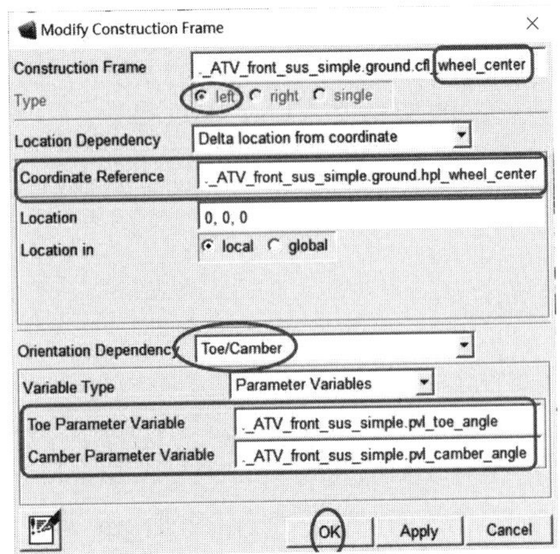

图 2-8　wheel_center 结构框

(6) Construction Frame:. _ATV_front_sus_simple. ground. cfl_wheel_center。

(7) Coordinate Reference:. _ATV_front_sus_simple. ground. hpl_wheel_center。

(8) Location:0,0,0。

(9) Location in:local。

(10) Orientation Dependency:Toe/Camber。

(11) Variable Type:Parameter Variables。

(12) Toe Parameter Variable:. _ATV_front_sus_simple. pvl_toe_angle。

(13) Camber Parameter Variable:. _ATV_front_sus_simple. pvl_camber_angle。

(14) 单击 OK,完成 . _ATV_front_sus_simple. ground. cfl_wheel_center 结构框的创建。

(15) 单击 Build>Part>General Part>New 命令,弹出创建部件对话框,可参考图 2-5。

(16) General Part:. _ATV_front_sus_simple. gel_hub。

(17) Location Dependency:Delta location from coordinate。

(18) Coordinate Reference:. _ATV_front_sus_simple. ground. hpl_wheel_center。

(19) Location:0,0,0。

(20) Location in:local。

(21) Orientation Dependency:Delta orientation from coordinate。

(22) Construction Frame:. _ATV_front_sus_simple. ground. cfl_wheel_center。

(23) Orientation:0,0,0。

(24) Mass:1。

(25) Ixx:1。

(26) Iyy:1。

(27) Izz:1。

(28) Density:Material。

(29) Material Type:. materials. steel。

(30) 单击 OK,完成 . _ATV_front_sus_simple. gel_hub 部件的创建。

(31) 单击 Build>Geometry>Cylinder>New 命令,弹出创建圆柱几何体对话框,如图 2-9示。

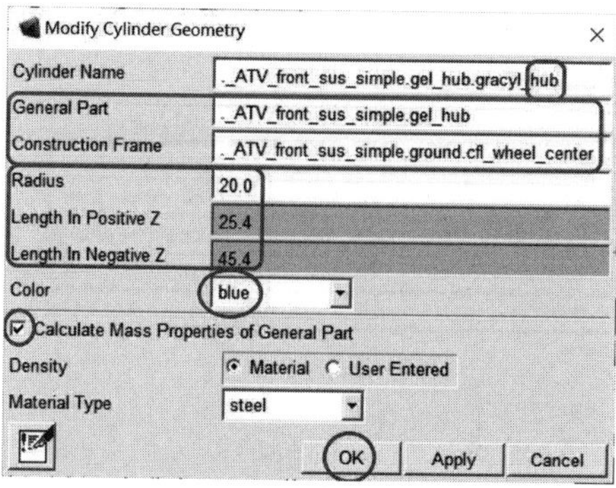

图 2-9　轮毂几何体

(32) Cylinder Name:._ATV_front_sus_simple.gel_hub.gracyl_hub。

(33) General Part:._ATV_front_sus_simple.gel_hub。

(34) Radius:20.0。

(35) Length In Positive Z:25.4。

(36) Length In Negative Z:45.4。

(37) Color:blue。

(38) 选择 Calculate Mass Properties of General Part 复选框。

(39) 单击 OK,完成._ATV_front_sus_simple.gel_hub.gracyl_hub 几何体的创建。

2.1.8　安装部件

(1) 单击 Build>Part>Mount>New 命令,弹出创建部件对话框,如图 2-10 所示。

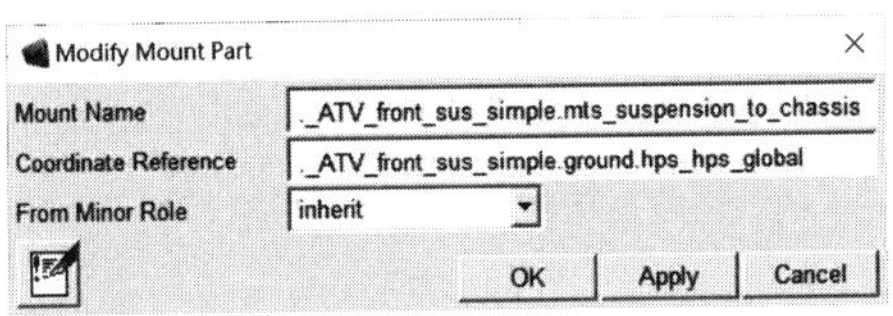

图 2-10　安装部件 suspension_to_chassis

(2) Mount Name:._ATV_front_sus_simple.mts_suspension_to_chassis。

(3) Coordinate Reference:._ATV_front_sus_simple.ground.hps_hps_global。

(4) From Minor Role:inherit。

(5) 单击 Apply,完成._ATV_front_sus_simple.mts_suspension_to_chassis 安装部件的创建。

(6) Mount Name:._ATV_front_sus_simple.mtl_tierod_to_steering。

(7) Coordinate Reference:._ATV_front_sus_simple.ground.hpl_tierod_inner。

(8) From Minor Role:inherit。

(9) 单击 Apply,完成._ATV_front_sus_simple.mtl_tierod_to_steering 安装部件的创建。

2.1.9　避震器

(1) 单击 Build>Force>Damper>New 命令,弹出创建避震器对话框,如图 2-11 所示。

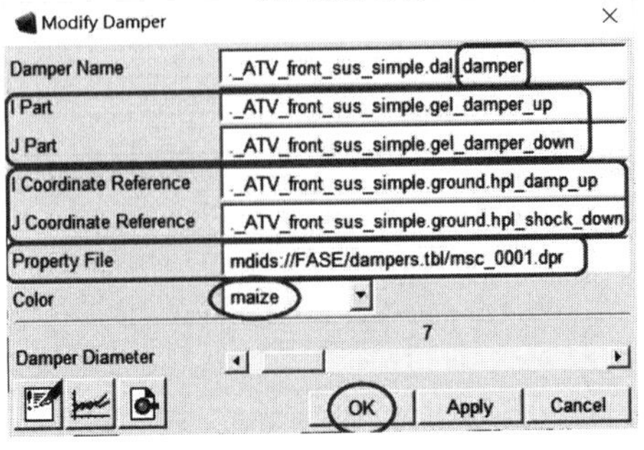

图 2-11　避震器 damper

(2) Damper Name:. ATV_front_sus_simple. dal_damper。

(3) I Part:. _ATV_front_sus_simple. gel_damper_up。

(4) J Part:. _ATV_front_sus_simple. gel_damper_down。

(5) I Coordinate Reference:. _ATV _front_sus_simple. ground. hpl_damper_up。

(6) J Coordinate Reference:. _ATV _front_sus_simple. ground. hpl_shock_down。

(7) Property File:mdids://FSAE/dampers. tbl/msc_0001. dpr。避震器系数曲线如图 2-12 所示,具体数据如下列避震器信息。

(8) Color:maize。

(9) Damper Diameter:7。

(10) 单击 OK,完成 . _ATV_front_sus_simple. dal_damper 避震器的创建。

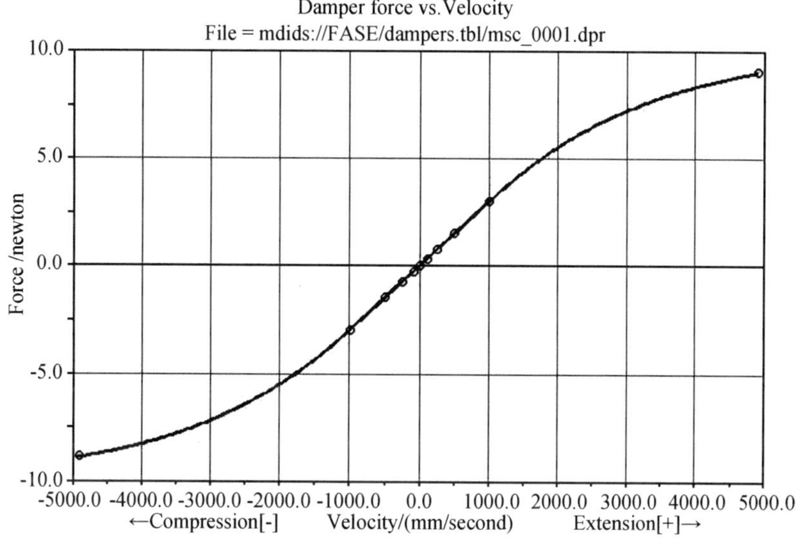

图 2-12　避震器系数曲线

避震器属性文件信息:

```
$ ------------------------------------------------------------------- MDI_HEADER
[MDI_HEADER]
FILE_TYPE = 'dpr'
FILE_VERSION = 4. 0
FILE_FORMAT = 'ASCII'
$ ------------------------------------------------------------------------ UNITS
[UNITS]
LENGTH = 'mm'
ANGLE = 'degrees'
FORCE = 'newton'
MASS = 'kg'
```

```
TIME = 'second'
$ ---------------------------------------------------------------- CURVE
[CURVE]
{  vel              force}
-4916.935           -8.889
-1000.0             -3.0
-500.0              -1.5
-250.0              -0.75
-100.0              -0.3
0.0                 0.0
100.0               0.3
250.0               0.75
500.0               1.5
1000.0              3.0
4914.298            9.0416
```

2.1.10 弹　簧

2.1.10.1 结构框 spring_down 与结构框 spring_up

(1) 单击 Build>Construction Frame>New 命令,弹出创建结构框,可参考图 2-8。

(2) Construction Frame:._ATV_front_sus_simple.ground.cfl_spring_up。

(3) Location Dependency:Located on a line。

(4) Coordinate Reference ＃1:._ATV_front_sus_simple.ground.hpl_damper_up。

(5) Coordinate Reference ＃2:._ATV_front_sus_simple.ground.hpl_shock_down。

(6) Relative Location(%):15。

(7) Orientation Dependency:Orient axis to point。

(8) Coordinate Reference:._ATV_front_sus_simple.ground.hpl_shock_down。

(9) Axis:Z。

(10) 单击 Apply,完成._ATV_front_sus_simple.ground.cfl_spring_up 结构框的创建。

(11) Construction Frame:._ATV_front_sus_simple.ground.cfl_spring_down。

(12) Location Dependency:Located on a line。

(13) Coordinate Reference ＃1:._ATV_front_sus_simple.ground.hpl_shock_down。

(14) Coordinate Reference ＃2:._ATV_front_sus_simple.ground.hpl_damper_up。

(15) Relative Location(%):20。

(16) Orientation Dependency:Orient axis to point。

(17) Coordinate Reference:._ATV_front_sus_simple.ground.hpl_damper_up。

(18) Axis:Z。

(19) 单击 OK,完成 . _ATV _front_sus_simple. ground. cfl_spring_down 结构框的创建。

2.1.10.2　弹簧 spring

(1) 单击 Build＞Force＞Spring＞New 命令,弹出创建弹簧对话框,如图 2-13 所示。

(2) Spring Name: . ATV _ front _ sus _ simple. nsl_spring。

(3) I Part:. _ATV_front_sus_simple. gel_damper_up。

(4) J Part:. _ATV_front_sus_simple. gel_damper_down。

(5) I Coordinate Reference:. _ATV_front_sus_simple. ground. cfl_spring_up。

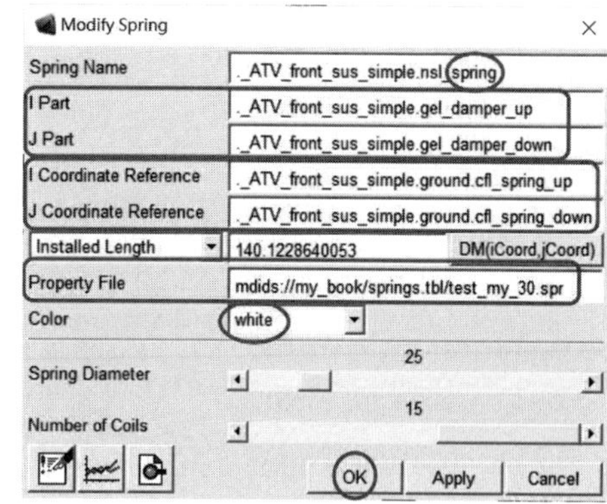

图 2-13　弹簧 spring

(6) J Coordinate Reference:. _ATV_front_sus_simple. ground. cfl_spring_down。

(7) Installed Length:140. 1228640053。

(8) Property File:mdids://my_book/springs. tbl/test_my_30. spr。

(9) Spring Diameter:25。

(10) Number of Coils:15。

(11) 单击 OK,完成 . _ATV_front_sus_simple. nsl_spring 弹簧的创建。

2.1.11　刚性约束

单击 Build＞Attachments＞Joint＞New 命令,弹出创建约束件对话框,如图 2-14 所示。

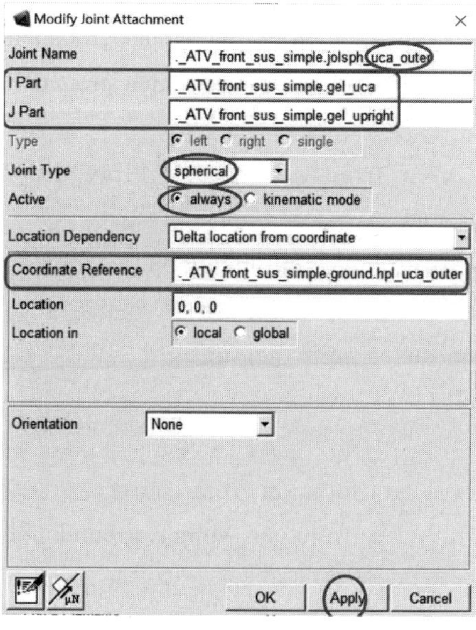

图 2-14　球形副刚性约束

(1) 部件 uca 与 upright 之间 spherical 约束：

① Joint Name:. _ATV_front_sus_simple. jolsph_uca_outer。

② I Part:. _ATV_front_sus_simple. gel_uca。

③ J Part:. _ATV_front_sus_simple. gel_upright。

④ Joint Type:spherical。

⑤ Active:always。

⑥ Location Dependency:Delta location from coordinate。

⑦ Coordinate Reference:. _ATV_front_sus_simple. ground. hpl_uca_outer。

⑧ Location:0,0,0。

⑨ Location in:local。

⑩ Orientation:None。

⑪ 单击 Apply,完成 . _ATV_front_sus_simple. jolsph_uca_outer 转动副的创建。

(2) 部件 uca 与 suspension_to_chassis 之间 revolute 约束：

① Joint Name:. _ATV_front_sus_simple. jklrev_uca_inner。

② I Part:. _ATV_front_sus_simple. gel_uca。

③ J Part:. _ATV_front_sus_simple. mts_suspension_to_chassis。

④ Joint Type:revolute。转动副，约束 5 个自由度。

⑤ Active:kinematic mode。

⑥ Location Dependency:Centered between coordinates。

⑦ Centered between:Two Coordinates。

⑧ Coordinate Reference #1:. _ATV_front_sus_simple. ground. hpl_uca_front。

⑨ Coordinate Reference #2:. _ATV_front_sus_simple. ground. hpl_uca_rear。

⑩ Orientation Dependency:Orient axis along line。

⑪ Coordinate Reference #1:. _ATV_front_sus_simple. ground. hpl_uca_front。

⑫ Coordinate Reference #2:. _ATV_front_sus_simple. ground. hpl_uca_rear。

⑬ Axis:Z。

⑭ 单击 Apply,完成 . _ATV_front_sus_simple. jklrev_uca_inner 铰接副的创建。

(3) 部件 lca 与 upright 之间 spherical 约束：

① Joint Name:. _ATV_front_sus_simple. jolsph_lca_outer。

② I Part:. _ATV_front_sus_simple. gel_lca。

③ J Part:. _ATV_front_sus_simple. gel_upright。

④ Joint Type:spherical。

⑤ Active:always。

⑥ Location Dependency:Delta location from coordinate。

⑦ Coordinate Reference:. _ATV_front_sus_simple. ground. hpl_lca_outer。

⑧ Location:0,0,0。

⑨ Location in:local。

⑩ Orientation:None。

⑪ 单击 Apply,完成 . _ATV_front_sus_simple. jolsph_lca_outer 转动副的创建。

(4) 部件 lca 与 suspension_to_chassis 之间 revolute 约束:

① Joint Name:. _ATV_front_sus_simple. jklrev_lca_inner。

② I Part:. _ATV_front_sus_simple. gel_lca。

③ J Part:. _ATV_front_sus_simple. mts_suspension_to_chassis。

④ Joint Type:revolute。转动副,约束 5 个自由度。

⑤ Active: kinematic mode。

⑥ Location Dependency:Centered between coordinates。

⑦ Centered between:Two Coordinates。

⑧ Coordinate Reference #1:. _ATV_front_sus_simple. ground. hpl_lca_front。

⑨ Coordinate Reference #2:. _ATV_front_sus_simple. ground. hpl_lca_rear。

⑩ Orientation Dependency:Orient axis along line。

⑪ Coordinate Reference #1:. _ATV_front_sus_simple. ground. hpl_lca_front。

⑫ Coordinate Reference #2:. _ATV_front_sus_simple. ground. hpl_lca_rear。

⑬ Axis:Z。

⑭ 单击 Apply,完成 . _ATV_front_sus_simple. jklrev_lca_inner 铰接副的创建。

(5) 部件 hub 与 upright 之间 revolute 约束:

① Joint Name:. _ATV_front_sus_simple. jolrev_hub。

② I Part:. _ATV_front_sus_simple. gel_hub。

③ J Part:. _ATV_front_sus_simple. gel_upright。

④ Joint Type:revolute。

⑤ Active:always。

⑥ Location Dependency:Delta location from coordinate。

⑦ Coordinate Reference:. _ATV_front_sus_simple. ground. hpl_wheel_center。

⑧ Location:0,0,0。

⑨ Location in:local。

⑩Orientation Dependency:Delta orientation from coordinate。

⑪ Construction Frame:. _ATV_front_sus_simple. ground. cfl_wheel_center。

⑫单击 Apply,完成 . _ATV_front_sus_simple. jolrev_hub 约束副的创建。

(6) 部件 tierod 与 tierod_to_steering 之间 convel 约束:

① Joint Name:. _ATV_front_sus_simple. jolcon_tierod_inner。

② I Part:. _ATV_front_sus_simple. gel_tierod。

③ J Part:. _ATV_front_sus_simple. mtl_tierod_to_steering。

④ Joint Type:convel。恒速副。

⑤ Active:always。

⑥ Location Dependency:Delta location from coordinate。

⑦ Coordinate Reference:. _ATV_front_sus_simple. ground. hpl_tierod_inner。

⑧ Location:0,0,0。

⑨ Location in:local。

⑩ I-Part Axis:. _ATV_front_sus_simple. ground. hpl_tierod_outer。

⑪ J-Part Axis:. _ATV_front_sus_simple. ground. hpr_tierod_inner。

⑫ 单击 Apply,完成 . _ATV_front_sus_simple. jolcon_tierod_inner 约束副的创建。

(7) 部件 tierod 与 upright 之间 spherical 约束:

① Joint Name:. _ATV_front_sus_simple. jolsph_tierod_outer。

② I Part:. _ATV_front_sus_simple. gel_tierod。

③ J Part:. _ATV_front_sus_simple. gel_upright。

④ Joint Type:spherical。约束 3 个自由度。

⑤ Active:always。

⑥ Location Dependency:Delta location from coordinate。

⑦ Coordinate Reference:. _ATV_front_sus_simple. ground. hpl_tierod_outer。

⑧ Location:0,0,0。

⑨ Location in:local。

⑩ Orientation:None。

⑪ 单击 Apply,完成 . _ATV_front_sus_simple. jolsph_tierod_outer 约束副的创建。

(8) 部件 damper_up 与 suspension_to_chassis 之间 hooke 约束:

① 单击 Build>Construction Frame>New 命令,弹出创建结构对话框,可参考图 2-8。

② Construction Frame:. _ATV_front_sus_simple. ground. cfl_damper_up_ref。

③ Location Dependency:Delta location from coordinate。

④ Coordinate Reference:. _ATV_front_sus_simple. ground. hpl_damper_up。

⑤ Location:0,0,50。

⑥ Location in:local。

⑦ Orientation Dependency:User-entered values。

⑧ Orient Using:Euler Angles。

⑨ Euler Angles:0. 0,0. 0,0. 0。

⑩ 单击 Apply,完成 . _ATV_front_sus_simple. ground. cfl_damper_up_ref 结构框的创建。

⑪ Joint Name:. _ATV_front_sus_simple. jklhoo_damper_to_chassis。

⑫ I Part:. _ATV_front_sus_simple. gel_damper_up。

⑬ J Part:. _ATV_front_sus_simple. mts_suspension_to_chassis。

⑭ Joint Type:hooke。

⑮ Active:kinematic mode。

⑯ Location Dependency:Delta location from coordinate。

⑰ Coordinate Reference:. _ATV_front_sus_simple. ground. hpl_damper_up。

⑱ Location:0,0,0。

⑲ Location in:local。

⑳ I-Part Axis:. _ATV_front_sus_simple. ground. hpl_shock_down。

㉑ J-Part Axis:. _ATV_front_sus_simple. ground. cfl_damper_up_ref。

㉒ 单击 Apply,完成 . _ATV_front_sus_simple. jklhoo_damper_to_chassis 约束副的创建。

(9) 部件 damper_down 与 lca 之间 hooke 约束:

① 单击 Build>Construction Frame>New 命令,弹出创建结构对话框,可参考图 2-8。

② Construction Frame:. _ATV_front_sus_simple. ground. cfl_damper_down_ref。

③ Location Dependency:Delta location from coordinate。

④ Coordinate Reference:. _ATV_front_sus_simple. ground. hpl_shock_down。

⑤ Location:0,0,−50。

⑥ Location in:local。

⑦ Orientation Dependency:User-entered values。

⑧ Orient Using:Euler Angles。

⑨ Euler Angles:0.0,0.0,0.0。

⑩ 单击 Apply,完成 . _ATV_front_sus_simple. ground. cfl_damper_down_ref 结构框的创建。

⑪ Joint Name:. _ATV_front_sus_simple. jklhoo_damper_down。

⑫ I Part:. _ATV_front_sus_simple. gel_damper_down。

⑬ J Part:. _ATV_front_sus_simple. gel_lca。

⑭ Joint Type:hooke。

⑮ Active:kinematic mode。

⑯ Location Dependency:Delta location from coordinate。

⑰ Coordinate Reference:. _ATV_front_sus_simple. ground. hpl_shock_down。

⑱ Location:0,0,0。

⑲ Location in:local。

⑳ I-Part Axis:. _ATV_front_sus_simple. ground. cfl_spring_up。

㉑ J-Part Axis:. _ATV_front_sus_simple. ground. cfl_damper_down_ref。

㉒ 单击 Apply,完成 . _ATV_front_sus_simple. jklhoo_damper_down 约束副的创建。

(10) 部件 strut_up 与 strut_low 之间 cylindrical 约束:

① Joint Name:. _ATV_front_sus_simple. jolcyl_damper_slide。

② I Part:. _ATV_front_sus_simple. gel_damper_up。

③ J Part:. _ATV_front_sus_simple. gel_damper_down。

④ Joint Type:cylindrical。

⑤ Active:always。

⑥ Location Dependency:Centered between coordinates。

⑦ Centered between:Two Coordinates。

⑧ Coordinate Reference #1:. _ATV_front_sus_simple. ground. hpl_damper_up。

⑨ Coordinate Reference #2:. _ATV_front_sus_simple. ground. hpl_shock_down。

⑩ Orientation Dependency:Orient axis along line。

⑪ Coordinate Reference ＃1:. _ATV_front_sus_simple. ground. hpl_damper_up。

⑫ Coordinate Reference ＃2:. _ATV_front_sus_simple. ground. hpl_shock_down。

⑬ Axis:Z。

⑭ 单击 Apply,完成 . _ATV_front_sus_simple. jolcyl_damper_slide 约束副的创建。

2.1.12 柔性约束

单击 Build>Attachments>Bushing>New 命令,弹出创建衬套件对话框,如图 2-15 所示。

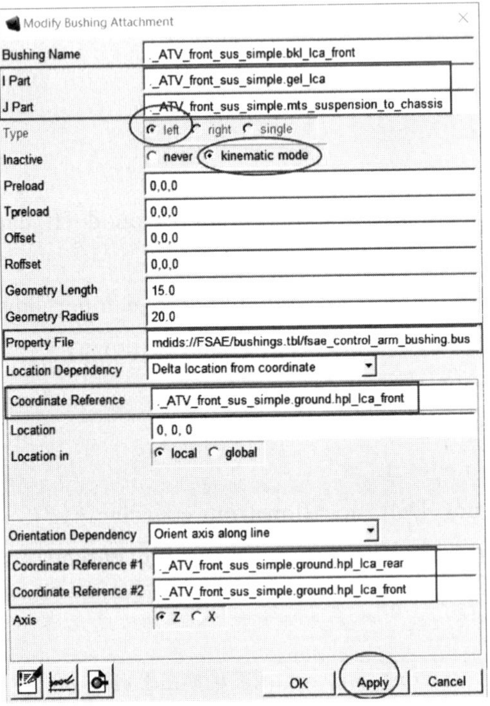

图 2-15　衬套约束

(1) 部件 lca 与 suspension_to_chassis 之间 lca_front 约束:

① Bushing Name:. _ATV_front_sus_simple. bkl_lca_front。

② I Part:. _ATV_front_sus_simple. gel_lca。

③ J Part:. _ATV_front_sus_simple. mts_suspension_to_chassis。

④ Inactive:kinematic mode。

⑤ Preload:0,0,0。

⑥ Tpreload:0,0,0。

⑦ Offset:0,0,0。

⑧ Roffset:0,0,0。

⑨ Geometry Length:15. 0。

⑩ Geometry Radius:20. 0。

⑪ Property File:mdids://FSAE/bushings. tbl/fsae_control_arm_bushing. bus。

⑫ Location Dependency:Delta location from coordinate。

⑬ Coordinate Reference:. _ATV _front_sus_simple. ground. hpl_lca_front。

⑭ Location:0,0,0。

⑮ Location in:local。

⑯ Orientation Dependency:Orient axis along line。

⑰ Coordinate Reference #1:. _ATV_front_sus_simple. ground. hpl_lca_rear。

⑱ Coordinate Reference #2:. _ATV_front_sus_simple. ground. hpl_lca_front。

⑲ Axis:Z。

⑳ 单击 Apply,完成 . _ATV_front_sus_simple. bkl_lca_front 轴套的创建。

(2) 部件 lca 与 suspension_to_chassis 之间 lca_rear 约束:

① Bushing Name:. _ATV_front_sus_simple. bkl_lca_rear。

② I Part:. _ATV_front_sus_simple. gel_lca。

③ J Part:. _ATV_front_sus_simple. mts_suspension_to_chassis。

④ Inactive:kinematic mode。

⑤ Preload:0,0,0。

⑥ Tpreload:0,0,0。

⑦ Offset:0,0,0。

⑧ Roffset:0,0,0。

⑨ Geometry Length:15. 0。

⑩ Geometry Radius:20. 0。

⑪ Property File:mdids://FSAE/bushings. tbl/fsae_control_arm_bushing. bus。

⑫ Location Dependency:Delta location from coordinate。

⑬ Coordinate Reference:. _ATV_front_sus_simple. ground. hpl_lca_front。

⑭ Location:0,0,0。

⑮ Location in:local。

⑯ Orientation Dependency:Orient axis along line。

⑰ Coordinate Reference #1:. _ATV_front_sus_simple. ground. hpl_lca_rear。

⑱ Coordinate Reference #2:. _ATV_front_sus_simple. ground. hpl_lca_front。

⑲ Axis:Z。

⑳ 单击 Apply,完成 . _ATV_front_sus_simple. bkl_lca_rear 轴套的创建。

(3) 部件 uca 与 suspension_to_chassis 之间 uca_front 约束:

① Bushing Name:. _ATV_front_sus_simple. bkl_uca_front。

② I Part:. _ATV_front_sus_simple. gel_uca。

③ J Part:. _ATV_front_sus_simple. mts_suspension_to_chassis。

④ Inactive:kinematic mode。

⑤ Preload:0,0,0。

⑥ Tpreload:0,0,0。

⑦ Offset:0,0,0。

⑧ Roffset:0,0,0。

⑨ Geometry Length:15. 0。

⑩ Geometry Radius:20. 0。

⑪ Property File:mdids://FSAE/bushings. tbl/fsae_control_arm_bushing. bus。用记事本文件打开衬套属性文件,用 MATLAB 软件绘制在 X、Y、Z 方向的垂向刚度及扭转刚度,如图 2-16 和图 2-17 所示。

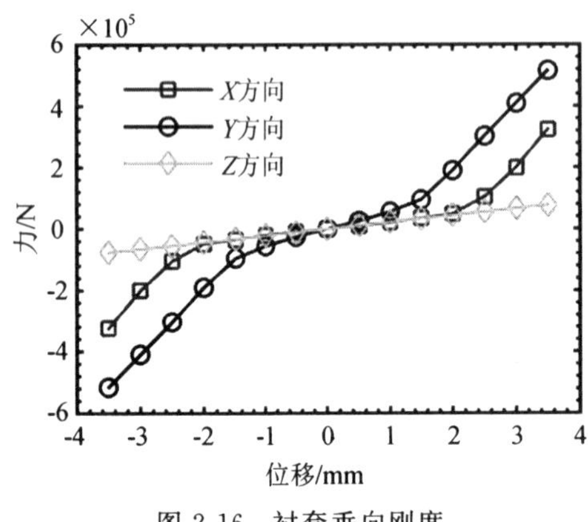

图 2-16　衬套垂向刚度

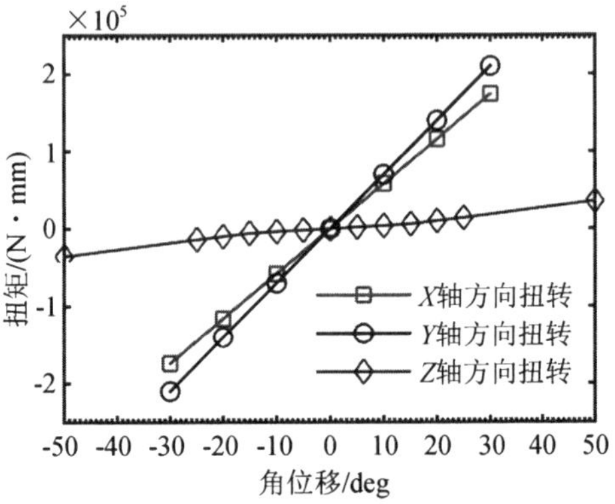

图 2-17　衬套扭转刚度

⑫ Location Dependency:Delta location from coordinate。

⑬ Coordinate Reference:. _ATV_front_sus_simple. ground. hpl_uca_front。

⑭ Location:0,0,0。

⑮ Location in:local。

⑯ Orientation Dependency:Orient axis along line。

⑰ Coordinate Reference ＃1:. _ATV_front_sus_simple. ground. hpl_uca_rear。

⑱ Coordinate Reference ＃2:. _ATV_front_sus_simple. ground. hpl_uca_front。

⑲ Axis:Z。

⑳ 单击 Apply,完成 . _ATV_front_sus_simple. bkl_uca_front 轴套的创建。

(4) 部件 uca 与 suspension_to_chassis 之间 uca_rear 约束:

① Bushing Name:. _ATV_front_sus_simple. bkl_uca_rear。

② I Part:. _ATV_front_sus_simple. gel_uca。

③ J Part:. _ATV_front_sus_simple. mts_suspension_to_chassis。

④ Inactive:kinematic mode。

⑤ Preload:0,0,0。

⑥ Tpreload:0,0,0。

⑦ Offset:0,0,0。

⑧ Roffset:0,0,0。

⑨ Geometry Length:15. 0。

⑩ Geometry Radius:20. 0。

⑪ Property File:mdids://FSAE/bushings. tbl/fsae_control_arm_bushing. bus。用记事本文件打开衬套属性文件,用 MATLAB 软件绘制在 X、Y、Z 方向的垂向刚度及扭转刚度,如图 2-16 和图 2-17 所示。

⑫ Location Dependency:Delta location from coordinate。

⑬ Coordinate Reference:. _ATV _front_sus_simple. ground. hpl_uca_rear。

⑭ Location:0,0,0。

⑮ Location in:local。

⑯ Orientation Dependency:Orient axis along line。

⑰ Coordinate Reference ＃1:. _ATV_front_sus_simple. ground. hpl_uca_rear。

⑱ Coordinate Reference ＃2:. _ATV_front_sus_simple. ground. hpl_uca_front。

⑲ Axis:Z。

⑳ 单击 Apply,完成 . _ATV_front_sus_simple. bkl_uca_rear 轴套的创建。

(5) 部件 damper_up 与 suspension_to_chassis 之间 damper_up 约束:

① Bushing Name:. _ATV_front_sus_simple. bkr_damper_up。

② I Part:. _ATV_front_sus_simple. ger_damper_up。

③ J Part:. _ATV_front_sus_simple. mts_suspension_to_chassis。

④ Inactive: kinematic mode。

⑤ Preload:0,0,0。

⑥ Tpreload:0,0,0。

⑦ Offset:0,0,0。

⑧ Roffset:0,0,0。

⑨ Geometry Length:15. 0。

⑩ Geometry Radius:20. 0。

⑪ Property File:mdids://my_book/bushings. tbl/damper_top. bus。

⑫ Location Dependency:Delta location from coordinate。

⑬ Coordinate Reference:. _ATV _front_sus_simple. ground. hpr_damper_up。

⑭ Location:0,0,0。

⑮ Location in:local。

⑯ Orientation Dependency:User-entered values。

⑰ Orient Using:Euler Angles。

⑱ Euler Angles:90,102,0。

⑲ 单击 Apply,完成 . _ATV_front_sus_simple. bkr_damper_up 轴套的创建。

(6) 部件 damper_down 与 suspension_to_chassis 之间 damper_down 约束:

① Bushing Name:. _ATV_front_sus_simple. bkl_damper_down。

② I Part:. _ATV_front_sus_simple. gel_damper_down。

③ J Part:. _ATV_front_sus_simple. gel_lca。

④ Inactive:kinematic mode。

⑤ Preload:0,0,0。

⑥ Tpreload:0,0,0。

⑦ Offset:0,0,0。

⑧ Roffset:0,0,0。

⑨ Geometry Length:15.0。

⑩ Geometry Radius:20.0。

⑪ Property File:mdids://my_book/bushings.tbl/damper_down.bus。

⑫ Location Dependency:Delta location from coordinate。

⑬ Coordinate Reference:._ATV_front_sus_simple.ground.hpl_shock_down。

⑭ Location:0,0,0。

⑮ Location in:local。

⑯ Orientation Dependency:User-entered values。

⑰ Orient Using:Euler Angles。

⑱ Euler Angles:90,102,0。

⑲ 单击 OK,完成._ATV_front_sus_simple.bkl_damper_down 轴套的创建。

2.1.13 通讯器

(1) 单击 Build>Communicator>Output>New 命令,弹出通讯器对话框,如图 2-18 所示。

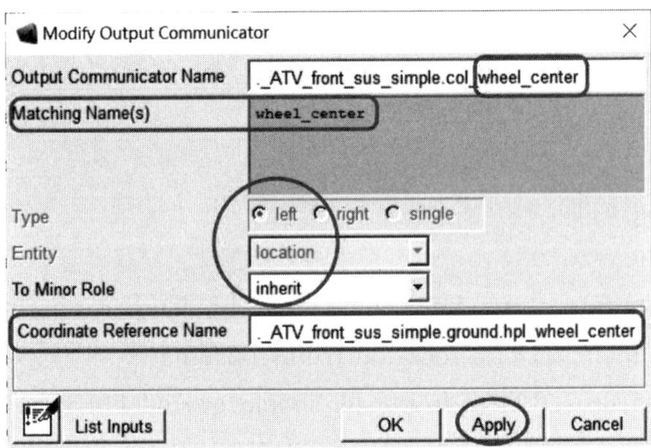

图 2-18 通讯器

(2) Output Communicator Name:._ATV_front_sus_simple.col_wheel_center。

(3) Matching Name(s):wheel_center。

(4) Type:left。

(5) Entity:location。

(6) To Minor Role:inherit。

(7) Coordinate Reference Name:._ATV_front_sus_simple.ground.hpl_wheel_center。

(8) 单击 Apply,完成._ATV_front_sus_simple.col_wheel_center 通讯器的创建。

(9) Output Communicator Name:._ATV_front_sus_simple.col_suspension_mount。

(10) Matching Name(s):suspension_mount。

(11) Type:left。

(12) Entity:mount。

(13) To Minor Role:inherit。

(14) Part Name:. _ATV_front_sus_simple. gel_hub。

(15) 单击 Apply,完成 . _ATV _front_sus_simple. col_suspension_mount 通讯器的创建。

(16) Output Communicator Name:. _ATV_front_sus_simple. col_suspension_upright。

(17) Matching Name(s):suspension_upright。

(18) Type:left。

(19) Entity:mount。

(20) To Minor Role:inherit。

(21) Part Name:. _ATV_front_sus_simple. gel_upright。

(22) 单击 OK,完成 . _ATV_front_sus_simple. col_suspension_upright 通讯器的创建。

2.1.14 变量参数

(1) 单击 Build>Suspension Parameters>Characteristics Array>Set 命令。

(2) Steer Axis Calculation:Geometric。

(3) Suspension Type:independent。

(4) I Part:. _ATV_front_sus_simple. gel_uca。

(5) J Part:. _ATV_front_sus_simple. gel_lca。

(6) I Coordinate Reference:. _ATV_front_sus_simple. ground. hpl_uca_outer。

(7) J Coordinate Reference:. _ATV_front_sus_simple. ground. hpl_lca_outer。

(8) 单击 OK,完成悬架参数变量设置。

(9) 单击 File>Save As 命令,保存模板对话框,如图 2-19 所示。

(10) Major Role:suspension。

(11) File Format:Binary。

(12) Target:Database/my_book。

(13) 单击 OK,完成_ATV_front_sus_simple 双 A 臂悬架模型的保存。

建立好的前双 A 臂悬架模型如图 2-20 所示。

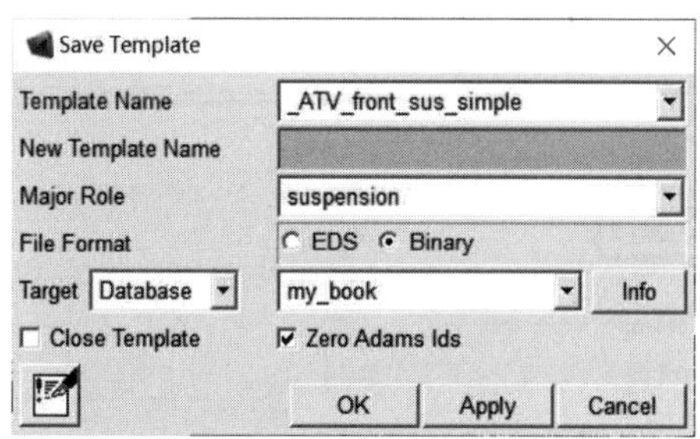

图 2-19　双 A 臂悬架模型保存

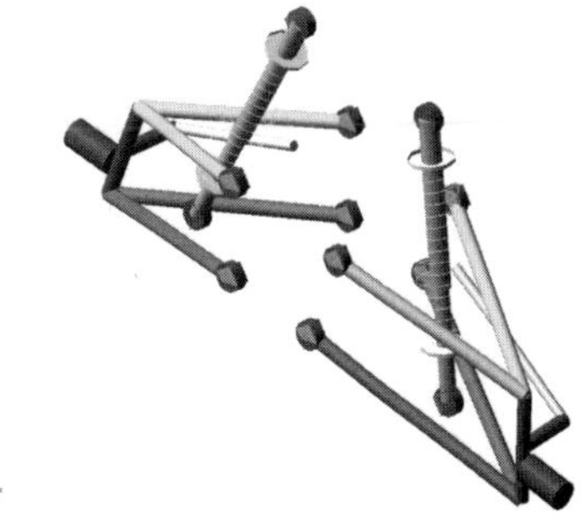

图 2-20　双 A 臂悬架模型

2.1.15　双 A 臂悬架子系统

(1) 按 F9,把专家模板转换到标准模式,单击 File>New>Suspension 命令,弹出创建子系统对话框,如图 2-21 所示。

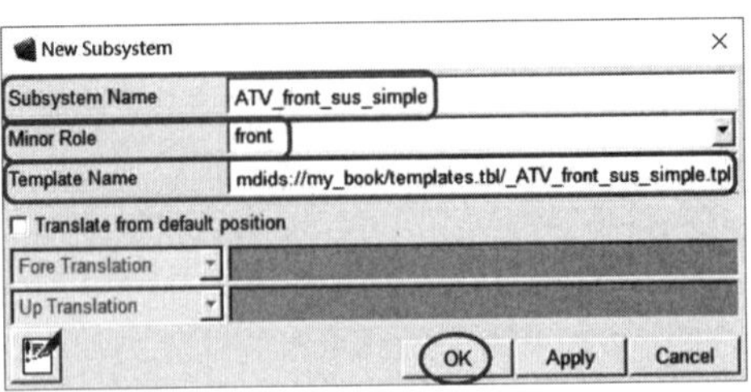

图 2-21　双 A 臂悬架模型子系统

(2) Subsystem Name:ATV_front_sus_simple。

(3) Minor Role:front(指悬架为前悬架)。

(4) Template Name:mdids://my_book/templates.tbl/_ATV_front_sus_simple.tpl。

(5)单击 OK,完成 ATV_front_sus_simple 推杆式悬架子系统的创建。

2.2　拖曳臂式非独立悬架

(1) 单击 File>New 命令,弹出建模对话框,如图 2-22 所示。

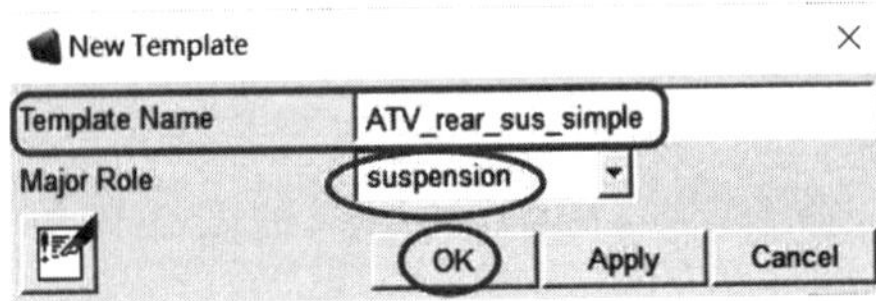

图 2-22　悬架模板——ATV_rear_sus_simple

(2) Template Name:ATV_rear_sus_simple。

(3) Major Role:suspension。

(4) 单击 OK。

(5)单击 Build>Hardpoint>New 命令,弹出创建硬点参数对话框,如图 2-23 所示。

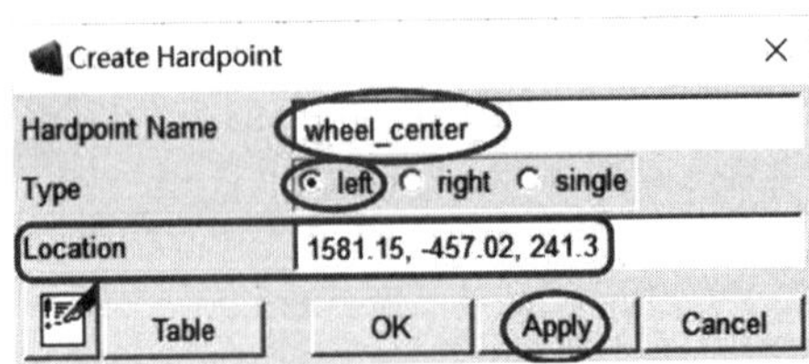

图 2-23　硬点创建

(6) Hardpoint Name:wheel_center。

(7) Type：left。

(8) Location：1581.15，－457.02，241.3。

(9) 单击 Apply，完成 ._ATV_rear_sus_simple.ground.hpl_wheel_center 硬点的创建。

(10) 重复步骤(5)～(9)，完成图 2-24 中硬点的创建。

	loc_x	loc_y	loc_z
hpr_axle_house_fix	1581.15	141.28	241.3
hpr_damp_dwon_base	1343.67	121.28	352.89
hpr_rear_sus_to_frame	1143.0	141.28	412.75
hpr_rear_sus_to_frame_inner	1143.0	101.28	412.75
hpr_shaft_inner	1581.15	100.0	241.3
hpr_wheel_center	1581.15	457.02	241.3
hps_axle_housle	1581.15	0.0	241.3
hps_damper_up	1161.4	0.0	609.12
hps_danoer_down	1343.67	0.0	352.89

图 2-24　拖曳臂式非独立悬架硬点

2.2.1　整体式驱动桥

2.2.1.1　整体式桥壳部件

(1) 单击 Build>Part>General Part>New 命令，弹出创建部件对话框，如图 2-25 所示。

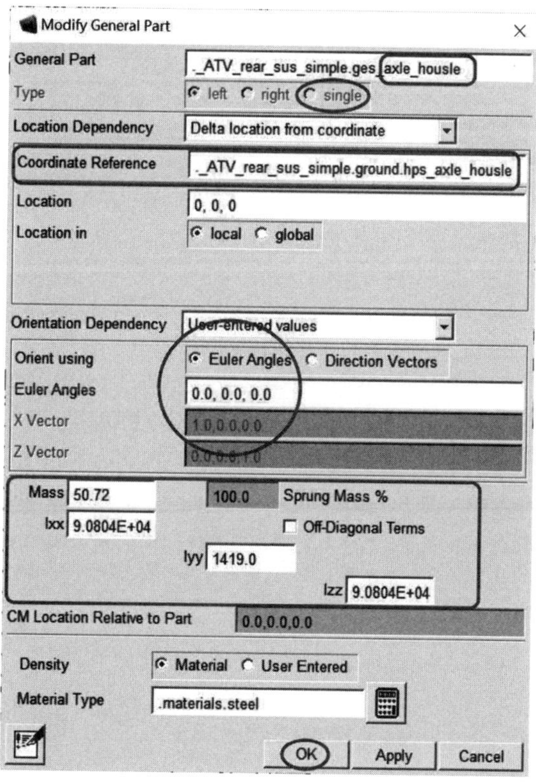

图 2-25　部件 axle_housle

(2) General Part:. _ATV_rear_sus_simple. ges_axle_housle。

(3) Type:single。

(4) Location Dependency:Delta location from coordinate。

(5) Coordinate Reference:. _ATV_rear_sus_simple. ground. hps_axle_housle。

(6) Location:0,0,0。

(7) Location in:local。

(8) Orientation Dependency:User-entered values。

(9) Orient Using:Euler Angles。

(10) Euler Angles:0. 0,0. 0,0. 0。

(11) Mass:1。

(12) Ixx:1。

(13) Iyy:1。

(14) Izz:1。

(15) Density:Material。

(16) Material Type:. materials. steel。

(17) 单击 OK,完成 . _ATV_rear_sus_simple. ges_axle_housle 部件的创建。

2. 2. 1. 2　整体式驱动桥几何体 axle_housle

(1) 单击 Build>Geometry>Link>New 命令,弹出创建几何体对话框,如图 2-26 所示。

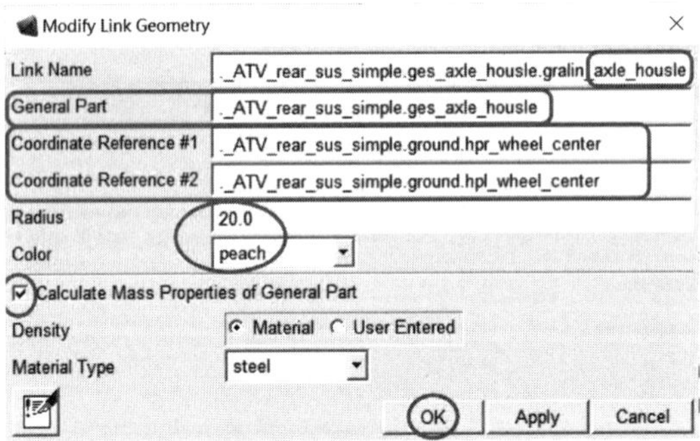

图 2-26　几何体 axle_housle

(2) Link Name:. _ATV_rear_sus_simple. ges_axle_housle. gralin_axle_housle。

(3)General Part:. _ATV_rear_sus_simple. ges_axle_housle。

(4) Coordinate Reference ＃1:. _ATV_rear_sus_simple. ground. hpr_wheel_center。

(5) Coordinate Reference ＃2:. _ATV_rear_sus_simple. ground. hpl_wheel_center。

(6) Radius:20. 0。

(7) Color:peach。

(8) 选择 Calculate Mass Properties of General Part 复选框。

(9) Density:Material。

(10) Material Type:steel。

(11) 单击 Apply,完成 . _ATV_rear_sus_simple. ges_axle_housle. gralin_axle_housle

几何体的创建。

(12) Link Name:. _ATV_rear_sus_simple. ges_axle_housle. gralin_prod_1。

(13) General Part:. _ATV_rear_sus_simple. ges_axle_housle。

(14) Coordinate Reference ＃1:. _ATV_rear_sus_simple. ground. hpl_rear_sus_to_frame_inner。

(15) Coordinate Reference ＃2:. _ATV_rear_sus_simple. ground. hpl_axle_housle_fix。

(16) Radius:10. 0。

(17) Color:red。

(18) 选择 Calculate Mass Properties of General Part 复选框。

(19) Density:Material。

(20) Material Type:steel。

(21) 单击 Apply,完成 . _ATV_rear_sus_simple. ges_axle_housle. gralin_prod_1 几何体的创建。

(22) Link Name:. _ATV_rear_sus_simple. ges_axle_housle. gralin_prod_2。

(23) General Part:. _ATV_rear_sus_simple. ges_axle_housle。

(24) Coordinate Reference ＃1:. _ATV_rear_sus_simple. ground. hpr_rear_sus_to_frame_inner。

(25) Coordinate Reference ＃2:. _ATV_rear_sus_simple. ground. hpr_axle_housle_fix。

(26) Radius:10. 0。

(27) Color:red。

(28) 选择 Calculate Mass Properties of General Part 复选框。

(29) Density:Material。

(30) Material Type:steel。

(31) 单击 Apply,完成 . _ATV_rear_sus_simple. ges_axle_housle. gralin_prod_2 几何体的创建。

(32) Link Name:. _ATV_rear_sus_simple. ges_axle_housle. gralin_prod_3。

(33) General Part:. _ATV_rear_sus_simple. ges_axle_housle。

(34) Coordinate Reference ＃1:. _ATV_rear_sus_simple. ground. hpl_rear_sus_to_frame。

(35) Coordinate Reference ＃2:. _ATV_rear_sus_simple. ground. hpr_rear_sus_to_frame。

(36) Radius:10. 0。

(37) Color:red。

(38) 选择 Calculate Mass Properties of General Part 复选框。

(39) Density:Material。

(40) Material Type:steel。

(41) 单击 Apply,完成 . _ATV_rear_sus_simple. ges_axle_housle. gralin_prod_3 几何体的创建。

(42) Link Name:. _ATV_rear_sus_simple. ges_axle_housle. gralin_prod_4。

(43) General Part:. _ATV_rear_sus_simple. ges_axle_housle。

(44) Coordinate Reference #1:. _ATV_rear_sus_simple. ground. hpl_damper_down_base。

(45) Coordinate Reference #2:. _ATV_rear_sus_simple. ground. hpr_damper_down_base。

(46) Radius:12.0。

(47) Color:red。

(48) 选择 Calculate Mass Properties of General Part 复选框。

(49) Density:Material。

(50) Material Type:steel。

(51) 单击 OK,完成 . _ATV_rear_sus_simple. ges_axle_housle. gralin_prod_4 几何体的创建。

2.2.2 轮毂 spindle

(1) 单击 Build>Suspension Parameters>Toe/Camber Values>Set 命令,弹出创建悬架参数对话框,如图 2-27 所示。

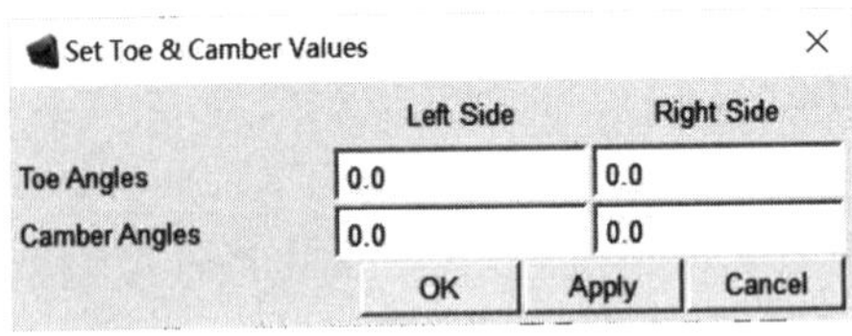

图 2-27　悬架参数

(2) Toe Angles:0.0/0.0。

(3) Camber Angles:0.0/0.0。

(4) 单击 OK,完成参数创建。与此同时,系统自动建立两个输出通讯器:col[r]_toe_angle 和 col[r]_camber_angle。

(5) 单击 Build>Construction Frame>New 命令,弹出创建结构框对话框,如图 2-28 所示。

(6) Construction Frame:. _ATV_rear_sus_simple. ground. cfl_wheel_center。

(7) Coordinate Reference:. _ATV_rear_sus_simple. ground. hpl_wheel_center。

(8) Location:0,0,0。

(9) Location in:local。

(10) Orientation Dependency:Toe/Camber。

(11) Variable Type:Parameter Variables。

(12) Toe Parameter Variable:. _ATV_rear_sus_simple. pvl_toe_angle。

(13) Camber Parameter Variable:. _ATV_rear_sus_simple. pvl_camber_angle。

(14) 单击 OK,完成 . _ATV_rear_sus_simple. ground. cfl_wheel_center 结构框的创建。

(15) 单击 Build>Part>General Part>New 命令,弹出创建部件对话框,可参考图 2-25。

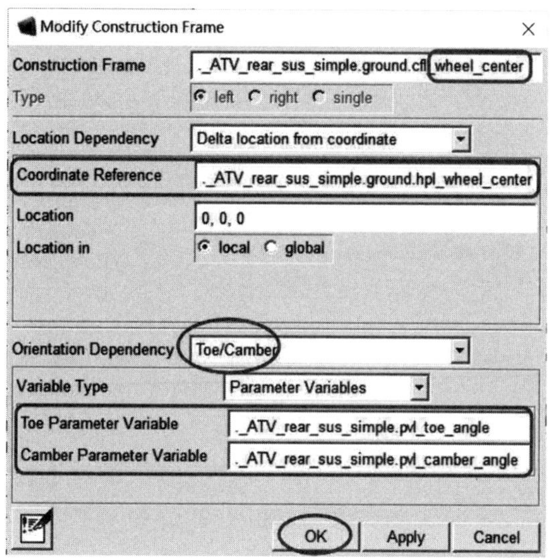

图 2-28　wheel_center 结构框

(16) General Part:. _ATV_rear_sus_simple. gel_spindle。

(17) Type:single。

(18) Coordinate Reference:. _ATV_rear_sus_simple. ground. hpl_wheel_center。

(19) Location:0,0,0。

(20) Location in:local。

(21) Orientation Dependency:Toe/Camber。

(22) Orient Using:Euler Angles。

(23) Euler Angles:0,0,0。

(24) Mass:1。

(25) Ixx:1。

(26) Iyy:1。

(27) Izz:1。

(28) Density:Material。

(29) Material Type:. materials. steel。

(30) 单击 OK,完成 . _ATV_rear_sus_simple. gel_spindle 部件的创建。

(31) 单击 Build>Geometry>Cylinder>New 命令,弹出创建几何体对话框,如图 2-29 所示。

(32) Cylinder Name:. _ATV_rear_sus_simple. gel_spindle. gracyl_hub。

(33) General Part:. _ATV_rear_sus_simple. gel_spindle。

(34) Construction Frame:. _ATV_rear_sus_simple. ground. cfl_wheel_center。

(35) Radius:10. 0。

(36) Length In Positive Z:20. 0。

(37) Length In Negative Z:180. 0。

(38) Color:blue。

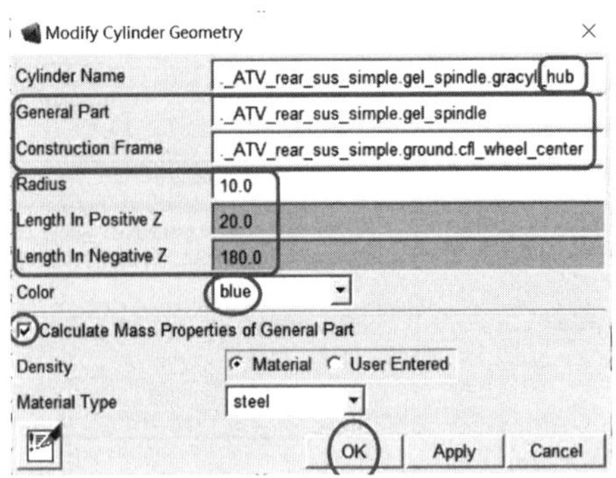

图 2-29　轮毂几何体

(39) 选择 Calculate Mass Properties of General Part 复选框。

(40) 单击 OK,完成 ._ATV_rear_sus_simple.gel_spindle.gracyl_hub 轮毂圆柱体几何体的创建。

2.2.3　驱动轴

2.2.3.1　变量参数 drive_shaft_offset

(1) 单击 Build>Parameter Variable>New 命令,弹出参数变量对话框,如图 2-30 所示。

(2) Parameter Variable Name:._ATV_rear_sus_simple.pvl_drive_shaft_offset。

(3) Type:left。

(4) Real Value:180.0。

(5) Units:length。

(6) Hide from standard user:no。

(7) 单击 OK,完成 ._ATV_rear_sus_simple.pvl_drive_shaft_offset 变量的创建。

2.2.3.2　结构框 drive_shaft_otr

(1) 单击 Build>Construction Frame>New 命令,弹出创建结构框对话框,如图 2-31 所示。

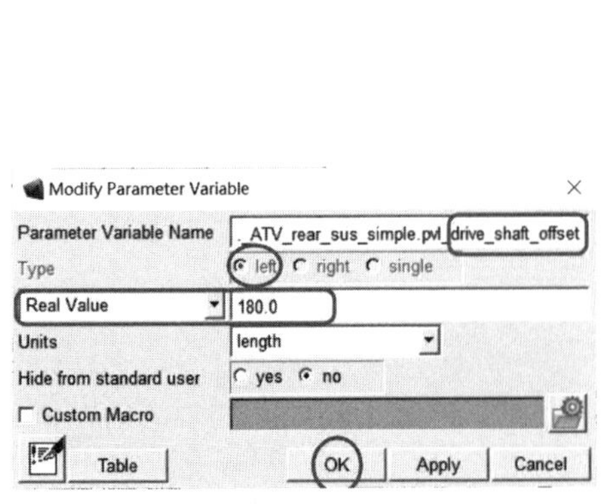

图 2-30　drive_shaft_offset 变量

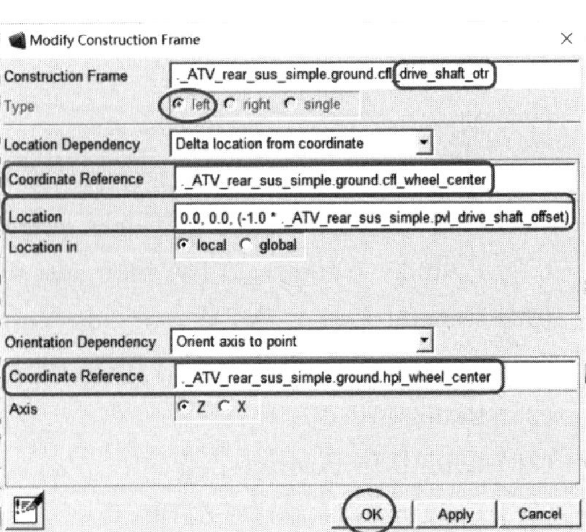

图 2-31　结构框 drive_shaft_otr

(2)Construction Frame:. _ATV_rear_sus_simple. ground. cfl_drive_shaft_otr。

(3) Location Dependency:Delta location from coordinate。

(4) Coordinate Reference:. _ATV_rear_sus_simple. ground. cfl_wheel_center。

(5) Location:0. 0,0. 0,(-1. 0 * . _ATV_rear_sus_simple. pvl_drive_shaft_offset)。

(6) Location in:local。

(7) Orientation Dependency:Orient axis to point。

(8) Coordinate Reference:. _ATV_rear_sus_simple. ground. hpl_wheel_center。

(9) Axis:Z。

(10)单击 OK,完成 . _ATV_rear_sus_simple. ground. cfl_drive_shaft_otr 结构框的创建。

2.2.3.3 驱动轴部件 drive_shaft

(1) 单击 Build>Part>General Part>New 命令,弹出创建部件对话框,可参考图 2-25。

(2) General Part:. _ATV_rear_sus_simple. gel_drive_shaft。

(3) Location Dependency:Delta location from coordinate。

(4) Coordinate Reference:. _P2_rear_sus. ground. hpl_shaft_inner。

(5) Location:0,0,0。

(6) Location in:local。

(7) Orientation Dependency:Orient in plane。

(8) Coordinate Reference #1:. _ATV_rear_sus_simple. ground. cfl_drive_shaft_otr。

(9) Coordinate Reference #2:. _ATV_rear_sus_simple. ground. hpl_shaft_inner。

(10) Coordinate Reference#3:. _ATV_rear_sus_simple. ground. hpl_wheel_center。

(11) Axis:ZX。

(12) Mass:1。

(13) Ixx:1。

(14) Iyy:1。

(15) Izz:1。

(16) Density:Material。

(17) Material Type:. materials. steel。

(18) 单击 OK,完成 . _ATV_rear_sus_simple. gel_drive_shaft 部件的创建。

2.2.3.4 驱动轴几何体 drive_shaft

(1) 单击 Build>Geometry>Link>New 命令,弹出创建几何体对话框,可参考图 2-26。

(2) Link Name:. _ATV_rear_sus_simple. gel_drive_shaft. gralin_drive_shaft。

(3) General Part:. _ATV_rear_sus_simple. gel_drive_shaft。

(4) Coordinate Reference #1:. _ATV_rear_sus_simple. ground. hpl_shaft_inner。

(5) Coordinate Reference #2:. _ATV_rear_sus_simple. ground. cfl_drive_shaft_otr。

(6) Radius:8. 0。

(7) Color:skyblue。

(8) 选择 Calculate Mass Properties of General Part 复选框，当几何建立好之后会更新对应部件的质量和惯量参数。

(9) Density：Material。

(10) Material Type：steel。

(11) 单击 OK，完成 . _ATV_rear_sus_simple. gel_drive_shaft. gralin_drive_shaft 几何体的创建。

2.2.3.5　驱动轴几何体 otr_cv_housing

(1) 单击 Build＞Geometry＞Ellipsoid＞New 命令，弹出创建椭球体(球形)对话框，如图 2-32 所示。

(2) Ellipsoid Name：. _ATV_rear_sus_simple. gel_drive_shaft. graell_otr_cv_housing。

(3) Coordinate Reference：. _ATV_rear_sus_simple. ground. cfl_drive_shaft_otr。

(4) Method：scaled off link。

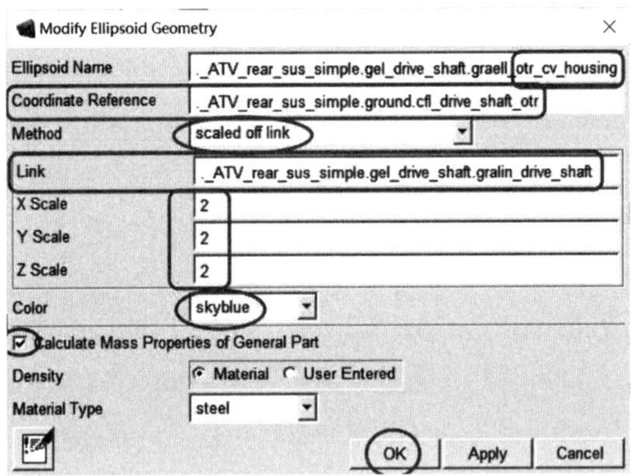

图 2-32　椭球体(球形)otr_cv_housing

(5) Link：. _ATV_rear_sus_simple. gel_drive_shaft. gralin_drive_shaft。

(6) X Scale：2。

(7) Y Scale：2。

(8) Z Scale：2。

(9) Color：skyblue。

(10) 选择 Calculate Mass Properties of General Part 复选框。

(11) Density：Material。

(12) Material Type：steel。

(13) 单击 Apply，完成 . _ATV_rear_sus_simple. gel_drive_shaft. graell_otr_cv_housing 几何体的创建。

(14) Ellipsoid Name：. _ATV_rear_sus_simple. gel_drive_shaft. graell_tripot_housing。

(15) Coordinate Reference：. _ATV_rear_sus_simple. ground. hpl_shaft_inner。

(16) Method：scaled off link。

(17) Link：. _ATV_rear_sus_simple. gel_drive_shaft. gralin_drive_shaft。

(18) X Scale:2。

(19) Y Scale:2。

(20) Z Scale:2。

(21) Color:skyblue。

(22) 选择 Calculate Mass Properties of General Part 复选框。

(23) Density:Material。

(24) Material Type:steel。

(25) 单击 OK,完成 . _ATV_rear_sus_simple. gel_drive_shaft. graell_tripot_housing 几何体的创建。

2.2.4 万向节 tripot

2.2.4.1 结构框 drive_shaft_inr

(1) 单击 Build>Construction Frame>New 命令。

(2) Construction Frame:. _ATV_rear_sus_simple. ground. cfl_drive_shaft_inr。

(3) Location Dependency:Delta location from coordinate。

(4) Coordinate Reference:. _ATV_rear_sus_simple. ground. hpl_shaft_inner。

(5) Location:0,0,0。

(6) Location in:local。

(7) Orientation Dependency:Orient in plane。

(8) Coordinate Reference #1:. _ATV_rear_sus_simple. ground. hpl_shaft_inner。

(9) Coordinate Reference #2:. _ATV_rear_sus_simple. ground. hpr_shaft_inner。

(10) Coordinate Reference# 3:. _ATV_rear_sus_simple. ground. cfl_drive_shaft_otr。

(11) Axis:ZX。

(12)单击 OK,完成 . _ATV_rear_sus_simple. ground. cfl_drive_shaft_inr 结构框的创建。

2.2.4.2 万向节部件 tripot

(1) 单击 Build>Part>General Part>New 命令,弹出创建部件对话框,可参考图 2-25。

(2) General Part:. _ATV_rear_sus_simple. gel_tripot。

(3) Location Dependency:Delta location from coordinate。

(4) Coordinate Reference:. _ATV_rear_sus_simple. ground. hpl_shaft_inner。

(5) Location:0,0,0。

(6) Location in:local。

(7) Orientation Dependency:Orient to zpoint-xpoint。

(8) Coordinate Reference #1:. _ATV_rear_sus_simple. ground. hpr_shaft_inner。

(9) Coordinate Reference#2:. _ATV_rear_sus_simple. ground. cfl_drive_shaft_otr。

(10) Axes:ZX

(11) Mass:1。

(12) Ixx:1。

(13) Iyy:1。

(14) Izz:1。

(15) Density:Material。

(16)Material Type:. materials. steel。

(17)单击 OK,完成 . _ATV_rear_sus_simple. gel_tripot 部件的创建。

2.2.4.3 万向节几何体 tripot_housing_extention

(1) 单击 Build>Geometry>Cylinder>New 命令,弹出创建万向节圆柱体对话框,可参考图 2-29。

(2) Cylinder Name:. _ATV_rear_sus_simple. gel_tripot. gracyl_tripot_housing_extention。

(3) General Part:. _ATV_rear_sus_simple. gel_tripot。

(4) Construction Frame:. _ATV_rear_sus_simple. ground. cfl_drive_shaft_inr。

(5) Radius:10.0。

(6) Length In Positive Z:50.0。

(7) Length In Negative Z:0.0。

(8) Color:red。

(9)选择 Calculate Mass Properties of General Part 复选框。

(10)单击 OK,完成 . _ATV_rear_sus_simple. gel_tripot. gracyl_tripot_housing_extention 几何体的创建。

2.2.5 部件 damper_up

(1) 单击 Build>Part>General Part>New 命令,弹出创建部件对话框,可参考图 2-25。

(2) General Part:. _ATV_rear_sus_simple. ges_damper_up。

(3) Location Dependency:Delta location from coordinate。

(4) Coordinate Reference:. _ATV_rear_sus_simple. ground. hps_damper_up。

(5) Location:0,0,0。

(6) Location in:local。

(7) Orientation Dependency:User-entered values。

(8) Orient Using:Euler Angles。

(9) Euler Angles:0.0,0.0,0.0。

(10) Mass:1。

(11) Ixx:1。

(12) Iyy:1。

(13) Izz:1。

(14) Density:Material。

(15) Material Type:. materials. steel。

(16) 单击 OK,完成 . _ATV_rear_sus_simple. ges_damper_up 部件的创建。

2.2.6　部件 damper_down

(1) 单击 Build>Part>General Part>New 命令，弹出创建部件对话框，可参考图 2-25。

(2) General Part:. _ATV_rear_sus_simple. ges_damper_down。

(3) Location Dependency:Delta location from coordinate。

(4) Coordinate Reference:. _ATV _rear_sus_simple. ground. hps_damper_down。

(5) Location:0,0,0。

(6) Location in:local。

(7) Orientation Dependency:User-entered values。

(8) Orient Using:Euler Angles。

(9) Euler Angles:0. 0,0. 0,0. 0。

(10) Mass:1。

(11) Ixx:1。

(12) Iyy:1。

(13) Izz:1。

(14) Density:Material。

(15) Material Type:. materials. steel。

(16) 单击 OK，完成 . _ATV_rear_sus_simple. ges_damper_down 部件的创建。

2.2.7　悬架安装部件

(1) 单击 Build>Part>Mount>New 命令，弹出创建安装部件对话框，如图 2-33 所示。

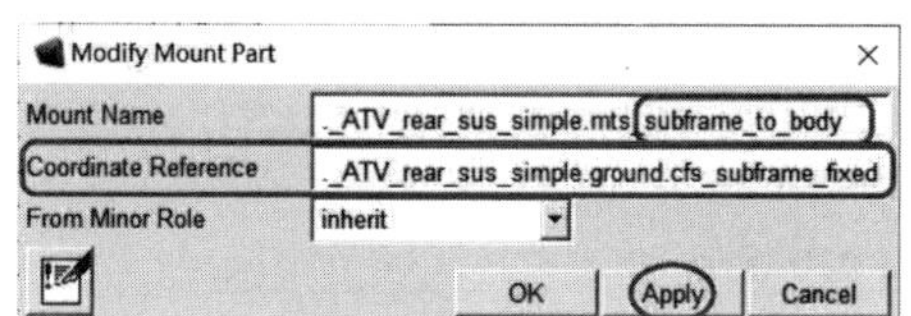

图 2-33　安装部件 subframe_to_body

(2) Mount Name:. _ATV_rear_sus_simple. mts_subframe_to_body。

(3) Coordinate Reference:. _ATV _rear_sus_simple. ground. cfs_subframe_fixed。

(4) From Minor Role:inherit。

(5) 单击 Apply，完成 . _ATV_rear_sus_simple. mts_subframe_to_body 安装部件的创建。

(6) Mount Name:. _ATV_rear_sus_simple. mtl_tripot_to_differential。

(7) Coordinate Reference:. _ATV_rear_sus_simple. ground. hpl_shaft_inner。

(8) From Minor Role:inherit。

(9) 单击 OK，完成 . _ATV_rear_sus_simple. mtl_tripot_to_differential 安装部件的创建。

2.2.8　弹簧/避震器

2.2.8.1　弹簧

(1) 单击 Build>Force>Spring>New 命令，弹出创建弹簧对话框，如图 2-34 所示。

(2) Spring Name:. _ATV_rear_sus_simple. nss_spring。

(3) I Part:. _ATV_rear_sus_simple. ges_damper_up。

(4) J Part:. _ATV_rear_sus_simple. ges_axle_housle。

(5) I Coordinate Reference:. _ATV _rear_sus_simple. ground. cfs_spring_up。

(6) J Coordinate Reference:. _ATV _rear_sus_simple. ground. cfs_spring_down。

(7) Preload:500. 0。

(8) Property File:mdids://my_book/springs. tbl/test_my_30. spr。

(9) Spring Diameter:40。

(10) Number of Coils:15。

(11) 单击 OK，完成 . _ATV_rear_sus_simple. nss_spring 弹簧的创建。

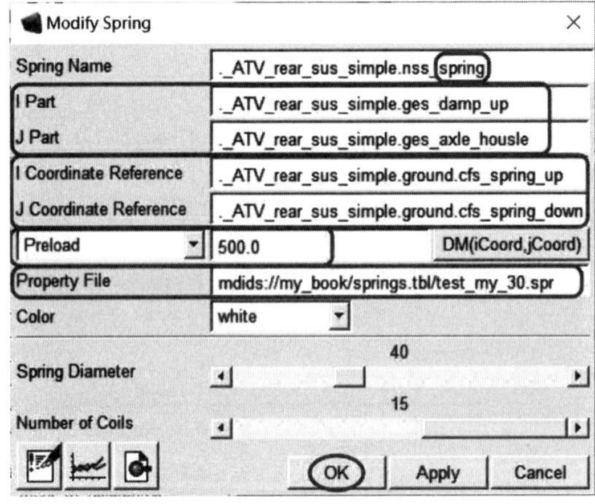

图 2-34　螺旋弹簧

2.2.8.2　避震器

(1) 单击 Build>Force>Damper>New 命令，弹出避震器创建对话框，如图 2-35 所示。

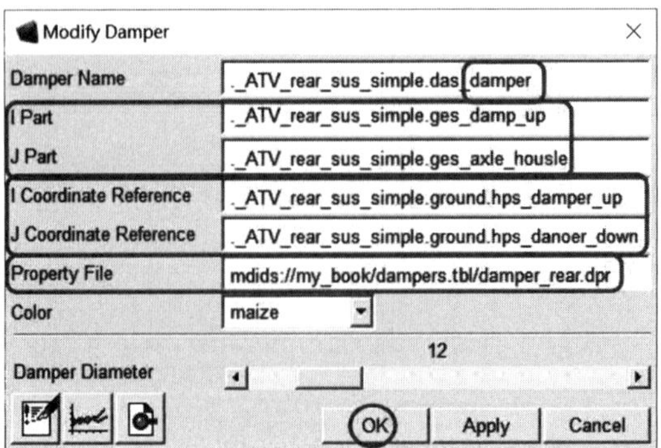

图 2-35　避震器

(2) Damper Name:. _ATV_rear_sus_simple. das_damper。

(3) I Part:. _ATV_rear_sus_simple. ges_damper_up。

(4) J Part:. _ATV_rear_sus_simple. ges_axle_housle。

(5) I Coordinate Reference:. _ATV _rear_sus_simple. ground. hps_damper_up。

(6) J Coordinate Reference:. _ATV_rear_sus_simple. ground. hps_damper_down。

(7) Property File:mdids://my_book/dampers. tbl/damper_rear. dpr。

(8) Color:maize。

(9) Damper Diameter:12。

(10) 单击 OK,完成 . _ATV_rear_sus_simple. das_damper 避震器的创建。

2.2.9 刚性约束

单击 Build>Attachments>Joint>New 命令,弹出创建约束件对话框,如图 2-36 所示。

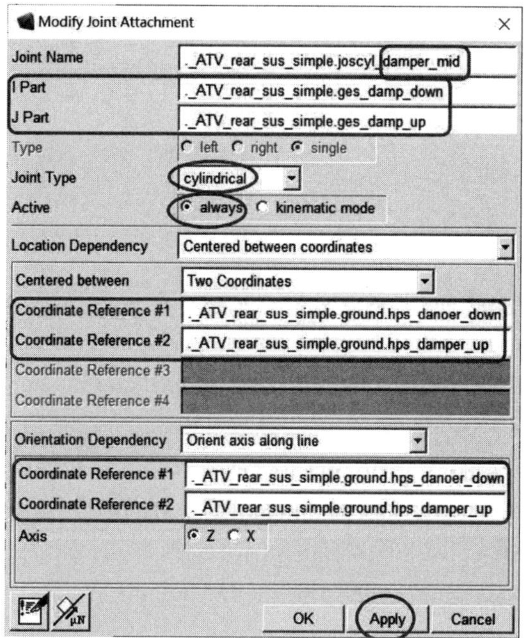

图 2-36　约束副 damper_mid

(1) 部件 damper_down 与 damper_up 之间 cylindrical 约束:

① Joint Name:. _ATV_rear_sus_simple. joscyl_damper_mid。

② I Part:. _ATV_rear_sus_simple. ges_damper_down。

③ J Part:. _ATV_rear_sus_simple. ges_damper_up。

④ Joint Type:cylindrical。

⑤ Active:always。

⑥ Location Dependency:Centered between coordinates。

⑦ Centered between:Two Coordinates。

⑧ Coordinate Reference #1:. _ATV _rear_sus_simple. ground. hps_damper_down。

⑨ Coordinate Reference ＃2:. _ATV_rear_sus_simple. ground. hps_damper_up。

⑩ Orientation Dependency:Orient axis along line。

⑪ Coordinate Reference ＃1:. _ATV_rear_sus_simple. ground. hps_damper_down。

⑫ Coordinate Reference ＃2:. _ATV_rear_sus_simple. ground. hps_damper_up。

⑬ Axis:Z。

⑭ 单击 Apply,完成 . _ATV_rear_sus_simple. joscyl_damper_mid 圆柱副的创建。

(2) 部件 axle_housle 与 subframe_to_body 之间 revolute 约束:

① Joint Name:. _ATV_rear_sus_simple. jksrev_prod_to_frame。

② I Part:. _ATV_rear_sus_simple. ges_axle_housle。

③ J Part:. _ATV_rear_sus_simple. mts_subframe_to_body。

④ Joint Type:revolute。

⑤ Active:always。

⑥ Location Dependency:Centered between coordinates。

⑦ Centered between:Two Coordinates。

⑧ Coordinate Reference ＃1:. _ATV_rear_sus_simple. ground. hpl_rear_sus_to_frame。

⑨ Coordinate Reference ＃2:. _ATV_rear_sus_simple. ground. hpr_rear_sus_to_frame。

⑩ Orientation Dependency:Orient axis along line。

⑪ Coordinate Reference ＃1:. _ATV_rear_sus_simple. ground. hpl_rear_sus_to_frame。

⑫ Coordinate Reference ＃2:. _ATV_rear_sus_simple. ground. hpr_rear_sus_to_frame。

⑬ 单击 Apply,完成 . _ATV_rear_sus_simple. jksrev_prod_to_frame 转动副的创建。

(3) 部件 tripot 与 tripot_to_differential 之间 translational 约束:

① Joint Name:. _ATV_rear_sus_simple. joltra__tripot_to_differential。

② I Part:. _ATV_rear_sus_simple. gel_tripot。

③ J Part:. _ATV_rear_sus_simple. mtl_tripot_to_differential。

④ Joint Type:translational。

⑤ Active:always。

⑥ Location Dependency:Delta location from coordinate。

⑦ Coordinate Reference:. _ATV_rear_sus_simple. ground. hpl_shaft_inner。

⑧ Location:0,0,0。

⑨ Location in:local。

⑩ Orientation Dependency:Orient axis to point。

⑪ Coordinate Reference:. _ATV_rear_sus_simple. ground. cfr_drive_shaft_inr。

⑫ Axis:Z。

⑬ 单击 Apply,完成 . _ATV_rear_sus_simple. joltra_tripot_to_differential 移动副的创建。

(4) 部件 tripot 与 drive_shaft 之间 convel 约束:

① Joint Name:. _ATV_rear_sus_simple. jolcon_drive_sft_int_jt。

② I Part:. _ATV_rear_sus_simple. gel_tripot。

③ J Part:. _ATV_rear_sus_simple. gel_drive_shaft。

④ Joint Type:convel。

⑤ Active:always。

⑥ Location Dependency:Delta location from coordinate。

⑦ Coordinate Reference:. _ATV_rear_sus_simple. ground. hpl_shaft_inner。

⑧ Location:0,0,0。

⑨ Location in:local。

⑩ I-Part Axis:. _ATV_rear_sus_simple. ground. cfr_drive_shaft_inr。

⑪ J-Part Axis:. _ATV_rear_sus_simple. ground. cfl_drive_shaft_otr。

⑫ 单击 Apply,完成 . _ATV_rear_sus_simple. jolcon_drive_sft_int_jt 约束副的创建。

(5) 部件 spindle 与 drive_shaft 之间 convel 约束:

① Joint Name:. _ATV_rear_sus_simple. jolcon_drive_sft_otr。

② I Part:. _ATV_rear_sus_simple. gel_drive_shaft。

③ J Part:. _ATV_rear_sus_simple. gel_spindle。

④ Joint Type:convel。

⑤ Active:always。

⑥ Location Dependency:Delta location from coordinate。

⑦ Coordinate Reference:. _ATV_rear_sus_simple. ground. cfl_drive_shaft_otr。

⑧ Location:0,0,0。

⑨ Location in:local。

⑩ I-Part Axis:. _ATV_rear_sus_simple. ground. hpl_shaft_inner。

⑪ J-Part Axis:. _ATV_rear_sus_simple. ground. hpl_wheel_center。

⑫ 单击 Apply,完成 . _ATV _rear_sus_simple. jolcon_drive_sft_otr 约束副的创建。

(6) 部件 spindle 与 axle_housle 之间 revolute 约束:

① Joint Name:. _ATV_rear_sus_simple. jolrev_hub。

② I Part:. _ATV_rear_sus_simple. gel_spindle。

③ J Part:. _ATV_rear_sus_simple. ges_axle_housle。

④ Joint Type:revolute。

⑤ Active:always。

⑥ Location Dependency:Delta location from coordinate。

⑦ Coordinate Reference:. _ATV_rear_sus_simple. ground. hpl_wheel_center。

⑧ Location:0,0,0。

⑨ Location in:local。

⑩ Orientation Dependency:Toe/Camber。

⑪ Variable Type:Parameter Variable。

⑫ Toe Parameter Values:. _ATV_rear_sus_simple. pvl_toe_angle。

⑬ Camber Parameter Values:. _ATV_rear_sus_simple. pvl_camber_angle。

⑭ 单击 OK,完成 . _ATV_rear_sus_simple. jolrev_hub 转动副的创建。

2.2.10 柔性约束

单击 Build>Attachments>Bushing>New 命令,弹出创建衬套件对话框,如图 2-37 所示。

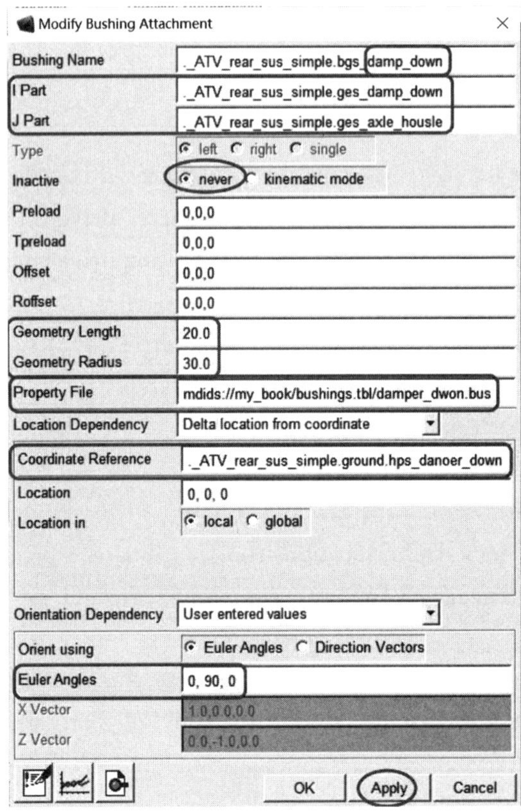

图 2-37 柔性衬套 shock_down

(1) 部件 damper_down 与 axle_housle 之间 bushing 约束:

① Bushing Name:. _ATV_rear_sus_simple. bgs_damper_down。

② I Part:. _ATV_rear_sus_simple. ges_damper_down。

③ J Part:. _ATV_rear_sus_simple. ges_axle_housle。

④ Inactive:never。

⑤ Preload:0,0,0。

⑥ Tpreload:0,0,0。

⑦ Offset:0,0,0。

⑧ Roffset:0,0,0。

⑨ Geometry Length:20. 0。

⑩ Geometry Radius:30. 0。

⑪ Property File:mdids://my_book/bushings. tbl/damper_down. bus。

⑫ Location Dependency:Delta location from coordinate。

⑬ Coordinate Reference:. _ATV_rear_sus_simple. ground. hps_damper_down。

⑭ Location:0,0,0。

⑮ Location in:local。

⑯ Orientation Dependency:User entered values。

⑰ Orient Using:Euler Angles。

⑱ Euler Angles:0,90,0。

⑲ 单击 Apply,完成 . _ATV_rear_sus_simple. bgs_damper_down 轴套的创建。

(2) 部件 damper_up 与 subframe_to_body 之间 bushing 约束:

① Bushing Name:. _ATV_rear_sus_simple. bgs_damper_up。

② I Part:. _ATV_rear_sus_simple. ges_damper_up。

③ J Part:. _ATV_rear_sus_simple. mts_subframe_to_body。

④ Inactive:never。

⑤ Preload:0,0,0。

⑥ Tpreload:0,0,0。

⑦ Offset:0,0,0。

⑧ Roffset:0,0,0。

⑨ Geometry Length:20. 0。

⑩ Geometry Radius:30. 0。

⑪ Property File:mdids://my_book/bushings. tbl/damper_down. bus。

⑫ Location Dependency:Delta location from coordinate。

⑬ Coordinate Reference:. _ATV_rear_sus_simple. ground. hps_damper_up。

⑭ Location:0,0,0。

⑮ Location in:local。

⑯ Orientation Dependency:User entered values。

⑰ Orient Using:Euler Angles。

⑱ Euler Angles:0,90,0。

⑲ 单击 Apply,完成 . _ATV_rear_sus_simple. bgs_damper_up 轴套的创建。

(3) 部件 subframe_to_body 与 axle_housle 之间 rear_sus_to_frame_l 约束:

① Bushing Name:. _ATV_rear_sus_simple. bks_rear_sus_to_frame_l。

② I Part:. _ATV_rear_sus_simple. ges_axle_housle。

③ J Part:. _ATV_rear_sus_simple. mts_subframe_to_body。

④ Inactive:kinematic mode。

⑤ Preload:0,0,0。

⑥ Tpreload:0,0,0。

⑦ Offset:0,0,0。

⑧ Roffset:0,0,0。

⑨ Geometry Length:20.0。

⑩ Geometry Radius:30.0。

⑪ Property File:mdids://my_book/bushings.tbl/fixed.bus。

⑫ Location Dependency:Delta location from coordinate。

⑬ Coordinate Reference:._ATV_rear_sus_simple.ground.hpl_rear_sus_to_frame。

⑭ Location:0,0,0。

⑮ Location in:local。

⑯ Orientation Dependency:Orient axis to point。

⑰ Coordinate Reference:._ATV_rear_sus_simple.ground.hpr_rear_sus_to_frame。

⑱ Axis:Z。

⑲ 单击 Apply,完成._ATV_rear_sus_simple.bks_rear_sus_to_frame_l 轴套的创建。

(4) 部件 subframe_to_body 与 axle_housle 之间 rear_sus_to_frame_r 约束:

① Bushing Name:._ATV_rear_sus_simple.bks_rear_sus_to_frame_r。

② I Part:._ATV_rear_sus_simple.ges_axle_housle。

③ J Part:._ATV_rear_sus_simple.mts_subframe_to_body。

④ Inactive:kinematic mode。

⑤ Preload:0,0,0。

⑥ Tpreload:0,0,0。

⑦ Offset:0,0,0。

⑧ Roffset:0,0,0。

⑨ Geometry Length:20.0。

⑩ Geometry Radius:30.0。

⑪ Property File:mdids://my_book/bushings.tbl/fixed.bus。

⑫ Location Dependency:Delta location from coordinate。

⑬ Coordinate Reference:._ATV_rear_sus_simple.ground.hpr_rear_sus_to_frame。

⑭ Location:0,0,0。

⑮ Location in:local。

⑯ Orientation Dependency:Orient axis to point。

⑰ Coordinate Reference:._ATV_rear_sus_simple.ground.hpl_rear_sus_to_frame。

⑱ Axis:Z。

⑲ 单击 OK,完成._ATV_rear_sus_simple.bks_rear_sus_to_frame_r 轴套的创建。

2.2.11 悬架变量参数

(1) 单击 Build>Parameter Variable>New 命令,弹出参数变量对话框,如图 2-38 所示。

(2) Parameter Variable Name:._ATV_rear_sus_simple.phs_driveline_active。

(3) Integer Value:0。

(4) Units:length。

(5) Hide from standard user:yes。

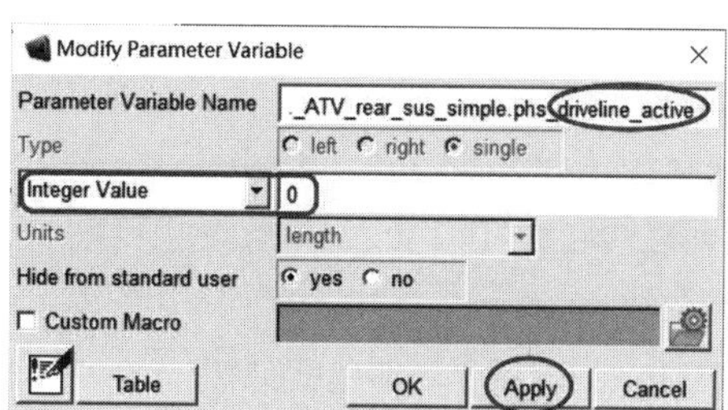

图 2-38　参数变量设置

(6) 单击 Apply,完成 ._ATV_rear_sus_simple. phs_driveline_active 变量的创建。

(7) 单击 Build>Construction Frame>New 命令。

(8) Construction Frame:. _ATV_rear_sus_simple. ground. cfl_wheel_up_ref。

(9) Location Dependency:Delta location from coordinate。

(10) Coordinate Reference:. _ATV_rear_sus_simple. ground. hpl_wheel_center。

(11) Location:0,0,200。

(12) Location in:local。

(13) Orientation Dependency:User entered values。

(14) Orient Using:Euler Angles。

(15) Euler Angles:0,0,0。

(16) 单击 Apply,完成 . _ATV_rear_sus_simple. ground. cfl_wheel_up_ref 结构框的创建。

(17) Construction Frame:. _ATV_rear_sus_simple. ground. cfl_wheel_down_ref。

(18) Location Dependency:Delta location from coordinate。

(19) Coordinate Reference:. _ATV_rear_sus_simple. ground. hpl_wheel_center。

(20) Location:0,0,−200。

(21) Location in:local。

(22) Orientation Dependency:User entered values。

(23) Orient Using:Euler Angles。

(24) Euler Angles:0,0,0。

(25) 单击 OK,完成 . _ATV_rear_sus_simple. ground. cfl_wheel_down_ref 结构框的创建。

(26) 单击 Build>Suspension Parameters>Characteristics Array>Set 命令,弹出悬架参数变量对话框,如图 2-39 所示。

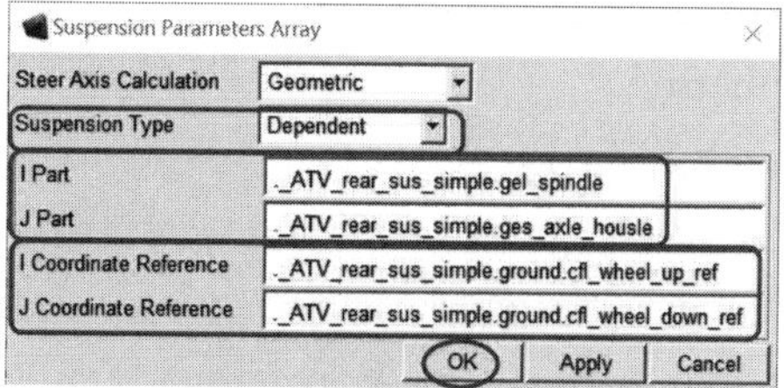

图 2-39　悬架参数变量设置

(27) Steer Axis Calculation:Geometric。

(28) Suspension Type:Dependent。

(29) I Part:. _ATV_rear_sus_simple. gel_spindle。

(30) J Part:. _ATV_rear_sus_simple. ges_axle_housle。

(31) I Coordinate Reference:. _ATV_rear_sus_simple. ground. cfl_wheel_up_ref。

(32) J Coordinate Reference:. _ATV_rear_sus_simple. ground. cfl_wheel_down_ref。

(33) 单击 OK,完成悬架参数变量设置。

2.2.12 悬架通讯器

(1) 单击 Build>Communicator>Output>New 命令,弹出输出通讯器对话框,如图 2-40所示。

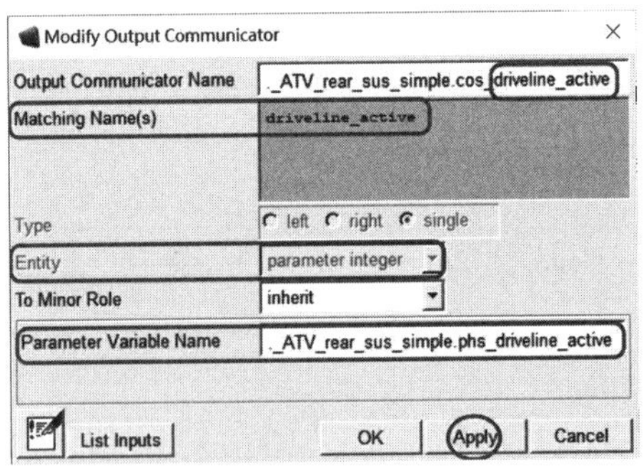

图 2-40　通讯器 driveline_active

(2) Output Communicator Name:. _ATV_rear_sus_simple. cos_driveline_active。

(3) Matching Name(s):driveline_active。

(4) Type:single。

(5) Entity:parameter integer。

(6) To Minor Role:inherit。

(7) Parameter Variable Name:. _ATV_rear_sus_simple. phs_driveline_active。

(8) 单击 Apply,完成 . _ATV_rear_sus_simple. cos_driveline_active 通讯器的创建。

(9) Output Communicator Name:. _ATV_rear_sus_simple. col_tripot_to_differential。

(10) Matching Name(s):tripot_to_differential。

(11) Type:left。

(12) Entity:Location。

(13) To Minor Role:inherit。

(14) Coordinate Reference Name:. _ATV_rear_sus_simple. ground. hpl_shaft_inner。

(15) 单击 Apply,完成 . _ATV_rear_sus_simple. col_tripot_to_differential 通讯器的创建。

(16) Output Communicator Name:. _ATV_rear_sus_simple. col_suspension_mount。

(17) Matching Name(s):suspension_mount。

(18) Type:left。

(19) Entity:mount。

(20) To Minor Role:rear。

(21) Part Name:. _ATV_rear_sus_simple. gel_spindle。

(22) 单击 Apply,完成 . _ATV_rear_sus_simple. col_suspension_mount 通讯器的创建。

(23) Output Communicator Name:. _ATV_rear_sus_simple. col_wheel_center。

(24) Matching Name(s):wheel_center。

(25) Type:left。

(26) Entity:Location。

(27) To Minor Role:rear。

(28) Coordinate Reference Name:. _ATV_rear_sus_simple. ground. hpl_wheel_center。

(29) 单击 Apply,完成 . _ATV_rear_sus_simple. col_wheel_center 通讯器的创建。

(30) Output Communicator Name:. _ATV_rear_sus_simple. col_suspension_upright。

(31) Matching Name(s):suspension_upright。

(32) Type:left。

(33) Entity:mount。

(34) To Minor Role:rear。

(35) Part Name:. _ATV_rear_sus_simple. ges_axle_housle。

(36) 单击 OK,完成 . _ATV_rear_sus_simple. col_suspension_upright 通讯器的创建。

2.2.13 驱动轴显示组建

(1) 在模型树栏,单击 Group 菜单,在模型树栏右击 New Group,弹出创建组件对话框,如图 2-41 所示。

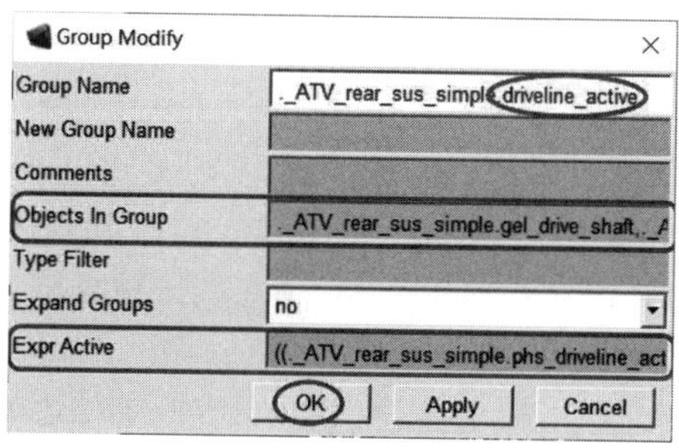

图 2-41　驱动轴显示组件

(2) Group Name:. _ATV_rear_sus_simple. driveline_active。

(3) Objects In Group:顺序输入以下 26 个对象的信息:

① . _ATV_rear_sus_simple. gel_drive_shaft。

② . _ATV_rear_sus_simple. gel_tripot。

③ . _ATV_rear_sus_simple. ger_drive_shaft。

④ . _ATV_rear_sus_simple. ger_tripot。

⑤ . _ATV_rear_sus_simple. mtl_tripot_to_differential。

⑥ . _ATV_rear_sus_simple. mtr_tripot_to_differential。

⑦ . _ATV_rear_sus_simple. gel_drive_shaft. gralin_drive_shaft。

⑧ . _ATV_rear_sus_simple. gel_drive_shaft. graell_otr_cv_housing。

⑨ . _ATV_rear_sus_simple. gel_drive_shaft. graell_tripot_housing。

⑩ . _ATV_rear_sus_simple. gel_tripot. gracyl_tripot_housing_extention。

⑪ . _ATV_rear_sus_simple. ger_drive_shaft. gralin_drive_shaft。

⑫ . _ATV_rear_sus_simple. ger_drive_shaft. graell_otr_cv_housing。

⑬ . _ATV_rear_sus_simple. ger_drive_shaft. graell_tripot_housing。

⑭ . _ATV_rear_sus_simple. ger_tripot. gracyl_tripot_housing_extention。

⑮ . _ATV_rear_sus_simple. jolcon_drive_sft_int_jt。

⑯ . _ATV_rear_sus_simple. jolcon_drive_sft_otr。

⑰ . _ATV_rear_sus_simple. joltra_tripot_to_differential。

⑱ . _ATV_rear_sus_simple. jorcon_drive_sft_int_jt。

⑲ . _ATV_rear_sus_simple. jorcon_drive_sft_otr。

⑳ . _ATV_rear_sus_simple. jortra_tripot_to_differential。

㉑ . _ATV_rear_sus_simple. mtl_fixed_2。

㉒ . _ATV_rear_sus_simple. mtr_fixed_2。

㉓ . _ATV_rear_sus_simple. cil_tripot_to_differential。

㉔ . _ATV_rear_sus_simple. cir_tripot_to_differential。

㉕ . _ATV_rear_sus_simple. col_tripot_to_differential。

㉖ . _ATV_rear_sus_simple. cor_tripot_to_differential。

(4) Expr Active:((. _ATV_rear_sus_simple. phs_driveline_active || . _ATV_rear_sus_simple. model_class == "template" ? 1: 0) && DB_ACTIVE(. _ATV_rear_sus_simple))。

(5) 单击 Apply,完成 . _ATV_rear_sus_simple. driveline_active 组件的创建。

(6) Group Name:. _ATV_rear_sus_simple. driveline_inactive。

(7) Expr Active:((! . _ATV_rear_sus_simple. phs_driveline_active || . _ATV_rear_sus_simple. model_class == "template" ? 1: 0) && DB_ . _ATV_rear_sus_simple. driveline_inactiveACTIVE(. _ATV_rear_sus_simple))。

(8) 单击 OK,完成 . _ATV_rear_sus_simple. driveline_inactive 组件的创建。

(9) 单击 File>Save As 命令,弹出保存模板对话框,如图 2-42 所示。

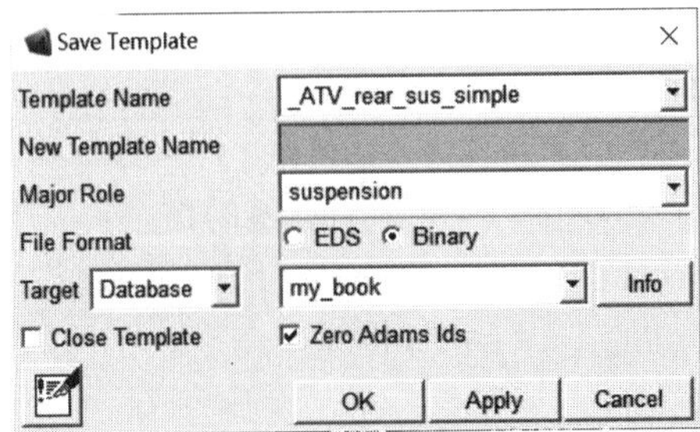

图 2-42　悬架模型保存

(10) New Template Name:P2_rear_sus。

(11) Major Role:suspension。

(12) File Format:Binary。

(13) Target:Datebase/my_book

(14) 单击 OK,完成悬架模型 P2_rear_sus 的保存。建立好的拖曳臂式非独立悬架模型如图 2-43 所示。

图 2-43　拖曳臂式非独立悬架

2.2.14　拖曳臂式非独立悬架子系统

(1) 按 F9,ADAMS 界面切换到标准模式。

(2) 单击 File>New>Suspension 命令,弹出创建子系统对话框,如图 2-44 所示。

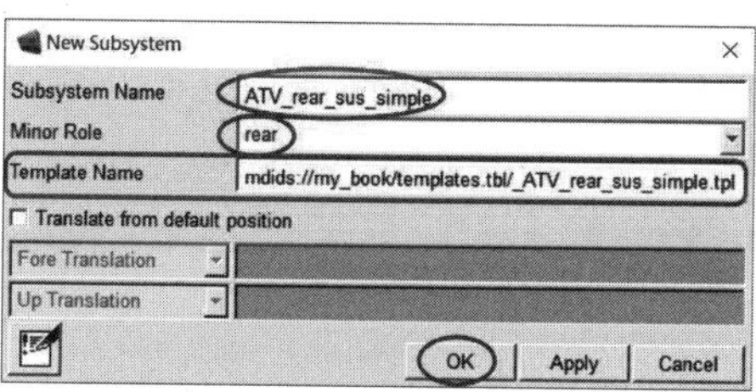

图 2-44　悬架子系统

(3) Subsystem Name:ATV_rear_sus_simple。

(4) Minor Role:rear。

(5) Template Name:mdids://my_book/templates. tbl/_ATV_rear_sus_simple. tpl。

(6) 单击 OK,完成悬架子系统 P2_rear_sus 的创建。

2.3 转向模型

(1) 单击 File>New 命令,弹出建模对话框,如图 2-45 所示。

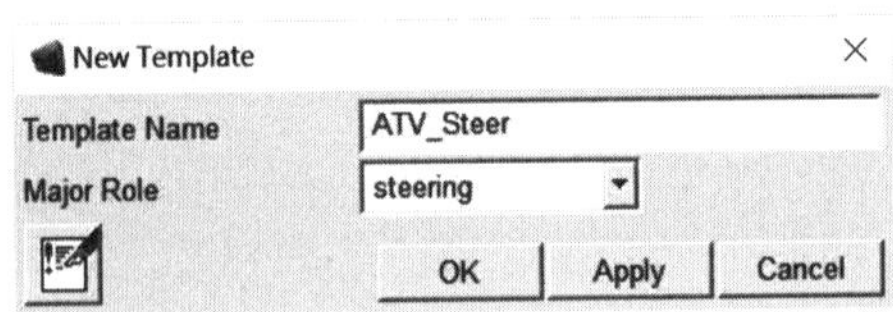

图 2-45　转向模板 ATV_Steer

(2) Template Name:ATV_Steer。

(3) Major Role:steering。

(4) 单击 OK,完成 ATV_Steer 转向模板的建立。

(5) 单击 Build>Hardpoint>New 命令,弹出创建硬点对话框,如图 2-46 所示。

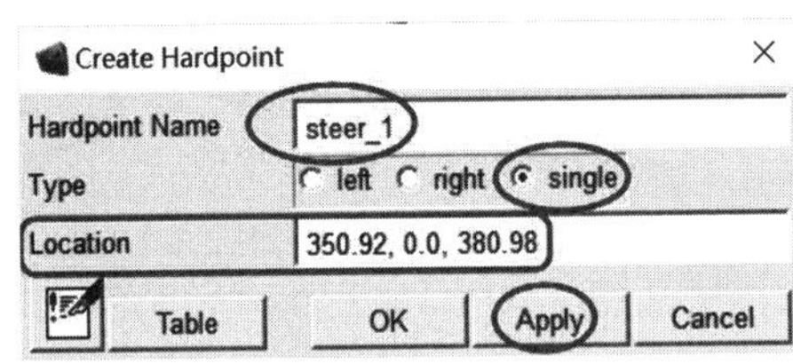

图 2-46　硬点 steer_1

(6) Hardpoint Name:steer_1。

(7) Type:single。

(8) Location:350.92,0.0,380.98。

(9) 单击 Apply,完成 ._ATV_Steer.ground.hps_steer_1 硬点的创建。

(10) Hardpoint Name:steer_2。

(11) Type:single。

(12) Location:627.64,0.0,860.27。

(13) 单击 Apply,完成 ._ATV_Steer.ground.hps_steer_2 硬点的创建。

(14) Hardpoint Name:steer_3。

(15) Type:left。

(16) Location:445.49,−25.4,392.37。

(17) 单击 OK,完成 ._ATV_Steer.ground.hps_steer_3 硬点的创建。

2.3.1 部件 steering_wheel

(1) 单击 Build>Part>General Part>New 命令,弹出创建部件对话框,如图 2-47 所示。

(2) General Part:._ATV_Steer.ges_steering_wheel。

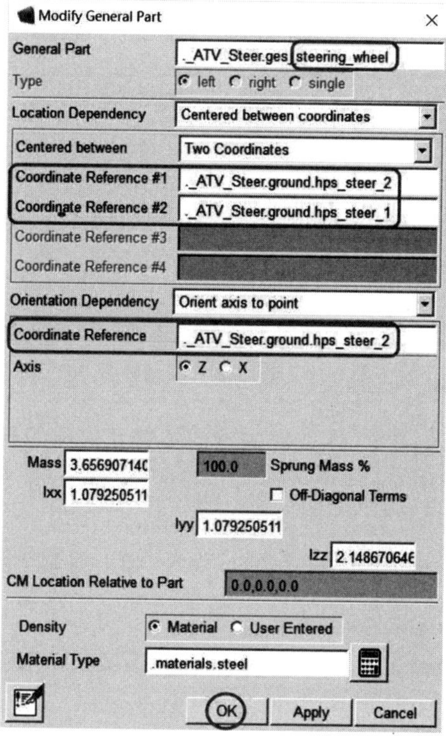

图 2-47　部件 steering_wheel

(3) Location Dependency:Centered between coordinates。

(4) Centered between:Two Coordinates。

(5) Coordinate Reference #1:. _ATV_Steer. ground. hps_steer_2。

(6) Coordinate Reference #2:. _ATV_Steer. ground. hps_steer_1。

(7) Orientation Dependency:Orient axis to point。

(8) Coordinate Reference:. _ATV_Steer. ground. hps_steer_2。

(9) Axis:Z。

(10) Mass:1。

(11) Ixx:1。

(12) Iyy:1。

(13) Izz:1。

(14) Density:Material。

(15) Material Type:. materials. steel。

(16) 单击 OK,完成 . _ATV_Steer. ges_steering_wheel 部件创建。

(17) 单击 File>Import 命令,弹出导入转向摇臂几何体对话框,如图 2-48 所示。

(18) File Type:STEP(* . stp, * . step)。

(19) File To Read:file://C:/Users/Alan/steering_wheel. stp。

(20) Part Name:. _ATV_Steer. ges_steering_wheel。

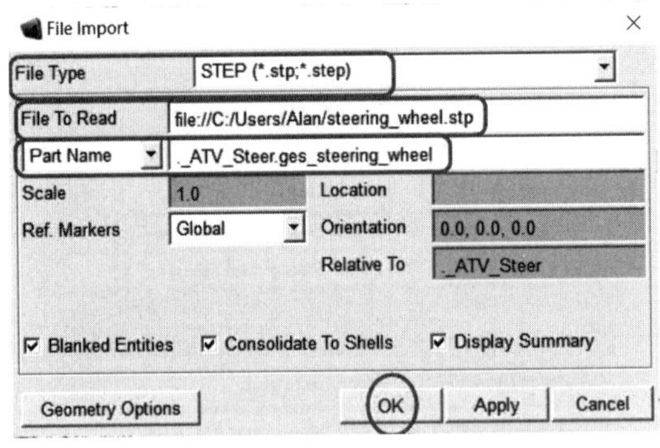

图 2-48　转向摇臂几何体导入

(21) 其余参数保持默认，单击 OK，完成转向摇臂几何体的导入。

2.3.2　部件 steering_wheel

(1) 单击 Build>Construction Frame>New 命令，弹出创建结构框对话框，如图 2-49 所示。

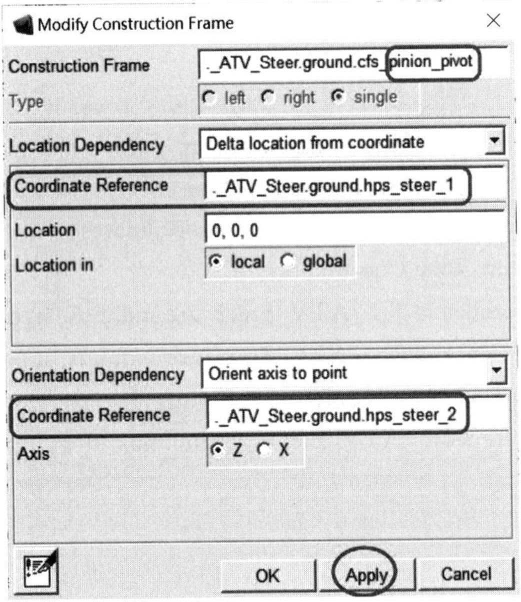

图 2-49　结构框 pinion_pivot

(2) Construction Frame:. _ATV_Steer. ground. cfs_pinion_pivot。

(3) Coordinate Reference:. _ATV_Steer. ground. hps_steer_1。

(4) Location:0,0,0。

(5) Location in:local。

(6) Orientation Dependency:Orient axis to point。

(7) Coordinate Reference:. _ATV_Steer. ground. hps_steer_2。

(8) Axis:Z。

(9) 单击 Apply,完成 . _ATV_Steer. ground. cfs_pinion_pivot 结构框的创建。

(10) Construction Frame:. _ATV_Steer. ground. cfs_steering_column_to_body。

(11) Centered between:Two Coordinates。

(12) Coordinate Reference #1:. _ATV_Steer. ground. hps_steer_2。

(13) Coordinate Reference #2:. _ATV_Steer. ground. hps_steer_1。

(14) Orientation Dependency:Orient axis to point。

(15) Coordinate Reference #1:. _ATV_Steer. ground. hps_steer_2。

(16) Coordinate Reference #2:. _ATV_Steer. ground. hps_steer_1。

(17) Axis:Z。

(18) 单击 OK,完成 . _ATV _Steer. ground. cfs_steering_column_to_body 结构框的创建。

(19) 单击 Build>Part>General Part>New 命令,弹出创建部件对话框,可参考图 2-47。

(20) General Part:. _ATV_Steer. ges_steering_column。

(21) Location Dependency:Centered between coordinates。

(22) Centered between:Two Coordinates。

(23) Coordinate Reference #1:. _ATV_Steer. ground. hps_steer_2。

(24) Coordinate Reference #2:. _ATV_Steer. ground. hps_steer_1。

(25) Orientation Dependency:Orient axis to point。

(26) Coordinate Reference:. _ATV_Steer. ground. hps_steer_2。

(27) Axis:Z。

(28) Mass:1。

(29) Ixx:1。

(30) Iyy:1。

(31) Izz:1。

(32) Density:Material。

(33) Material Type:. materials. steel。

(34) 单击 OK,完成 . _ATV_Steer. ges_steering_column 部件的创建。

(35) 单击 Build>Geometry>Cylinder>New 命令,弹出创建圆柱体对话框,如图 2-50 所示。

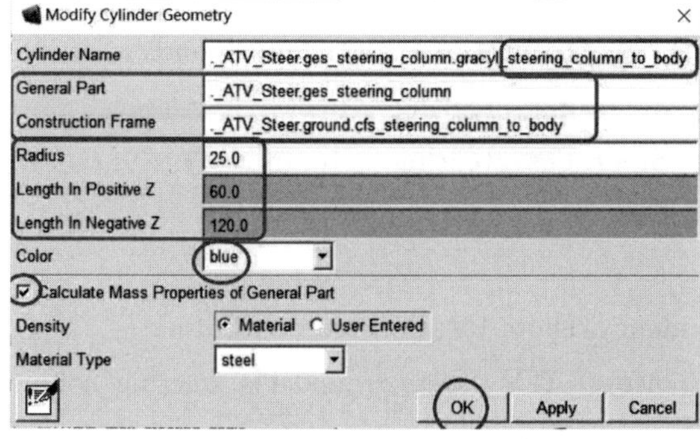

图 2-50　圆柱体 steering_column_to_body

(36) Cylinder Name:. _ATV_Steer. ges_steering_column. gracyl_steering_column_to_body。

(37) General Part:. _ATV_Steer. ges_steering_column。

(38) Construction Frame:. _ATV_Steer. ground. cfs_steering_column_to_body。

(39) Radius:25. 0。

(40) Length In Positive Z:60. 0。

(41) Length In Negative Z:120. 0。

(42) Color:blue。

(43) 选择 Calculate Mass Properties of General Part 复选框。

(44) 单击 OK,完成万向节 . _ATV_Steer. ges_steering_column. gracyl_steering_column_to_body 圆柱体的创建。

2.3.3 安装部件

(1)单击 Build>Part>Mount>New 命令,弹出创建安装部件对话框,如图 2-51 所示。

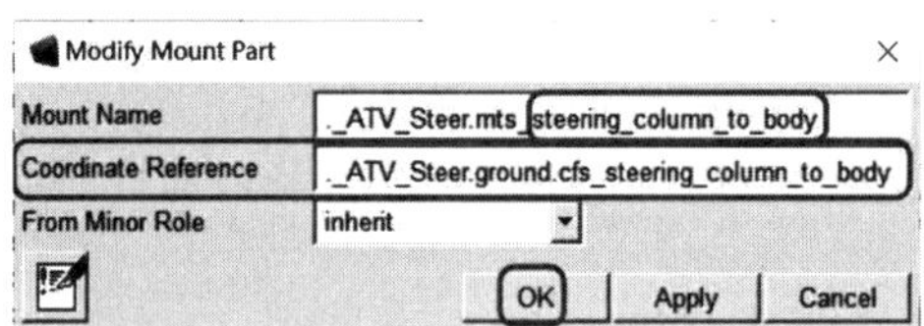

图 2-51　安装部件 subframe_to_body

(2) Mount Name:. _ATV_Steer. mts_steering_column_to_body。

(3) Coordinate Reference:. _ATV_Steer. ground. cfs_steering_column_to_body。

(4) From Minor Role:inherit。

(5)单击 OK,完成 . _ATV_Steer. mts_steering_column_to_body 安装部件的创建。

2.3.4 刚性约束

(1) 单击 Build>Attachments>Joint>New 命令,弹出创建球形副约束对话框,如图 2-52所示。

(2) Joint Name:. _ATV_Steer. josrev_steering_to_body。

(3) I Part:. _ATV_Steer. ges_steering_wheel。

(4) J Part:. _ATV_Steer. ges_steering_column。

(5) Joint Type:revolute。

(6) Active:always。

(7) Location Dependency:Delta location from coordinate。

(8) Coordinate Reference:. _ATV_Steer. ground. cfs_steering_column_to_body。

(9) Location:0,0,0。

(10) Location in:local。

(11) Orientation Dependency:Orient axis to point。

(12) Coordinate Reference:. _ATV_Steer. ground. hps_steer_2。

(13) 单击 Apply,完成 . _ATV_Steer. josrev_steering_to_body 约束副的创建。

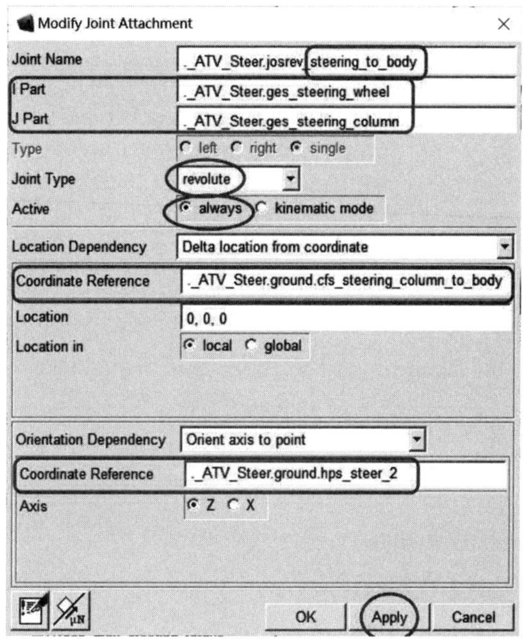

图 2-52　铰接副约束 steering_to_body

(14) Joint Name:. _ATV_Steer. josfix__steering_column_fix。

(15) I Part:. _ATV_Steer. ges_steering_column。

(16) J Part:. _ATV_Steer. mts_steering_column_to_body。

(17) Joint Type:fixed。

(18) Active:always。

(19) Location Dependency:Delta location from coordinate。

(20) Coordinate Reference:. _ATV _Steer. ground. cfs_steering_column_to_body。

(21) Location:0,0,0。

(22) Location in:local。

(23) Orientation:None。

(24) 单击 OK,完成 . _ATV_Steer. josfix__steering_column_fix 约束副的创建。

2.3.5 变量参数

(1)单击 Build>Parameter Variable>New 命令,弹出创建变量参数对话框,如图 2-53 所示。

(2) Parameter Variable Name:. _ATV_Steer. pvs_max_steering_angle。

(3) Type:single。

(4) Real Value:90.0。

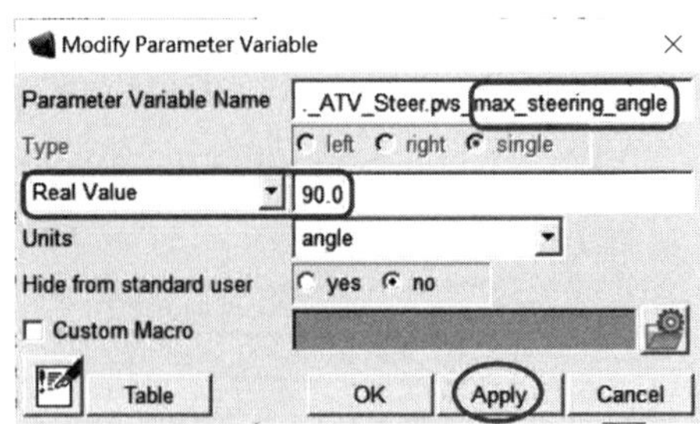

图 2-53 变量参数

(5) Units:angle。

(6) Hide from standard user:no。

(7) 单击 Apply,完成 . _ATV_Steer. pvs_max_steering_angle 变量的创建。

(8) Parameter Variable Name:. _ATV_Steer. pvs_max_steering_torque。

(9) Type:single。

(10) Real Value:500. 0。

(11) Units:torque。

(12) Hide from standard user:no。

(13)单击 OK,完成 . _ATV_Steer. pvs_max_steering_torque 变量的创建。

2.3.6 通讯器

(1) 单击 Build>Communicator>Output>New 命令,弹出输出通讯器对话框,如图 2-54所示。

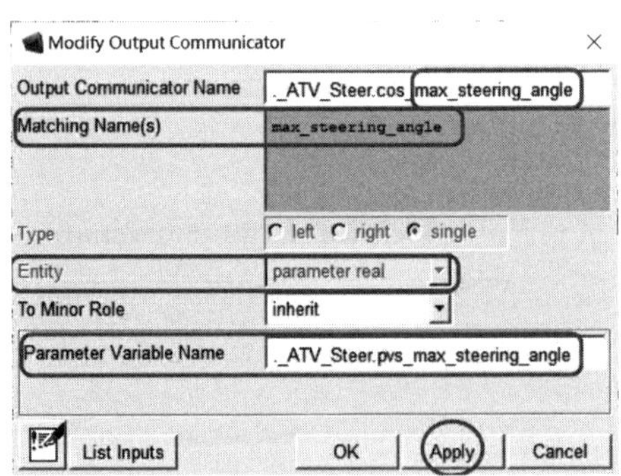

图 2-54 通讯器 max_steering_angle

(2) Output Communicator Name:. _ATV_Steer. cos_max_steering_angle。

(3) Matching Name(s):max_steering_angle。

(4) Type:single。

(5) Entity:parameter real。

(6) To Minor Role:inherit。

(7) Parameter Variable Name:. _ATV_Steer. pvs_max_steering_angle。

(8) 单击 Apply,完成 . _ATV_Steer. cos_max_steering_angle 通讯器的创建。

(9) Output Communicator Name:. _ATV_Steer. cos_max_steering_torque。

(10) Matching Name(s):max_steering_torque。

(11) Type:single。

(12) Entity:parameter real。

(13) To Minor Role:inherit。

(14) Parameter Variable Name:. _ATV_Steer. pvs_max_steering_torque。

(15) 单击 Apply,完成 . _ATV_Steer. cos_max_steering_torque 通讯器的创建。

(16) Output Communicator Name:. _ATV_Steer. col_tierod_to_steering。

(17) Matching Name(s):tierod_to_steering。

(18) Type:left。

(19) Entity:mount。

(20) To Minor Role:inherit。

(21) Parameter Variable Name:. _ATV_Steer. ges_steering_wheel。

(22) 单击 Apply,完成 . _ATV_Steer. col_tierod_to_steering 通讯器的创建。

(23) Output Communicator Name:. _ATV_Steer. cos_steering_wheel_joint。

(24) Matching Name(s):steering_wheel_joint。

(25) Type:single。

(26) Entity:mount。

(27) To Minor Role:inherit。

(28) Parameter Variable Name:. _ATV_Steer. josrev_steering_to_body。

(29) 单击 OK,完成 . _ATV_Steer. cos_steering_wheel_joint 通讯器的创建。

(30) 单击 File>Save As 命令。

(31) Major Role:steering。

(32) File Format:Binary。

(33) Target:Datebase/my_book。

(34)单击 OK,完成 ATV_Steer 摇臂转向模板的保存。

2.3.7 转向子系统

(1) 按 F9,ADAMS 界面切换到标准模式。

(2) 单击 File>New>Suspension 命令,弹出创建子系统对话框,如图 2-55 所示。

(3) Subsystem Name:ATV_Steer。

(4) Minor Role:front。

(5) Template Name:mdids://my_book/templates. tbl/_ATV_Steer. tpl。

(6) 单击 OK,完成 ATV_Steer 转向子系统的创建。转向系统如图 2-56 所示。

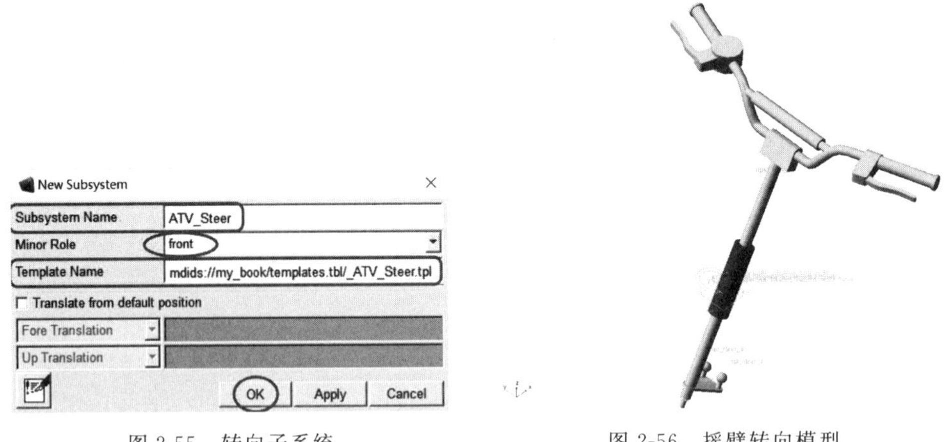

图 2-55　转向子系统　　　　图 2-56　摇臂转向模型

2.4　车身与驾驶员模型

车身为整车的承载部分,同时与各个子系统之间存在着装配关系及数据交换。ADAMS 车身模型较为简单,主要是一些变量参数的设置及输出通讯器,输出通讯器的主要作用是与其他子系统之间建立虚拟意义上的装配;驾驶员简化模型与车身之间通过柔性衬套连接。建立好的简化车身模型如图 2-57 所示。车身建模过程如下所述(软件界面切换到专家模式界面)。

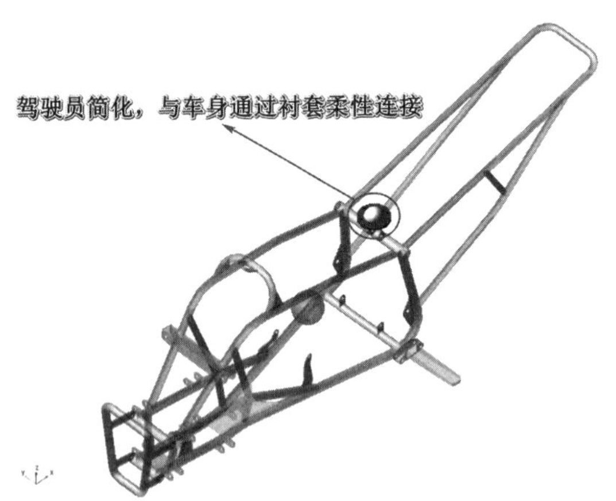

图 2-57　车身与驾驶员模型

2.4.1　车身模板

(1) 单击 File>New 命令,弹出新建模板对话框,如图 2-58 所示。

(2) Template Name:ATV_body。

(3) Major Role:body。

(4) 单击 OK,完成 ATV_body 车身模板的创建。

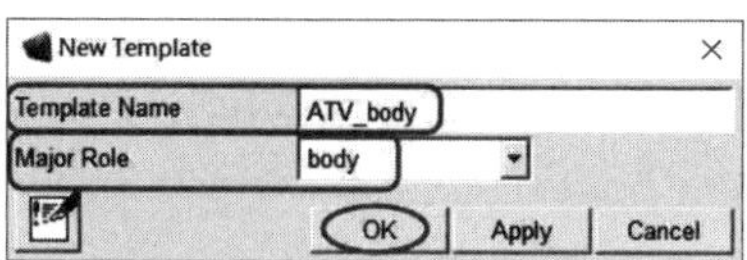

图 2-58　车身模板 ATV_body

2.4.2　车身硬点参数

(1) 单击 Build>Hardpoint>New 命令，弹出创建硬点对话框，如图 2-59 所示。

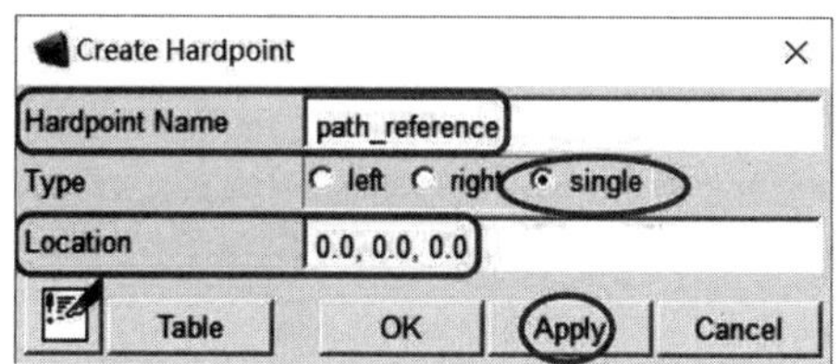

图 2-59　硬点 path_reference

(2) Hardpoint Name：path_reference。

(3) Type：singe。

(4) Location：0.0，0.0，0.0。

(5) 单击 Apply，完成 ._ATV_body. ground. hps_path_reference 硬点的创建。

(6) Hardpoint Name：person。

(7) Type：singe。

(8) Location：1150.0，0.0，683.22。

(9) 单击 Apply，完成 ._ATV_body. ground. hps_person 硬点的创建。

(10) Hardpoint Name：height_reference。

(11) Type：left。

(12) Location：0.0，0.0，0.0。

(13) 单击 Apply，完成 ._ATV_body. ground. hps_ground_height_reference 硬点的创建。

(14) Hardpoint Name：bedplate_rear_loc。

(15) Type：left。

(16) Location：2093.0，−923.0，242.0。

(17) 单击 Apply，完成 ._ATV_body. ground. hpl_bedplate_rear_loc 硬点的创建。

(18) Hardpoint Name：bedplate_front_loc。

(19) Type：left。

(20) Location：719.0，−890.0，214.0。

(21) 单击 Apply，完成 ._ATV_body. ground. hpl_bedplate_front_loc 硬点的创建。

(22) Hardpoint Name：rear_wheel_center。

(23) Type：left。

(24) Location:2827.0,－797.0,330.0。

(25) 单击 Apply,完成 ._ATV_body. ground. hpl_rear_wheel_center 硬点的创建。

(26) Hardpoint Name:front_wheel_center。

(27) Type:left。

(28) Location:267.0,－760.0,330.0。

(29) 单击 OK,完成 ._ATV_body. ground. hpl_front_wheel_center 硬点的创建。

2.4.3 结构框参数

(1) 单击 Build>Construction Frame>New 命令,弹出创建结构框对话框,如图 2-60 所示。

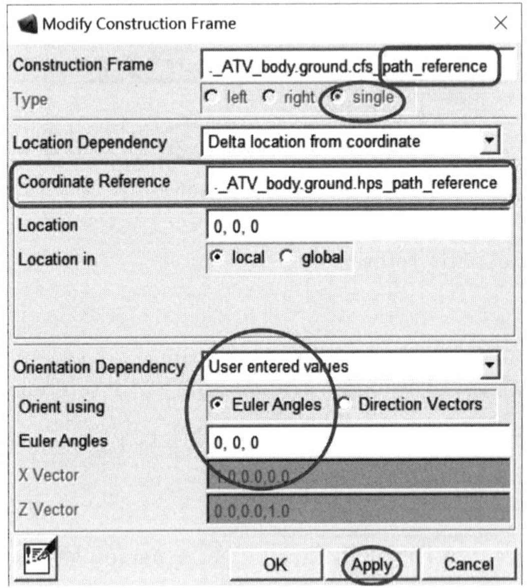

图 2-60　结构框 path_reference

(2) Construction Frame:. _ATV_body. ground. cfs_path_reference。

(3) Type:single。

(4) Location Dependency:Delta location from coordinate。

(5) Coordinate Reference:. _ATV_body. ground. hps_path_reference。

(6) Location:0,0,0。

(7) Location in:local。

(8) Orientation Dependency:User entered values。

(9) Orient Using:Euler Angles。

(10) Euler Angles:0,0,0。

(11) 单击 Apply,完成 ._ATV_body. ground. cfs_path_reference 结构框的创建。

(12) Construction Frame:. _ATV_body. ground. cfs_driver_reference。

(13) Type:single。

(14) Location Dependency:Delta location from coordinate。

(15) Coordinate Reference:. _ATV_body. ground. hps_path_reference。

(16) Location:0,0,0。

(17) Location in:local。

(18) Orientation Dependency:User entered values。

(19) Orient Using:Euler Angles。

(20) Euler Angles:180,0,0。

(21) 单击 Apply,完成 . _ATV_body. ground. cfs_driver_reference 结构框的创建。

(22) Construction Frame:. _ATV_body. ground. cfs_aero_force_reference。

(23) Type:single。

(24) Location Dependency:Delta location from coordinate。

(25) Coordinate Reference:. _ATV_body. ground. hps_ground_height_reference。

(26) Location:0,0,0。

(27) Location in:local。

(28) Orientation Dependency:User entered values。

(29) Orient Using:Euler Angles。

(30) Euler Angles:90,90,180。

(31) 单击 Apply,完成 . _ATV_body. ground. cfs_aero_force_reference 结构框的创建。

(32) Construction Frame:. _ATV_body. ground. cfl_wheel_center_front。

(33) Type:single。

(34) Location Dependency:Delta location from coordinate。

(35) Coordinate Reference:. _ATV_body. ground. hpl_front_wheel_center。

(36) Location:0,0,0。

(37) Location in:local。

(38) Orientation Dependency:User entered values。

(39) Orient Using:Euler Angles。

(40) Euler Angles:0,0,0。

(41) 单击 Apply,完成 . _ATV _body. ground. cfl_wheel_center_front 结构框的创建。

(42) Construction Frame:. _ATV_body. ground. cfl_wheel_center_rear。

(43) Type:single。

(44) Location Dependency:Delta location from coordinate。

(45) Coordinate Reference:. _ATV _body. ground. hpl_rear_wheel_center。

(46) Location:0,0,0。

(47) Location in:local。

(48) Orientation Dependency:User entered values。

(49) Orient Using:Euler Angles。

(50) Euler Angles:0,0,0。

(51) 单击 Apply,完成 . _ATV _body. ground. cfl_wheel_center_rear 结构框的创建。

(52) Construction Frame:. _ATV_body. ground. cfs_height_reference。

(53) Type:single。

(54) Location Dependency:Delta location from coordinate。

(55) Coordinate Reference:. _ATV_body. cis_std_tire_ref。

(56) Location:0,0,0。

(57) Location in:local。

(58) Orientation Dependency:User entered values。

(59) Orient Using:Euler Angles。

(60) Euler Angles:0,0,0。

(61) 单击 OK,完成 . _ATV_body. ground. cfs_height_reference 结构框的创建。

2.4.4　车身部件与几何体

(1) 单击 Build>Part>General Part>New 命令,弹出创建部件对话框,如图 2-61 所示。

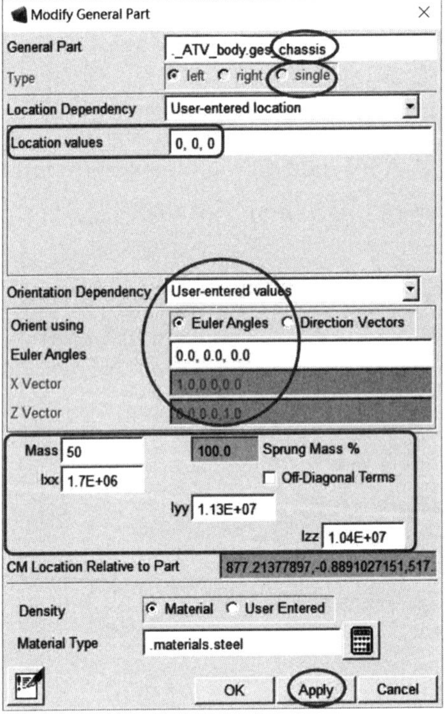

图 2-61　车身部件

(2) General Part:. _ATV_body. ges_chassis。

(3) Location Dependency:User-entered location。

(4) Location values:0,0,0。

(5) Orientation Dependency:User-entered values。

(6) Orient Using:Euler Angles。

(7) Euler Angles:0. 0,0. 0,0. 0。

(8) Mass:50。

(9) Ixx:1.7E+06。

(10) Iyy:1.13E+07。

(11) Izz:1.04E+07。

(12) Density:Material。

(13) Material Type:.materials.steel。

(14) 单击 OK,完成 ._ATV_body.ges_chassis 车身部件的创建。

(15) 单击 Build>Geometry>Ellipsoid>New 命令,弹出创建简化车身对话框,如图 2-62所示。

(16) Ellipsoid Name:cg_graphic。

(17) Coordinate Reference:._ATV_body.ground.cfs_path_reference。

(18) Method:by entering size。

(19) General Part:._ATV_body.ges_chassis。

(20) X Radius:100。

(21) Y Radius:100。

(22) Z Radius:100。

(23) Color:dark gray。

(24) Density:Material。

(25) 不选择 Calculate Mass Properties of General Part 复选框,此处不需要通过几何体更新车身质量,车身质量在车身部件创建中直接输入获取。

(26) Material Type:steel。

(27) 其余保持默认设置,单击 OK,完成 cg_graphic 简化几何体的创建。

(28) 单击 File>Import 命令,弹出导入车身几何体对话框,如图 2-63 所示。

(29) File Type:IGES(*.igs,*.iges)。

(30) File To Read: file://C:/Users/Alan/ATV_body.igs。

(31) Part Name:._ATV_body.ges_chassis。

(32) 其余参数保持默认,单击 OK,完成车身几何体的导入。

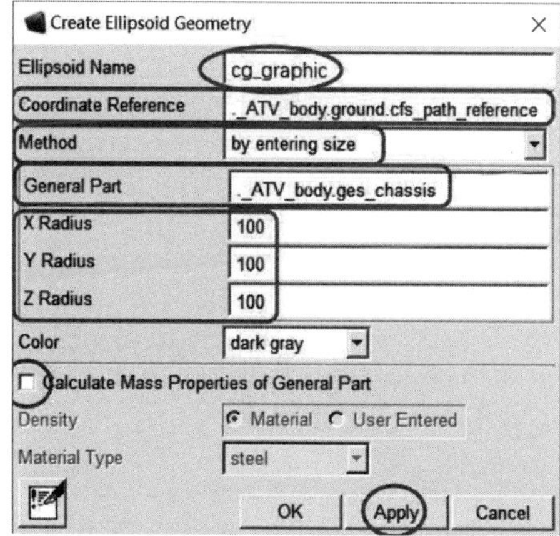

图 2-62　车身简化体

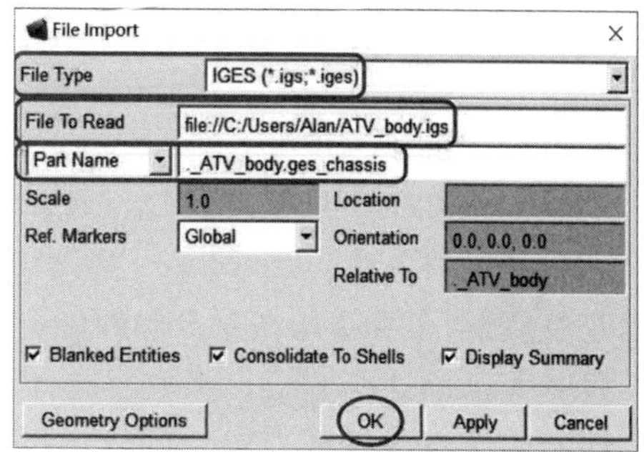

图 2-63　车身几何体导入

需要说明的是，车身简化几何体与车身几何体建立一个即可，车身几何体导入建立主要是让 ATV 整车从视觉上更加美观，车身简化几何体主要是为了快速视觉定位车身的质心位置，两个几何体并不影响整车的仿真计算。

2.4.5 驾驶员

(1) 单击 Build>Part>General Part>New 命令，弹出创建部件对话框，可参考图 2-61。

(2) General Part：. _ATV_body. ges_person。

(3) L Location Dependency：Delta location from coordinate。

(4) Coordinate Reference：. _ATV_body. ground. hps_person。

(5) Location：0，0，0。

(6) Location in：local。

(7) Orientation Dependency：User-entered values。

(8) Orient Using：Euler Angles。

(9) Euler Angles：0. 0，0. 0，0. 0。

(10) Mass：100。

(11) Ixx：3. 4E+06。

(12) Iyy：2. 3E+07。

(13) Izz：2. 1E+07。

(14) Density：Material。

(15) Material Type：. materials. steel。

(16) 单击 OK，完成 . _ATV_body. ges_person 驾驶员部件的创建。

(17) 单击 Build>Geometry>Ellipsoid>New 命令，弹出创建驾驶员简化几何体对话框，可参考图 2-62。

(18) Ellipsoid：. _ATV_body. ges_person. person。

(19) Coordinate Reference：. _ATV _body. ges_person. MARKER_3。

(20) Method：by entering size。

(21) General Part：. _ATV_body. ges_person。

(22) X Radius：60。

(23) Y Radius：60。

(24) Z Radius：60。

(25) Color：dark gray。

(26) Density：Material。

(27) 不选择 Calculate Mass Properties of General Part 复选框，此处不需要通过几何体更新车身质量，车身质量在车身部件创建中直接输入获取。

(28) Material Type：steel。

(29) 其余保持默认设置，单击 OK，完成 . _ATV_body. ges_person. person 简化几何体的创建。车身与驾驶员简几何体建立也可以通过切换的 ADAMS/View 模块，通过球形几何体选择对应的参考点快速建立。

(30) 单击 Build＞Attachments＞Bushing＞New 命令，弹出创建衬套件对话框，如图 2-64所示。

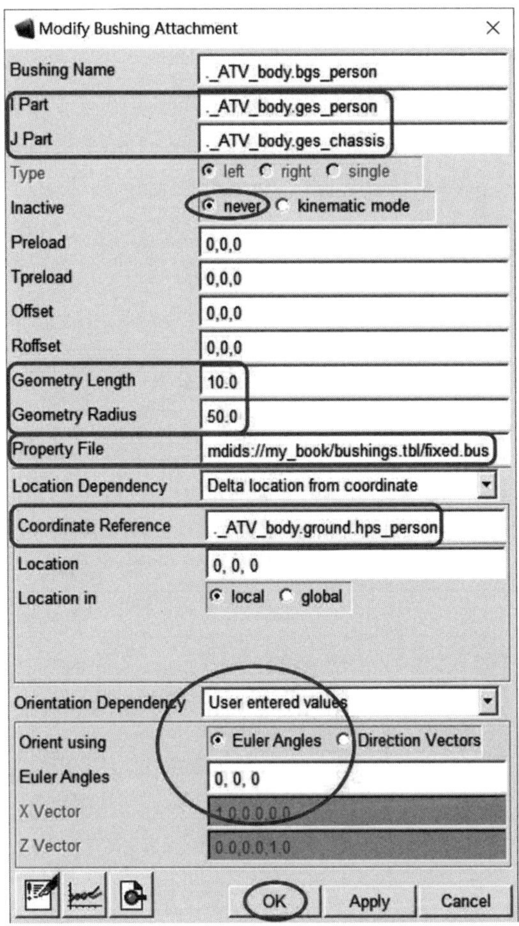

图 2-64　驾驶员与车身间衬套约束

(31) Bushing Name:. _ATV_body. bgs_person。

(32) I Part:. _ATV_body. ges_person。

(33) J Part:. _ATV_body. ges_chassis。

(34) Inactive:never。

(35) Preload:0,0,0。

(36) Tpreload:0,0,0。

(37) Offset:0,0,0。

(38) Roffset:0,0,0。

(39) Geometry Length:10. 0。

(40) Geometry Radius:50. 0。

(41) Property File:mdids://my_book/bushings. tbl/fixed. bus。

(42) Location Dependency:Delta location from coordinate。

(43) Coordinate Reference:. _ATV_body. ground. hps_person。

(44) Location:0,0,0。

(45) Location in:local。

(46) Orientation Dependency:User entered values。

(47) Orient Using:Euler Angles。

(48) Euler Angles:0,0,0。

(49)单击 OK,完成 . _ATV_body. bgs_person 轴套的创建。

2.4.6 车身参数变量

车身参数变量见表 2-1。

表 2-1 车身变量参数

Parameter Name	Symmetry	Type	Value
kinematic_flag	single	integer	0
aero_drag_active	single	integer	1
aero_frontal_area	single	real	1. 8
air_density	single	real	1. 22
downforce_coefficient	single	real	0. 0
drag_coefficient	single	real	0. 36
lap_beacon_active	single	integer	1
lap_beacon_X	single	real	0. 0
lap_beacon_Xrange	single	real	4000. 0
lap_beacon_Y	single	real	0. 0
lap_beacon_Yrange	single	real	8000. 0
lap_info_file	single	string	Lap_Data

(1) 单击 Build>Parameter Variable>New 命令。

(2) Parameter Variable Name:. _ATV_body. phs_kinematic_flag。

(3) Integer Value:1。

(4) Units:no_units。

(5) Hide from standard user:yes。

(6) 单击 Apply,完成 . _ATV_body. phs_kinematic_flag 变量的创建。

(7) 重复上述步骤,按顺序完成表 2-1 中对应的参数变量的创建。

2.4.7 输出通讯器

ATV 简化车身共包含 23 个输出通讯器,具体见表 2-2。

表 2-2　车身通讯器

Communicator Name	Entity Class	To Minor Role
co[lr]_tierod_to_steering	mount	rear
co[lr]_trod	mount	inherit
co[lr]_tv_link	mount	inherit
cos_aero_drag_force	solver_variable	inherit
cos_aero_frontal_area	parameter_real	inherit
cos_air_density	parameter_real	inherit
cos_body	mount	inherit
cos_body_subsystem	mount	inherit
cos_chassis_path_reference	marker	inherit
cos_column_support_mount	mount	inherit
cos_concept_to_body	mount	inherit
cos_diff_housing_to_body	mount	rear
cos_downforce_coefficient	parameter_real	inherit
cos_drag_coefficient	parameter_real	inherit
cos_driver_reference	marker	inherit
cos_measure_for_distance	marker	inherit
cos_powertrain_to_body	mount	inherit
cos_propshaft_support_to_body	mount	rear
cos_rack_housing_mount	mount	inherit
cos_rack_to_body	mount	inherit
cos_steering_column_to_body	mount	inherit
cos_subframe_to_body	mount	inherit
cos_suspension_to_chassis	mount	inherit

(1) 单击 Build>Communicator>Output>New 命令。

(2) Output Communicator Name:. _ATV_body. cos_subframe_to_body。

(3) Matching Name(s):subframe_to_body。

(4) Type:single。

(5) Entity:mount。

(6) To Minor Role:inherit。

(7) Part Name:. _ATV_body. ges_chassis。

(8) 单击 Apply,完成 . _ATV_body. cos_subframe_to_body 通讯器的创建。

(9) 重复上述步骤,按顺序完成表 2-2 中对应输出通讯器的创建。

2.4.8 车身测量函数建立

车身测量函数主要包括 X、Y、Z 方向上的加速度及转动角加速度，这 6 个参数反映整车在运行过程中的车身状态，可以判定整车的稳定性及平顺特性。

(1) 车身 X 方向加速度：. _ATV_body. av_x：ACCX(. _ATV_body. ges_chassis. inertia_frame)。

(2) 车身 Y 方向加速度：. _ATV _body. av_y：ACCY(. _ATV _body. ges_chassis. inertia_frame)。

(3) 车身 Z 方向加速度：. _ATV _body. av_z：ACCZ(. _ATV _body. ges_chassis. inertia_frame)。

(4) 绕车身 X 方向转动角加速度：. _ATV_body. WDTX：WDTX(. _ATV_body. ges_chassis. inertia_frame)。

(5) 绕车身 Y 方向转动角加速度：. _ATV_body. WDTY：WDTY(. _ATV_body. ges_chassis. inertia_frame)。

(6) 绕车身 Z 方向转动角加速度：. _ATV_body. WDTZ：WDTZ(. _ATV_body. ges_chassis. inertia_frame)。

2.4.8.1 车身模板

(1) 单击 File>Save As 命令。

(2) Major Role：body。

(3) File Format：Binary。

(4) Target：Datebase/my_book。

(5) 单击 OK，完成 ATV_body 车身模板的保存。

2.4.8.2 车身与驾驶员子系统

(1) 按 F9 切换到标准模板，单击 File>New>Subsystem 命令。

(2) Subsystem Name：ATV_body。

(3) Minor Role：any。

(4) Template Name：mdids：//my_book/templates. tbl/_ATV_body. tpl。

(5) 单击 OK，完成 ATV_body 车身与驾驶员子系统的建立。

2.5 ATV 轮胎

2.5.1 轮胎模板

(1) 转换到专家模板，单击 File>Open 命令，弹出模板打开对话框，如图 2-65 所示。

(2) Template Name：mdids：//acar_shared/templates. tbl/_handling_tire. tpl。

(3) 单击 OK，. _handling_tire 轮胎在窗口中显示。

(4) 选择轮胎(左右轮胎均可)右击 Wheel:whr_wheel>Modify,弹出轮胎修改对话框,如图 2-66 所示。

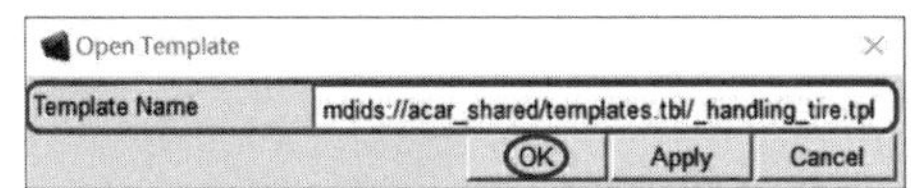

图 2-65　轮胎模板打开对话框

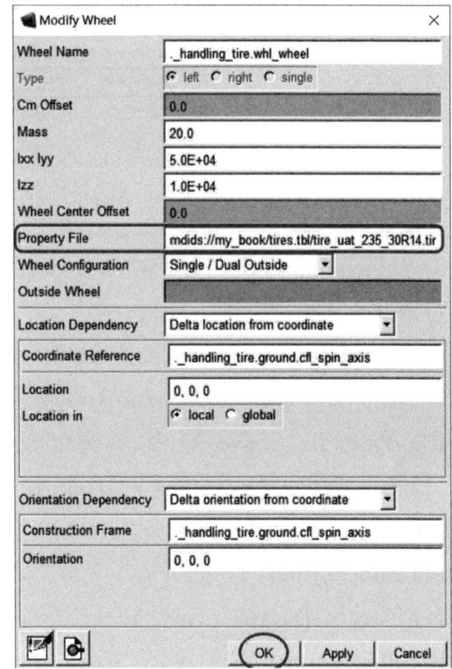

图 2-66　轮胎部件

(5) Property File:mdids://my_book/tires.tbl/tire_uat_235_30R14.tir,其余参数均保持默认设置。

(6) 单击 OK,完成 ._handling_tire.whr_wheel 轮胎的修改,此时轮胎在窗口中的尺寸发生变化。

(7) 单击 File>Save As 命令。

(8) New Template Name:ATV_tire。

(9) File Format:Binary。

(10) Target:Datebase/my_book。

(11) 单击 OK,完成 ATV_tire 轮胎模板的保存。

2.5.2　ATV 前后轮胎子系统

(1) 按 F9 切换到标准模板,单击 File>New>Subsystem 命令,弹出新建子系统对话框,如图 2-67 所示。

(2) Subsystem Name:ATV_front_tire。

(3) Minor Role:front。

(4) Template Name:mdids://my_book/templates.tbl/_ATV_tire.tpl。

(5) 单击 Apply,完成 ATV_front_tire 轮胎子系统的建立。

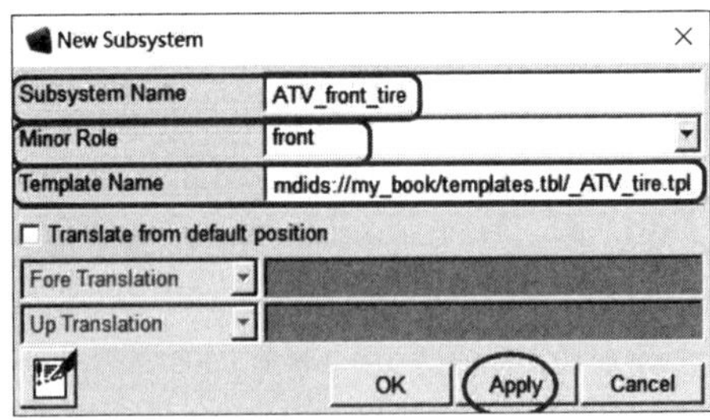

图 2-67 ATV 前轮胎子系统

(6) Subsystem Name:ATV_rear_tire。

(7) Minor Role:rear。

(8) Template Name:mdids://my_book/templates. tbl/_ATV_tire. tpl。

(9) 单击 OK,完成 ATV_rear_tire 轮胎子系统的建立。

(10) 单击 File>Save As 命令,弹出 Save Subsystem 对话框。

(11) Subsystem Name:ATV_front_tire。

(12) Minor Role:front。

(13) File Format:TeimOrbit。

(14) Target:Database/my_book。

(15) 单击 Apply,完成 ATV_front_tire 轮胎子系统的存储。

(16) Subsystem Name:ATV_rear_tire。

(17) Minor Role:rear。

(18) File Format:TeimOrbit。

(19) Target:Database/my_book。

(20) 单击 OK,完成 ATV_rear_tire 轮胎子系统的存储。

轮胎属性文件信息:

```
$------------------------------------------------------------------MDI_HEADER
[MDI_HEADER]
FILE_TYPE      =  'tir'
FILE_VERSION   =   2.0
FILE_FORMAT    =  'ASCII'
(COMMENTS)
{comment_string}
'Tire         -  XXXXXX'
'Pressure     -  XXXXXX'
'Test Date    -  XXXXXX'
'Test tire'
'New File Format v2.1'
```

```
$ ------------------------------------------------------------------------- units
[UNITS]
LENGTH              = 'meter'
FORCE               = 'newton'
ANGLE               = 'radian'
MASS                = 'kg'
TIME                = 'sec'
$ ------------------------------------------------------------------------- model
[MODEL]
!        use mode                 1      2      3
!        ----------------------------------------
!        relaxation lengths              X
!        smoothing                              X
!
PROPERTY_FILE_FORMAT      = 'UATIRE'
USE_MODE                  = 2
! 3D contact can be switched on by deleting the comment ! character
! When no further coefficients are specified,default values will be taken
! CONTACT_MODEL                = '3D_ENVELOPING'
$ --------------------------------------------------------------------- dimension
[DIMENSION]
UNLOADED_RADIUS           = 0.2483
WIDTH                     = 0.205
ASPECT_RATIO              = 0.3
$ --------------------------------------------------------------------- parameter
[PARAMETER]
VERTICAL_STIFFNESS        = 190000
VERTICAL_DAMPING          =     50
ROLLING_RESISTANCE        =      0.003
CSLIP                     =   80000
CALPHA                    =   60000
CGAMMA                    =   3000
UMIN                      =       0.8
UMAX                      =       1.1
REL_LEN_LON               =       0.6
REL_LEN_LAT               =       0.5
```

```
$ ---------------------------------------------------------------- shape
[SHAPE]
{radial width}
1.0    0.0
1.0    0.2
1.0    0.4
1.0    0.6
1.0    0.8
0.9    1.0
```

2.6 ATV 制动系统

2.6.1 制动模板

(1) 转换到专家模板，单击 File>Open 命令，弹出模板打开对话框，可参考图 2-65。

(2) Template Name：mdids：//FSAE/templates. tbl/_brake_system_4Wdisk. tpl。

(3) 单击 OK，轮胎 brake_system_4Wdisk 在窗口中显示。

(4) 单击 File>Save As 命令。

(5) New Template Name：ATV_brake。

(6) File Format：Binary。

(7) Target：Datebase/my_book。

(8) 单击 OK，完成 ATV_brake 制动模板的保存。

2.6.2 ATV 制动系统

(1) 按 F9 切换到标准模板，单击 File>New>Subsystem 命令，弹出子系统对话框，可参考图 2-67。

(2) Subsystem Name：ATV_brake。

(3) Minor Role：any。

(4) Template Name：mdids：//my_book/templates. tbl/_ATV_brake. tpl。

(5) 单击 OK，完成 ATV_brake 轮胎子系统的建立。

(6) 单击 File>Save As 命令，弹出 Save Subsystem 对话框。

(7) Subsystem Name：ATV_brake。

(8) Minor Role：any。

(9) File Format：TeimOrbit。

(10) Target:Database/my_book。

(11) 单击 OK,完成 ATV_brake 轮胎子系统的存储。

2.7　阶跃转向仿真

2.7.1　ATV 整车模型

(1) 按 F9 切换到标准模板,单击 File>Full-Vehicle Assembly 命令,弹出创建整车装配对话框,如图 2-68 所示。

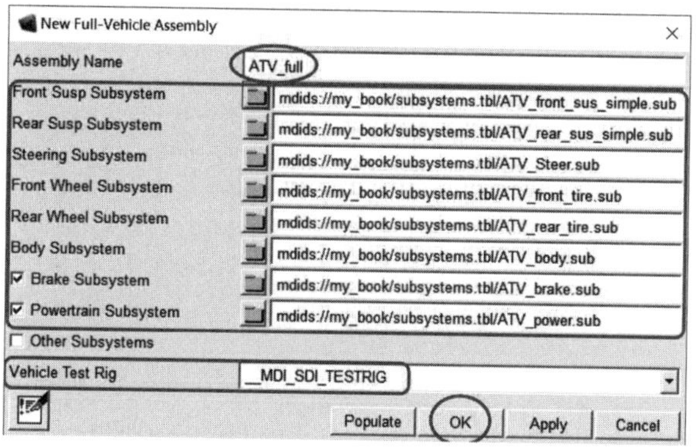

图 2-68　ATV 整车

(2) Assembly Name:ATV_full。

(3) Front Susp Subsystem: mdids://my_book/subsystems.tbl/ATV_front_sus_simple.sub。

(4) Rear Susp Subsystem: mdids://my_book/subsystems.tbl/ATV_rear_sus_simple.sub。

(5) Steering Subsystem:mdids://my_book/subsystems.tbl/ATV_Steer.sub。

(6) Front Wheel Subsystem: mdids://my_book/subsystems.tbl/ATV_front_tire.sub。

(7) Rear Wheel Subsystem:mdids://my_book/subsystems.tbl/ATV_rear_tire.sub。

(8) Body Subsystem:mdids://my_book/subsystems.tbl/ATV_body.sub。

(9) 勾选 Brake Subsystem:mdids://my_book/subsystems.tbl/ATV_brake.sub。

(10) 勾选 Powertrain Subsystem: mdids://my_book/subsystems.tbl/ATV_power.sub。

(11) Vehicle Test Rig:_MDI_SDI_TESTRIG。

(12) 单击 OK,完成 ATV_full FSAE 整车模型的装配,装配好的模型如图 2-1 所示。

2.7.2 ATV 阶跃转向仿真

(1) 单击 Simulate>Full-Vehicle Analysis>Open-loop steering Events>Step Steer 命令，弹出阶跃仿真对话框，如图 2-69 所示。

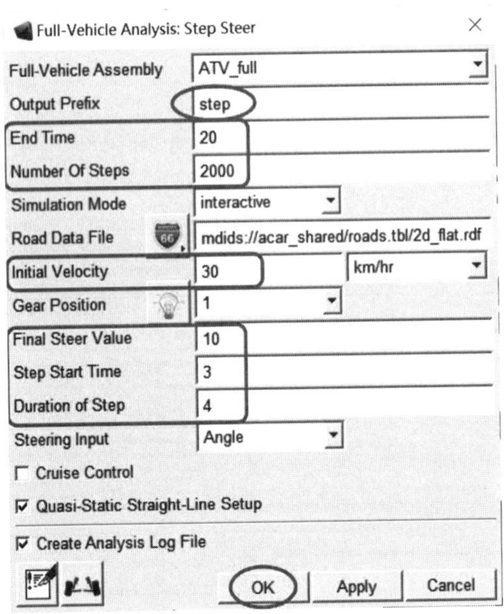

图 2-69　阶跃转向运行轨迹

(2) Output Prefix：step。

(3) End Time：20。

(4) Number Of Steps：2000。

(5) Simulation Mode：interactive。

(6) Road Date File：mdids：//acar_shared/roads. tbl/2d_flat. rdf。

(7) Initial Velocity：30 km/hr。

(8) Gear Position：1。

(9) First Steer Value：10。

(10) Step Start Time：3。

(11) Duration of Step：4。

(12) 勾选 Quasi-Static Straight-Line Setup。

(13) 单击 OK，完成阶跃转向仿真设置并提交运算。

ATV 整车运动轨迹如图 2-70 所示，车身稳定性参数如图 2-71 至图 2-74 所示。从计算结果看，ATV 整车侧向加速度过大，稳定性不是很好。

图 2-70　ATV 整车运行轨迹(终止时刻)

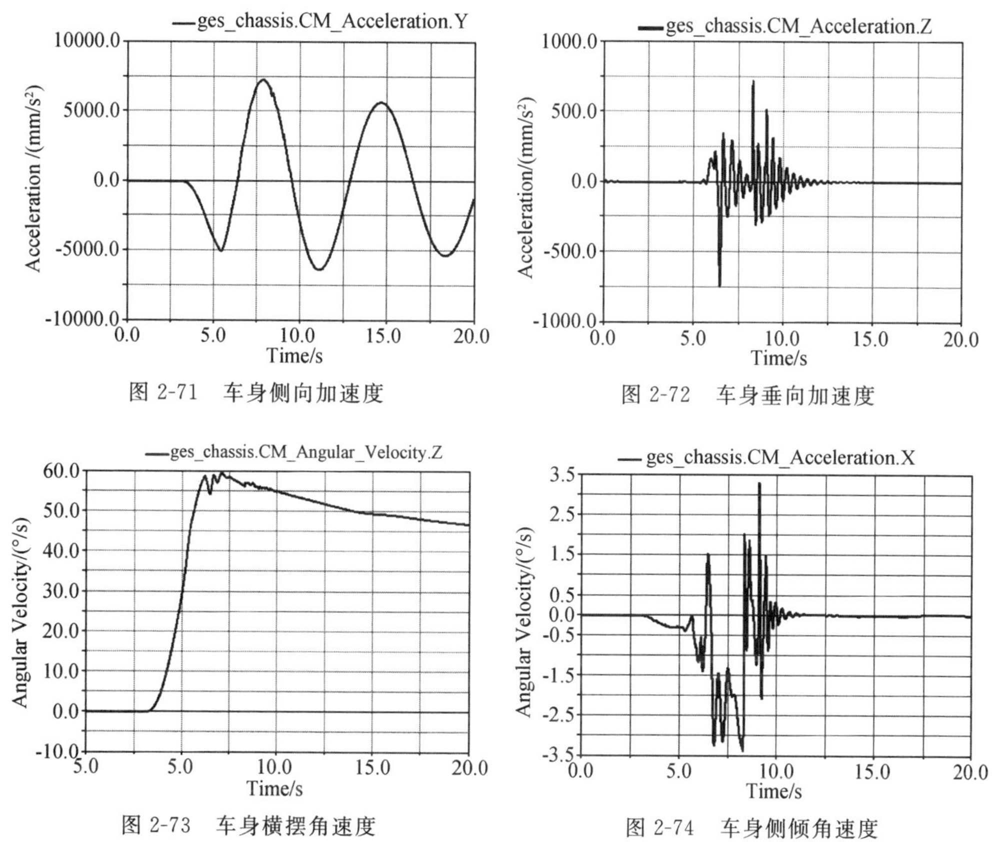

图 2-71　车身侧向加速度

图 2-72　车身垂向加速度

图 2-73　车身横摆角速度

图 2-74　车身侧倾角速度

2.8　ATV 整车优化

通过上述计算发现,ATV 整车车身各项参数值均偏大,即车身的振幅大小只跟避震器有关系,刚度满足支撑要求即可,跟回弹行程等没有关系,读者可查阅文献学习系统中振幅与阻尼间的关系。

2.8.1 弹簧刚度

(1) 单独显示前悬架模型。

(2) 右击选择弹簧:. ATV_full. ATV_front_sus_simple. nsl_spring>Modify,弹出修改弹簧属性对话框如图 2-75 所示。

(3) Property File:mdids://my_book/springs. tbl/test_my_20. spr。

(4) 其余参数保持不变,单击 Apply,完成前悬架弹簧属性的修改。

(5) 单独显示后悬架模型。

(6) 右击选择弹簧:. ATV_full. ATV_rear_sus_simple. nss_spring>Modify。

(7) Property File:mdids://my_book/springs. tbl/test_my_20. spr。

(8) 其余参数保持不变,单击 OK,完成后悬架弹簧属性的修改。

2.8.2 避震器属性

(1) 单独显示前悬架模型。

(2) 右击选择避震器:. ATV_full. ATV_front_sus_simple. dal_damper>Modify ,弹出修改避震器属性对话框,如图 2-76 所示。

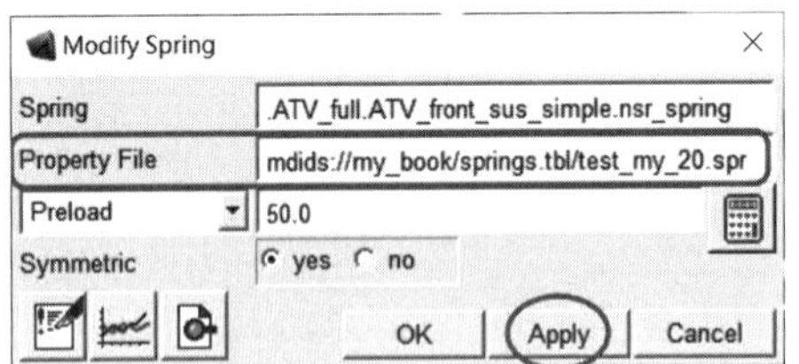

图 2-75 弹簧刚度

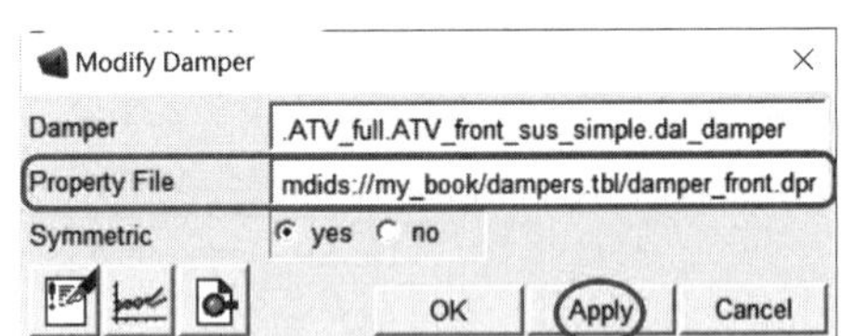

图 2-76 避震器阻尼系数

(3) Property File:mdids://my_book/dampers. tbl/damper_front. dpr。避震器特性曲线如图 2-77 所示。

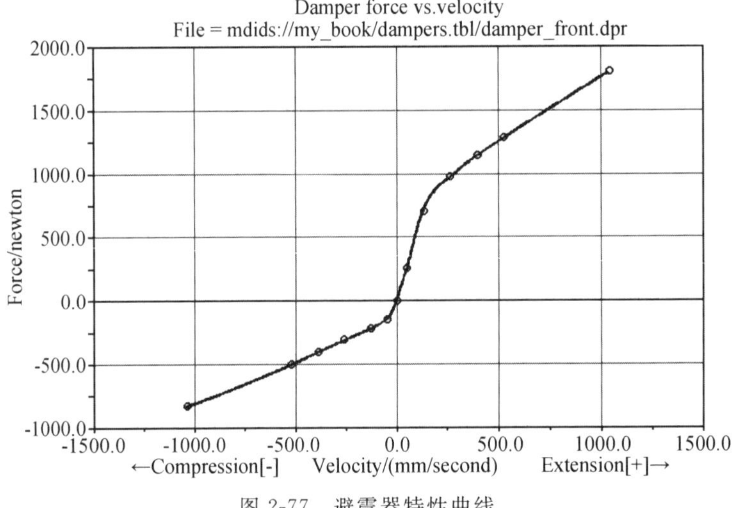

图 2-77 避震器特性曲线

(4) 其余参数保持不变,单击 Apply,完成前悬架避震器属性的修改。

(5) 单独显示后悬架模型。

(6) 右击选择弹簧:. ATV_full. ATV_rear_sus_simple. das_damper>Modify。

(7) Property File:mdids://my_book/dampers. tbl/damper_rear. dpr。

(8) 其余参数保持不变,单击 OK,完成后悬架避震器属性的修改。

2.8.3　前悬架硬点参数

针对前悬架硬点参数进行修改,需要修改的参数见表 2-3。以上参数修改完成,重复 ATV 整车阶跃转向仿真,仿真参数保持不变,计算结果如图 2-78 至图 2-81 所示,对比优化前后,整车各项参数均有较大程度提升。

表 2-3　硬点参数

硬点名称	*X*	*Y*	*Z*
hpl_wheel_center	349.51	−470.5,	241.3
hpl_uca_outer	369.5	−359.3	330.0
hpl_lca_outer	339.1	−383.3	190.4

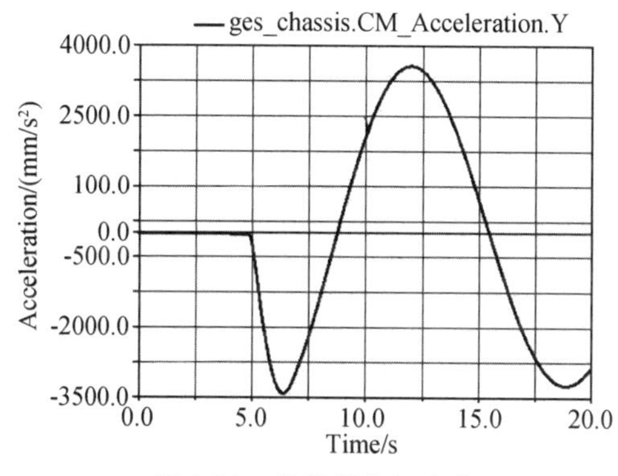

图 2-78　车身侧向加速度

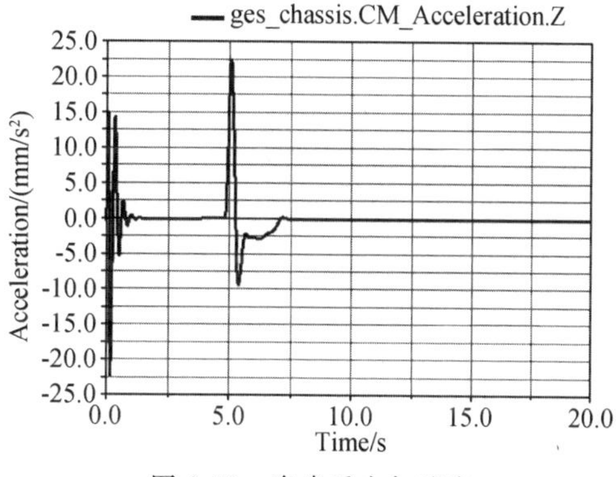

图 2-79　车身垂向加速度

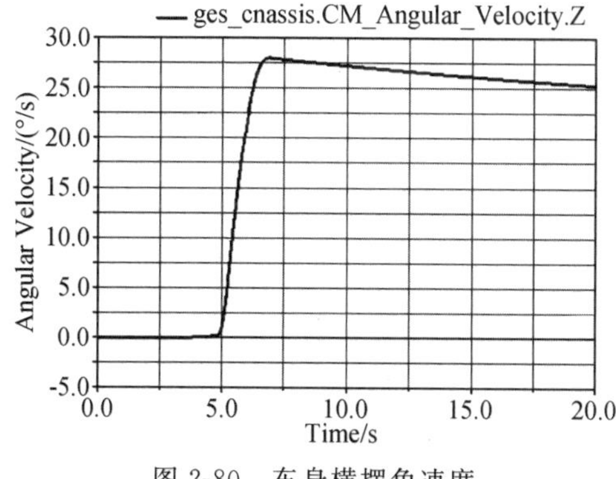

图 2-80　车身横摆角速度

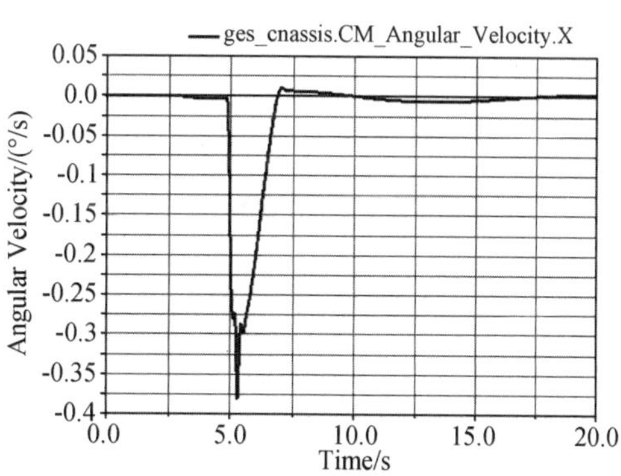

图 2-81　车身侧倾角速度

第 3 章　摩托车设计

轻、中、重型机车的整车设计与家用或小型摩托车完全不同，出于对摩托车性能和操纵稳定性的考虑，机车的前悬架一般多采用叉臂式独立悬架，与此相关的摩托车旋向系统也有多种形式，包括摇臂式转向、拉杆式转向、轮毂式转向。家用经济型摩托车多采用三脚臂集成式悬架与转向系统，此系统的缺点是在摩托车制动时前轮压缩，此时摩托车前后之间的轮距变小，摩托车稳定性变差。本章节讨论两种不同转向系统特性的摩托车整车模型，建立好的摇臂式转向摩托车整车模型如图 3-1 所示。

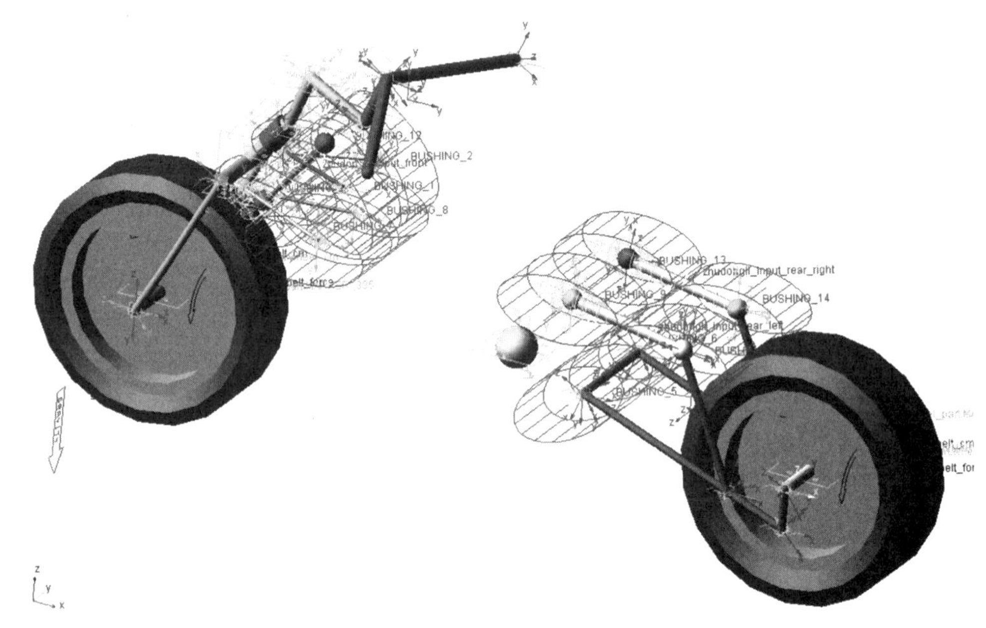

图 3-1　摩托车模型(摇臂式转向)

3.1　摇臂式转向摩托车

扭杆弹簧横置式变刚度摩托车文件：my_motuoche_steer_rocker. bin 存储于章节文件中，请读者自主调阅参考学习。

3.1.1　摩托车参考点

(1) 单击 Bodies>Construction>Geometry Point 创建硬点。

(2) 选择 Add to Ground。

(3) Don't Attach。

(4) 右击鼠标,弹出硬点位置对话框,如图 3-2 所示。

(5) 硬点位置输入:1200.0,0.0,425.0。

(6) 单击 Apply,完成硬点创建;

(7) 右击硬点,选择 Rename,重命名为 body_center。

(8)重复上述步骤,完成图 3-3 中所有硬点的创建。

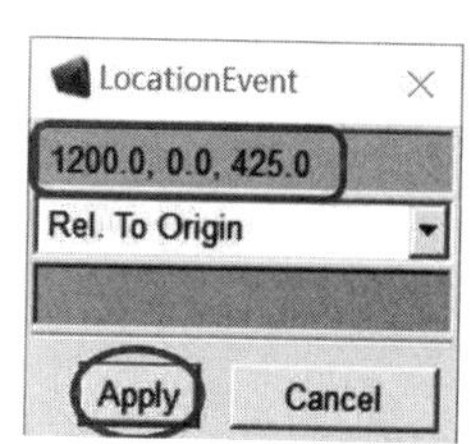

图 3-2　硬点参数

	Loc_X	Loc_Y	Loc_Z
ground.body_center	1200.0	0.0	425.0
ground.hub_front_r	250.0	150.0	325.0
ground.hub_front_l	250.0	-150.0	325.0
ground.upright_l	450.0	-150.0	700.0
ground.upright_r	450.0	150.0	700.0
ground.upright_mid	450.0	0.0	700.0
ground.hub_rear_l	2000.0	-150.0	325.0
ground.hub_rear_r	2000.0	150.0	325.0
ground.upright_mid_up	550.0	0.0	825.0
ground.lca_left	700.0	-100.0	600.0
ground.lca_right	700.0	100.0	600.0
ground.uca_left	750.0	-100.0	750.0
ground.uca_right	750.0	100.0	750.0
ground.steer_down	750.0	0.0	875.0
ground.lca_front	450.0	0.0	630.0
ground.damp_to_upright_rear_R	1850.0	150.0	280.0
ground.contorl_arm_rear_R	1700.0	150.0	600.0
ground.uca_front	550.0	0.0	750.0
ground.steer_up	800.0	0.0	1000.0
ground.steer_left	950.0	-400.0	950.0
ground.steer_right	950.0	400.0	950.0
ground.control_arm_to_body_left	1450.0	-150.0	425.0
ground.control_arm_to_body_right	1450.0	150.0	425.0
ground.upright_left	2000.0	-150.0	225.0
ground.upright_right	2000.0	150.0	225.0
ground.damp_to_upright_rear_l	1850.0	-150.0	280.0
contorl_arm_rear.damp_down_rear_left	1700.0	-150.0	600.0
ground.tierod_mid	600.0	0.0	950.0

图 3-3　摩托车硬点

3.1.2　摩托车部件

3.1.2.1　body 部件

(1) 单击 Bodies>Geometry Sphere 创建球形几何体。

(2) 选择 New Part。

(3) Radius:100。

(4) 选择硬点 body_center 完成球形部件创建。

(5) 右击球形部件，选择 Rename，重命名为 body。

3.1.2.2　hub_front 部件

(1) 单击 Bodies>Geometry Cylinder 创建圆柱几何体。

(2) 选择 New Part。

(3) Radius：15。

(4) 选择硬点 hub_front_l 与 hub_front_r 完成圆柱形部件创建。

(5) 右击圆柱体部件，选择 Rename，重命名为 hub_front。

3.1.2.3　upright 部件

(1) 单击 Bodies>Geometry Cylinder 创建圆柱几何体。

(2) 选择 New Part。

(3) Radius：15。

(4) 选择硬点 upright_l 与 upright_r 完成圆柱形部件创建。

(5) 右击圆柱体部件，选择 Rename，重命名为 upright。

(6) 单击 Bodies>Geometry Cylinder 创建圆柱几何体。

(7) 选择 Add to Part。

(8) Radius：10。

(9) 选择硬点 hub_front_l 与 upright_l 完成圆柱形部件创建。

(10) 单击 Bodies>Geometry Cylinder 创建圆柱几何体。

(11) 选择 Add to Part。

(12) Radius：10。

(13) 选择硬点 hub_front_r 与 upright_r 完成圆柱形部件创建。

3.1.2.4　steer_hub 部件

(1) 单击 Bodies>Geometry Cylinder 创建圆柱几何体。

(2) 选择 New Part。

(3) Radius：20。

(4) 选择硬点 upright_mid 与 upright_mid_up 完成圆柱形部件创建。

(5) 右击圆柱体部件，选择 Rename，重命名为 steer_hub。

3.1.2.5　steer_hub_fix 部件

(1) 单击 Bodies>Geometry Cylinder 创建圆柱几何体。

(2) 选择 New Part。

(3) Length：70。

(4) Radius：30。

(5) 选择硬点 steer_hub.cm 与 upright_mid_up 完成圆柱形部件创建。

(6) 右击圆柱体部件，选择 Rename，重命名为 steer_hub_fix。

3.1.2.6　lca 部件

(1) 单击 Bodies>Geometry Cylinder 创建圆柱几何体。

(2) 选择 New Part。

(3) Radius:5。

(4) 选择硬点 lca_front 与 lca_left 完成圆柱形部件创建。

(5) 右击圆柱体部件,选择 Rename,重命名为 lca。

(6) 单击 Bodies>Geometry Cylinder 创建圆柱几何体。

(7) 选择 Add to Part。

(8) Radius:5。

(9) 选择硬点 lca_front 与 lca_right 完成圆柱形部件创建。

3.1.2.7　uca 部件

(1) 单击 Bodies>Geometry Cylinder 创建圆柱几何体。

(2) 选择 New Part。

(3) Radius:5。

(4) 选择硬点 uca_front 与 uca_left 完成圆柱形部件创建。

(5) 右击圆柱体部件,选择 Rename,重命名为 uca。

(6) 单击 Bodies>Geometry Cylinder 创建圆柱几何体。

(7) 选择 Add to Part。

(8) Radius:5。

(9) 选择硬点 uca_front 与 uca_right 完成圆柱形部件创建。

3.1.2.8　steer_wheel 部件

(1) 单击 Bodies>Geometry Cylinder 创建圆柱几何体。

(2) 选择 New Part。

(3) Radius:15。

(4) 选择硬点 steer_up 与 steer_left 完成圆柱形部件创建。

(5) 右击圆柱体部件,选择 Rename,重命名为 steer_wheel。

(6) 单击 Bodies>Geometry Cylinder 创建圆柱几何体。

(7) 选择 Add to Part。

(8) Radius:15。

(9) 选择硬点 steer_up 与 steer_left 完成圆柱形部件创建。

(10) 单击 Bodies>Geometry Cylinder 创建圆柱几何体。

(11) 选择 Add to Part。

(12) Radius:15。

(13) 选择硬点 steer_up 与 steer_down 完成圆柱形部件创建。

3.1.2.9　steel_link_1 部件

(1) 单击 Bodies>Geometry Cylinder 创建圆柱几何体。

(2) 选择 New Part。

(3) Radius:15。

(4) 选择硬点 steer_down 与 tierod_mid 完成圆柱形部件创建。

(5) 右击圆柱体部件，选择 Rename，重命名为 steel_link_1。

3.1.2.10 steel_link_2 部件

(1) 单击 Bodies>Geometry Cylinder 创建圆柱几何体。

(2)选择 New Part。

(3) Radius:15。

(4) 选择硬点 upright_mid_up 与 tierod_mid 完成圆柱形部件创建。

(5) 右击圆柱体部件，选择 Rename，重命名为 steel_link_2。

3.1.2.11 hub_rear 部件

(1) 单击 Bodies>Geometry Cylinder 创建圆柱几何体。

(2) 选择 New Part。

(3) Radius:15。

(4) 选择硬点 hub_rear_l 与 hub_rear_r 完成圆柱形部件创建。

(5) 右击圆柱体部件，选择 Rename，重命名为 hub_rear。

3.1.2.12 control_arm_rear 部件

(1) 单击 Bodies>Geometry Cylinder 创建圆柱几何体。

(2) 选择 New Part。

(3) Radius:10。

(4) 选择硬点 control_arm_to_body_left 与 upright_left 完成圆柱形部件创建。

(5) 右击圆柱体部件，选择 Rename，重命名为 control_arm_rear。

(6) 单击 Bodies>Geometry Cylinder 创建圆柱几何体。

(7) 选择 Add to Part。

(8) Radius:10。

(9) 选择硬点 hub_rear_l 与 upright_left 完成圆柱形部件创建。

(10) 单击 Bodies>Geometry Cylinder 创建圆柱几何体。

(11) 选择 Add to Part。

(12) Radius:15。

(13) 选择硬点 damper_to_upright_rear_l 与 control_arm_rear. damper_down_rear_left 完成圆柱形部件创建。

(14) 单击 Bodies>Geometry Cylinder 创建圆柱几何体。

(15) 选择 New Part。

(16) Radius:10。

(17) 选择硬点 control_arm_to_body_right 与 upright_right 完成圆柱形部件创建。

(18) 单击 Bodies>Geometry Cylinder 创建圆柱几何体。

(19) 选择 Add to Part。

(20) Radius:10。

(21) 选择硬点 hub_rear_r 与 upright_right 完成圆柱形部件创建。

(22) 单击 Bodies>Geometry Cylinder 创建圆柱几何体。

(23) 选择 Add to Part。

(24) Radius:15。

(25) 选择硬点 damper_to_upright_rear_r 与 damper_down_rear_right 完成圆柱形部件创建。

(26) 单击 Bodies>Geometry Cylinder 创建圆柱几何体。

(27) 选择 Add to Part。

(28) Radius:15。

(29) 选择硬点 control_arm_to_body_left 与 control_arm_to_body_right 完成圆柱形部件创建。

3.1.2.13　damper_down_rear_L 部件

(1) 单击 Bodies>Geometry Sphere 创建球形几何体。

(2) 选择 New Part。

(3) Radius:50。

(4) 选择硬点 damper_down_rear_left,完成球形部件创建。

(5) 右击球形部件,选择 Rename,重命名为 damper_down_rear_L。

3.1.2.14　damper_up_rear_L 部件

(1) 单击 Bodies>Construction>Construction Geometry:Mark 创建参考点(需要注意的是相对于硬点,参考点具有方向特性)。

(2) 选择 Add to Part。

(3) 选取车身 body 部件。

(4) 右击鼠标,硬点位置输入:1400.0,-150.0,650.0。

(5) 单击 Apply,完成参考点创建。

(6) 右击硬点,选择 Rename,重命名为 damper_up_rear_l_ref。

(7) 单击 Bodies>Geometry Sphere 创建球形几何体。

(8) 选择 New Part。

(9) Radius:50。

(10) 选择参考点 damper_up_rear_l_ref 完成球形部件创建。

(11) 右击球形部件,选择 Rename,重命名为 damper_up_rear_L。

3.1.2.15　damper_down_rear_R 部件

(1) 单击 Bodies>Geometry Sphere 创建球形几何体。

(2) 选择 New Part。

(3) Radius:50。

(4) 选择硬点 control_arm_rear_R 完成球形部件创建。

(5) 右击球形部件,选择 Rename,重命名为 damper_down_rear_R。

3.1.2.16　damper_up_rear_R 部件

(1) 单击 Bodies>Construction>Construction Geometry:Mark 创建参考点。

(2) 选择 Add to Part。

(3) 选取车身 body 部件。

(4) 右击鼠标,硬点位置输入:1400.0,150.0,650.0。

(5) 单击 Apply,完成参考点创建。

(6) 右击硬点,选择 Rename,重命名为 damper_up_rear_r_ref。
(7) 单击 Bodies>Geometry Sphere 创建球形几何体。
(8) 选择 New Part。
(9) Radius:50。
(10) 选择参考点 damper_up_rear_l_ref 完成球形部件创建。
(11) 右击球形部件,选择 Rename,重命名为 damper_up_rear_R。

3.1.2.17 damper_down_front 部件

(1) 单击 Bodies>Construction>Construction Geometry:Mark 创建参考点。
(2) 选择 Add to Part。
(3) 选取车身 body 部件。
(4) 右击鼠标,硬点位置输入:500.0,0.0,615.0。
(5) 单击 Apply,完成参考点创建。
(6) 右击硬点,选择 Rename,重命名为 damper_down_front。
(7) 单击 Bodies>Geometry Sphere 创建球形几何体。
(8) 选择 New Part。
(9) Radius:50。
(10) 选择参考点 damper_down_front,完成球形部件创建。
(11) 右击球形部件,选择 Rename,重命名为 damper_down_front。

3.1.2.18 damper_up_front 部件

(1) 单击 Bodies>Construction>Construction Geometry:Mark 创建参考点。
(2) 选择 Add to Part。
(3) 选取车身 body 部件。
(4) 右击鼠标,硬点位置输入:650.0,0.0,800.0。
(5) 单击 Apply,完成参考点创建。
(6) 右击硬点,选择 Rename,重命名为 damper_up_front。
(7) 单击 Bodies>Geometry Sphere 创建球形几何体。
(8) 选择 New Part。
(9) Radius:50。
(10) 选择参考点 damper_up_front 完成球形部件创建。
(11) 右击球形部件,选择 Rename,重命名为 damper_up_front。

3.1.3 避震器/螺旋弹簧

3.1.3.1 弹簧与避震器 SPRING_front

(1) 单击 Forces>Flexible Connections>Spring-Damper。
(2) K:30.0。
(3) C:0.5。
(4) 选择点 damper_down_front_ref 与 body.damper_up_front,完成 SPRING_1 的创建。
(5) 右击弹簧避震器,选择 Rename,重命名为 SPRING_front。

(6) 右击弹簧避震器,选择 Modify,Preload:1500.0,如图 3-4 所示。

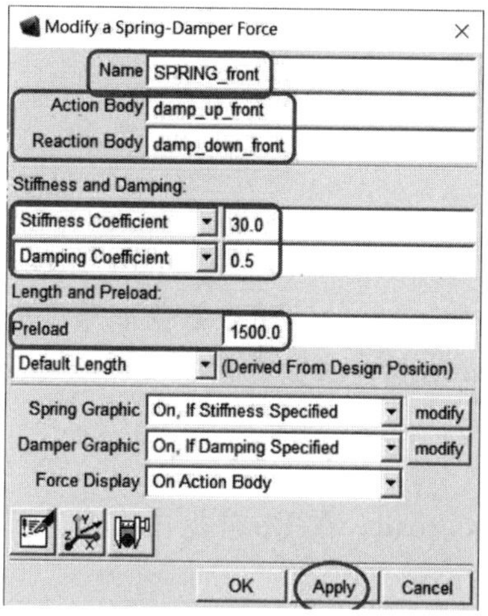

图 3-4　弹簧避震器

(7) 单击 OK,完成摩托车前弹簧与避震器创建。

3.1.3.2　弹簧与避震器 SPRING_rear_l

(1) 单击 Forces>Flexible Connections>Spring-Damper。

(2) K:30.0。

(3) C:0.5。

(4) 选择点 damper_down_rear_left 与 . body. damper_up_rear_l_ref 完成 SPRING_2 的创建。

(5) 右击弹簧避震器,选择 Rename,重命名为 SPRING_rear_l。

(6) 右击弹簧避震器,选择 Modify,Preload:1000.0。

(7) 单击 OK,完成摩托车后左弹簧与避震器创建。

3.1.3.3　弹簧与避震器 SPRING_rear_4

(1) 单击 Forces>Flexible Connections>Spring-Damper。

(2) K:30.0。

(3) C:0.5。

(4) 选择点 control_arm_rear_R 与 . body. damper_up_rear_r_ref 完成 SPRING_3 的创建。

(5) 右击弹簧避震器,选择 Rename,重命名为 SPRING_rear_4。

(6) 右击弹簧避震器,选择 Modify,Preload:1000.0。

(7) 单击 OK,完成摩托车后右弹簧与避震器创建。

3.1.4　摩托车轮胎

3.1.4.1　前轮胎与路面

(1) 单击 Forces>Special Forces>Creat a Tire,创建轮胎(包含路面)模型。

(2) Name:wheel_rear。

(3) Side:Left。

(4) Cm Offset:0。

(5) Mass:20。

(6) Ixx:5e4。

(7) lyy:5e4。

(8) Izz:1e4。

(9) Wheel Center Offset:0。

(10) Tire Property File:D:/ADAMS_VIEW/mdi_tire01_145. tir。轮胎属性文件包含轮胎的一些实验参数及外形参数,轮胎的实验参数获取难度较大,此章节通过改变轮胎的形状,即横截面的宽度改为 145 mm,其余参数保持不变。

(11) Longitudinal Velocity:0。

(12) Spin Velocity:0。

(13) Road:. my_sanlunche. road。在 Road 框中右击选择创建路面模型:

① Name:. my_sanlunche. road。

② Part:. my_sanlunche. ground。

③ Property File:D:/Adams_View2017/roads. tbl/2d_stochastic_uneven_H. rdf。属性文件可以导引到共享数据库中的路面文件,也可以自建路面文件。此路面为自建等级为 H 路面,路面较为粗糙。

④ Graphics:Off。显示界面存在路面模型,但不显示。

⑤ Location:0. 0,0. 0,19. 0,+Z 方向上路面移动 19 mm,路面和摩托车车轮接触,移动距离为轮胎安装位置与轮胎无载荷半径之间的差值。

⑥ Orient Using:Euler Angles。

⑦ Euler Angles:0. 0,0. 0,0. 0。此处路面角度不用调整,原因在于重力方向在建模初始已经设置为$-Z$ 方向,如重力方向为系统默认的$-Y$ 方向,则此处需要调整路面角度。

⑧ 单击 OK,完成 . my_sanlunche. road 路面的创建。

3.1.4.2 后轮胎

(1) Tire Property File:D:/ADAMS_VIEW/mdi_tire01_175. tir。

(2) Location:2000. 0,0. 0,325. 0。

(3) Orient Using:Euler Angles。

(4) Euler Angles:0. 0,0. 0,0. 0。

(5) 其余参数保持不变,单击 OK,完成 wheel_rear 轮胎的创建。

3.1.5 摩托车柔性约束

设置工作网格在 XZ 屏幕上。

3.1.5.1 部件 damper_down_front 与 lca 之间柔性衬套约束

(1) 单击 Forces>Flexible Connections>Create a Bushing。

(2) 2 Bod-1 Loc,即衬套的定位为两个位置一个点。

(3) Normal to Grid,即衬套方向与网格垂直。

(4) 先选取部件 damper_down_front 与 lca,再选择参考点 damper_down_front_ref,完成 BUSHING_1 的创建。

(5) 右击 BUSHING_1,选择 Rename,重命名为 damper_down_front_to_lca_bush。

(6) 右击 damper_down_front_to_lca_bush,选择 Modify。

(7) Translational Properties(x,y,z components):

① Stiffness:(4500.0(newton/mm)),(4500.0(newton/mm)),(4500.0(newton/mm))。

② Damping:(0.5(newton-sec/mm)),(0.5(newton-sec/mm)),(0.5(newton-sec/mm))。

③ Preload:0.0,0.0,0.0。移动预载理应输入对应的数值,但由于预载准确值较难计算,用 0 替代,替代后衬套刚度位移会有极小的偏差(主要是 Z 方向)。

(8) Rotational Properties(x,y,z components):

① Stiffness:(4.5E+04(newton-mm/deg)),(4.5E+04(newton-mm/deg)),(800(newton-mm/deg))。

② Damping:(0.5(newton-sec/mm)),(0.5(newton-sec/mm)),(0.5(newton-sec/mm))。

③ Preload:0.0,0.0,0.0。旋转预载理应输入对应的数值,但由于预载准确值较难计算,用 0 替代,替代后衬套 Y 轴旋转角度会有极小的偏差。

(9) 单击 OK,完成衬套参数的修改。衬套参数设置如图 3-5 所示。

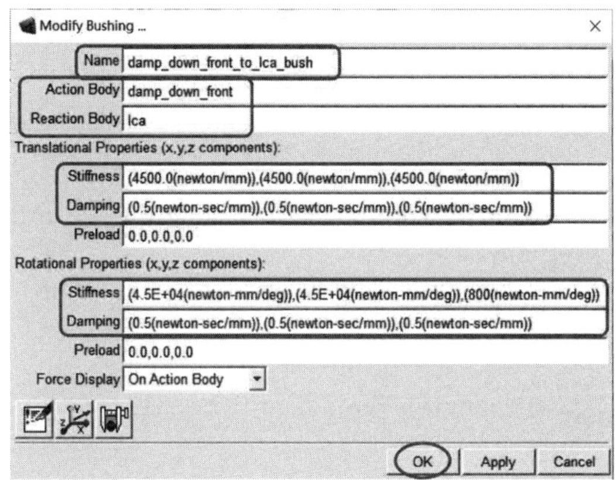

图 3-5　柔性衬套约束

3.1.5.2　部件 damper_up_front 与 body 之间柔性衬套约束

(1) 单击 Forces>Flexible Connections>Create a Bushing。

(2) 2 Bod-1 Loc,即衬套的定位为两个位置一个点。

(3) Normal to Grid,即衬套方向与网格垂直。

(4) 先选取部件 damper_up_front 与 body,再选择参考点 damper_up_front,完成 BUSHING_2 的创建。

(5) 右击 BUSHING_2,选择 Rename,重命名为 damper_up_front_to_body_bush。

(6) 右击 damper_up_front_to_body_bush,选择 Modify。

(7) Translational Properties(x,y,z components):

① Stiffness:(4500.0(newton/mm)),(4500.0(newton/mm)),(4500.0(newton/

mm))。

② Damping：(0.5(newton-sec/mm)),(0.5(newton-sec/mm)),(0.5(newton-sec/mm))。

③Preload:0.0,0.0,0.0。

(8) Rotational Properties(x,y,z components)：

① Stiffness：(4.5E+04(newton-mm/deg)),(4.5E+04(newton-mm/deg)),(800(newton-mm/deg))。

② Damping：(0.5(newton-sec/mm)),(0.5(newton-sec/mm)),(0.5(newton-sec/mm))。

③Preload:0.0,0.0,0.0。

(9) 单击 OK,完成衬套参数的修改。

3.1.5.3 部件 lca 与 body 之间柔性衬套约束

(1) 单击 Forces>Flexible Connections>Create a Bushing。

(2) 2 Bod-1 Loc,即衬套的定位为两个位置一个点。

(3) Normal to Grid,即衬套方向与网格垂直。

(4) 先选取部件 lca 与 body,再选择参考点 lca_left,完成 BUSHING_3 的创建。

(5) 右击 BUSHING_3,选择 Rename,重命名为 lca_left_bush。

(6) 右击 lca_left_bush,选择 Modify。

(7) Translational Properties(x,y,z components)：

① Stiffness：(4500.0(newton/mm)),(4500.0(newton/mm)),(4500.0(newton/mm))。

② Damping：(0.5(newton-sec/mm)),(0.5(newton-sec/mm)),(0.5(newton-sec/mm))。

③ Preload:0.0,0.0,0.0。

(8)Rotational Properties(x,y,z components)：

① Stiffness：(4.5E+04(newton-mm/deg)),(4.5E+04(newton-mm/deg)),(800(newton-mm/deg))。

② Damping：(0.5(newton-sec/mm)),(0.5(newton-sec/mm)),(0.5(newton-sec/mm))。

③ Preload:0.0,0.0,0.0。

(9) 单击 OK,完成衬套参数的修改。

(10) 单击 Forces>Flexible Connections>Create a Bushing。

(11) 2 Bod-1 Loc,即衬套的定位为两个位置一个点。

(12) Normal to Grid,即衬套方向与网格垂直。

(13) 先选取部件 lca 与 body,再选择参考点 lca_right,完成 BUSHING_4 的创建。

(14) 右击 BUSHING_4,选择 Rename,重命名为 lca_right_bush。

(15) 右击 lca_right_bush,选择 Modify。

(16) Translational Properties(x,y,z components)。

① Stiffness：(4500.0(newton/mm)),(4500.0(newton/mm)),(4500.0(newton/

mm))。

② Damping：(0.5(newton-sec/mm)),(0.5(newton-sec/mm)),(0.5(newton-sec/mm))。

③ Preload:0.0,0.0,0.0。

(17) Rotational Properties(x,y,z components)：

① Stiffness：(4.5E+04(newton-mm/deg)),(4.5E+04(newton-mm/deg)),(800(newton-mm/deg))。

② Damping：(0.5(newton-sec/mm)),(0.5(newton-sec/mm)),(0.5(newton-sec/mm))。

③ Preload:0.0,0.0,0.0。

(18) 单击OK,完成衬套参数的修改。

3.1.5.4 部件uca与body之间柔性衬套约束

(1) 单击Forces>Flexible Connections>Create a Bushing。

(2) 2 Bod-1 Loc,即衬套的定位为两个位置一个点。

(3) Normal to Grid,即衬套方向与网格垂直。

(4) 先选取部件uca与body,再选择参考点uca_left,完成BUSHING_5的创建。

(5) 右击BUSHING_5,选择Rename,重命名为uca_left_bush。

(6) 右击uca_left_bush,选择Modify。

(7) Translational Properties(x,y,z components)：

① Stiffness：(4500.0(newton/mm)),(4500.0(newton/mm)),(4500.0(newton/mm))。

② Damping：(0.5(newton-sec/mm)),(0.5(newton-sec/mm)),(0.5(newton-sec/mm))。

③ Preload:0.0,0.0,0.0。

(8) Rotational Properties(x,y,z components)：

① Stiffness：(4.5E+04(newton-mm/deg)),(4.5E+04(newton-mm/deg)),(800(newton-mm/deg))。

② Damping：(0.5(newton-sec/mm)),(0.5(newton-sec/mm)),(0.5(newton-sec/mm))。

③ Preload:0.0,0.0,0.0。

(9) 单击OK,完成衬套参数的修改。

(10) 单击Forces>Flexible Connections>Create a Bushing。

(11) 2 Bod-1 Loc,即衬套的定位为两个位置一个点。

(12) Normal to Grid,即衬套方向与网格垂直。

(13) 先选取部件uca与body,再选择参考点uca_right,完成BUSHING_6的创建。

(14) 右击BUSHING_6,选择Rename,重命名为uca_right_bush。

(15) 右击uca_right_bush,选择Modify。

(16) Translational Properties(x,y,z components)：

① Stiffness：(4500.0(newton/mm)),(4500.0(newton/mm)),(4500.0(newton/

mm))。

② Damping：(0.5(newton-sec/mm)),(0.5(newton-sec/mm)),(0.5(newton-sec/mm))。

③Preload：0.0,0.0,0.0。

(17) Rotational Properties(x,y,z components)：

① Stiffness：(4.5E+04(newton-mm/deg)),(4.5E+04(newton-mm/deg)),(800(newton-mm/deg))。

② Damping：(0.5(newton-sec/mm)),(0.5(newton-sec/mm)),(0.5(newton-sec/mm))。

③ Preload：0.0,0.0,0.0。

(18) 单击 OK，完成衬套参数的修改。

3.1.5.5 部件 control_arm_rear 与 body 之间柔性衬套约束

(1) 单击 Forces>Flexible Connections>Create a Bushing。

(2) 2 Bod-1 Loc，即衬套的定位为两个位置一个点。

(3) Normal to Grid，即衬套方向与网格垂直。

(4) 先选取部件 control_arm_rear 与 body，再选择参考点 control_arm_to_body_left，完成 BUSHING_7 的创建。

(5) 右击 BUSHING_7，选择 Rename，重命名为 control_arm_to_body_left。

(6) 右击 control_arm_to_body_left，选择 Modify。

(7) Translational Properties(x,y,z components)：

① Stiffness：(4500.0(newton/mm)),(4500.0(newton/mm)),(4500.0(newton/mm))。

② Damping：(0.5(newton-sec/mm)),(0.5(newton-sec/mm)),(0.5(newton-sec/mm))。

③ Preload：0.0,0.0,0.0。

(8) Rotational Properties(x,y,z components)：

① Stiffness：(4.5E+04(newton-mm/deg)),(4.5E+04(newton-mm/deg)),(800(newton-mm/deg))。

② Damping：(0.5(newton-sec/mm)),(0.5(newton-sec/mm)),(0.5(newton-sec/mm))。

③ Preload：0.0,0.0,0.0。

(9) 单击 OK，完成衬套参数的修改。

(10) 单击 Forces>Flexible Connections>Create a Bushing。

(11) 2 Bod-1 Loc，即衬套的定位为两个位置一个点。

(12) Normal to Grid，即衬套方向与网格垂直。

(13) 先选取部件 control_arm_rear 与 body，再选择参考点 control_arm_to_body_right，完成 BUSHING_8 的创建。

(14) 右击 BUSHING_8，选择 Rename，重命名为 control_arm_rear_to_body_r_bush。

(15) 右击 control_arm_rear_to_body_r_bush，选择 Modify。

(16) Translational Properties(x,y,z components)：

① Stiffness：(4500.0(newton/mm)),(4500.0(newton/mm)),(4500.0(newton/mm))。

② Damping：(0.5(newton-sec/mm)),(0.5(newton-sec/mm)),(0.5(newton-sec/mm))。

③Preload：0.0,0.0,0.0。

(17) Rotational Properties(x,y,z components):

① Stiffness:(4.5E+04(newton-mm/deg)),(4.5E+04(newton-mm/deg)),(800(newton-mm/deg))。

② Damping:(0.5(newton-sec/mm)),(0.5(newton-sec/mm)),(0.5(newton-sec/mm))。

③ Preload:0.0,0.0,0.0。

(18) 单击 OK,完成衬套参数的修改。

3.1.5.6 部件 control_arm_rear 与 damper_down_rear_L 之间柔性衬套约束

(1) 单击 Forces>Flexible Connections>Create a Bushing。

(2) 2 Bod-1 Loc,即衬套的定位为两个位置一个点。

(3) Normal to Grid,即衬套方向与网格垂直。

(4) 先选取部件 control_arm_rear 与 damper_down_rear_L,再选择参考点 damper_down_rear_left,完成 BUSHING_9 的创建。

(5) 右击 BUSHING_9,选择 Rename,重命名为 control_arm_rear_to_damper_l_bush。

(6) 右击 control_arm_rear_to_damper_l_bush,选择 Modify。

(7) Translational Properties(x,y,z components):

① Stiffness:(4500.0(newton/mm)),(4500.0(newton/mm)),(4500.0(newton/mm))。

② Damping:(0.5(newton-sec/mm)),(0.5(newton-sec/mm)),(0.5(newton-sec/mm))。

③ Preload:0.0,0.0,0.0。

(8) Rotational Properties(x,y,z components):

① Stiffness:(4.5E+04(newton-mm/deg)),(4.5E+04(newton-mm/deg)),(800(newton-mm/deg))。

② Damping:(0.5(newton-sec/mm)),(0.5(newton-sec/mm)),(0.5(newton-sec/mm))。

③ Preload:0.0,0.0,0.0。

(9) 单击 OK,完成衬套参数的修改。

(10) 单击 Forces>Flexible Connections>Create a Bushing。

(11) 2 Bod-1 Loc,即衬套的定位为两个位置一个点。

(12) Normal to Grid,即衬套方向与网格垂直。

(13) 先选取部件 control_arm_rear 与 body,再选择参考点 control_arm_to_body_right,完成 BUSIIING_10 的创建。

(14) 右击 BUSHING_10,选择 Rename,重命名为 control_arm_rear_to_body_l_bush。

(15) 右击 control_arm_rear_to_body_l_bush,选择 Modify。

(16) Translational Properties(x,y,z components):

① Stiffness:(4500.0(newton/mm)),(4500.0(newton/mm)),(4500.0(newton/mm))。

② Damping:(0.5(newton-sec/mm)),(0.5(newton-sec/mm)),(0.5(newton-sec/mm))。

③ Preload:0.0,0.0,0.0。

(17) Rotational Properties(x,y,z components):

① Stiffness:(4.5E+04(newton-mm/deg)),(4.5E+04(newton-mm/deg)),(800(newton-mm/deg))。

② Damping:(0.5(newton-sec/mm)),(0.5(newton-sec/mm)),(0.5(newton-sec/mm))。

③ Preload:0.0,0.0,0.0。

(18) 单击 OK,完成衬套参数的修改。

3.1.5.7　部件 damper_up_rear_L 与 body 之间柔性衬套约束

(1) 单击 Forces>Flexible Connections>Create a Bushing。

(2) 2 Bod-1 Loc,即衬套的定位为两个位置一个点。

(3) Normal to Grid,即衬套方向与网格垂直。

(4) 先选取部件 damper_up_rear_L 与 body,再选择参考点 body.damper_up_rear_l_ref,完成 BUSHING_11 的创建。

(5) 右击 BUSHING_11,选择 Rename,重命名为 damper_up_rear_L_to_body_BUSH。

(6) 右击 damper_up_rear_L_to_body_BUSH,选择 Modify。

(7) Translational Properties(x,y,z components):

① Stiffness:(4500.0(newton/mm)),(4500.0(newton/mm)),(4500.0(newton/mm))。

② Damping:(0.5(newton-sec/mm)),(0.5(newton-sec/mm)),(0.5(newton-sec/mm))。

③ Preload:0.0,0.0,0.0。

(8) Rotational Properties(x,y,z components):

① Stiffness:(4.5E+04(newton-mm/deg)),(4.5E+04(newton-mm/deg)),(800(newton-mm/deg))。

② Damping:(0.5(newton-sec/mm)),(0.5(newton-sec/mm)),(0.5(newton-sec/mm))。

③ Preload:0.0,0.0,0.0。

(9)单击 OK,完成衬套参数的修改。

3.1.5.8　部件 damper_up_rear_R 与 body 之间柔性衬套约束

(1) 单击 Forces>Flexible Connections>Create a Bushing。

(2) 2 Bod-1 Loc,即衬套的定位为两个位置一个点。

(3) Normal to Grid,即衬套方向与网格垂直。

(4) 先选取部件 damper_up_rear_R 与 body,再选择参考点 body.damper_up_rear_r_ref,完成 BUSHING_12 的创建。

(5) 右击 BUSHING_12,选择 Rename,重命名为 damper_up_rear_R_to_body_BUSH。

(6) 右击 damper_up_rear_R_to_body_BUSH,选择 Modify。

(7) Translational Properties(x,y,z components):

① Stiffness:(4500.0(newton/mm)),(4500.0(newton/mm)),(4500.0(newton/mm))。

② Damping:(0.5(newton-sec/mm)),(0.5(newton-sec/mm)),(0.5(newton-sec/mm))。

③ Preload:0.0,0.0,0.0。

(8) Rotational Properties(x,y,z components):

① Stiffness:(4.5E+04(newton-mm/deg)),(4.5E+04(newton-mm/deg)),(800(newton-mm/deg))。

② Damping:(0.5(newton-sec/mm)),(0.5(newton-sec/mm)),(0.5(newton-sec/mm))。

③ Preload:0.0,0.0,0.0。

(9) 单击 OK,完成衬套参数的修改。

3.1.6 摩托车刚性约束

设置工作网格在 *XZ* 屏幕上。

3.1.6.1 部件 wheel_front. wheel_part 与 hub_front 之间 Revolute 约束

(1) 单击 Connection>Joints>Creat a Revolute Joint。

(2) 2 Bod-1 Loc，即约束副的定位为两个位置一个点。

(3) Normal to Grid，即衬套方向与网格垂直。

(4) 按先后顺序选取部件 wheel_front. wheel_part 与 hub_front，再选取点 hub_front. cm。

(5) 单击 OK，完成约束副 JOINT_1 的创建。

(6) 右击 JOINT_1，选择 Rename，重命名为 wheel_front_to_hub_front，如图 3-6 所示。

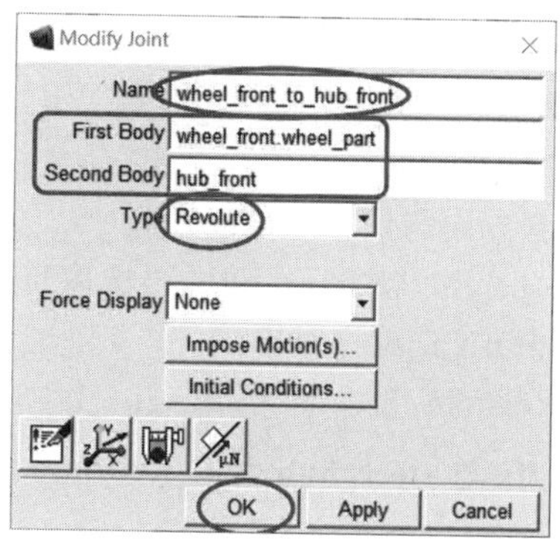

图 3-6　前轮与前轮毂铰接副约束

3.1.6.2 部件 wheel_rear. wheel_part 与 hub_rear 之间 Revolute 约束

(1) 单击 Connection>Joints>Creat a Revolute Joint。

(2) 2 Bod-1 Loc，即约束副的定位为两个位置一个点。

(3) Normal to Grid，即衬套方向与网格垂直。

(4) 按先后顺序选取部件 wheel_rear. wheel_part 与 hub_rear，再选取点 hub_rear. cm。

(5) 单击 OK，完成约束副 JOINT_2 的创建。

(6) 右击 JOINT_2，选择 Rename，重命名为 wheel_rear_to_hub_rear。

3.1.6.3 部件 upright 与 hub_front 之间 Fixed 约束

(1) 单击 Connection>Joints>Creat a Fixed Joint。

(2) 2 Bod-1 Loc，即衬套的定位为两个位置一个点。

(3) Normal to Grid，即衬套方向与网格垂直。

(4) 按先后顺序选取部件 upright 与 hub_front，再选取点 hub_front. cm。

(5) 单击 OK，完成约束副 JOINT_3 的创建。

(6) 右击 JOINT_3，选择 Rename，重命名为 upright_to_hub_front。

3.1.6.4 部件 control_arm_rear 与 hub_rear 之间 Fixed 约束

(1) 单击 Connection>Joints>Creat a Fixed Joint。

(2) 2 Bod-1 Loc，即衬套的定位为两个位置一个点。

(3) Normal to Grid，即衬套方向与网格垂直。

(4) 按先后顺序选取部件 control_arm_rear 与 hub_rear,再选取点 hub_rear. cm。

(5) 单击 OK,完成约束副 JOINT_4 的创建。

(6) 右击 JOINT_4,选择 Rename,重命名为 control_arm_rear_to_hub_rear。

3.1.6.5 部件 steer_wheel 与 body 之间 Fixed 约束

(1) 单击 Connection>Joints>Creat a Fixed Joint。

(2) 2 Bod-1 Loc,即衬套的定位为两个位置一个点。

(3) Normal to Grid,即衬套方向与网格垂直。

(4) 按先后顺序选取部件 steer_wheel 与 body,再选取点 steer_up。

(5) 单击 OK,完成约束副 JOINT_5 的创建。

(6) 右击 JOINT_5,选择 Rename,重命名为 steer_wheel_to_body。

3.1.6.6 部件 upright 与 steer_hub 之间 Fixed 约束

(1) 单击 Connection>Joints>Creat a Fixed Joint。

(2) 2 Bod-1 Loc,即衬套的定位为两个位置一个点。

(3) Normal to Grid,即衬套方向与网格垂直。

(4) 按先后顺序选取部件 upright 与 steer_hub,再选取点 upright_mid。

(5) 单击 OK,完成约束副 JOINT_6 的创建。

(6) 右击 JOINT_6,选择 Rename,重命名为 upright_to_steer_hub。

3.1.6.7 部件 steer_hub_fix 与 steer_hub 之间 Revolute 约束

(1) 单击 Connection>Joints>Creat a Revolute Joint。

(2) 2 Bod-1 Loc,即约束副的定位为两个位置一个点。

(3) Pick Geometry Feature,通过选取点指定铰接副轴的转动方向。

(4) 按先后顺序选取部件 steer_hub_fix 与 steer_hub,再按先后顺序选取点 upright_mid 与 upright_mid_up。

(5) 单击 OK,完成约束副 JOINT_7 的创建。

(6) 右击 JOINT_7,选择 Rename,重命名为 steer_hub_fix_to_steer_hub。

3.1.6.8 部件 steer_hub_fix 与 lca 之间 Revolute 约束

(1) 单击 Connection>Joints>Creat a Revolute Joint。

(2) 2 Bod-1 Loc,即约束副的定位为两个位置一个点。

(3) Normal to Grid,即衬套方向与网格垂直。

(4) 按先后顺序选取部件 steer_hub_fix 与 lca,再选取点 lca_front。

(5) 单击 OK,完成约束副 JOINT_8 的创建。

(6) 右击 JOINT_8,选择 Rename,重命名为 steer_hub_fix_to_lca。

3.1.6.9 部件 steer_hub_fix 与 uca 之间 Revolute 约束

(1) 单击 Connection>Joints>Creat a Revolute Joint。

(2) 2 Bod-1 Loc,即约束副的定位为两个位置一个点。

(3) Normal to Grid,即衬套方向与网格垂直。

(4) 按先后顺序选取部件 steer_hub_fix 与 uca,再选取点 uca_front。

(5) 单击 OK,完成约束副 JOINT_9 的创建。

(6) 右击 JOINT_9,选择 Rename,重命名为 steer_hub_fix_to_uca。

3.1.6.10　部件 steel_link_1 与 steer_wheel 之间 Revolute 约束

(1) 单击 Connection>Joints>Creat a Revolute Joint。

(2) 2 Bod-1 Loc,即约束副的定位为两个位置一个点。

(3) Normal to Grid,即衬套方向与网格垂直。

(4) 按先后顺序选取部件 steel_link_1 与 steer_wheel,再选取点 steer_down。

(5) 单击 OK,完成约束副 JOINT_10 的创建。

(6) 右击 JOINT_10,选择 Rename,重命名为 steel_link_1_to_steer_wheel。

3.1.6.11　部件 steel_link_1 与 steel_link_2 之间 Revolute 约束

(1) 单击 Connection>Joints>Creat a Revolute Joint。

(2) 2 Bod-1 Loc,即约束副的定位为两个位置一个点。

(3) Normal to Grid,即衬套方向与网格垂直。

(4) 按先后顺序选取部件 steel_link_1 与 steel_link_2,再选取点 tierod_mid。

(5) 单击 OK,完成约束副 JOINT_11 的创建。

(6) 右击 JOINT_11,选择 Rename,重命名为 steel_link_1_to_steel_link_2。

3.1.6.12　部件 steel_link_2 与 steer_hub 之间 Revolute 约束

(1) 单击 Connection>Joints>Creat a Revolute Joint。

(2) 2 Bod-1 Loc,即约束副的定位为两个位置一个点。

(3) Normal to Grid,即衬套方向与网格垂直。

(4) 按先后顺序选取部件 steel_link_2 与 steer_hub,再选取点 upright_mid_up。

(5) 单击 OK,完成约束副 JOINT_12 的创建。

(6) 右击 JOINT_12,选择 Rename,重命名为 steel_link_2_to_steer_hub。

3.1.6.13　部件 damper_up_rear_L 与 damper_down_rear_L 之间 Translational 约束

(1) 单击 Connection>Joints>Creat a Revolute Joint。

(2) 2 Bod-1 Loc,即约束副的定位为两个位置一个点。

(3) Pick Geometry Feature,通过选取点指定铰接副轴的转动方向。

(4) 按先后顺序选取部件 damper_up_rear_L 与 damper_down_rear_L,再按先后顺序选取点 damper_up_rear_L. cm 与 damper_down_rear_L. cm。

(5) 单击 OK,完成约束副 JOINT_13 的创建。

(6) 右击 JOINT_13,选择 Rename,重命名为 damper_up_rear_L_to_damper_down_rear_L。

3.1.6.14　部件 damper_up_rear_R 与 damper_down_rear_R 之间 Translational 约束

(1) 单击 Connection>Joints>Creat a Revolute Joint。

(2) 2 Bod-1 Loc,即约束副的定位为两个位置一个点。

(3) Pick Geometry Feature,通过选取点指定铰接副轴的转动方向。

(4) 按先后顺序选取部件 damper_up_rear_R 与 damper_down_rear_R,再按先后顺序选取点 damper_up_rear_R. cm 与 damper_down_rear_R. cm。

(5) 单击 OK,完成约束副 JOINT_14 的创建。

(6) 右击 JOINT_14,选择 Rename,重命名为 damper_up_rear_R_to_damper_down_rear_R。

3.1.6.15　部件 damper_down_front 与 damper_up_front 之间 Translational 约束

(1) 单击 Connection>Joints>Creat a Revolute Joint。

(2) 2 Bod-1 Loc,即约束副的定位为两个位置一个点。

(3) Pick Geometry Feature,通过选取点指定铰接副轴的转动方向。

(4) 按先后顺序选取部件 damper_down_front 与 damper_up_front,再按先后顺序选取点 damper_down_front.cm 与 damper_up_front.cm。

(5) 单击 OK,完成约束副 JOINT_15 的创建。

(6) 右击 JOINT_15,选择 Rename,重命名为 damper_down_front_to_damper_up_front。

3.1.6.16　部件 body 与 ground 之间 Perpendicular Joint 约束

(1) 单击 Connection>Primitives>Creat a Perpendicular Joint Primitives,垂直约束的作用是保证摩托车在运行过程中与地面保持垂直,不会倒地。

(2) 2 Bod-1 Loc,即衬套的定位为两个位置一个点。

(3) Pick Geometry Feature,选取几何特征方向。

(4) 按先后顺序选取部件 body 与 ground,再选取点 body.cm,最后依次选取 Z 方向、X 方向。

(5) 单击 OK,完成约束副 JPRIM_1 的创建。

至此,摩托车白车身相关刚性约束与柔性约束全部创建完毕。

3.2　驱动力

(1) 单击 Forces>Applied Forces>Create a Torque Applied Forces,创建旋转力矩(扭矩)。

(2) Run-time Direction:Two Bodies。

(3) Construction:2 Body-2 Locatic。两个部件与两个位置创建旋转驱动力矩,创建旋转驱动时,显示网格线(调整网格与轴垂直),此时创建出的扭矩与网格面平行。

(4) Characteristic:Custom。选择 Custom,可以通过编写函数,使驱动力由小到大逐渐增加,此时整车可以静平衡,同时运行过程比较平稳;如果选取 Constant,此时力矩会直接加载在车轮上,摩托车不能平衡,仿真过程开始摩托车会跳动起来。

(5) 设置完成后根据界面左下角提示,按先后顺序选择部件 hub_rear 与 wheel_rear,接着按先后顺序选择硬点.hub_rear_l 与 .hub_rear_r,硬点选择完成后,驱动扭矩 SFORCE_1 创建完成。

(6) 右击 SFORCE_1,选择 Rename,重命名为 wheel_rear_torque。

(7) 模型树 Forces 展开,右击 wheel_rear_torque>Modify,弹出扭矩修改对话框,如图 3-7 所示。

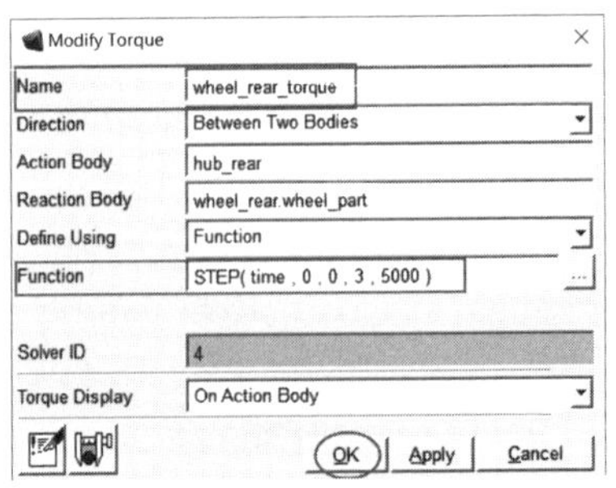

图 3-7　后轮扭矩

(8) Function:STEP(time,0,0,3,5000)。此函数为阶跃函数,在时间 t 等于 0 s 是,力矩为 0;当时间为 3 s 时,力矩为 5000 N·mm;在 0~3 s,力矩呈线性增加。扭矩特性曲线如图 3-8 所示。

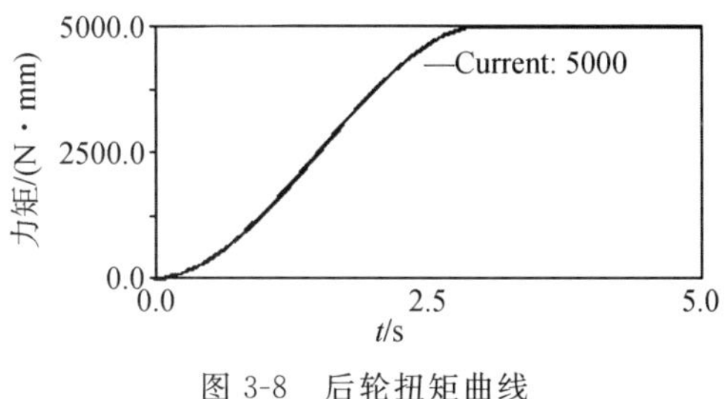

图 3-8　后轮扭矩曲线

(9) 单击 OK,完成扭矩 wheel_rear_torque 的修改。

3.3　加速仿真

仿真设置:

(1) 单击 Simulation>Simulate>Run an Interative Simulation,仿真参数设置如图 3-9 所示。

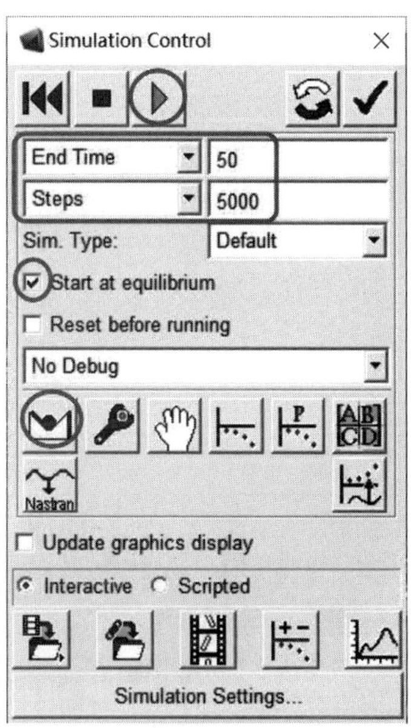

图 3-9　仿真参数设置

(2) 单击静平衡按钮,检测三轮车整车模型是否能静平衡,静平衡是正确仿真的开始。

(3) End Time:50。

(4) Steps:5000。

(5) 勾选 Start at equilibrium,从静平衡开始仿真。

(6) 单击开始完成摩托车直线仿真。

(7) 切换到后处理模块，计算参数如图 3-10 至图 3-15 所示。

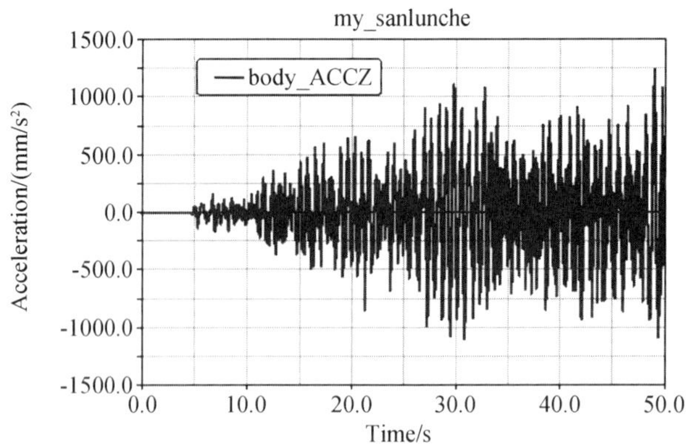

图 3-10　车身垂向加速度

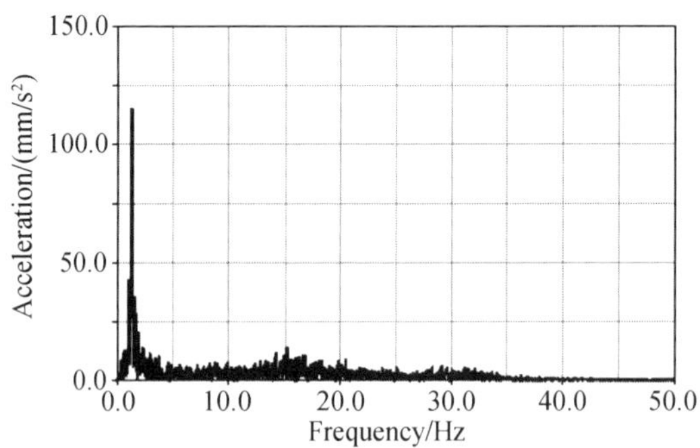

图 3-11　车身垂向加速度幅频图

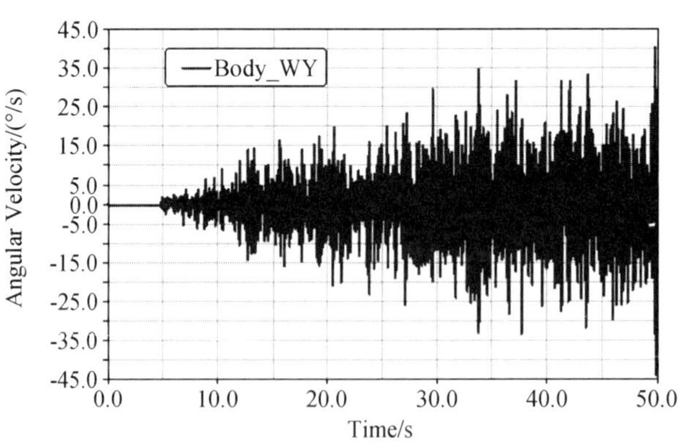

图 3-12　车身俯仰角速度

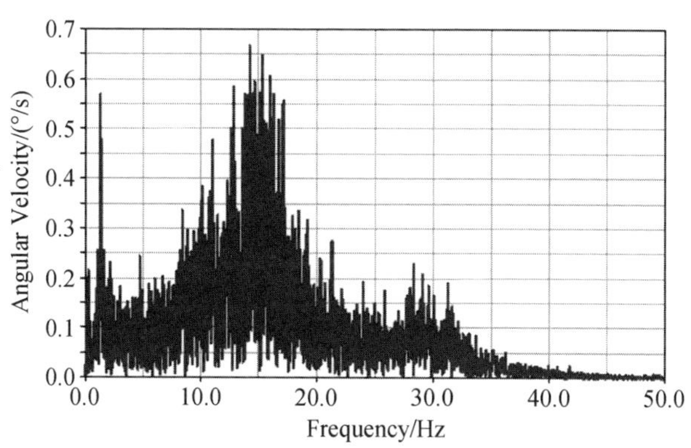

图 3-13　车身俯仰角速度幅频图

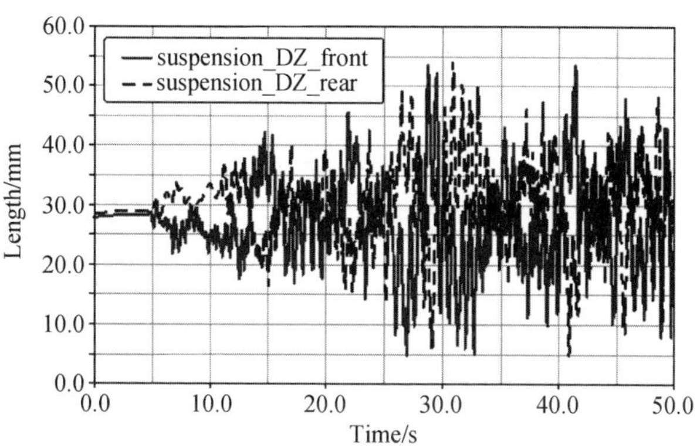

图 3-14　悬架动行程

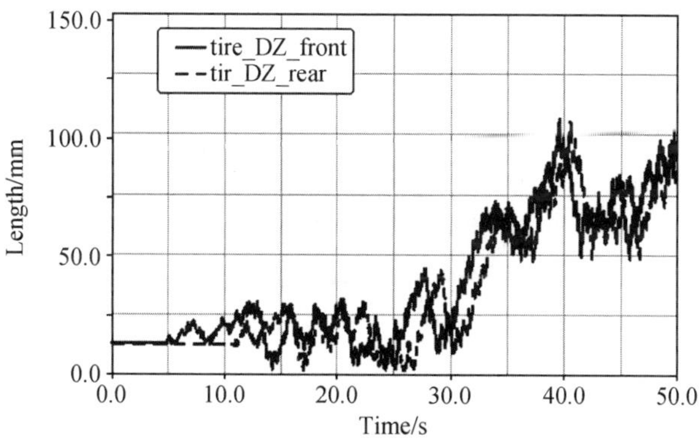

图 3-15　轮胎动位移

3.4 拉杆转向式摩托车

摩托车拉杆式转向系统的优势是可以把转向手把前置，这样可以极大程度地拓展转向手把后面的空间，利于安装一些附属设备（如可以降低油箱高度）。拉杆转向式摩托车模型如图 3-16 所示。摩托车建模过程不再重复，拉杆转向式摩托车模型存储在章节文件中，请读者自行查阅学习。30 秒直线仿真（在 C 级路面上）计算结果如图 3-17 至图 3-20 所示。

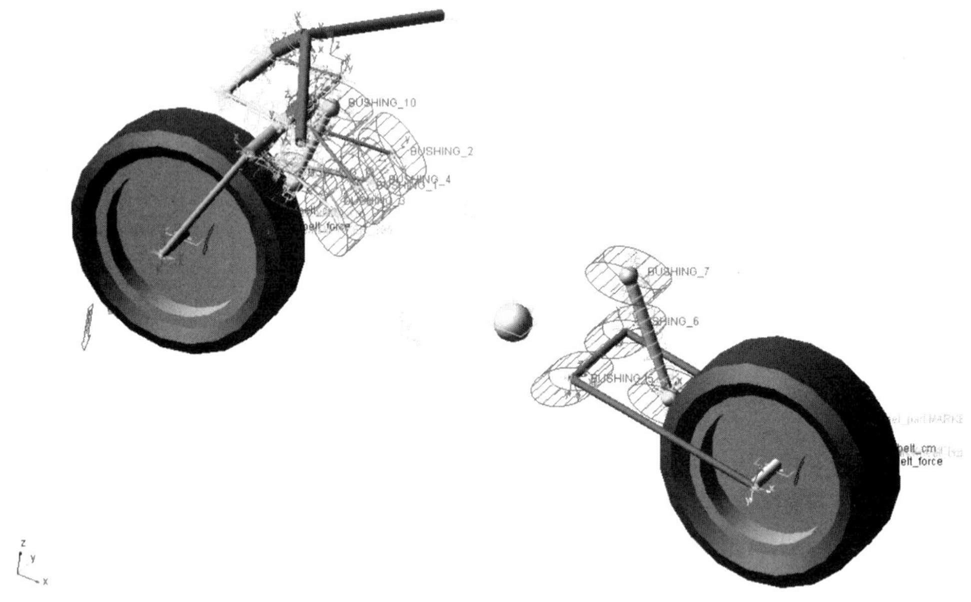

图 3-16　拉杆转向式摩托车模型

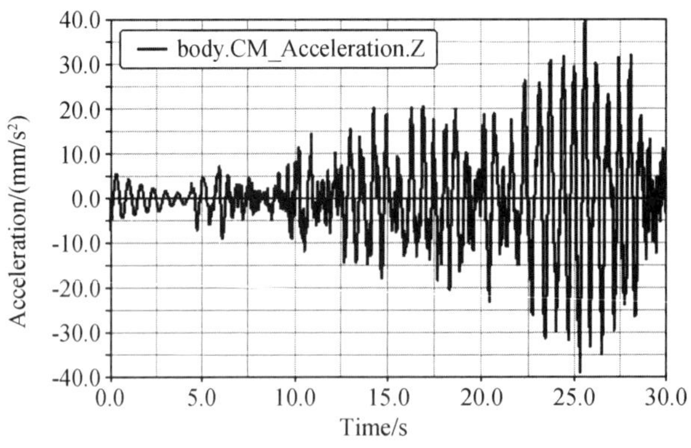

图 3-17　车身垂向加速度

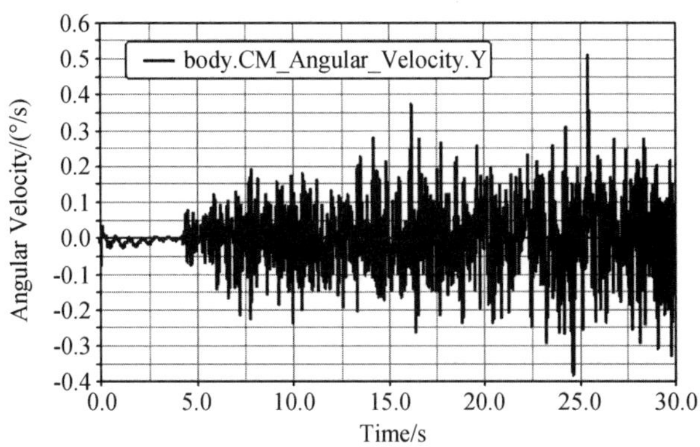

图 3-18　车身俯仰角速度

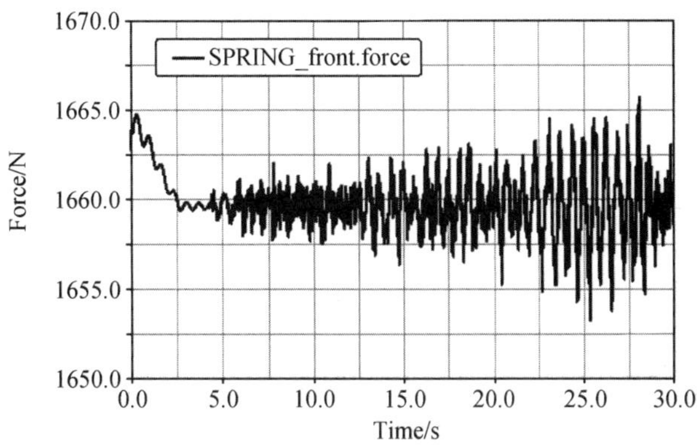

图 3-19　前弹簧受力

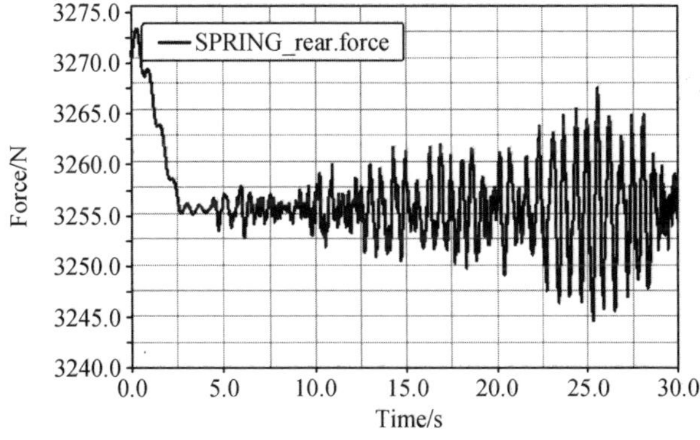

图 3-20　后弹簧受力

第4章　路面模型

整车模型计算仿真的前提是必须在路面上进行。路面的状态类型较为繁多，以适应不同计算工况的需要。在对整车制动系统评估时，需要设置对开及对接路面；对整车的平顺性计算仿真时需要不同等级的路面及通过减速带、连续坑洼路面等。ADAMS/Car 模块共享数据库中 ROAD 文件夹中提供的路面文件足以满足日常所需的工况仿真要求，但对于一些特殊工况需要的路面仍需要读者自己建立。

4.1　路面类型简介

路面模型可以分为 2D 与 3D 路面模型。2D 路面接触通常采用点式跟踪法；3D 路面模型为三维轮胎-路面接触模型，用来计算路面和轮胎之间交叉的体积，路面用一系列离散的三角形片表示，而轮胎用一系列的圆柱表示。采用 3D 路面模型（或者称 3D 等效体积路面模型），可以模拟车辆在运动过程中碰到路边台阶、凹坑、粗糙路面及在不规则路面上运动的情形。3D 等效体积路面模型如图 4-1 所示，此路面由 6 个节点构成 4 个三角形单元，每个三角形单元的向外单位法向矢量如图所示，与有限元网格中定义较为相似。ADAMS/Tire 在定义路面时需要首先指定每个节点在路面参考坐标系下的坐标，再按顺序指定 3 个节点构成三角形单元，对应每个单元，可以指定不同的摩擦系数。除此之外还有 3D 光滑路面，用于
4、1 定义停车场、赛道路面等。3D 光滑路面一般指路面的曲率小于轮胎的曲率。

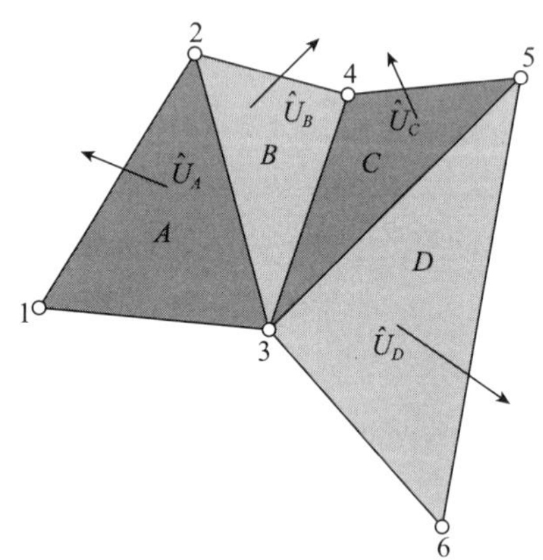

图 4-1　3D 等效体积路面模型

路面模型存储于共享数据库文件夹中，路径为 D:/MSC.Software/Adams_x64/2014/acar/shared_car_database.cdb/roads.tbl。2D 路面模型除平整路面 FLAT 外，其他路面在仿真时均不能显示几何图形。

DRUM：测试轮胎用转股试验台。FLAT：平整路面。PLANK：矩形凸块路面。POLY_LINE：折线路面。POT_HOLE：凹坑路面。RAMP：斜坡路面。ROOF：三角形凸块路面。

SINE：正弦波路面。SINE_SWEEP：正弦波波纹路面。STOCHASTIC_UNEVEN：随机不平路面。

(1) 单击 Simulate＞Component Analysis＞cosin/tiretlls 命令，弹出 cosin 2014-3 插件对话框，如图 4-2 所示。

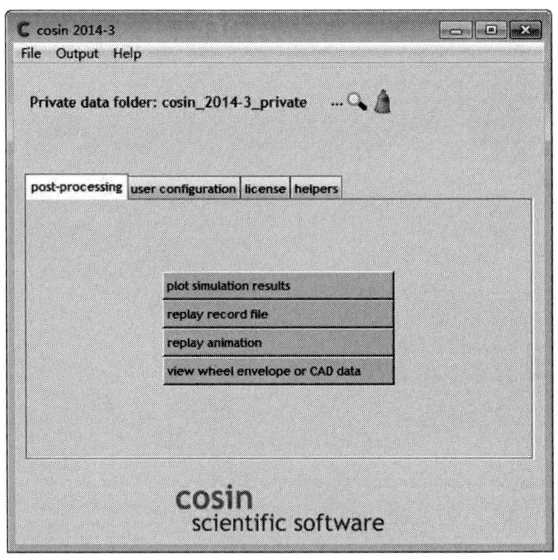

图 4-2　cosin 2014-3 插件

(2) 单击 File＞Open road 命令，弹出选择路面文件对话框，选择正弦波波纹路面 2d_sine_sweep. rdf。

(3) 单击"打开"按钮，弹出 roadtools 工具对话框，如图 4-3 所示。

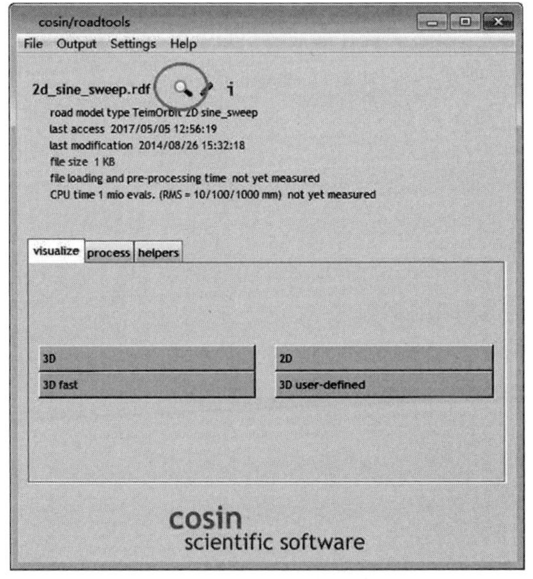

图 4-3　roadtools 工具对话框

(4) 单击显示按钮快捷方式，显示正弦波波纹路面如图 4-4 所示。其余不同类型路面形状读者可自行尝试打开观看。

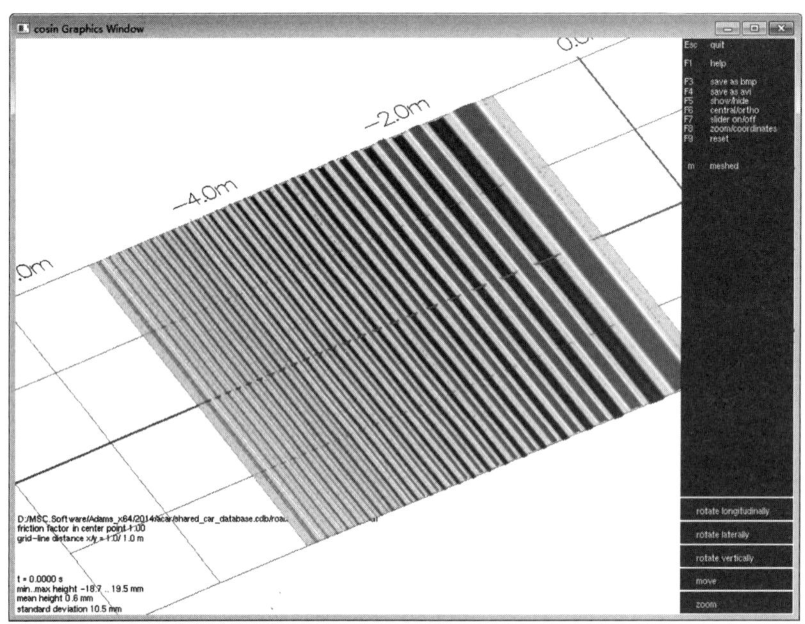

图 4-4 正弦波波纹路面

4.2 对开路面

对开路面主要用于车辆 ABS 制动状态下系统的仿真，以路面中轴线为界，左右两侧的路面摩擦系数不用。真实车辆在制动过程中，左右两侧车轮可能处在不同的路面上，模拟车辆在失控状态下整车的稳定性能。对开路面编辑以 3D 样条路面 mdi_3d_smooth_road. rdf 为模板，对路面左侧摩擦系数 MU_LEFT 与右侧路面摩擦系数 MU_RIGHT 进行更改；高低附路面以摩擦系数 0.5 为中间值，大于 0.5 为高附路面，小于 0.5 为低附路面，同时要求高低附路面摩擦系数比值大于等于 2。对 3D 样条路面 mdi_3d_smooth_road. rdf 进行局部修改，修改部分用斜体加下划线标注。修改好的路面另存为 mdi_3d_smooth_road_DK. rdf，文件存放于章节文件夹中。

```
对开路面信息按如下方式修改：
$ -------------------------------------------------------------- MDI_HEADER
[MDI_HEADER]
FILE_TYPE   =   'rdf'
FILE_VERSION   =   5.00
FILE_FORMAT   =   'ASCII'
(COMMENTS)
{comment_string}
'3d smooth road'
```

```
$ ---------------------------------------------------------------- UNITS
[UNITS]
LENGTH              = 'meter'
FORCE               = 'newton'
ANGLE               = 'radians'
MASS                = 'kg'
TIME                = 'sec'
$ ---------------------------------------------------------- DEFINITION
[MODEL]
METHOD              = '3D_SPLINE'
FUNCTION_NAME       = 'ARC903'
VERSION             = 1.00
$ ------------------------------------------------------ ROAD_PARAMETERS
[GLOBAL_PARAMETERS]
CLOSED_ROAD         = 'no'
SEARCH_ALGORITHM    = 'Fast'
ROAD_VERTICAL       = '0.0 0.0 1.0'
FORWARD_DIR     =   'NORMAL'
MU_LEFT         =   1.0
MU_RIGHT        =   1.0
WIDTH           =   7.000
BANK            =   0.0
$ --------------------------------------------------------- DATA_POINTS
[DATA_POINTS]
{     X              Y              Z          WIDTH  BANK  MU_LEFT  MU_RIGHT }
12.50000E+00   0.00000E-00   0.00000E-00   7.000 0.000 0.800  0.400
10.50000E+00   0.00000E-00   0.00000E-00   7.000 0.000 0.800  0.400
5.50000E+00   0.00000E-00   0.00000E-00   7.000 0.000 0.800  0.400
0.50000E+00   0.00000E-00   0.00000E-00   7.000 0.000 0.800  0.400
0.00000E+00   0.00000E-00   0.00000E-00   7.000 0.000 0.800  0.400
 -2.50000E+00   0.00000E-00   0.00000E-00   7.000 0.000 0.800  0.400
 -5.00000E+00   0.00000E-00   0.00000E-00   7.000 0.000 0.800  0.400
 -1.00000E+01   0.00000E-00   0.00000E-00   7.000 0.000 0.800  0.400
 -2.00000E+01   0.00000E-00   0.10000E-00   7.000 0.000 0.800  0.400
 -3.00000E+01   0.00000E-00   0.20000E-00   7.000 0.000 0.800  0.400
 -4.00000E+01   0.00000E-00   0.30000E-00   7.000 0.000 0.800  0.400
 -5.00000E+01   0.00000E-00   0.40000E-00   7.000 0.000 0.800  0.400
```

```
-6.00000E+01  0.00000E-00  0.50000E-00  7.000 0.000 0.800  0.400
-7.00000E+01  0.00000E-00  0.60000E-00  7.000 0.000 0.800  0.400
-8.00000E+01  0.00000E-00  0.70000E-00  7.000 0.000 0.800  0.400
-9.00000E+01  0.00000E-00  0.80000E-00  7.000 0.000 0.800  0.400
-1.00000E+02  0.00000E-00  0.90000E-00  7.000 0.000 0.800  0.400
-1.10000E+02  0.00000E-00  1.00000E+00  7.000 0.000 0.800  0.400
-1.20000E+02  0.00000E-00  1.10000E-00  7.000 0.000 0.800  0.400
-1.30000E+02  0.00000E-00  1.20000E-00  7.000 0.000 0.800  0.400
$ ------------------------------------------------------------ END_DATA_POINTS
```

4.3　对接路面

对接路面同样用于车辆 ABS 制动状态下系统的仿真，以长度为单位作为一个整体，每个整体路面摩擦系数不同，以路面中轴线为界。对接路面编辑以 3D 样条路面 mdi_3d_smooth_road. rdf 为模板，经过某一个长度后（长度的大小可以对整车进行直线制动仿真来估计），路面左右侧的摩擦系数同时变更，一般情况下变小。高低附路面以摩擦系数 0.5 为中间值，大于 0.5 为高附路面，小于 0.5 为低附路面，同时要求高低附路面摩擦系数比值大于等于 2。对 3D 样条路面 mdi_3d_smooth_road. rdf 进行局部修改，修改部分用斜体加下划线标注。修改好的路面另存为 mdi_3d_smooth_road_DJ. rdf，文件存放于章节文件夹中。

```
对接路面信息按如下方式修改：
$ ------------------------------------------------------------ MDI_HEADER
[MDI_HEADER]
FILE_TYPE    =   'rdf'
FILE_VERSION    =    5.00
FILE_FORMAT    =    'ASCII'
(COMMENTS)
{comment_string}
'3d smooth road'
$ ------------------------------------------------------------ UNITS
[UNITS]
LENGTH              = 'meter'
FORCE               = 'newton'
ANGLE               = 'radians'
MASS                = 'kg'
TIME                = 'sec'
```

```
$ ------------------------------------------------------------ DEFINITION
[MODEL]
METHOD              = '3D_SPLINE'
FUNCTION_NAME       = 'ARC903'
VERSION             = 1.00
$ ------------------------------------------------------------ ROAD_PARAMETERS
[GLOBAL_PARAMETERS]
CLOSED_ROAD         = 'no'
SEARCH_ALGORITHM    = 'Fast'
ROAD_VERTICAL       = '0.0 0.0 1.0'
FORWARD_DIR         =  'NORMAL'
MU_LEFT             =  1.0
MU_RIGHT            =  1.0
WIDTH               =  7.000
BANK                =  0.0
$ ------------------------------------------------------------ DATA_POINTS
[DATA_POINTS]
{   X              Y              Z          WIDTH  BANK  MU_LEFT  MU_RIGHT }
12.500  00E+00   0.00000E-00   0.00000E-00   3.000 0.000   0.900   0.900
10.500  00E+00   0.00000E-00   0.00000E-00   3.000 0.000   0.900   0.900
5.50000E+00   0.00000E-00   0.00000E-00   3.000 0.000   0.900   0.900
0.50000E+00   0.00000E-00   0.00000E-00   3.000 0.000   0.900   0.900
0.00000E+00   0.00000E-00   0.00000E-00   3.000 0.000   0.900   0.900
-2.50000E+00   0.00000E-00   0.00000E-00   3.000 0.000   0.900   0.900
-5.00000E+00   0.00000E-00   0.00000E-00   3.000 0.000   0.900   0.900
-1.00000E+01   0.00000E-00   0.00000E-00   3.000 0.000  0.300   0.300
-2.00000E+01   0.00000E-00   0.10000E-00   3.000 0.000  0.300   0.300
-3.00000E+01   0.00000E-00   0.20000E-00   3.000 0.000  0.300   0.300
-4.00000E+01   0.00000E-00   0.30000E-00   3.000 0.000  0.300   0.300
-5.00000E+01   0.00000E-00   0.40000E-00   3.000 0.000  0.300   0.300
-6.00000E+01   0.00000E-00   0.50000E-00   3.000 0.000  0.300   0.300
-7.00000E+01   0.00000E-00   0.60000E-00   3.000 0.000  0.300   0.300
-8.00000E+01   0.00000E-00   0.70000E-00   3.000 0.000  0.300   0.300
-9.00000E+01   0.00000E-00   0.80000E-00   3.000 0.000  0.300   0.300
-1.00000E+02   0.00000E-00   0.90000E-00   3.000 0.000  0.300   0.300
-1.10000E+02   0.00000E-00   1.00000E+00   3.000 0.000  0.300   0.300
-1.20000E+02   0.00000E-00   1.10000E-00   3.000 0.000  0.300   0.300
-1.30000E+02   0.00000E-00   1.20000E-00   3.000 0.000  0.300   0.300
$ ------------------------------------------------------------ END_DATA_POINTS
```

4.4 减速带路面

减速带主要设置在路口、学校、小区门口等车流量较多、人口较为密集的地方，提示车辆减速慢行，注意安全。减速带规格类型较多，此案例采用的减速带规格为 250 mm×350 mm×50 mm(长、宽、高)，其中减速带断面参数为 350 mm×50 mm；通过 ADAMS/Car 建立减速带模型，模拟 FSAE 赛车通过减速带时整车的运动状态。

(1) 单击 Simulate>Full-Vehicle Analysis>Road Builder 命令，弹出路面构建对话框，如图 4-5 所示。对话框主要包含 4 部分：路面文件、标题栏、路面文件版本信息和路面单位信息。

(2) Road File：mdids：/acar_shared/roads. tbl/road_3d_sine_example. xml。

(3) 路面文件输入上述路径，路面建模器打开后默认存在，也可以点击后面的文件快捷方式输入其他路面文件均可；界面其余设置均保持默认。

(4) 单击 Obstacle(障碍物，包括凸块路面、凹坑路面、三角形凸台路面等)，此时图 4-5 转换成障碍物路面设置界面，如图 4-6 所示。

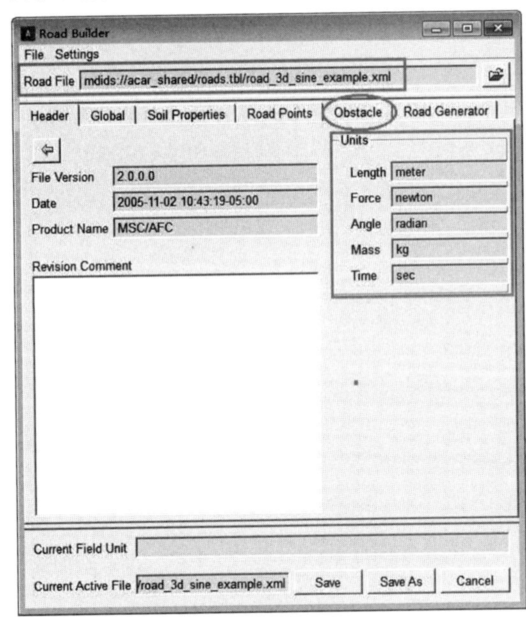

图 4-5　路面构建对话框

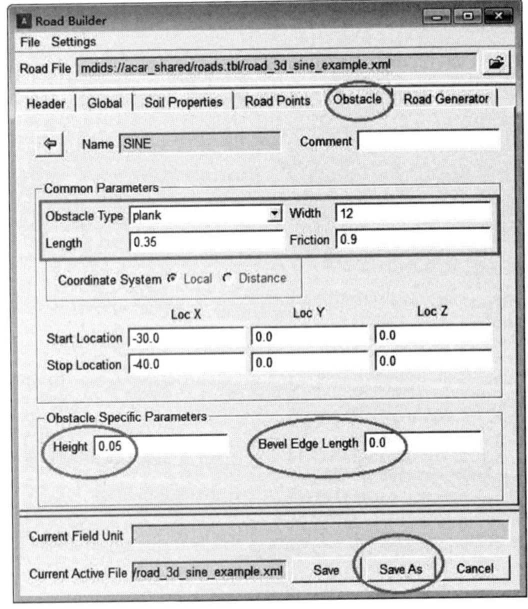

图 4-6　路面障碍对话框

(5) Obstacle Type：plank。障碍物选择凸块路面。

(6) Width：12，单位 m。减速带宽度与路面宽度相同，路面宽度可以用记事本打开 road_3d_sine_example. xml 查询。

(7) Length：0. 35，单位 m。

(8) Friction：0. 9。

(9) Height：0. 05，单位 m。

(10) Bevel Edge Length(凸块倒角变长度,默认角度为 45 度):0.0,单位 m。

(11) 其余保持默认设置,单击 Save As,另存为 road _ 3d _ sine _ example _ JIANSUDAI. xml;存储路径为 D:/fsae_MD_2010. cdb/roads. tbl/ road_3d_sine_example_ JIANSUDAI. xml。完成的减速带路面模型如图 4-7 所示。

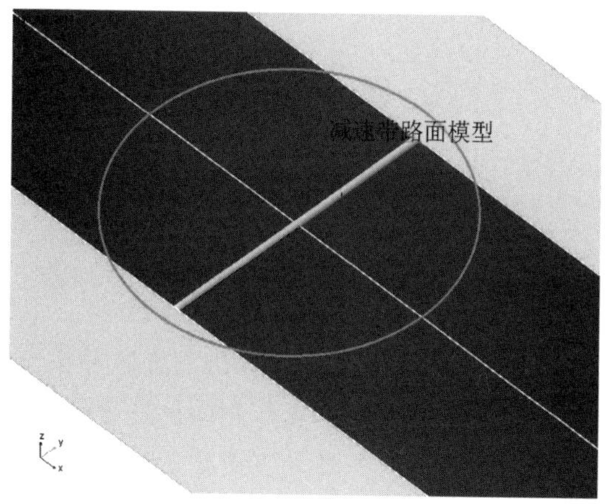

图 4-7　减速带路面模型

4.5　单线移仿真

(1) 单击 Simulate>Full-Vehicle Analysis>Open-Loop Steering Events>Single Lane Change 命令,弹出单线移仿真对话框,如图 4-8 所示。

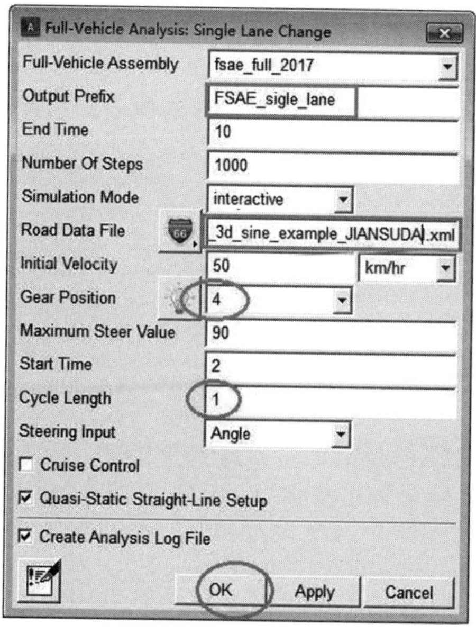

图 4-8　单线移仿真设置对话框

(2) Output Prefix:FSAE_single_lane。

(3) End Time:10。

(4) Number Of Steps:1000。

(5) Simulation Mode:interactive。

(6) Road Date File:mdids://FSAE/roads.tbl/road_3d_sine_example_JIANSUDAI.xml。

(7) Initial Velocity:50。

(8) Gear Position:4。

(9) Maximum Steer Value:90,单位:度。

(10) Start Time:2。

(11) Cycle Length:1。

(12) Steering Input:Angle。

(13) 其余设置保持默认,单击 OK,完成单线移仿真设置并提交软件进行计算。

仿真正确且结束后,查看车身的垂向加速度与侧向加速度,根据数据评估 FSAE 整车运行状态及稳定性。查看数据有两种方法,一种是直接在后处理模块中查询,另外是直接在标准窗口界面建立测量函数测量。

(1) 标准窗口界面右击选择 .fsae_full_2017.FSAE_Body_2017.ges_chassis>Measure,弹出测量对话框。

(2) Measure Name:chassis_acc_Z。

(3) Characteristic:CM acceleration。

(4) Component:Z。

(5) 单击 Apply,完成 FSAE 赛车的垂向加速度的测量如图 4-9 所示。

(6) Measure Name:chassis_acc_Y。

(7) Component:Y。

(8) 其余保持默认,单击 OK,完成 FSAE 赛车的侧向加速度的测量如图 4-10 所示。

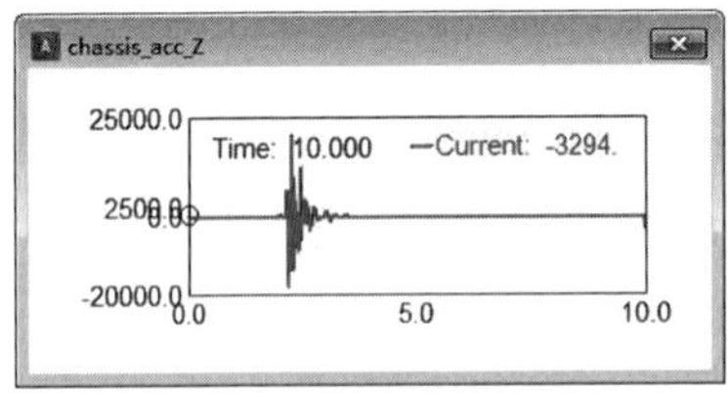

图 4-9　车身垂向加速度

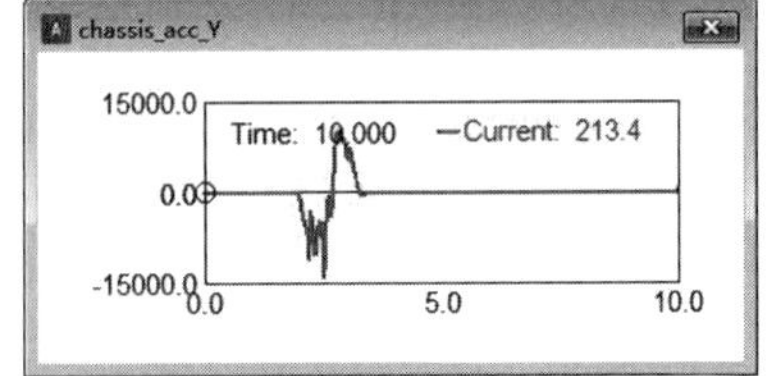

图 4-10　车身侧向加速度

从仿真结果可以看出,FSAE 赛车在经过减速度瞬间,车身垂直方向产生剧烈振动,最大值接近 2.5 G;车身侧向加速度最大值接近 1.5 G,在负方向伴有高频振动趋势(线条变化并不光滑)。

单线移仿真应注意以下事项:单线移在仿真时可能出现错误,但能仿真完成。出现此种问题的原因主要有:转向时间 Cycle Length 设置过大,整车在转向过程中方向盘转向时间过长,整车行驶出宽度为 12 米的路面跌落到空中。解决此问题:① 需要多次尝试设置不同

Cycle Length 值进行仿真，并根据整车运行的动画进行评估确定合适值；② 更换平整路面 FLAT，平整路面的长宽大小值可以在路面文件中进行参数修改；③ 也可以多次尝试使 FSAE 赛车从不同的角度 4 个车轮先后通过减速带，Cycle Length 设置为 1 可以满足要求。

4.6 连续障碍路面

整车在高速路上行驶时，会存在多个连续减速带提示驾驶员与前车保持合适的车距；在整车设计量产之前，需要对整车的性能进行评估，也需要整车在随机不平路面上或者连续障碍路面上行驶。连续 3 个减速带路面创建如下(其他障碍路面创建也可参考)：

(1) 单击 Simulate>Full-Vehicle Analysis>Road Builder 命令，弹出路面构建对话框，如图 4-5 所示。

(2) Road File：2010. cdb/roads. tbl/ road_3d_sine_example_JIANSUDAI_number_3. xml。

(3) 单击 Obstacle。

(4) 单击 Display Table View，显示连续障碍路面设置对话框，如图 4-11 所示。

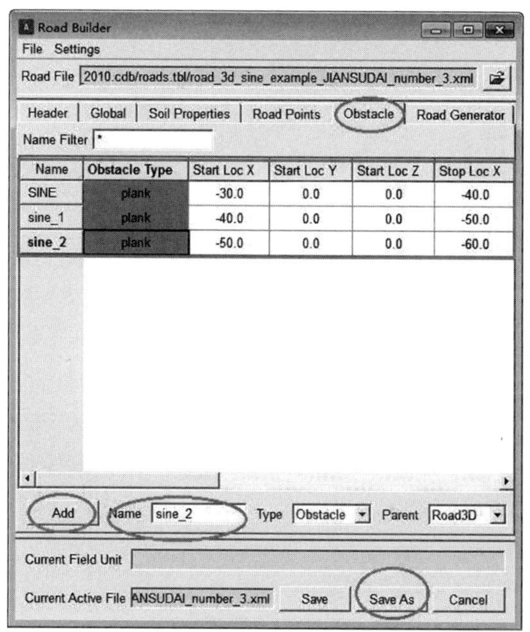

图 4-11　连续障碍路面设置对话框

(5) Name：sine_1。

(6) 单击 Add，双击列表中的 sine_1 界面转换成图 4-6 所示。

(7) Obstacle Type：plank，障碍物选择凸块路面。

(8) Width：12，单位 m。减速带宽度与路面宽度相同，路面宽度可以用记事本打开road_3d_sine_example. xml 查询。

(9) Length:0.35,单位 m。

(10) Friction:0.9。

(11) Height:0.05,单位 m。

(12) Start Location:Loc X 下列方框输入-40.0。

(13) Stop Location:Loc X 下列方框输入-50.0。

(14) 单击 Display Table View,重复一次上述过程。

(15) Name:sine_2。

(16) Start Location:Loc X 下列方框输入-50.0。

(17) Stop Location:Loc X 下列方框输入-60.0。

(18) 其余保持默认设置,单击 Save As 标签,另存为:road_3d_sine_example_JIANSUDAI_number_3.xml。存储路径为:D:/fsae_MD_2010.cdb/roads.tbl/ road_3d_sine_example_JIANSUDAI_number_3.xml。完成的连续减速带路面模型如图 4-12 所示。

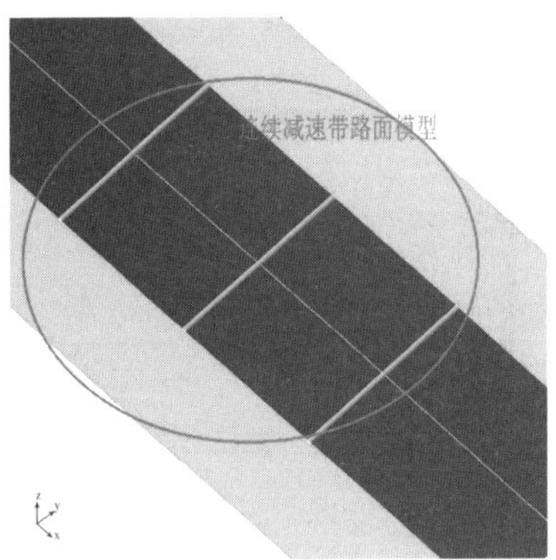

图 4-12　连续减速带路面模型

4.7　匀速直线行驶仿真

(1) 单击 Simulate>Full-Vehicle Analysis>Straight-Line Events>Maintain 命令,弹出匀速直线行驶仿真对话框,如图 4-13 所示。

(2) Output Prefix:FSAE_ Straight_line。

(3) End Time:10。

(4) Number Of Steps:1000。

(5) Simulation Mode:interactive。

(6) Road Date File: mdids://FSAE/roads.tbl/road_3d_sine_example_JIANSUDAI_number_3.xml。

(7) Initial Velocity:50。

(8) Gear Position:4。

(9) Steering Input:locked。

(10) 其余设置保持默认,单击 OK,完成匀速直线行驶仿真设置并提交软件进行计算。

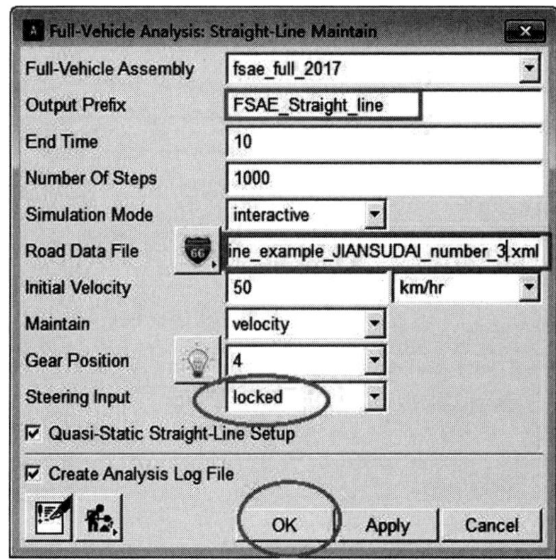

图 4-13　匀速直线行驶仿真对话框

(11) 标准窗口界面右击选择 .fsae_full_2017.FSAE_Body_2017.ges_chassis>Measure，弹出测量对话框。

(12) Measure Name：Maintain_chassis_acc_Z。

(13) Characteristic：CM acceleration。

(14) Component：Z。

(15) 单击 OK，完成 FSAE 赛车在匀速仿真下垂向加速度的测量，如图 4-14 所示。

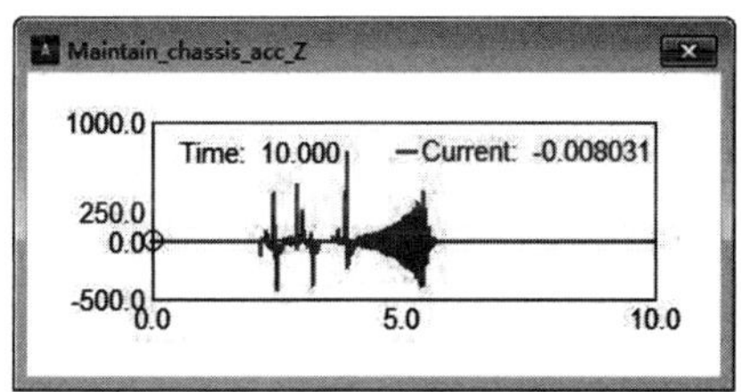

图 4-14　车身垂向加速度_Maintain

4.8　直线制动系统仿真

(1) 启动 ADAMS/Car，选择 Standard 标准模块进入界面。

(2) 单击 File>Open>Assembly 命令，弹出装配打开对话框。

(3) Assembly Name：mdids://FSAE/assemblies.tbl/fsae_full_2017.asy。

(4) 单击 OK，完成方程式赛车整车模型的打开。

(5) 单击 Simulate>Full-Vehicle Analysis>Straight-Line Events>Braking 命令，弹出制动仿真对话框，如图 4-15 所示。

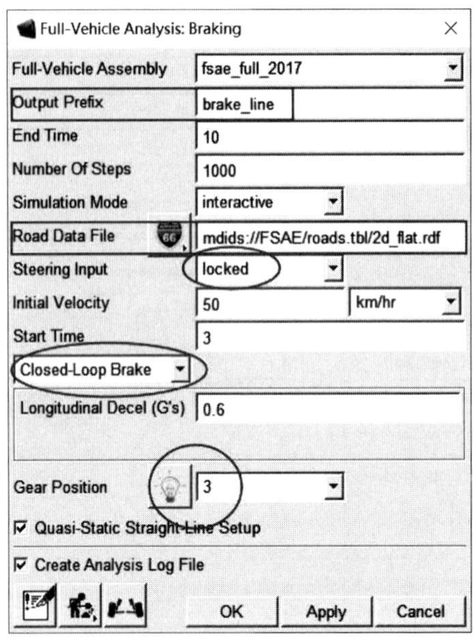

图 4-15　直线制动仿真对话框

(6) Output Prefix：brake_line。

(7) End Time：10。

(8) Number Of Steps：1000。

(9) Simulation Mode：interactive。

(10) Road Date File：mdids://FSAE/roads. tbl/2d_flat. rdf。此处导入 Car 模块中共享数据库中的路面 mdids://acar_shared/roads. tbl/2d_flat. rdf 也可以，路面文件是相同的。为方程式赛车建模方便，把共享数据库中的 ROAD 文件夹复制到方程式赛车数据库中即可。

(11) Steering Input：locked，转向时保持转向锁定。

(12) Start Time：3。

(13) 选择 Closed-Loop Brake。

(14) Longitudinal Decel(G's)：0. 6。

(15) Gear Position：3。

(16) 单击 OK，完成直线制动仿真设置并提交软件进行计算。

(17) 计算提示完成后，右击选择 General Part：FSAE_Body_2017. ges_chassis>Measure，弹出部件测量对话框。

(18) Characteristic：CM position。

(19) Component：Y。

(20) 单击 OK，完成车身制动过程中侧向偏移量：. fsae_full_2017. ges_chassis_MEA_1。在方程式赛车制动过程中，车身侧向滑移量小，说明在制动过程中车身稳定性较好，直线制动车身侧向滑移率计算结果如图 4-16 所示。

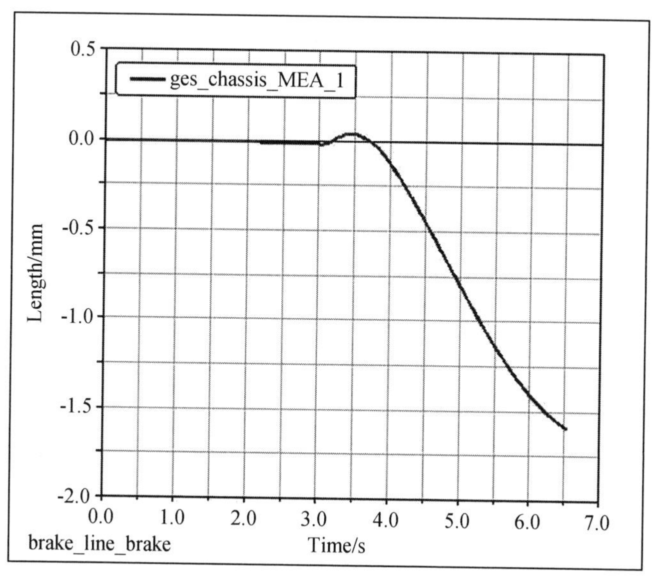

图 4-16　车身侧向滑移量_Y

4.9　分离路面设置

整车在行驶过程中，4 个轮胎接触的路面不可能完全相同，即使是在良好的一级路面上，也会存在微小差异。针对整车的制动特性，在一些特殊路面，如雨地、雪地、坑洼泥泞路面，4 个车轮（或者多个车轮）与路面接触不可能具有相同的摩擦系数，因此有必要在虚拟仿真时设置分离路面，左右车轮或者 4 个车轮设置不同的摩擦系数。

根据文件夹路径 D:/fsae_MD_2010.cdb/roads.tbl，用记事本格式打开平整路面文件 2d_flat.rdf，信息如下所示，在 PARAMETERS 栏修改 MU＝0.5，保存文件重命名为 2d_flat_mu_0.5.rdf。

```
平整路面信息如下：
$ ------------------------------------------------------------ MDI_HEADER
[MDI_HEADER]
FILE_TYPE   =   'rdf'
FILE_VERSION   =   5.00
FILE_FORMAT   =   'ASCII'
(COMMENTS)
{comment_string}
'flat 2d contact road for testing purposes'
$ ------------------------------------------------------------ UNITS
```

```
[UNITS]
LENGTH              = 'mm'
FORCE               = 'newton'
ANGLE               = 'radians'
MASS                = 'kg'
TIME                = 'sec'
$ ------------------------------------------------------------------ MODEL
[MODEL]
METHOD              = '2D'
FUNCTION_NAME       = 'ARC901'
ROAD_TYPE           = 'flat'
$ --------------------------------------------------------------- GRAPHICS
[GRAPHICS]
LENGTH              = 160000.0
WIDTH               = 80000.0
NUM_LENGTH_GRIDS    = 16
NUM_WIDTH_GRIDS     = 8
LENGTH_SHIFT        = 10000.0
WIDTH_SHIFT         = 0.0   % 此栏参数也可以修改，用以改变路面的大小
$ ------------------------------------------------------------- PARAMETERS
[PARAMETERS]
MU                  = 0.5   % 可修改的轮胎与路面的接触摩擦系数，范围在 0 到 1 之间；
$ ----------------------------------------------------------------- REFSYS
[REFSYS]
OFFSET                      =   0.0 0.0 0.0
ROTATION_ANGLE_XY_PLANE     =   0.0
```

（1）单击 Simulate>Full-Vehicle Analysis>Vehicle Set-Up>Set Road for Individual Tires 命令，弹出分离轮胎路面数据文件对话框，如图 4-17 所示。

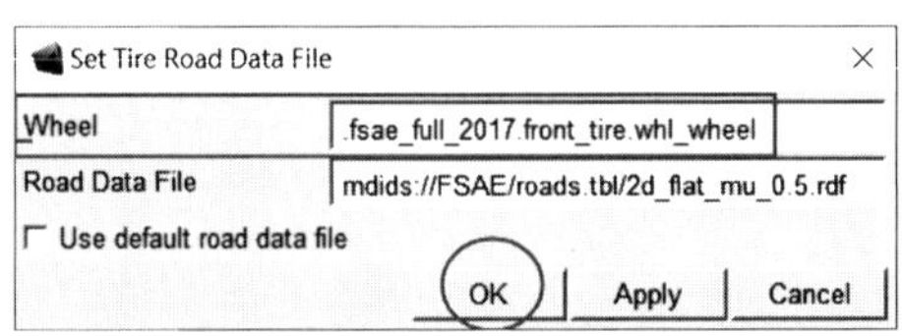

图 4-17　分离轮胎路面设置对话框

（2）Wheel：.fsae_full_2017.front_tire.whl_wheel，方框中右击 Wheel，选择 Pick。

(3) 不勾选 Use default road date file。

(4) Road Date File:mdids://FSAE/roads. tbl/2d_flat_mu_0. 5. rdf。

(5) 单击 Apply,完成左前轮轮胎路面设置。

(6) Wheel:. fsae_full_2017. rear_tire. whl_wheel,方框中右击 Wheel,选择 Pick。

(7) 不勾选 Use default road date file。

(8) Road Date File:mdids://FSAE/roads. tbl/2d_flat_mu_0. 5. rdf。

(9) 单击 OK,完成左后轮轮胎路面设置。

4.10 分离轮胎路面直线制动仿真

(1) 单击 Simulate>Full-Vehicle Analysis>Straight-Line Events>Braking 命令,弹出制动仿真对话框,可参考图 4-15。

(2) Output Prefix:brake_line_individual。

(3) 其余选项设置如图 4-15 所示,保持默认。

(4) 单击 OK,完成分离轮胎路面直线制动仿真设置并提交软件进行计算。

(5) 计算提示完成后,右击选择 General Part: FSAE_Body_2017. ges_chassis> Measure,弹出部件测量对话框。

(6) Characteristic:CM position。

(7) Component:Y。

(8) 单击 OK,完成分离轮胎路面直线制动车身侧向偏移量:. fsae_full_2017. ges_chassis_MEA_2,偏移量如图 4-18 所示,把 . fsae_full_2017. ges_chassis_MEA_1 与 . fsae_full_2017. ges_chassis_MEA_2 在同一副图中显示,可以看出分离轮胎路面制动时,车身已经产生严重的侧向滑移,制动稳定性丧失,如图 4-19 所示。

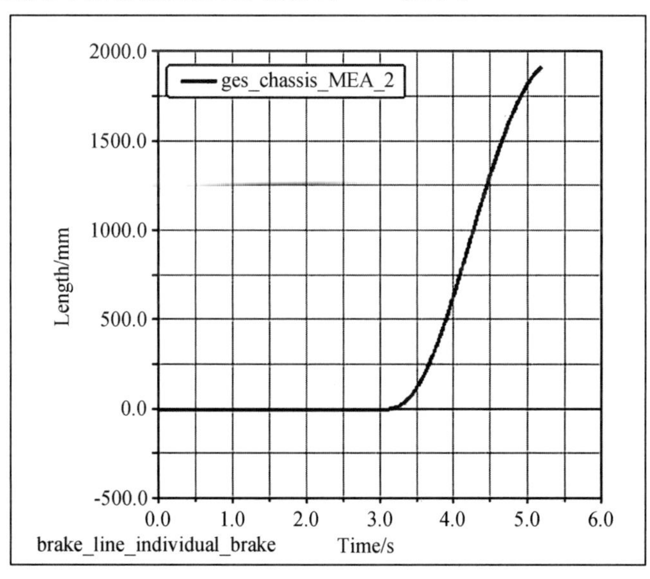

图 4-18　分离轮胎路面制动时车身侧向滑移量_Y

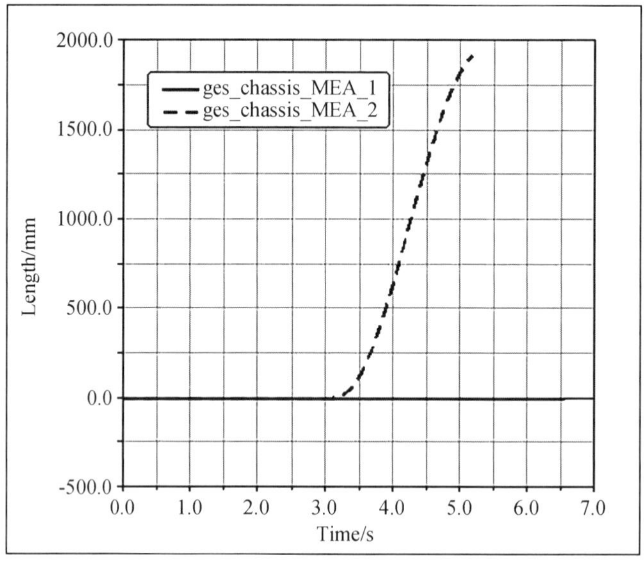

图 4-19 车身侧向滑移量对比图_Y

4.11 弯道制动系统仿真

(1) 单击 Simulate > Full-Vehicle Analysis > Cornering Event > Braking-In-Turn 命令，弹出弯道制动仿真对话框，如图 4-20 所示。

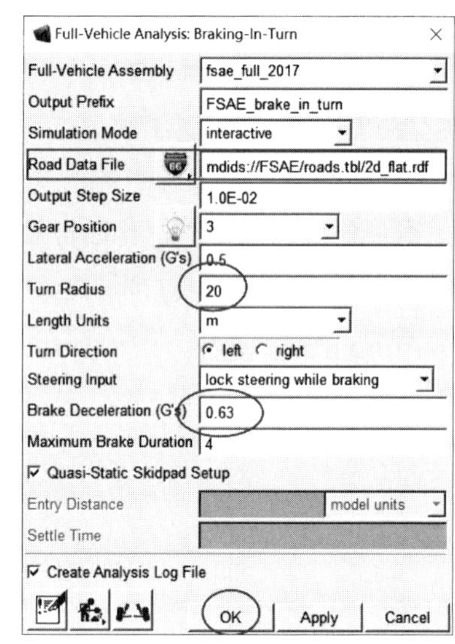

图 4-20 弯道制动仿真设置

(2) Output Prefix：FSAE_brake_in_turn。

(3) Simulation Mode：interaction。

(4) Road Date File：mdids://FSAE/roads. tbl/2d_plank. rdf。路面为共享数据库中路面，此处可以选择其他路面模型或者编写的路面模型，包括对开路面、对接路面等。

(5) Output Step Size：1. 0E－002。

(6) Gear Position：3。

(7) Lateral Acceleration(G's)：0. 5。

(8) Turn Radius：20。

(9) Length Units：m。

(10) Steering Input：lock steering while braking。

(11) Brake Deceleration(G's)：0. 63。

(12) Maximum Brake Duration：4。

(13) 单击 OK，完成弯道制动设置并提交软件进行计算。

(14) 按 F8 进入后处理模块，显示弯道制动模式下车身侧向加速度、垂向加速度，如图 4-21 和图 4-22 所示；左前轮、右后轮滑移率，如图 4-23 和图 4-24 所示，从滑移率可以看出，左前轮产生抱死现象，右后轮也会产生滑移，车辆失去稳定性。

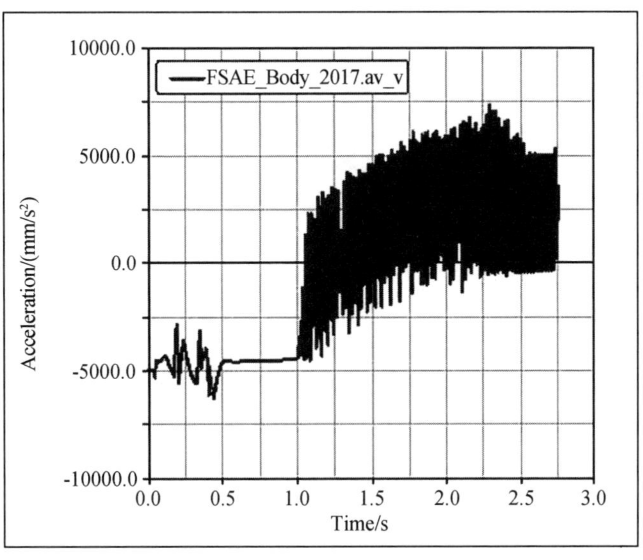

图 4-21　车身侧向加速度_brake

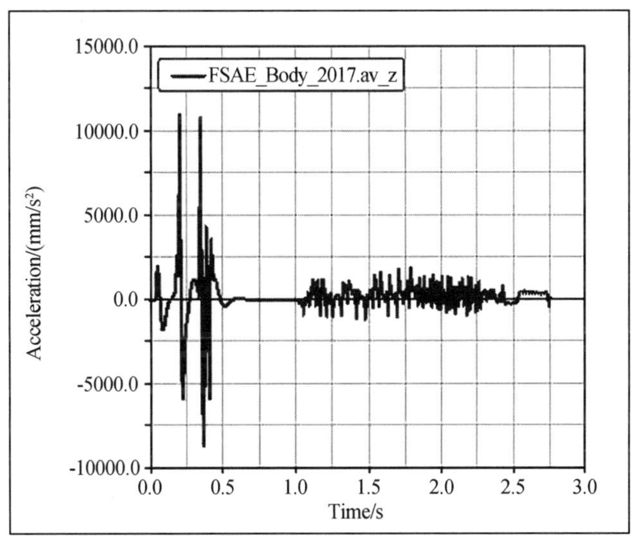

图 4-22　车身垂向加速度_brake

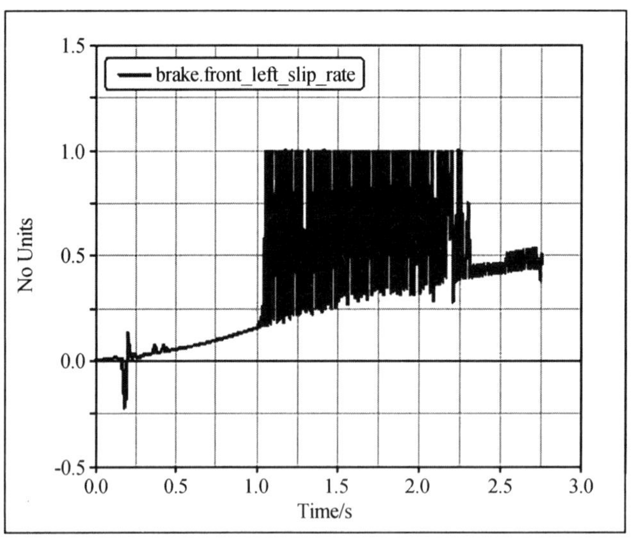

图 4-23　左前轮滑移率_brake

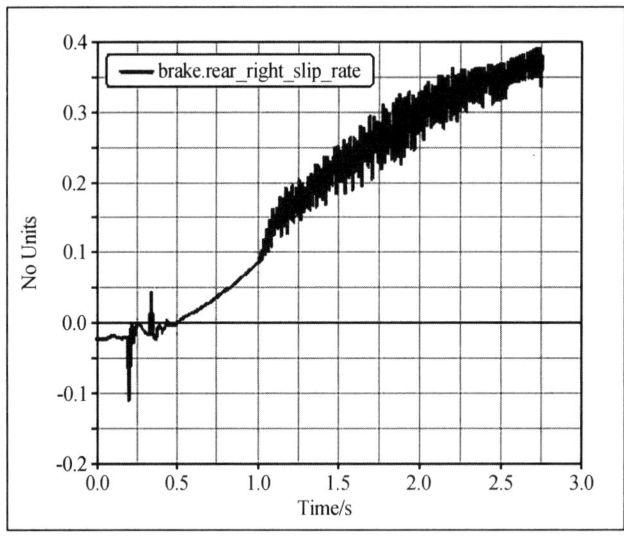

图 4-24　右后轮滑移率_brake

第 5 章　制动系统

制动系统的好坏直接关系到整车的安全特性，整车在制动过程中的制动力减速度与制动距离、制动时方向的稳定性以及制动盘的抗热衰退性能是衡量制动系统的 3 个重要指标。制动盘的抗热衰退性能需要借助于有限元软件进行模拟；制动减速度与制动距离、制动时方向的稳定性可以采用 ADAMS 多体动力学软件下的整车模型进行模拟。ABS 是现在乘用车与商用车的标准配置之一，制动系统多体模型与 MATLAB 控制软件结合可以模拟不同控制算法下制动系统的制动效能。制动系统中制动力矩的关键在于制动力矩函数的构造，可以在原有函数的基础上根据设计的要求增加或者减少状态变量项，即考虑最终制动力矩由哪些参数决定。同时制动盘的直径大小、接触面积、摩擦系数等参数可以通过变量参数直接修改，以影响制动力矩的大小。制动系统建模也推荐采用共享数据库中的制动模板，根据实际需求对制动模型中的有关参数进行修改。制动系统模型如图 5-1 所示。

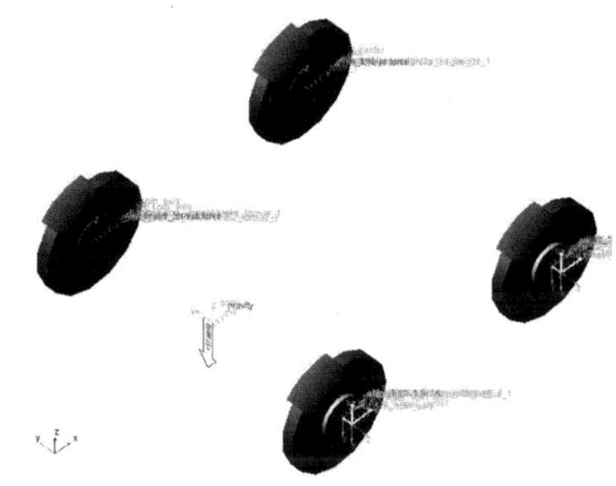

图 5-1　制动系统模型

5.1　制动系统简介

基于 ADAMS 整车环境模式对制动系统进行研究可以取得较好的效果，其仿真结果可以作为设计制造制动器的依据，同时也可以验证不同制动控制算法的优劣。对制动系统建模的关键是要充分考虑影响制动力矩的因素，ADAMS/Car 中四轮制动系统中(左前轮)制动力矩函数如下：

2.0 * . _brake_system_4Wdisk. pvs_front_piston_area * . _brake_system_4Wdisk. pvs _front_brake_bias * VARVAL(. _brake_system_4Wdisk. cis_brake_demand_adams_id) * . _brake_system_4Wdisk. force_to_pressure_cnvt * . _brake_system_4Wdisk. pvs_front_ brake_mu * . _brake_system_4Wdisk. pvs_front_effective_piston_radius * STEP(VARVAL (. _brake_system_4Wdisk. left_front_wheel_omega), - 10D,1,10D, - 1)

以左前轮制动力矩函数为例，式中：

(1) . _brake_ABS. pvs_front_piston_area：制动缸活塞有效面积。

(2) . _brake_ABS. pvs_front_brake_bias：前轴系制动力分配系数。

(3) VARVAL(. _brake_ABS. cis_brake_demand_adams_id)：制动踏板力。

(4) . _brake_ABS. force_to_pressure_cnvt：换算系数，将制动踏板力直接转化为制动总管液体介质压强，默认为 0.1。

(5) . _brake_ABS. pvs_front_brake_mu：制动器摩擦系数。

(6) . _brake_ABS. pvs_front_effective_piston_radius：制动油缸在制动盘上的作用半径。

(7) STEP(VARVAL(. _brake_ABS. left_front_wheel_omega), —10D, 1, 10D, —1)：阶跃函数，确保制动力矩与车轮旋转方向相反。

ADAMS/Car 中商用牵引车三轴系制动系统中(6×4)制动力矩函数及牵引车附加拖车(五轴系)制动力矩函数与上述相同，其制动系统模型如图 5-2 和图 5-3 所示。

图 5-2　商用车制动系统模型　　　图 5-3　商用车附带拖车制动系统模型

5.2　制动系统变量参数及通讯器

制动系统的变量参数及输入输出通讯器见表 5-1 和表 5-2，在研究制动系统时，可以根据真实的制动系统的数据更改变量的参数值，包含制动系统的几何参数、摩擦系数等。

表 5-1　制动系统变量参数

Parameter Name	Symmetry	Type	Value
kinematic_flag	single	integer	0
front_brake_bias	single	real	0.6
front_brake_mu	single	real	0.4

续表

front_effective_piston_radius	single	real	135.0
front_piston_area	single	real	2500.0
front_rotor_hub_wheel_offset	single	real	25.0
front_rotor_hub_width	single	real	40.0
front_rotor_width	single	real	−25.0
max_brake_value	single	real	100.0
rear_brake_mu	single	real	0.4
rear_effective_piston_radius	single	real	120.0
rear_piston_area	single	real	2500.0
rear_rotor_hub_wheel_offset	single	real	25.0
rear_rotor_hub_width	single	real	40.0
rear_rotor_width	single	real	−25.0

表 5-2　制动系统输入输出通讯器

Communicator Name	Entity Class	From Minor Role
ci[lr]_front_camber_angle	parameter_real	front
ci[lr]_front_rotor_to_wheel	mount	front
ci[lr]_front_suspension_upright	mount	front
ci[lr]_front_tire_force	force	front
ci[lr]_front_toe_angle	parameter_real	front
ci[lr]_front_wheel_center	location	front
ci[lr]_rear_camber_angle	parameter_real	rear
ci[lr]_rear_rotor_to_wheel	mount	rear
ci[lr]_rear_suspension_upright	mount	rear
ci[lr]_rear_tire_force	force	rear
ci[lr]_rear_toe_angle	parameter_real	rear
ci[lr]_rear_wheel_center	location	rear
cis_brake_demand	solver_variable	any
cos_max_brake_value	parameter_real	inherit

5.3　Braking 文件驱动仿真

(1) 启动 ADAMS/Car，选择 Standard 模块进入界面。

(2) 单击 File>Open>Assembly 命令，弹出装配打开对话框。

(3) Assembly Name：mdids://FSAE/assemblies. tbl/fsae_full_2017. asy。

(4) 单击 OK，完成方程式赛车整车模型的打开。

(5) 单击 Simulate>Full-Vehicle Analysis>Straight-Line Events>Braking 命令，弹出制动仿真对话框。

(6) Output Prefix：B_line。

(7) End Time：10。

(8) Number Of Steps：1000。

(9) Simulation Mode：interactive。

(10) Road Date File：mdids://FSAE/roads. tbl/2d_flat. rdf。

(11) Steering Input：locked，转向时保持转向锁定。

(12) Start Time：4。

(13) 选择 Closed-Loop Brake。

(14) Longitudinal Decel(G's)：0. 63。

(15) Gear Position：4。

(16) 单击 OK，完成直线 B_line 制动仿真设置并提交软件进行计算。

(17) 仿真完成后，在计算目录存放一个文件：B_line_brake. xml，路径为 file://C:/Users/Administrator/B_line_brake. xml。此文件可以用来作为驱动控制文件进行驱动文件控制仿真。

(18) 单击 Simulate>Full-Vehicle Analysis>File Driven Events 命令，弹出驱动控制文件仿真对话框，如图 5-4 所示。

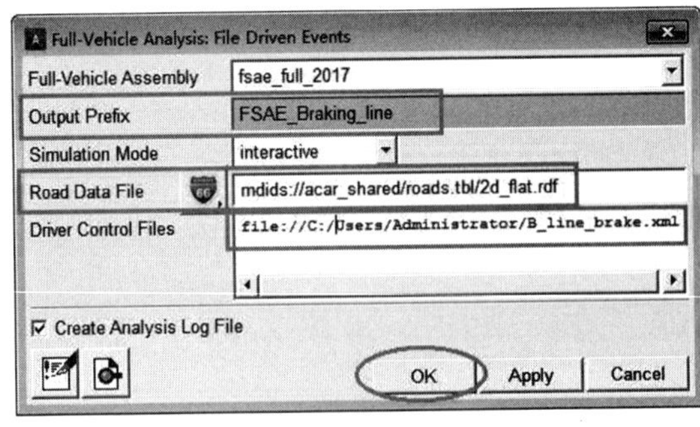

图 5-4　驱动控制文件仿真对话框

(19) Output Prefix：FSAE_Braking_line。

(20) Simulation Mode：interactive。

(21) Road Date File:mdids://acar_shared/roads.tbl/2d_flat.rdf。

(22) Driver Control Files:file://C:/Users/Administrator/B_line_brake.xml。此文件为上述 B_line 制动仿真在目录文件夹中存根。

(23) 单击 OK,完成直线制动 FSAE_Braking_line 驱动控制仿真设置并提交计算,B_line 制动仿真与直线制动 FSAE_Braking_line 驱动控制仿真计算结果完全一样,在此主要为了对驱动控制文件仿真进行说明。左前轮与左后轮制动力矩和左前轮胎法向与纵向轮胎力分别如图 5-5 和图 5-6 所示。左前轮与右后轮滑移率分别如图 5-7 与图 5-8 所示。

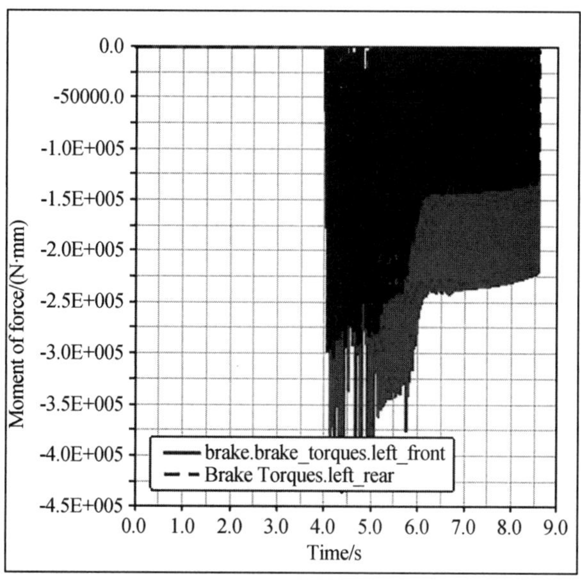

图 5-5　左前轮与左后轮制动力矩

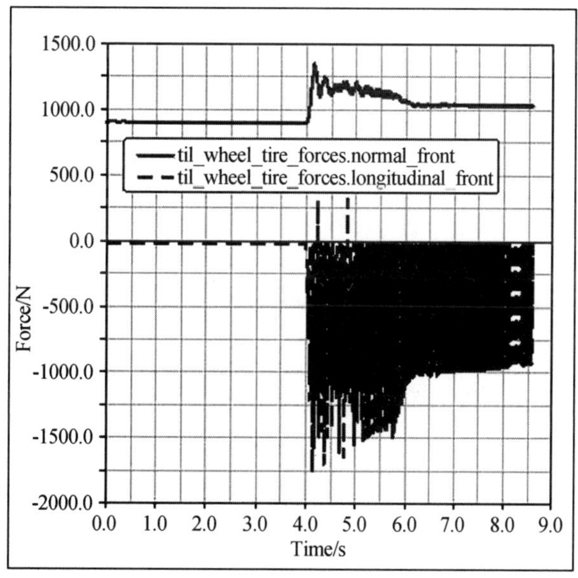

图 5-6　左前轮胎法向与纵向轮胎力

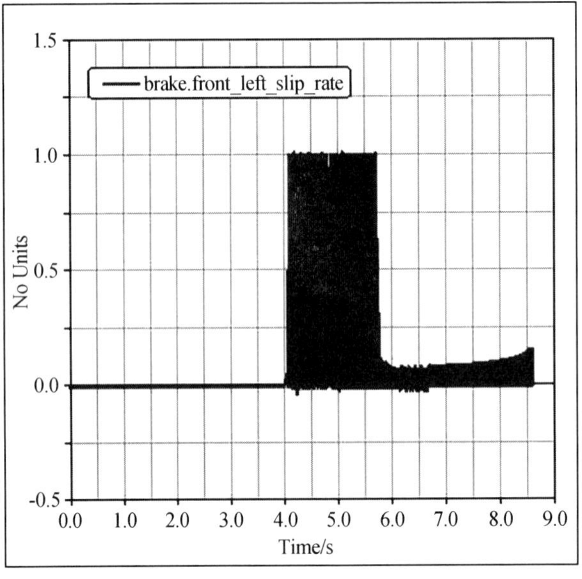

图 5-7　左前轮滑移率

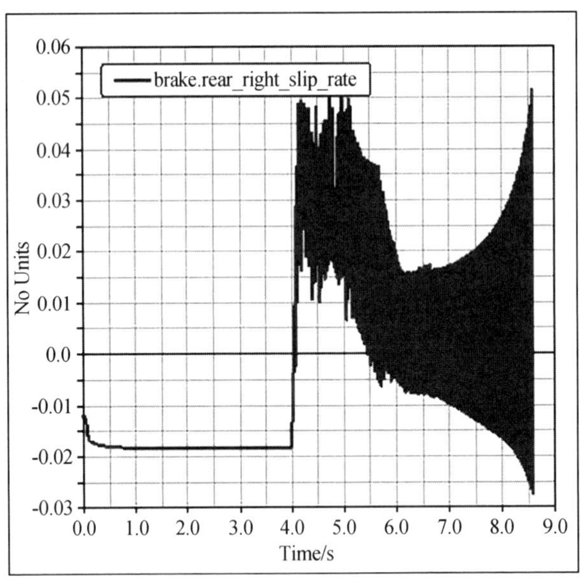

图 5-8　右后轮滑移率

5.4　客车 Braking 仿真

(1) 单击 File>Open>Assembly 命令，弹出装配打开对话框。

(2) Assembly Name：mdids：//atruck_shared/assemblies. tbl/msc_bus_rigid. asy。

(3) 单击 OK，完成客车整车模型的打开，如图 5-9 所示。

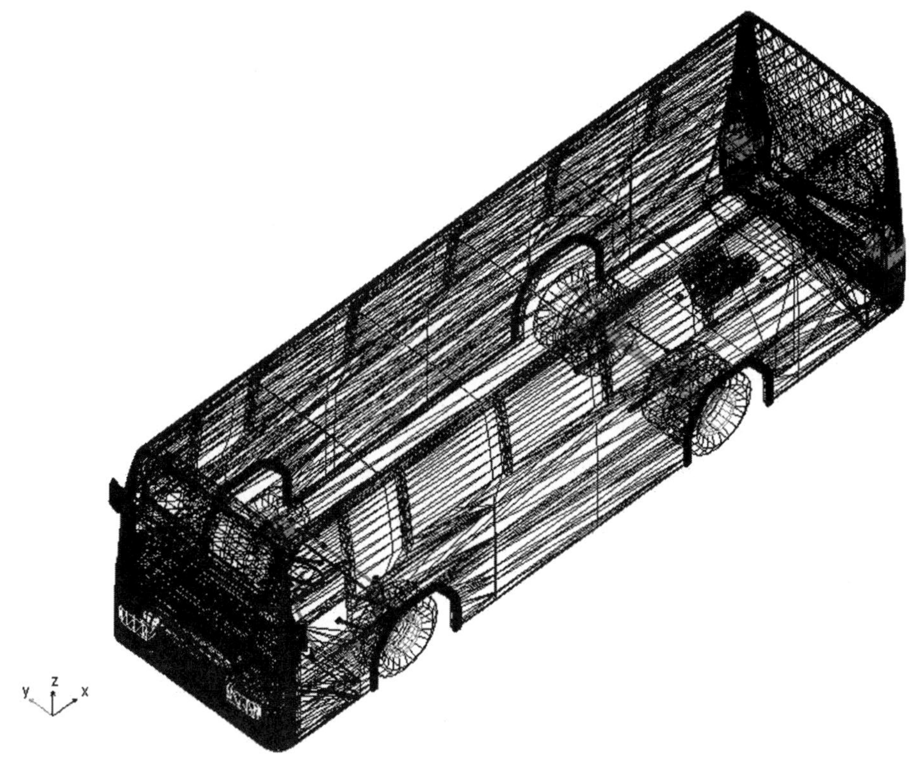

图 5-9　客车模型

(4) 单击 Simulate>Full-Vehicle Analysis>Straight-Line Events>Braking 命令，弹出制动仿真对话框。

(5) Output Prefix:Bus_Braking_line。

(6) End Time:10。

(7) Number Of Steps:1000。

(8) Simulation Mode:interactive。

(9) Road Date File: mdids://FSAE/roads. tbl/2d_flat. rdf。

(10) Steering Input:straight line。

(11) Start Time:4。

(12) 选择 Closed-Loop Brake。

(13) Longitudinal Decel(G's):0. 63。

(14) Gear Position:4。

(15) 单击 OK，完成直线 Bus_Braking_line 制动仿真设置并提交软件进行计算。

直线 Bus_Braking_line 制动仿真计算完成后如图 5-10 和图 5-11 所示，客车左后轮制动力矩相对于左前轮来说比较大，后驱动轴内外侧轮胎的纵向轮胎力大小总体相似，在第 4 秒制动后稍微有些波动，内侧轮胎相对外侧轮胎力变化稍大。

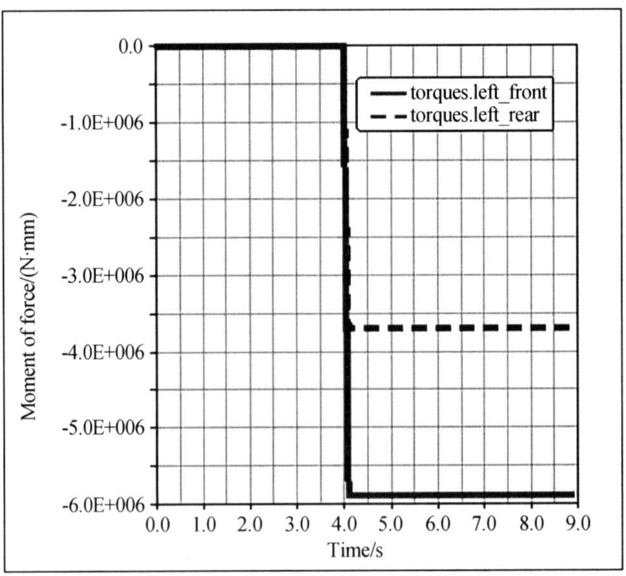

图 5-10　左前轮与左后轮制动力矩

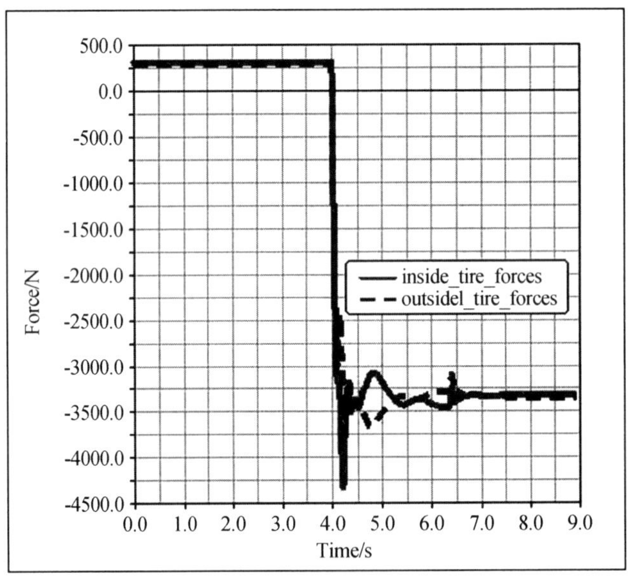

图 5-11　驱动轴内侧与外侧车辆纵向轮胎力

5.5　牵引车 Braking 仿真

(1) 单击 File>Open>Assembly 命令，弹出装配打开对话框。

(2) Assembly Name：mdids：//atruck_shared/assemblies. tbl/msc_tractor_unit. asy。

(3) 单击 OK，完成商用重型牵引车整车模型的打开，如图 5-12 所示。

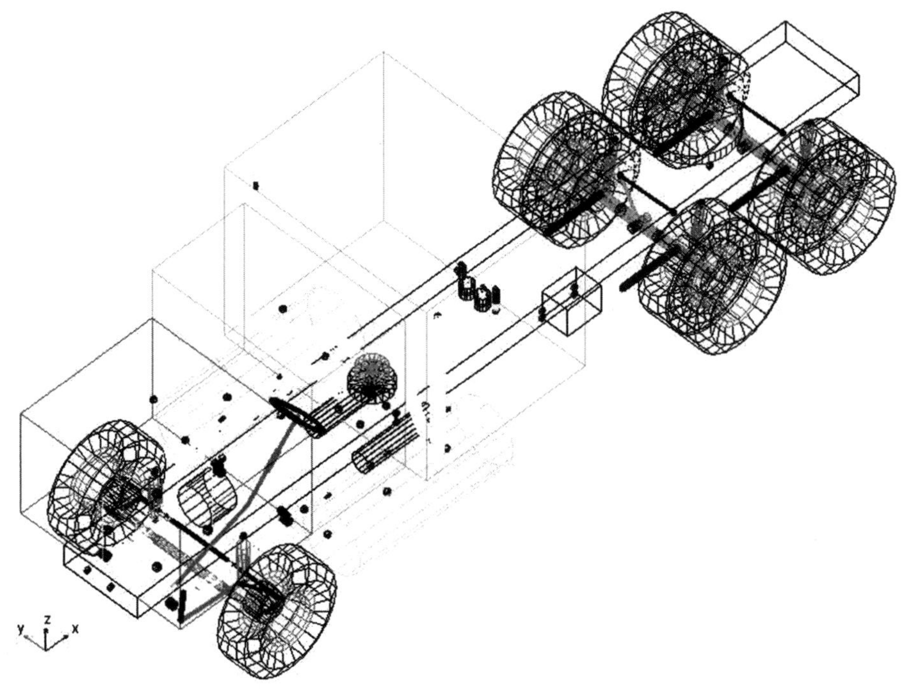

图 5-12　商用牵引车模型

(4) 单击 Simulate＞Full-Vehicle Analysis＞Straight-Line Events＞Braking 命令，弹出制动仿真对话框。

(5) Output Prefix：Tractor_Braking_line。

(6) End Time：10。

(7) Number Of Steps：1000。

(8) Simulation Mode：interactive。

(9) Road Date File：mdids://FSAE/roads.tbl/2d_flat.rdf。

(10) Steering Input：straight line。

(11) Start Time：4。

(12) 选择 Closed-Loop Brake。

(13) Longitudinal Decel(G's)：0.63。

(14) Gear Position：4。

(15) 单击 OK，完成直线 Tractor_Braking_line 制动仿真设置并提交软件进行计算。

直线 Tractor_Braking_line 制动仿真计算完成后如图 5-13 和 5-14 所示，牵引车前驱动轴制动力矩相对于后驱动轴制动力矩较大；驱动轴内外侧轮胎的纵向轮胎力大小总体相似，在第 4 秒制动后稍微有些波动，总体变化不大。

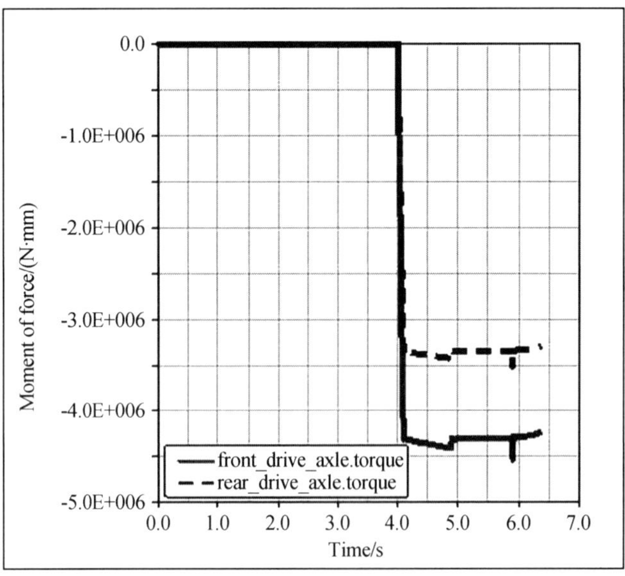

图 5-13　前后驱动轴制动力矩

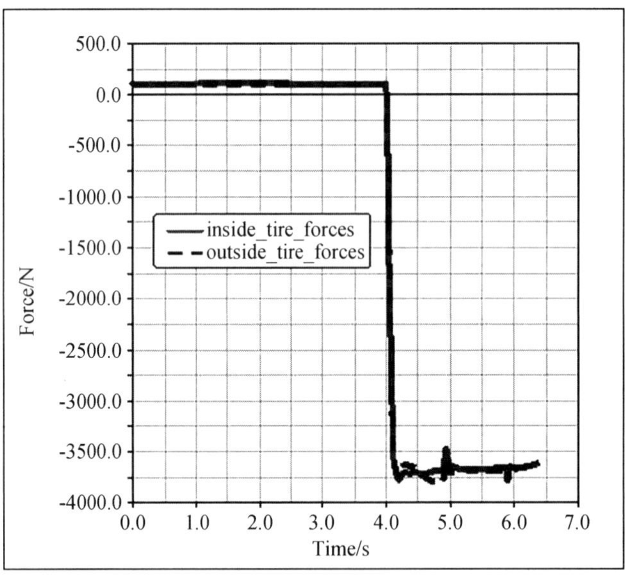

图 5-14　驱动轴内侧与外侧车辆纵向轮胎力

第6章　双轴转向系统

双轴及多轴转向系统在工程及特种车辆上应用得较多。双轴转向一般采用连杆传动，大于两轴系转向的一般采用液压传动。图6-1所示为6×4牵引货车右舵双轴转向系统，与单轴转向相比，在转向系统上多了一个摇臂，通过摇臂与车身的旋转拉动后面的传动杆使第二轴车辆产生转动，在此模型上可以继续拓展三轴及多轴连杆传动转向。在摇臂上可以通过增加液压推杆起到转向助力的作用，有关转向助力特性的研究可以通过在此推杆上建立函数，然后与MATLAB软件建立联合仿真模型进行。

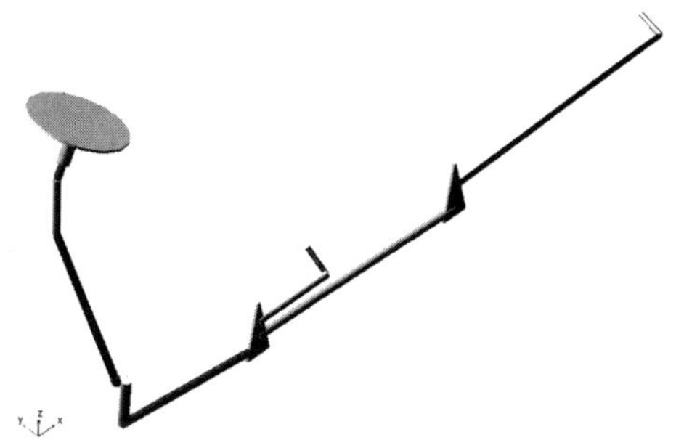

图6-1　双轴转向系统

6.1　双轴转向模型

(1) 启动ADAMS/Car，选择Template进入建模界面。

(2) 单击File>New命令，弹出建模对话框，如图6-2所示。

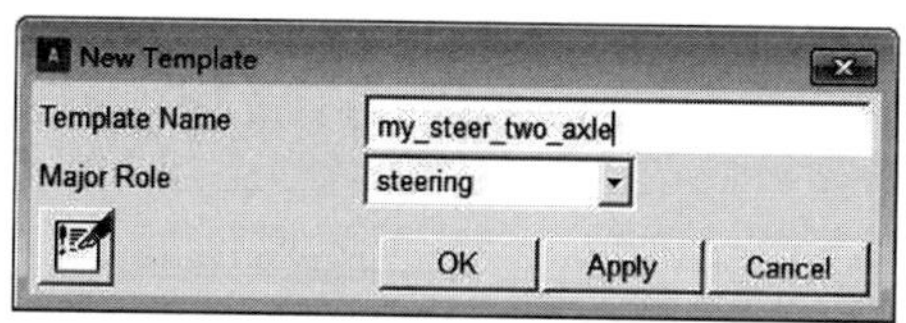

图6-2　转向模板框

(3) Template Name:my_steer_two_axle。

(4) Major Role:steering。

(5) 单击OK，进入建模界面。

(6) 单击Build>Hardpoint>New命令，弹出Template创建硬点对话框，如图6-3所示。

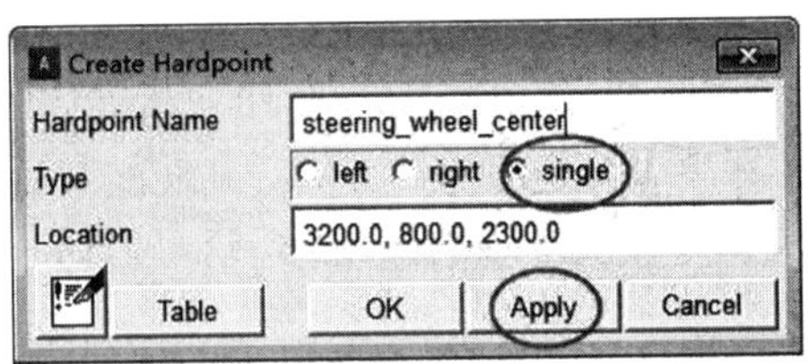

图 6-3　硬点创建

(7) Hardpoint Name:steering_wheel_center。

(8) Type:single。

(9) Location:3200. 0,800. 0,2300. 0。

(10) 单击 Apply,完成 steering_wheel_center 硬点的创建。

(11) 重复上述步骤完成图 6-4 中硬点的创建,创建完成后单击 OK。

	loc x	loc y	loc z
hps_input_shaft_forward	3400.0	800.0	900.0
hps_intermediate_shaft_forward	3100.0	800.0	1812.5
hps_intermediate_shaft_rearward	3100.0	800.0	2088.6
hps_origin_ref	0.0	0.0	0.0
hps_pitman_arm_aft_front	5050.0	765.0	550.0
hps_pitman_arm_aft_rear	5150.0	765.0	550.0
hps_pitman_arm_aft_upper	5100.0	765.0	800.0
hps_pitman_arm_middle_front	4050.0	765.0	550.0
hps_pitman_arm_middle_rear	4150.0	765.0	550.0
hps_pitman_arm_middle_upper	4100.0	765.0	800.0
hps_pitman_axis	3415.0	750.0	900.0
hps_steer_arm	4450.0	765.0	700.0
hps_steer_link	3415.0	765.0	675.0
hps_steer_link_aft_front	5100.0	765.0	685.0
hps_steer_link_aft_rear	6130.0	765.0	730.0
hps_steer_link_fore_front	4100.0	765.0	710.0
hps_steer_link_middle_front	4100.0	765.0	635.0
hps_steer_link_middle_rear	5100.0	765.0	580.0
hps_steer_link_rear	4100.0	765.0	580.0
hps_steering_arm_attach	4450.0	865.0	760.0
hps_steering_arm_attach_aft	6130.0	865.0	765.0
hps_steering_wheel_center	3200.0	800.0	2300.0

图 6-4　双轴转向系统硬点

6.1.1　部件 steer_link

(1) 单击 Build>Part>General Part>New 命令,弹出创建部件对话框,如图 6-5 所示。

(2) General Part:. _my_steer_two_axle. ges_steer_link。

(3) Location Dependency:Centered between coordinates。

(4) Centered between:Two Coordinates。

(5) Coordinate Reference #1:. _my_steer_two_axle. ground. hps_steer_link。

(6) Coordinate Reference #2:. _my_steer_two_axle. ground. hps_steer_link_rear。

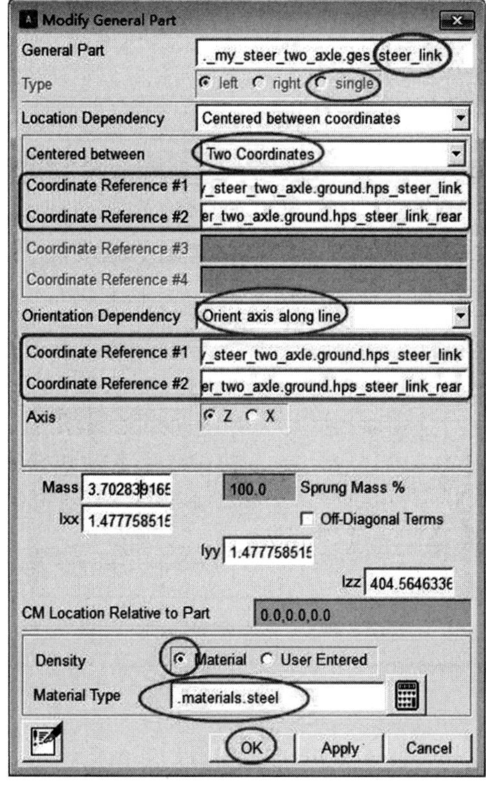

图 6-5 转向连杆部件 steer_link

(7) Orientation Dependency:Orient axis along line。

(8) Coordinate Reference ＃1:. _my_steer_two_axle. ground. hps_steer_link。

(9) Coordinate Reference ＃2:. _my_steer_two_axle. ground. hps_steer_link_rear。

(10) Axis:Z。

(11) Mass:1。

(12) Ixx:1。

(13) Iyy:1。

(14) Izz:1。

(15) Density:Material。

(16) Material Type:. materials. steel。

(17) 单击 OK,完成 . _my_steer_two_axle. ges_steer_link 部件的创建。

(18) 单击 Build>Geometry>Link>New 命令,弹出创建圆柱体对话框,如图 6-6 所示。

(19) Link Name:. _my_steer_two_axle. ges_steer_link. gralin_steer_link。

(20) General Part:. _my_steer_two_axle. ges_steer_link。

(21) Coordinate Reference ＃1:. _my_steer_two_axle. ground. hps_steer_link。

(22) Coordinate Reference ＃2:. _my_steer_two_axle. ground. hps_steer_link_rear。

(23) Radius:15. 0。

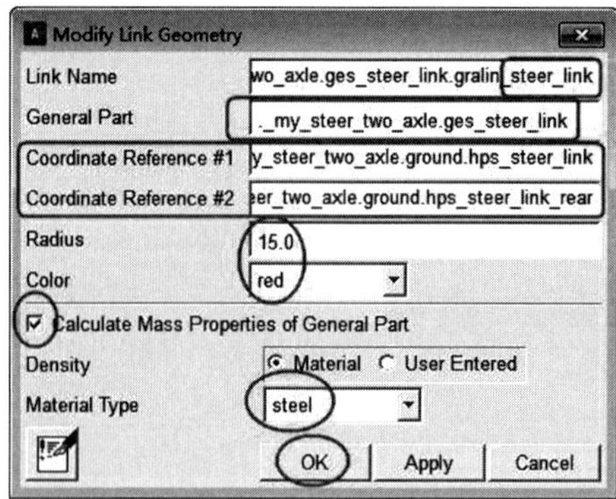

图 6-6　转向连杆几何体 steer_link

(24) Color:red。

(25) 选择 Calculate Mass Properties of General Part 复选框，当几何建立好之后会更新对应部件的质量和惯量参数。

(26) Density:Material。

(27) Material Type:steel。

(28) 单击 OK，完成 ._my_steer_two_axle.ges_steer_link.gralin_steer_link 几何体的创建。

6.1.2　部件 pitman_arm_middle

(1) 单击 Build>Part>General Part>New 命令，弹出创建部件对话框，可参考图 6-5。

(2) General Part:steer_link。

(3) Location Dependency:Centered between coordinates。

(4) Centered between:Three Coordinates。

(5) Coordinate Reference #1:._my_steer_two_axle.ground.hps_pitman_arm_middle_upper。

(6) Coordinate Reference #2:._my_steer_two_axle.ground.hps_pitman_arm_middle_front。

(7) Coordinate Reference #3:._my_steer_two_axle.ground.hps_pitman_arm_middle_rear。

(8) Orientation Dependency:Oriented in plane。

(9) Coordinate Reference #1:._my_steer_two_axle.ground.hps_pitman_arm_middle_upper。

(10) Coordinate Reference #2:._my_steer_two_axle.ground.hps_pitman_arm_middle_front。

(11) Coordinate Reference #3:._my_steer_two_axle.ground.hps_pitman_arm_middle_rear。

(12) Axis:Z。

(13) Mass:1。

(14) Ixx:1。

(15) Iyy:1。

(16) Izz:1。

(17) Density:Material。

(18) Material Type:. materials. steel。

(19) 单击 OK,完成 . _my_steer_two_axle. ges_pitman_arm_middle 部件的创建。

(20) 单击 Build>Geometry>Arm>New 命令,弹出建立三角臂几何对话框,如图 6-7 所示。

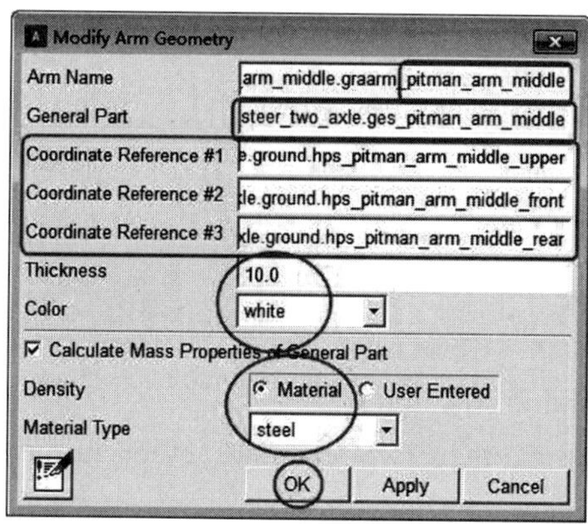

图 6-7　三角臂_arm

(21) Arm Name:. _my_steer_two_axle. ges_pitman_arm_middle. graarm_pitman_arm_middle。

(22) General Part:. _my_steer_two_axle. ges_pitman_arm_middle。

(23) Coordinate Reference ＃1:. _my_steer_two_axle. ground. hps_pitman_arm_middle_upper。

(24) Coordinate Reference ＃2:. _my_steer_two_axle. ground. hps_pitman_arm_middle_front。

(25) Coordinate Reference ＃3:. _my_steer_two_axle. ground. hps_pitman_arm_middle_rear。

(26) Thickness:10. 0。

(27) Color:white。

(28) 选择 Calculate Mass Properties of General Part 复选框。

(29) Density:Material。

(30) Material Type:steel。

(31) 单击 OK,完成 . _my_steer_two_axle. ges_pitman_arm_middle. graarm_pitman_arm_middle 几何体的创建。

6. 1. 3　部件 steer_input_arm_aft

(1) 单击 Build>Part>General Part>New 命令,弹出创建部件对话框,可参考图 6-5。

(2) General Part:steer_input_arm_aft。

(3) Location Dependency:Located on a line。

(4) Coordinate Reference #1:. _my_steer_two_axle. ground. hps_steer_link_aft_rear。

(5) Coordinate Reference #2:. _my_steer_two_axle. ground. hps_steering_arm_attach_aft。

(6) Relative Location(%):50。

(7) Orientation Dependency:User-entered values。

(8) Orient Using:Euler Angles。

(9) Euler Angles:0,0,0。

(10) Axis:Z。

(11) Mass:1。

(12) Ixx:1。

(13) Iyy:1。

(14) Izz:1。

(15) Density:Material。

(16) Material Type:. materials. steel。

(17) 单击 OK,完成 . _my_steer_two_axle. ges_steer_input_arm_aft 部件的创建。

(18) 单击 Build>Geometry>Link>New 命令,弹出创建圆柱体对话框,可参考图 6-6。

(19) Link Name:. _my_steer_two_axle. ges_steer_link. gralin_steer_link。

(20) General Part:. _my_steer_two_axle. ges_steer_link。

(21) Coordinate Reference #1:. _my_steer_two_axle. ground. hps_steer_link。

(22) Coordinate Reference #2:. _my_steer_two_axle. ground. hps_steer_link_rear。

(23) Radius:15. 0。

(24) Color:red。

(25) 选择 Calculate Mass Properties of General Part 复选框,当几何建立好之后会更新对应部件的质量和惯量参数。

(26) Density:Material。

(27) Material Type:steel。

(28) 单击 OK,完成 . _my_steer_two_axle. ges_steer_link. gralin_steer_link 几何体的创建。

6. 1. 4　部件 pitman_arm_aft

(1) 单击 Build>Part>General Part>New 命令,弹出创建部件对话框,可参考图 6-5。

(2) General Part:pitman_arm_aft。

(3) Location Dependency:Delta location from coordinate。

(4) Coordinate Reference:. _my_steer_two_axle. ground. hps_steer_link_aft_front。

(5) Location:0,0,0。

(6) Location in:Local。

(7) Orientation Dependency:User-entered values。

(8) Orient Using:Euler Angles。

(9) Euler Angles:0,0,0。

(10) Axis:Z。

(11) Mass:1。

(12) Ixx:1。

(13) Iyy:1。

(14) Izz:1。

(15) Density:Material。

(16) Material Type:. materials. steel。

(17) 单击 OK,完成 . _my_steer_two_axle. ges_pitman_arm_aft 部件的创建。

(18) 单击 Build>Geometry>Arm>New 命令,弹出建立三角臂几何对话框,可参考图 6-7。

(19) Link Name:. _my_steer_two_axle. ges_pitman_arm_aft. graarm_pitman_arm_aft。

(20) General Part:. _my_steer_two_axle. ges_pitman_arm_aft。

(21) Coordinate Reference #1:. _my_steer_two_axle. ground. hps_pitman_arm_aft_upper。

(22) Coordinate Reference #2:. _my_steer_two_axle. ground. hps_pitman_arm_aft_front。

(23) Coordinate Reference #3:. _my_steer_two_axle. ground. hps_pitman_arm_aft_rear。

(24) Thickness: 10. 0。

(25) Color:white。

(26) 选择 Calculate Mass Properties of General Part 复选框。

(27) Density:Material。

(28) Material Type:steel。

(29) 单击 OK,完成 . _my_steer_two_axle. ges_pitman_arm_aft. graarm_pitman_arm_aft 几何体的创建。

6. 1. 5　部件 steer_link_aft

(1) 单击 Build>Part>General Part>New 命令,弹出创建部件对话框,可参考图 6-5。

(2) General Part:steer_link_aft。

(3) Location Dependency:Located on a line。

(4) Coordinate Reference #1:. _my_steer_two_axle. ground. hps_steer_link_aft_front。

(5) Coordinate Reference #2:. _my_steer_two_axle. ground. hps_steer_link_aft_rear。

(6) Relative Location(%):50。

(7) Orientation Dependency:User-entered values。

(8) Orient Using:Euler Angles。

(9) Euler Angles:0,0,0。

(10) Axis:Z。

(11) Mass:1。

(12) Ixx:1。

(13) Iyy:1。

(14) Izz:1。

(15) Density:Material。

(16) Material Type:. materials. steel。

(17) 单击 OK,完成 . _my_steer_two_axle. ges_steer_link_aft 部件的创建。

(18) 单击 Build>Geometry>Link>New 命令,弹出创建圆柱体对话框,可参考图 6-6。

(19) Link Name:. _my_steer_two_axle. ges_steer_link_aft. gralin_steer_link_aft。

(20) General Part:. _my_steer_two_axle. ges_steer_link_aft。

(21) Coordinate Reference #1:. _my_steer_two_axle. ground. hps_steer_link_aft_front。

(22) Coordinate Reference #2:. _my_steer_two_axle. ground. hps_steer_link_aft_rear。

(23) Radius:10. 0。

(24) Color:blue。

(25) 选择 Calculate Mass Properties of General Part 复选框。

(26) Density:Material。

(27) Material Type:steel。

(28) 单击 OK,完成 . _my_steer_two_axle. ges_steer_link_aft. gralin_steer_link_aft 几何体的创建。

6. 1. 6 部件 steer_link_middle

(1) 单击 Build>Part>General Part>New 命令,弹出创建部件对话框,可参考图 6-5。

(2) General Part:steer_link_middle。

(3) Location Dependency:Located on a line。

(4) Coordinate Reference #1:. _my_steer_two_axle. ground. hps_steer_link_middle_front。

(5) Coordinate Reference #2:. _my_steer_two_axle. ground. hps_steer_link_middle_rear。

(6) Relative Location(%):50。

(7) Orientation Dependency:User-entered values。

(8) Orient Using:Euler Angles。

(9) Euler Angles:0,0,0。

(10) Axis:Z。

(11) Mass:1。

(12) Ixx:1。

(13) Iyy:1。

(14) Izz:1。

(15) Density:Material。

(16) Material Type:. materials. steel。

(17) 单击 OK,完成 . _my_steer_two_axle. ges_steer_link_middle 部件的创建。

(18) 单击 Build>Geometry>Link>New 命令,弹出创建圆柱体对话框,可参考图 6-6。

(19) Link Name:. _my_steer_two_axle. ges_steer_link_middle. gralin_steer_link_middle。

(20) General Part:. _my_steer_two_axle. ges_steer_link_middle。

(21) Coordinate Reference #1:. _my_steer_two_axle. ground. hps_steer_link_middle_front。

(22) Coordinate Reference #2:. _my_steer_two_axle. ground. hps_steer_link_middle_rear。

(23) Radius:15. 0。

(24) Color:skyblue。

(25) 选择 Calculate Mass Properties of General Part 复选框。

(26) Density:Material。

(27) Material Type:steel。

(28) 单击 OK,完成 . _my_steer_two_axle. ges_steer_link_middle. gralin_steer_link_middle 几何体的创建。

6. 1. 7　部件 steering_wheel

(1) 单击 Build>Construction Frame>New 命令,弹出创建结构框,如图 6-8 所示。

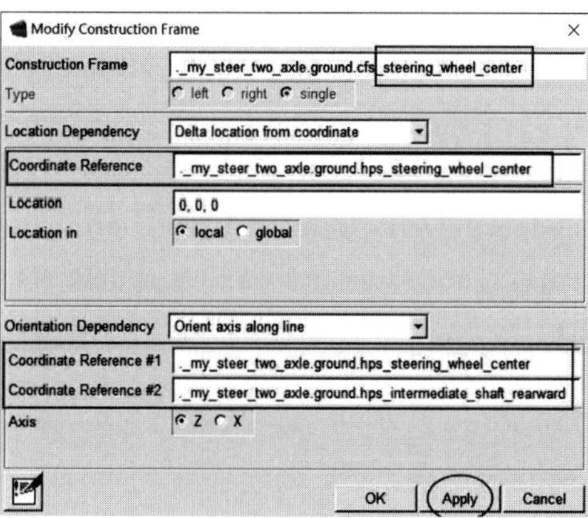

图 6-8　结构框 steering_wheel_center

(2) Construction Frame:. _my_steer_two_axle. ground. cfs_steering_wheel_center。

(3) Location Dependency:Delta location from coordinate。

(4) Coordinate Reference:. _my_steer_two_axle. ground. hps_steering_wheel_center。

(5) Location:0,0,0。

(6) Location in:local。

(7) Orientation Dependency:Orient axis along line。

(8) Coordinate Reference #1:. _my_steer_two_axle. ground. hps_steering_wheel_center。

(9) Coordinate Reference #2:. _my_steer_two_axle. ground. hps_intermediate_shaft_rearward。

(10) Axis:Z。

(11) 单击 Apply,完成 . _my_steer_two_axle. ground. cfs_steering_wheel_center 结构框的创建。

(12) Construction Frame:. _my_steer_two_axle. ground. cfs_steering_wheel_mcs。

(13) Location Dependency:Delta location from coordinate。

(14) Coordinate Reference:. _my_steer_two_axle. ground. hps_steering_wheel_center。

(15) Location:0,0,0。

(16) Location in:local。

(17) Orientation Dependency:Delta location from coordinate。

(18) Coordinate Reference #1:. _my_steer_two_axle. ground. cfs_steering_wheel_center。

(19) Orientation:0,0,0。

(20) 单击 OK,完成 . _my_steer_two_axle. ground. cfs_steering_wheel_mcs 结构框的创建。

(21) 单击 Build>Part>General Part>New 命令,弹出创建部件对话框,可参考图 6-5。

(22) General Part:. _my_steer_two_axle. ges_steering_wheel。

(23) Location Dependency:Delta location from coordinate。

(24) Coordinate Reference:. _my_steer_two_axle. ground. cfs_steering_wheel_mcs。

(25) Location:0,0,0。

(26) Location in:Local。

(27) Orientation Dependency:Delta location from coordinate。

(28) Construction Frame:. _my_steer_two_axle. ground. cfs_steering_wheel_mcs。

(29) Orientation:0,0,0。

(30) Mass:1。

(31) Ixx:1。

(32) Iyy:1。

(33) Izz:1。

(34) Density:Material。

(35) Material Type:. materials. steel。

(36) 单击 OK,完成部件 . _my_steer_two_axle. ges_steering_wheel 创建。

(37) 单击 Build>Geometry>Cylinder>New 命令，弹出圆柱几何体对话框，如图 6-9 所示。

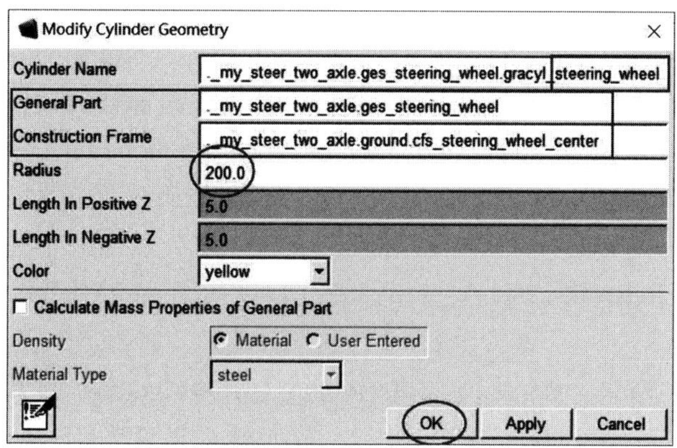

图 6-9　圆柱几何体 steering_wheel

(38) Cylinder Name: . _my_steer_two_axle. ges_steering_wheel. gracyl_steering_wheel。

(39) General Part: . _my_steer_two_axle. ges_steering_wheel。

(40) Construction Frame: . _my_steer_two_axle. ground. cfs_steering_wheel_center。

(41) Radius: 200. 0。

(42) Length In Positive Z: 5. 0。

(43) Length In Negative Z: 5. 0。

(44) Color: yellow。

(45) 选择 Calculate Mass Properties of General Part 复选框。

(46) 单击 OK，完成转向盘 . _my_steer_two_axle. ges_steering_wheel. gracyl_steering_wheel 几何体的创建。

6.1.8　部件 column_housing

(1) 单击 Build>Construction Frame>New 命令，弹出创建结构框，可参考图 6-8。

(2) Construction Frame: . _my_steer_two_axle. ground. cfs_column_housing。

(3) Location Dependency: Centered between coordinates。

(4) Centered between: Two Coordinates。

(5) Coordinate Reference #1: . _my_steer_two_axle. ground. hps_intermediate_shaft_rearward。

(6) Coordinate Reference #2: . _my_steer_two_axle. ground. hps_steering_wheel_center。

(7) Orientation Dependency: Orient axis along line。

(8) Coordinate Reference #1: . _my_steer_two_axle. ground. hps_intermediate_shaft_rearward。

(9) Coordinate Reference ＃2:. _my_steer_two_axle. ground. hps_steering_wheel_center。

(10) Axis:Z。

(11) 单击 OK,完成 . _my_steer_two_axle. ground. cfs_column_housing 结构框的创建。

(12) 单击 Build>Part>General Part>New 命令,弹出部件对话框,可参考图 6-6。

(13) General Part:. _my_steer_two_axle. ges_column_housing。

(14) Location Dependency:Centered between coordinates。

(15) Centered between:Two Coordinates。

(16) Coordinate Reference ＃1:. _my_steer_two_axle. ground. hps_intermediate_shaft_rearward。

(17) Coordinate Reference ＃2:. _my_steer_two_axle. ground. hps_steering_wheel_center。

(18) Orientation Dependency:Orient axis to point。

(19) Coordinate Reference ＃1:. _my_steer_two_axle. ground. hps_steering_wheel_center。

(20) Axis:Z。

(21) Mass:1。

(22) Ixx:1。

(23) Iyy:1。

(24) Izz:1。

(25) Density:Material。

(26) Material Type:. materials. steel。

(27) 单击 OK,完成 . _my_steer_two_axle. ges_column_housing 部件的创建。

(28) 单击 Build>Geometry>Cylinder>New 命令,弹出圆柱体对话框,可参考图 6-9。

(29) Cylinder Name:. _my_steer_two_axle. ges_column_housing. gracyl_column_housing。

(30) General Part:. _my_steer_two_axle. ges_column_housing。

(31) Construction Frame:. _my_steer_two_axle. ground. cfs_column_housing。

(32) Radius:25. 0。

(33) Length In Positive Z:50. 0。

(34) Length In Negative Z:50. 0。

(35) Color:skyblue。

(36) 选择 Calculate Mass Properties of General Part 复选框。

(37) 单击 OK,完成转向盘 . _my_steer_two_axle. ges_column_housing. gracyl_column_housing 几何体的创建。

6. 1. 9　部件 steering_column

(1) 单击 Build>Part>General Part>New 命令,弹出部件对话框,可参考图 6-6。

(2) General Part:. _my_steer_two_axle. ges_steering_column。

(3) Location Dependency:Centered between coordinates。

(4) Centered between:Two Coordinates。

(5) Coordinate Reference #1:. _my_steer_two_axle. ground. hps_intermediate_shaft_rearward。

(6) Coordinate Reference #2:. _my_steer_two_axle. ground. hps_steering_wheel_center。

(7) Orientation Dependency:Orient axis to point。

(8) Coordinate Reference #1:. _my_steer_two_axle. ground. hps_intermediate_shaft_rearward。

(9) Axis:Z。

(10) Mass:1。

(11) Ixx:1。

(12) Iyy:1。

(13) Izz:1。

(14) Density:Material。

(15) Material Type:. materials. steel。

(16) 单击 OK,完成 . _my_steer_two_axle. ges_steering_column 部件的创建。

(17) 单击 Build>Geometry>Link>New 命令,弹出创建圆柱体对话框,可参考图 6-6。

(18) Link Name:. _my_steer_two_axle. ges_steering_column. gralin_steering_column。

(19) General Part:. _my_steer_two_axle. ges_steering_column。

(20) Coordinate Reference #1:. _my_steer_two_axle. ground. hps_intermediate_shaft_rearward。

(21) Coordinate Reference #2:. _my_steer_two_axle. ground. hps_steering_wheel_center。

(22) Radius:15. 0。

(23) Color:red。

(24) 选择 Calculate Mass Properties of General Part 复选框。

(25) Density:Material。

(26) Material Type:steel。

(27) 单击 OK,完成 . _my_steer_two_axle. ges_steering_column. gralin_steering_column 几何体的创建。

6. 1. 10　部件 intermediate_shaft

(1) 单击 Build>Part>General Part>New 命令,弹出部件对话框,可参考图 6-6。

(2) General Part:. _my_steer_two_axle. ges_intermediate_shaft。

(3) Location Dependency:Centered between coordinates。

(4) Centered between:Two Coordinates。

(5) Coordinate Reference #1:. _my_steer_two_axle. ground. hps_intermediate_shaft_rearward。

(6) Coordinate Reference #2:. _my_steer_two_axle. ground. hps_intermediate_shaft_forward。

(7) Orientation Dependency:Orient axis to point。

(8) Coordinate Reference #1:. _my_steer_two_axle. ground. hps_intermediate_shaft_rearward。

(9) Axis:Z。

(10) Mass:1。

(11) Ixx:1。

(12) Iyy:1。

(13) Izz:1。

(14) Density:Material。

(15) Material Type:. materials. steel。

(16) 单击 OK,完成 . _my_steer_two_axle. ges_intermediate_shaft 部件的创建。

(17) 单击 Build>Geometry>Link>New 命令,弹出创建圆柱体对话框,可参考图 6-6。

(18) Link Name:. _my_steer_two_axle. ges_intermediate_shaft. gralin_intermediate_shaft。

(19) General Part:. _my_steer_two_axle. ges_intermediate_shaft。

(20) Coordinate Reference #1:. _my_steer_two_axle. ground. hps_intermediate_shaft_rearward。

(21) Coordinate Reference #2:. _my_steer_two_axle. ground. hps_intermediate_shaft_forward。

(22) Radius:15. 0。

(23) Color:yellow。

(24) 选择 Calculate Mass Properties of General Part 复选框。

(25) Density:Material。

(26) Material Type:steel。

(27) 单击 OK,完成 . _my_steer_two_axle. ges_intermediate_shaft. gralin_intermediate_shaft 几何体的创建。

6.1.11 部件 input_shaft

(1) 单击 Build>Part>General Part>New 命令,弹出部件对话框,可参考图 6-6。

(2) General Part:. _my_steer_two_axle. ges_input_shaft。

(3) Location Dependency:Centered between coordinates。

(4) Centered between:Two Coordinates。

(5) Coordinate Reference #1:. _my_steer_two_axle. ground. hps_intermediate_shaft_forward。

(6) Coordinate Reference ＃2:. _my_steer_two_axle. ground. hps_input_shaft_forward。

(7) Orientation Dependency:Orient axis to point。

(8) Coordinate Reference ＃1:. _my_steer_two_axle. ground. hps_intermediate_shaft_forward。

(9) Axis:Z。

(10) Mass:1。

(11) Ixx:1。

(12) Iyy:1。

(13) Izz:1。

(14) Density:Material。

(15) Material Type:. materials. steel。

(16) 单击 OK,完成 . _my_steer_two_axle. ges_input_shaft 部件的创建。

(17) 单击 Build>Geometry>Link>New 命令,弹出创建圆柱体对话框,可参考图 6-6。

(18) Link Name:. _my_steer_two_axle. ges_input_shaft. gralin_input_shaft。

(19) General Part:. _my_steer_two_axle. ges_input_shaft。

(20) Coordinate Reference ＃1:. _my_steer_two_axle. ground. hps_intermediate_shaft_forward。

(21) Coordinate Reference ＃2:. _my_steer_two_axle. ground. hps_input_shaft_forward。

(22) Radius:15. 0。

(23) Color:red。

(24) 选择 Calculate Mass Properties of General Part 复选框。

(25) Density:Material。

(26) Material Type:steel。

(27) 单击 OK,完成 . _my_steer_two_axle. ges_input_shaft. gralin_input_shaft 几何体的创建。

6. 1. 12　部件 ball_screw

(1) 单击 Build>Construction Frame>New 命令,弹出创建结构框,可参考图 6-8。

(2) Construction Frame:. _my_steer_two_axle. ground. cfs_ball_screw_rearward。

(3) Location Dependency:Delta location from coordinate。

(4) Coordinate Reference:. _my_steer_two_axle. ground. hps_input_shaft_forward。

(5) Orientation Dependency:Delta location from coordinate。

(6) Construction Frame:. _my_steer_two_axle. ground. cfs_input_shaft_forward。

(7) Orientation:0,0,0。

(8) 单击 Apply,完成 . _my_steer_two_axle. ground. cfs_ball_screw_rearward 结构框的创建。

(9) 单击 Build>Construction Frame>New 命令，弹出创建结构框，可参考图 6-8。

(10) Construction Frame:._my_steer_two_axle.ground.cfs_input_shaft_forward。

(11) Location Dependency:Delta location from coordinate。

(12) Coordinate Reference:._my_steer_two_axle.ground.hps_input_shaft_forward。

(13) Location:0,0,0。

(14) Location in:local。

(15) Orientation Dependency:Oriented in plane。

(16) Coordinate Reference #1:._my_steer_two_axle.ground.hps_input_shaft_forward。

(17) Coordinate Reference #2:._my_steer_two_axle.ground.hps_intermediate_shaft_forward。

(18) Coordinate Reference #3:._my_steer_two_axle.ground.hps_intermediate_shaft_rearward。

(19) Axes:ZX。

(20) 单击 Apply，完成._my_steer_two_axle.ground.cfs_input_shaft_forward 结构框的创建。

(21) 单击 Build>Construction Frame>New 命令，弹出创建结构框，可参考图 6-8。

(22) Construction Frame:._my_steer_two_axle.ground.cfs_ball_screw_rearward。

(23) Location Dependency:Delta location from coordinate。

(24) Coordinate Reference:._my_steer_two_axle.ground.hps_input_shaft_forward。

(25) Location:0,0,0。

(26) Location in:local。

(27) Orientation Dependency:Delta location from coordinate。

(28) Coordinate Reference:._my_steer_two_axle.ground.cfs_input_shaft_forward。

(29) Orientation:0,0,0。

(30) 单击 OK，完成._my_steer_two_axle.ground.cfs_ball_screw_rearward 结构框的创建。

(31) 单击 Build>Part>General Part>New 命令，弹出部件对话框，可参考图 6-6。

(32) General Part:._my_steer_two_axle.ges_ball_screw。

(33) Location Dependency:Centered between coordinates。

(34) Centered between:Two Coordinates。

(35) Coordinate Reference #1:._my_steer_two_axle.ground.cfs_ball_screw_rearward。

(36) Coordinate Reference #2:._my_steer_two_axle.ground.cfs_ball_screw_forward。

(37) Orientation Dependency:Orient axis to point。

(38) Coordinate Reference #1:._my_steer_two_axle.ground.cfs_ball_screw_rearward。

(39) Axis:Z。

(40) Mass:1。

(41) Ixx:1。

(42) Iyy:1。

(43) Izz:1。

(44) Density:Material。

(45) Material Type:. materials. steel。

(46) 单击 OK,完成 . _my_steer_two_axle. ges_ball_screw 部件的创建。

(47) 单击 Build>Geometry>Link>New 命令,弹出创建圆柱体对话框,可参考图 6-6。

(48) Link Name:. _my_steer_two_axle. ges_ball_screw. gralin_ball_screw。

(49) General Part:. _my_steer_two_axle. ges_ball_screw。

(50) Coordinate Reference #1:. _my_steer_two_axle. ground. cfs_ball_screw_rearward。

(51) Coordinate Reference #2:. _my_steer_two_axle. ground. cfs_ball_screw_forward。

(52) Radius:15. 0。

(53) Color:red。

(54) 选择 Calculate Mass Properties of General Part 复选框。

(55) Density:Material。

(56) Material Type:steel。

(57) 单击 OK,完成 . _my_steer_two_axle. ges_ball_screw. gralin_ball_screw 几何体的创建。

6. 1. 13　部件 rack

(1) 单击 Build>Part>General Part>New 命令,弹出创建部件对话框,可参考图 6-5。

(2) General Part:. _my_steer_two_axle. ges_rack。

(3) Location Dependency:Located on a line。

(4) Coordinate Reference #1:. _my_steer_two_axle. ground. cfs_ball_screw_rearward。

(5) Coordinate Reference #2:. _my_steer_two_axle. ground. cfs_ball_screw_forward。

(6) Relative Location(%):50。

(7) Orientation Dependency:Orient axis to point。

(8) Coordinate Reference:. _my_steer_two_axle. ground. cfs_ball_screw_rearward。

(9) Axis:Z。

(10) Mass:1。

(11) Ixx:1。

(12) Iyy:1。

(13) Izz:1。

(14) Density:Material。

(15) Material Type:. materials. steel。

(16) 单击 OK,完成 . _my_steer_two_axle. ges_rack 部件的创建。

(17) 单击 Build>Geometry>Link>New 命令,弹出创建圆柱体对话框,可参考图 6-6。

(18) Link Name:. _my_steer_two_axle. ges_rack. gralin_rack。

(19) General Part:. _my_steer_two_axle. ges_rack。

(20) Coordinate Reference #1:. _my_steer_two_axle. ground. cfs_ball_screw_rearward。

(21) Coordinate Reference #2:. _my_steer_two_axle. ground. cfs_ball_screw_forward。

(22) Radius:18. 0。

(23) Color:white。

(24) 选择 Calculate Mass Properties of General Part 复选框。

(25) Density:Material。

(26) Material Type:steel。

(27) 单击 OK,完成 . _my_steer_two_axle. ges_rack. gralin_rack 几何体的创建。

6. 1. 14 部件 steer_input_arm_fore

(1) 单击 Build>Part>General Part>New 命令,弹出部件对话框,可参考图 6-6。

(2) General Part:. _my_steer_two_axle. ges_steer_input_arm_fore。

(3) Location Dependency:Centered between coordinates。

(4) Centered between:Two Coordinates。

(5) Coordinate Reference #1:. _my_steer_two_axle. ground. hps_steering_arm_attach。

(6) Coordinate Reference #2:. _my_steer_two_axle. ground. hps_steer_arm。

(7) Orientation Dependency:User-entered values。

(8) Orient Using:Euler Angles。

(9) Euler Angles:0,0,0。

(10) Mass:1。

(11) Ixx:1。

(12) Iyy:1。

(13) Izz:1。

(14) Density:Material。

(15) Material Type:. materials. steel。

(16) 单击 OK,完成 . _my_steer_two_axle. ges_steer_input_arm_fore 部件的创建。

(17) 单击 Build>Geometry>Link>New 命令,弹出创建圆柱体对话框,可参考图 6-6。

(18) Link Name:. _my_steer_two_axle. ges_steer_input_arm_fore. gralin_steer_input_arm。

(19) General Part:. _my_steer_two_axle. ges_steer_input_arm_fore。

(20) Coordinate Reference ＃1:. _my_steer_two_axle. ground. hps_steering_arm_attach。

(21) Coordinate Reference ＃2:. _my_steer_two_axle. ground. hps_steer_arm。

(22) Radius:10. 0。

(23) Color:red。

(24) 选择 Calculate Mass Properties of General Part 复选框。

(25) Density:Material。

(26) Material Type:steel。

(27) 单击 OK,完成 . _my_steer_two_axle. ges_steer_input_arm_fore. gralin_steer_input_arm 几何体的创建。

6. 1. 15　部件 steer_link_fore

(1) 单击 Build>Part>General Part>New 命令,弹出部件对话框,可参考图 6-6。

(2) General Part:. _my_steer_two_axle. ges_steer_link_fore。

(3) Location Dependency:Centered between coordinates。

(4) Centered between:Two Coordinates。

(5) Coordinate Reference ＃1:. _my_steer_two_axle. ground. hps_steer_link_fore_front。

(6) Coordinate Reference ＃2:. _my_steer_two_axle. ground. hps_steer_arm。

(7) Orientation Dependency:User-entered values。

(8) Orient Using:Euler Angles。

(9) Euler Angles:0,0,0。

(10) Mass:1。

(11) Ixx:1。

(12) Iyy:1。

(13) Izz:1。

(14) Density:Material。

(15) Material Type:. materials. steel。

(16) 单击 OK,完成 . _my_steer_two_axle. ges_steer_link_fore 部件的创建。

(17) 单击 Build>Geometry>Link>New 命令,弹出创建圆柱体对话框,可参考图 6-6。

(18) Link Name:. _my_steer_two_axle. ges_steer_link_fore. gralin_steer_link_fore。

(19) General Part:. _my_steer_two_axle. ges_steer_link_fore。

(20) Coordinate Reference ＃1:. _my_steer_two_axle. ground. hps_steer_arm。

(21) Coordinate Reference ＃2:. _my_steer_two_axle. ground. hps_steer_link_fore_front。

(22) Radius:15. 0。

(23) Color:yellow。

(24) 选择 Calculate Mass Properties of General Part 复选框。

(25) Density:Material。

(26) Material Type:steel。

(27) 单击 OK,完成 . _my_steer_two_axle. ges_steer_link_fore. gralin_steer_link_fore 几何体的创建。

6.1.16 部件 pitman_arm

(1) 单击 Build>Part>General Part>New 命令,弹出部件对话框,可参考图 6-6。

(2) General Part:. _my_steer_two_axle. ges_pitman_arm。

(3) Location Dependency:Centered between coordinates。

(4) Centered between:Two Coordinates。

(5) Coordinate Reference #1:. _my_steer_two_axle. ground. hps_pitman_axis。

(6) Coordinate Reference #2:. _my_steer_two_axle. ground. hps_steer_link。

(7) Orientation Dependency:User-entered values。

(8) Orient Using:Euler Angles。

(9) Euler Angles:0,0,0。

(10) Mass:1。

(11) Ixx:1。

(12) Iyy:1。

(13) Izz:1。

(14) Density:Material。

(15) Material Type:. materials. steel。

(16) 单击 OK,完成 . _my_steer_two_axle. ges_pitman_arm 部件的创建。

(17) 单击 Build>Geometry>Link>New 命令,弹出创建圆柱体对话框,可参考图 6-6。

(18) Link Name:. _my_steer_two_axle. ges_pitman_arm. gralin_pitman。

(19) General Part:. _my_steer_two_axle. ges_pitman_arm。

(20) Coordinate Reference #1:. _my_steer_two_axle. ground. hps_pitman_axis。

(21) Coordinate Reference #2:. _my_steer_two_axle. ground. hps_steer_link。

(22) Radius:20. 0。

(23) Color:yellow。

(24) 选择 Calculate Mass Properties of General Part 复选框。

(25) Density:Material。

(26) Material Type:steel。

(27) 单击 OK,完成 . _my_steer_two_axle. ges_pitman_arm. gralin_pitman 几何体的创建。

6.1.17 安装部件 pitman_mount

(1) 单击 Build>Part>Mount>New 命令,弹出创建部件对话框,如图 6-10 所示。

(2) Mount Name:. _my_steer_two_axle. mts_pitman_mount。

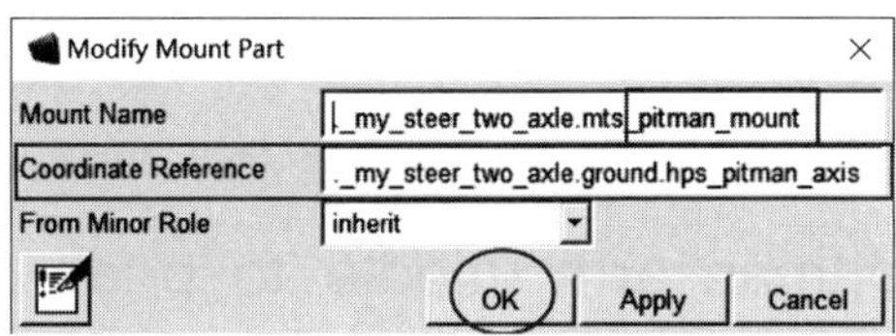

图 6-10　安装部件

(3) Coordinate Reference:. _my_steer_two_axle. ground. hps_pitman_axis。

(4) From Minor Role:inherit。

(5) 单击 OK,完成 . _my_steer_two_axle. mts_pitman_mount 安装部件的创建。

6.1.18　安装部件 strarm_to_spindle_fore

(1) 单击 Build>Part>Mount>New 命令,弹出创建部件对话框,可参考图 6-10。

(2) Mount Name:. _my_steer_two_axle. mts_strarm_to_spindle_fore。

(3) Coordinate Reference:. _my_steer_two_axle. ground. hps_steering_arm_attach。

(4) From Minor Role:inherit。

(5) 单击 OK,完成 . _my_steer_two_axle. mts_strarm_to_spindle_fore 安装部件的创建。

6.1.19　安装部件 column_to_body

(1) 单击 Build>Part>Mount>New 命令,弹出创建部件对话框,可参考图 6-10。

(2) Mount Name:. _my_steer_two_axle. mts_steering_column_to_body。

(3) Coordinate Reference:. _my_steer_two_axle. ground. cfs_column_housing。

(4) From Minor Role:inherit。

(5) 单击 OK,完成 . _my_steer_two_axle. mts_steering_column_to_body 安装部件的创建。

6.1.20　安装部件 pitman_arm_aft_to_body

(1) 单击 Build>Part>Mount>New 命令,弹出创建部件对话框,可参考图 6-10。

(2) Mount Name:. _my_steer_two_axle. mts_pitman_arm_aft_to_body。

(3) Coordinate Reference:. _my_steer_two_axle. ground. hps_pitman_arm_aft_upper。

(4) From Minor Role:inherit。

(5) 单击 OK,完成 . _my_steer_two_axle. mts_pitman_arm_aft_to_body 安装部件的创建。

6.1.21　安装部件 strarm_to_spindle_aft

(1) 单击 Build>Part>Mount>New 命令,弹出创建部件对话框,可参考图 6-10。

(2) Mount Name:. _my_steer_two_axle. mts_strarm_to_spindle_aft。

(3) Coordinate Reference:. _my_steer_two_axle. ground. hps_steering_arm_attach_aft。

(4) From Minor Role:inherit。

(5) 单击 OK,完成 . _my_steer_two_axle. mts_strarm_to_spindle_aft 安装部件的创建。

6.1.22 安装部件 pitman_arm_middle_to_body

(1) 单击 Build>Part>Mount>New 命令,弹出创建部件对话框,可参考图 6-10。

(2) Mount Name:. _my_steer_two_axle. mts_pitman_arm_middle_to_body。

(3) Coordinate Reference:. _my_steer_two_axle. ground. hps_pitman_arm_middle_upper。

(4) From Minor Role:inherit。

(5) 单击 OK,完成 . _my_steer_two_axle. mts_pitman_arm_middle_to_body 安装部件的创建。

6.2 双轴转向系统约束

6.2.1 部件 pitman_arm 与 pitman_mount 之间 revolute 约束

(1) 单击 Build>Construction Frame>New 命令,弹出创建结构框,可参考图 6-8。

(2) Construction Frame:. _my_steer_two_axle. ground. cfs_pitman_axis。

(3) Location Dependency:Delta location from coordinate。

(4) Coordinate Reference:. _my_steer_two_axle. ground. hps_pitman_axis。

(5) Location:0,0,0。

(6) Location in:local。

(7) Orientation Dependency:User-entered values。

(8) Orient Using:Euler Angles。

(9) Euler Angles:−90,0,0。

(10) 单击 OK,完成 . _my_steer_two_axle. ground. cfs_pitman_axis 结构框的创建。

(11) 单击 Build>Attachments>Joint>New 命令,弹出创建约束件对话框,如图 6-11 所示。

(12) Joint Name:. _my_steer_two_axle. josrev_pitman_arm_to_frame。

(13) I Part:. _my_steer_two_axle. ges_pitman_arm。

(14) J Part:. _my_steer_two_axle. mts_pitman_mount。

(15) Joint Type:revolute,转动副,约束 5 个自由度。

(16) Active:always。

(17) Location Dependency:Delta location from coordinate。

(18) Coordinate Reference:. _my_steer_two_axle. ground. cfs_pitman_axis。

(19) Location:0,0,0。

(20) Location in:local。

(21) Orientation Dependency:Delta orientation from coordinate。

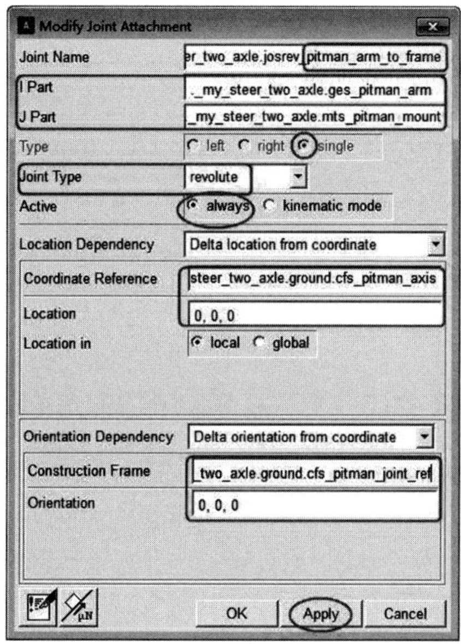

图 6-11　约束副 revolute

(22) Construction Frame:. _my_steer_two_axle. ground. cfs_pitman_joint_ref。

(23) Orientation:0,0,0。

(24) 单击 Apply,完成 . _my_steer_two_axle. josrev_pitman_arm_to_frame 转动副的创建。

6.2.2　部件 steer_input_arm_fore 与 steer_link_fore 之间 convel 约束

(1) Joint Name:. _my_steer_two_axle. joscon_input_steering_arm_to_axle。

(2) I Part:. _my_steer_two_axle. ges_steer_input_arm_fore。

(3) J Part:. _my_steer_two_axle. ges_steer_link_fore。

(4) Joint Type:convel。

(5) Active:always。

(6) Location Dependency:Delta location from coordinate。

(7) Coordinate Reference:. _my_steer_two_axle. ground. hps_steer_arm。

(8) Location:0,0,0。

(9) Location in:local。

(10) I-Part Axis:. _my_steer_two_axle. ground. hps_steering_arm_attach。

(11) J-Part Axis:. _my_steer_two_axle. ground. hps_steer_link_fore_front。

(12) 单击 Apply,完成 . _my_steer_two_axle. joscon_input_steering_arm_to_axle 恒速副的创建。

6.2.3　部件 pitman_arm 与 steer_link 之间 spherical 约束

(1) Joint Name:. _my_steer_two_axle. jossph_pitman_to_draglink。

(2) I Part:. _my_steer_two_axle. ges_pitman_arm。

(3) J Part:. _my_steer_two_axle. ges_steer_link。

(4) Joint Type:spherical。

(5) Active:always。

(6) Location Dependency:Delta location from coordinate。

(7) Coordinate Reference:. _my_steer_two_axle. ground. hps_steer_link。

(8) Location:0,0,0。

(9) Location in:local。

(10) 单击 Apply,完成 . _my_steer_two_axle. jossph_pitman_to_draglink 球副的创建。

6.2.4 部件 steer_input_arm_fore 与 strarm_to_spindle_fore 之间 fixed 约束

(1) Joint Name:. _my_steer_two_axle. josfix_strarm_to_spindle。

(2) I Part:. _my_steer_two_axle. ges_steer_input_arm_fore。

(3) J Part:. _my_steer_two_axle. mts_strarm_to_spindle_fore。

(4) Joint Type:fixed。

(5) Active:always。

(6) Location Dependency:Delta location from coordinate。

(7) Coordinate Reference:. _my_steer_two_axle. ground. hps_steer_link。

(8) Location:0,0,0。

(9) Location in:local。

(10) 单击 Apply,完成 . _my_steer_two_axle. josfix_strarm_to_spindle 固定副的创建。

6.2.5 部件 rack 与 pitman_mount 之间 translational 约束

(1) Joint Name:. _my_steer_two_axle. jostra_rack_steering_gear。

(2) I Part:. _my_steer_two_axle. ges_rack。

(3) J Part:. _my_steer_two_axle. mts_pitman_mount。

(4) Joint Type:translational。

(5) Active:always。

(6) Location Dependency:Delta location from coordinate。

(7) Coordinate Reference:. _my_steer_two_axle. ground. cfs_ball_screw_forward。

(8) Location:0,0,0。

(9) Location in:local。

(10) Orientation Dependency:Delta location from coordinate。

(11) Construction Frame:. _my_steer_two_axle. ground. cfs_ball_screw_forward。

(12) Orientation:0,0,0。

(13) 单击 Apply,完成 . _my_steer_two_axle. jostra_rack_steering_gear 移动副的创建。

6.2.6 部件 ball_screw 与 pitman_mount 之间 revolute 约束

(1) Joint Name:. _my_steer_two_axle. josrev_ball_screw_steering_gear。

(2) I Part:. _my_steer_two_axle. ges_ball_screw。

(3) J Part:. _my_steer_two_axle. mts_pitman_mount。

(4) Joint Type:revolute。

(5) Active:always。

(6) Location Dependency:Delta location from coordinate。

(7) Coordinate Reference:. _my_steer_two_axle. ground. cfs_ball_screw_forward。

(8) Location:0,0,0。

(9) Location in:local。

(10) Orientation Dependency:Delta location from coordinate。

(11) Construction Frame:. _my_steer_two_axle. ground. cfs_ball_screw_forward。

(12) Orientation:0,0,0。

(13) 单击 Apply,完成 . _my_steer_two_axle. josrev_ball_screw_steering_gear 转动副的创建。

6.2.7 部件 input_shaft 与 pitman_mount 之间 revolute 约束

(1) Joint Name:. _my_steer_two_axle. josrev_input_shaft_steering_gear。

(2) I Part:. _my_steer_two_axle. ges_input_shaft。

(3) J Part:. _my_steer_two_axle. mts_pitman_mount。

(4) Joint Type:revolute。

(5) Active:always。

(6) Location Dependency:Delta location from coordinate。

(7) Coordinate Reference:. _my_steer_two_axle. ground. hps_input_shaft_forward。

(8) Location:0,0,0。

(9) Location in:local。

(10) Orientation Dependency:Orient to zpoint-xpoint。

(11) Coordinate Reference #1:. _my_steer_two_axle. ground. hps_intermediate_shaft_forward。

(12) Coordinate Reference #2:. _my_steer_two_axle. ground. hps_intermediate_shaft_rearward。

(13) Axes:ZX。

(14) 单击 Apply,完成 . _my_steer_two_axle. josrev_input_shaft_steering_gear 转动副的创建。

6.2.8 部件 intermediate_shaft 与 input_shaft 之间 hooke 约束

(1) Joint Name:. _my_steer_two_axle. joshoo_intermediate_shaftinput。

(2) I Part:. _my_steer_two_axle. ges_intermediate_shaft。

(3) J Part:. _my_steer_two_axle. ges_input_shaft。

(4) Joint Type:hooke。

(5) Active:always。

(6) Location Dependency:Delta location from coordinate。

(7) Coordinate Reference:. _my_steer_two_axle. ground. hps_intermediate_shaft_forward。

(8) Location:0,0,0。

(9) Location in:local。

(10) I-Part Axis:. _my_steer_two_axle. ground. hps_intermediate_shaft_rearward。

(11) J-Part Axis:. _my_steer_two_axle. ground. hps_input_shaft_forward。

(12) 单击 Apply,完成 . _my_steer_two_axle. joshoo_intermediate_shaftinput 胡克副的创建。

6.2.9 部件 steering_column 与 intermediate_shaft 之间 hooke 约束

(1) Joint Name:. _my_steer_two_axle. joshoo_column_intermediate。

(2) I Part:. _my_steer_two_axle. ges_steering_column。

(3) J Part:. _my_steer_two_axle. ges_intermediate_shaft。

(4) Joint Type:hooke。

(5) Active:always。

(6) Location Dependency:Delta location from coordinate。

(7) Coordinate Reference:. _my_steer_two_axle. ground. hps_intermediate_shaft_rearward。

(8) Location:0,0,0。

(9) Location in:local。

(10) I-Part Axis:. _my_steer_two_axle. ground. hps_steering_wheel_center。

(11) J-Part Axis:. _my_steer_two_axle. ground. hps_intermediate_shaft_forward。

(12) 单击 Apply,完成 . _my_steer_two_axle. joshoo_column_intermediate 胡克副的创建。

6.2.10 部件 steering_wheel 与 column_housing 之间 revolute 约束

(1) Joint Name:. _my_steer_two_axle. josrev_steering_wheel。

(2) I Part:. _my_steer_two_axle. ges_steering_wheel。

(3) J Part:. _my_steer_two_axle. ges_column_housing。

(4) Joint Type:revolute。

(5) Active:always。

(6) Location Dependency:Delta location from coordinate。

(7) Coordinate Reference:. _my_steer_two_axle. ground. hps_steering_wheel_center。

(8) Location:0,0,0。

(9) Location in:local。

(10) Orientation Dependency:Delta location from coordinate。

(11) Construction Frame:. _my_steer_two_axle. ground. cfs_steering_wheel_center。

(12) Orientation:0,0,0。

(13) 单击 Apply,完成 . _my_steer_two_axle. josrev_steering_wheel 转动副的创建。

6.2.11 部件 column_housing 与 steering_column_to_body 之间 fixed 约束

(1) Joint Name:. _my_steer_two_axle. josfix_column_housing_to_housing_mount。

(2) I Part:. _my_steer_two_axle. ges_column_housing。

(3) J Part:. _my_steer_two_axle. mts_steering_column_to_body。

(4) Joint Type:fixed。

(5) Active:always。

(6) Location Dependency:Delta location from coordinate。

(7) Coordinate Reference:. _my_steer_two_axle. ground. cfs_column_housing。

(8) Location:0,0,0。

(9) Location in:local。

(10) 单击 Apply,完成 . _my_steer_two_axle. josfix_column_housing_to_housing_mount 固定副的创建。

6.2.12 部件 steering_column 与 column_housing 之间 cylindrical 约束

(1) Joint Name:. _my_steer_two_axle. joscyl_steering_column。

(2) I Part:. _my_steer_two_axle. ges_steering_column。

(3) J Part:. _my_steer_two_axle. ges_column_housing。

(4) Joint Type:cylindrical。

(5) Active:always。

(6) Location Dependency:Delta location from coordinate。

(7) Coordinate Reference:. _my_steer_two_axle. ground. cfs_column_housing。

(8) Location:0,0,0。

(9) Location in:local。

(10) Orientation Dependency:Orient axis to point。

(11) Coordinate Reference #1:. _my_steer_two_axle. ground. hps_intermediate_shaft_rearward。

(12) Axis:Z。

(13) 单击 Apply,完成 . _my_steer_two_axle. joscyl_steering_column 转动副的创建。

6.2.13 部件 pitman_arm_middle 与 steer_link_middle 之间 spherical 约束

(1) Joint Name:. _my_steer_two_axle. jossph_pitman_middle_to_steer_link_middle。

(2) I Part:. _my_steer_two_axle. ges_pitman_arm_middle。

(3) J Part:. _my_steer_two_axle. ges_steer_link_middle。

(4) Joint Type:spherical。

(5) Active:always。

(6) Location Dependency:Delta location from coordinate。

(7) Coordinate Reference:. _my_steer_two_axle. ground. hps_steer_link_middle_front。

(8) Location:0,0,0。

(9) Location in:local。

(10) 单击 Apply,完成 . _my_steer_two_axle. jossph_pitman_middle_to_steer_link_middle 球副的创建。

6.2.14 部件 pitman_arm_aft 与 pitman_arm_aft_to_body 之间 revolute 约束

(1) Joint Name:. _my_steer_two_axle. josrev_pitman_arm_aft_to_body。

(2) I Part:. _my_steer_two_axle. ges_pitman_arm_aft。

(3) J Part:. _my_steer_two_axle. mts_pitman_arm_aft_to_body。

(4) Joint Type:revolute。

(5) Active:always。

(6) Location Dependency:Delta location from coordinate。

(7) Coordinate Reference:. _my_steer_two_axle. ground. hps_pitman_arm_aft_upper。

(8) Location:0,0,0。

(9) Location in:local。

(10) Orientation Dependency:User-entered values。

(11) Orient Using:Euler Angles。

(12) Euler Angles: 0,90,0。

(13) 单击 Apply,完成 . _my_steer_two_axle. josrev_pitman_arm_aft_to_body 球副的创建。

6.2.15 部件 steer_link_middle 与 pitman_arm_aft 之间 convel 约束

(1) Joint Name:. _my_steer_two_axle. joscon_steer_link_aft_to_pitman_arm_aft。

(2) I Part:. _my_steer_two_axle. ges_steer_link_middle。

(3) J Part:. _my_steer_two_axle. ges_pitman_arm_aft。

(4) Joint Type:convel。

(5) Active:always。

(6) Location Dependency:Delta location from coordinate。

(7) Coordinate Reference:. _my_steer_two_axle. ground. hps_steer_link_middle_rear。

(8) Location:0,0,0。

(9) Location in:local。

(10) I-Part Axis:. _my_steer_two_axle. ground. hps_pitman_arm_aft_upper。

(11) J-Part Axis:. _my_steer_two_axle. ground. hps_steer_link_middle_front。

(12) 单击 Apply,完成 . _my_steer_two_axle. joscon_steer_link_aft_to_pitman_arm_aft

恒速副的创建。

6.2.16 部件 pitman_arm_aft 与 steer_link_aft 之间 spherical 约束

(1) Joint Name:. _my_steer_two_axle. jossph_pitman_arm_aft_to_steer_link_aft。

(2) I Part:. _my_steer_two_axle. ges_pitman_arm_aft。

(3) J Part:. _my_steer_two_axle. ges_steer_link_aft。

(4) Joint Type:spherical。

(5) Active:always。

(6) Location Dependency:Delta location from coordinate。

(7) Coordinate Reference:. _my_steer_two_axle. ground. hps_steer_link_aft_front。

(8) Location:0,0,0。

(9) Location in:local。

(10) 单击 Apply,完成 . _my_steer_two_axle. jossph_pitman_arm_aft_to_steer_link_aft 球副的创建。

6.2.17 部件 steer_link_aft 与 steer_input_arm_aft 之间 convel 约束

(1) Joint Name:. _my_steer_two_axle. joscon_steering_arm_aft_to_axle。

(2) I Part:. _my_steer_two_axle. ges_steer_link_aft。

(3) J Part:. _my_steer_two_axle. ges_steer_input_arm_aft。

(4) Joint Type:convel。

(5) Active:always。

(6) Location Dependency:Delta location from coordinate。

(7) Coordinate Reference:. _my_steer_two_axle. ground. hps_steer_link_aft_rear。

(8) Location:0,0,0。

(9) Location in:local。

(10) I-Part Axis:. _my_steer_two_axle. ground. hps_steering_arm_attach_aft。

(11) J-Part Axis:. _my_steer_two_axle. ground. hps_steer_link_aft_front。

(12) 单击 Apply,完成 . _my_steer_two_axle. joscon_steering_arm_aft_to_axle 恒速副的创建。

6.2.18 部件 steer_input_arm_aft 与 strarm_to_spindle_aft 之间 fixed 约束

(1) Joint Name:. _my_steer_two_axle. josfix_strarm_to_spindle_aft。

(2) I Part:. _my_steer_two_axle. ges_steer_input_arm_aft。

(3) J Part:. _my_steer_two_axle. mts_strarm_to_spindle_aft。

(4) Joint Type:fixed。

(5) Active:always。

(6) Location Dependency:Delta location from coordinate。

(7) Coordinate Reference:. _my_steer_two_axle. ground. hps_steering_arm_attach_aft。

(8) Location:0,0,0。

(9) Location in:local。

(10) 单击 Apply,完成 . _my_steer_two_axle. josfix_strarm_to_spindle_aft 固定副的创建。

6.2.19 部件 steer_link 与 pitman_arm_middle 之间 convel 约束

(1) Joint Name:. _my_steer_two_axle. joscon_steering_link_to_pitman_arm_middle。

(2) I Part:. _my_steer_two_axle. ges_steer_link。

(3) J Part:. _my_steer_two_axle. ges_pitman_arm_middle。

(4) Joint Type:convel。

(5) Active:always。

(6) Location Dependency:Delta location from coordinate。

(7) Coordinate Reference:. _my_steer_two_axle. ground. hps_steer_link_rear。

(8) Location:0,0,0。

(9) Location in:local。

(10) I-Part Axis:. _my_steer_two_axle. ground. hps_pitman_arm_middle_upper。

(11) J-Part Axis:. _my_steer_two_axle. ground. hps_steer_link。

(12) 单击 Apply,完成 . _my_steer_two_axle. joscon_steering_link_to_pitman_arm_middle 恒速副的创建。

6.2.20 部件 steer_link_fore 与 pitman_arm_middle 之间 spherical 约束

(1) Joint Name:. _my_steer_two_axle. jossph_pitman_arm_middle_to_steer_link_fore。

(2) I Part:. _my_steer_two_axle. ges_steer_link_fore。

(3) J Part:. _my_steer_two_axle. ges_pitman_arm_middle。

(4) Joint Type:spherical。

(5) Active:always。

(6) Location Dependency:Delta location from coordinate。

(7) Coordinate Reference:. _my_steer_two_axle. ground. hps_steer_link_fore_front。

(8) Location:0,0,0。

(9) Location in:local。

(10) 单击 Apply,完成 . _my_steer_two_axle. jossph_pitman_arm_middle_to_steer_link_fore 球副的创建。

6.2.21 部件 pitman_arm_middle 与 pitman_arm_middle_to_body 之间 revolute 约束

(1) Joint Name:. _my_steer_two_axle. josrev_pitman_arm_middle_to_body。

(2) I Part:. _my_steer_two_axle. ges_pitman_arm_middle。

(3) J Part:. _my_steer_two_axle. mts_pitman_arm_middle_to_body。

(4) Joint Type:revolute。

(5) Active:always。

(6) Location Dependency:Delta location from coordinate。

(7) Coordinate Reference:. _my_steer_two_axle. ground. hps_pitman_arm_middle_upper。

(8) Location:0,0,0。

(9) Location in:local。

(10) Orientation Dependency:User-entered values。

(11) Orient Using:Euler Angles。

(12) Euler Angles: 0,90,0。

(13) 单击 OK,完成 . _my_steer_two_axle. josrev_pitman_arm_middle_to_body 球副的创建。

6.3 减速齿轮

(1) 单击 Build>Gear>Reduction Gear>New 命令,弹出创建齿轮对话框,如图 6-12 所示。减速齿轮本质上是一对耦合副,需要指定输入输出约束及传动比。

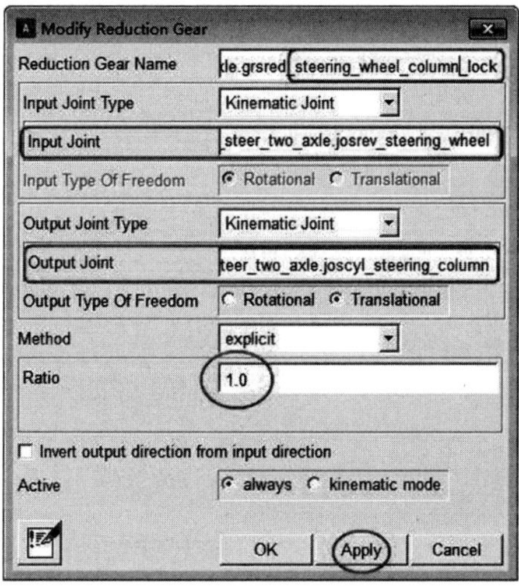

图 6-12 减速齿轮

(2) Reduction Gear Name:. _my_steer_two_axle. grsred_steering_wheel_column_lock。

(3) Input Joint:. _my_steer_two_axle. josrev_steering_wheel。

(4) Output Joint:. _my_steer_two_axle. joscyl_steering_column。

(5) Ratio:1. 0。

(6) Active:always。

(7) 单击 Apply,完成 . _my_steer_two_axle. grsred_steering_wheel_column_lock 减速齿轮的创建。

(8) Reduction Gear Name:. _my_steer_two_axle. grsred_ball_screw_rack。

(9) Input Joint:. _my_steer_two_axle. josrev_ball_screw_steering_gear。

(10) Output Joint:. _my_steer_two_axle. jostra_rack_steering_gear。

(11) Ratio:18. 0。

(12) Active:always。

(13) 单击 Apply,完成 . _my_steer_two_axle. grsred_ball_screw_rack 减速齿轮的创建。

(14) Reduction Gear Name:. _my_steer_two_axle. grsred_pitman_arm_rack。

(15) Input Joint:. _my_steer_two_axle. josrev_pitman_arm_to_frame。

(16) Output Joint:. _my_steer_two_axle. jostra_rack_steering_gear。

(17) Ratio:1. 0。

(18) Active:always。

(19) 单击 Apply,完成 . _my_steer_two_axle. grsred_pitman_arm_rack 减速齿轮的创建。

(20) Reduction Gear Name:. _my_steer_two_axle. grsred_ball_screw_input_shaft_lock。

(21) Input Joint:. _my_steer_two_axle. josrev_input_shaft_steering_gear。

(22) Output Joint:. _my_steer_two_axle. josrev_ball_screw_steering_gear。

(23) Ratio:1. 0。

(24) Active:always。

(25) 单击 OK,完成 . _my_steer_two_axle. grsred_ball_screw_input_shaft_lock 减速齿轮的创建。

6.4 双轴转向变量参数

(1) 单击 Build>Parameter Variable>New 命令,弹出参数变量对话框,如图 6-13 所示。

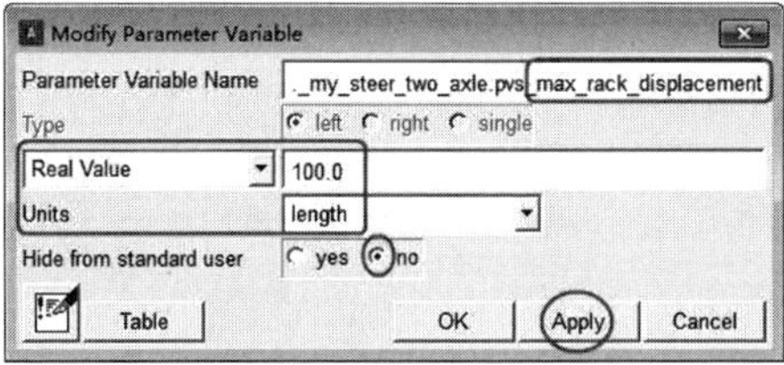

图 6-13　参数变量

(2) Parameter Variable Name:. _my_steer_two_axle. pvs_max_rack_displacement。

(3) Real Value:100. 0。

(4) Units:length。

(5) Hide from standard user:no。

(6) 单击 Apply,完成 . _my_steer_two_axle. pvs_max_rack_displacement 变量的创建。

(7) Parameter Variable Name:. _my_steer_two_axle. phs_kinematic_flag。

(8) Integer Value:0. 0。

(9) Units:length。

(10) Hide from standard user:yes。

(11) 单击 Apply,完成 ._my_steer_two_axle. phs_kinematic_flag 变量的创建。

(12) Parameter Variable Name:. _my_steer_two_axle. pvs_max_rack_force。

(13) Real Value:500. 0。

(14) Units:force。

(15) Hide from standard user:no。

(16) 单击 Apply,完成 ._my_steer_two_axle. pvs_max_rack_force 变量的创建。

(17) Parameter Variable Name:. _my_steer_two_axle. pvs_max_steering_angle。

(18) Real Value:720. 0。

(19) Units:angle。

(20) Hide from standard user:no。

(21) 单击 Apply,完成 ._my_steer_two_axle. pvs_max_steering_angle 变量的创建。

(22) Parameter Variable Name:. _my_steer_two_axle. pvs_max_steering_torque。

(23) Real Value:720. 0。

(24) Units:torque。

(25) Hide from standard user:no。

(26) 单击 Apply,完成 ._my_steer_two_axle. pvs_max_steering_torque 变量的创建。

(27) Parameter Variable Name:. _my_steer_two_axle. phs_steering_assist_active。

(28) Integer Value:1. 0。

(29) Units:torque。

(30) Hide from standard user:yes。

(31) 单击 OK,完成 ._my_steer_two_axle. phs_steering_assist_active 变量的创建。

6.5 双轴转向通讯器

6.5.1 各类通讯器创建

(1) 单击 Build>Communicator>Output>New 命令,弹出输出通讯器对话框,如图 6-14所示。

(2) Output Communicator Name:. _my_steer_two_axle. cos_steering_wheel_joint。

(3) Matching Name(s):steering_wheel_joint。

(4) Type:single。

(5) Entity:joint for motion。

(6) To Minor Role:inherit。

(7) Joint Name:. _my_steer_two_axle. josrev_steering_wheel。

(8) 单击 Apply,完成 ._my_steer_two_axle. cos_steering_wheel_joint 通讯器的创建。

(9) Output Communicator Name:. _my_steer_two_axle. cos_max_rack_displacement。

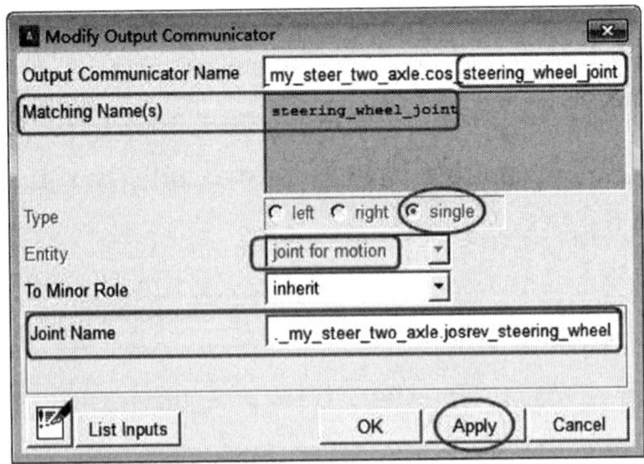

图 6-14　输出通讯器

(10) Matching Name(s):max_rack_displacement。

(11) Type:single。

(12) Entity:parameter real。

(13) To Minor Role:inherit。

(14) Parameter Variable Name:. _my_steer_two_axle. pvs_max_rack_displacement。

(15) 单击 Apply,完成 . _my_steer_two_axle. cos_max_rack_displacement 通讯器的创建。

(16) Output Communicator Name:. _my_steer_two_axle. cos_max_rack_force。

(17) Matching Name(s):max_rack_force。

(18) Type:single。

(19) Entity:parameter real。

(20) To Minor Role:inherit。

(21) Parameter Variable Name:. _my_steer_two_axle. pvs_max_rack_force。

(22) 单击 Apply,完成 . _my_steer_two_axle. cos_max_rack_force 通讯器的创建。

(23) Output Communicator Name:. _my_steer_two_axle. cos_max_steering_angle。

(24) Matching Name(s):max_steering_angle。

(25) Type:single。

(26) Entity:parameter real。

(27) To Minor Role:inherit。

(28) Parameter Variable Name:. _my_steer_two_axle. pvs_max_steering_angle。

(29) 单击 Apply,完成 . _my_steer_two_axle. cos_max_steering_angle 通讯器的创建。

(30) Output Communicator Name:. _my_steer_two_axle. cos_max_steering_torque。

(31) Matching Name(s):max_steering_torque。

(32) Type:single。

(33) Entity:parameter real。

(34) To Minor Role:inherit。

(35) Parameter Variable Name:. _my_steer_two_axle. pvs_max_steering_torque。

(36) 单击 Apply,完成 . _my_steer_two_axle. cos_max_steering_torque 通讯器的创建。

(37) Output Communicator Name:. _my_steer_two_axle. cos_steering_rack_joint。

(38) Matching Name(s):steering_rack_joint。

(39) Type:single。

(40) Entity:joint for motion。

(41) To Minor Role:inherit。

(42) Joint Name:. _my_steer_two_axle. jostra_rack_steering_gear。

(43) 单击 OK,完成 . _my_steer_two_axle. cos_steering_rack_joint 通讯器的创建。

6. 5. 2　双轴转向模型模板保存

(1) 单击 File>Save As 命令,弹出保存模板对话框,如图 6-15 所示。

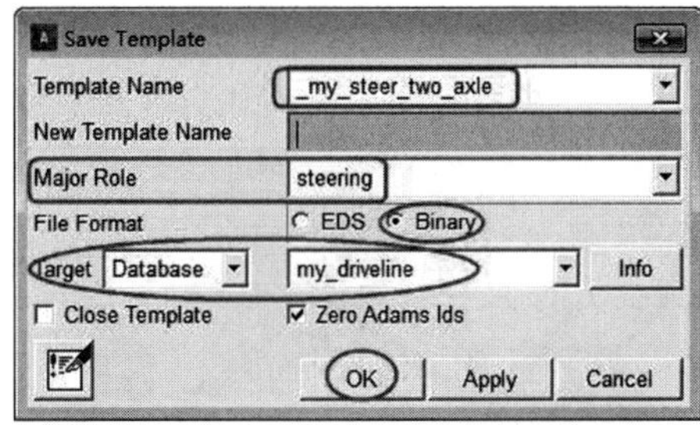

图 6-15　双轴转向模型保存

(2) Template Name:my_steer_two_axle。

(3) Major Role:steering。

(4) File Format:Binary。

(5) Target:Database,my_driveline。

(6) 单击 OK,完成_my_steer_two_axle 双轴转向模型模板的保存。

6. 5. 3　双轴转向子系统

(1) 按 F9,把专家模板转换到标准模式,单击 File>New>Suspension 命令,弹出子系统对话框,如图 6-16 所示。

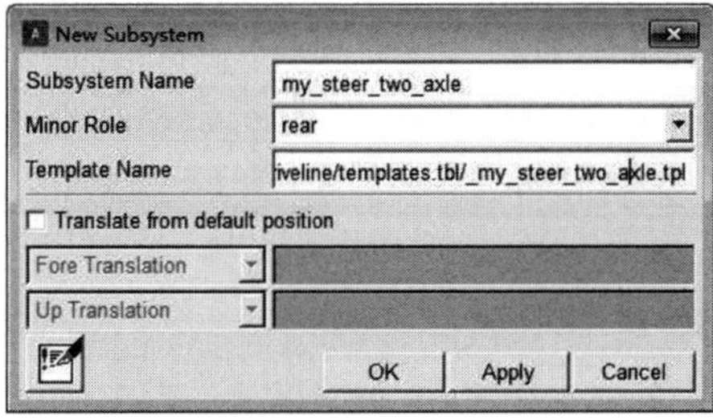

图 6-16　双轴转向子系统创建

(2) Subsystem Name:my_steer_two_axle。

(3) Minor Role:rear。

(4) Template Name:mdids://my_driveline/templates. tbl/_my_steer_two_axle. tpl。

(5) 单击 OK,完成 my_steer_two_axle 推杆式悬架子系统的创建。

6.6 TASA 转向仿真

6.6.1 TASA 试验台

(1) 单击 File>Open>Assembly 命令。

(2) Assembly Name:mdids://atruck_shared/assemblies. tbl/tasa_truck_leaf_tandem_susp. asy。

(3) 单击 OK,打开公版数据库中双轴试验台,如图 6-17 所示。

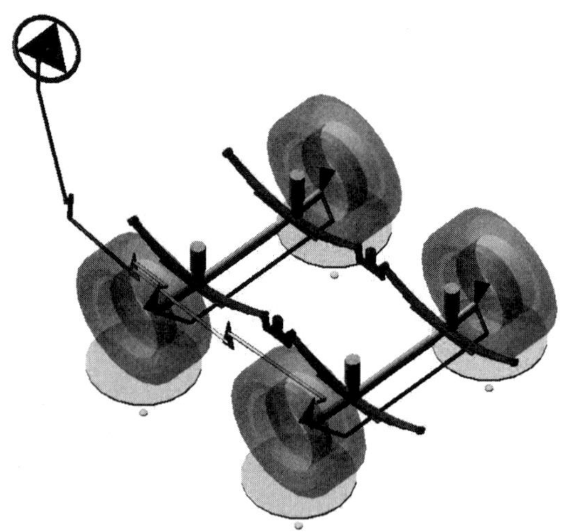

图 6-17 TASA 试验台(附带左舵转向系统)

(4) 单击 File>Manage Assembly>Replace Subsystem 命令。

(5) Subsystem(s) to remove:msc_truck_twin_axle_steering。

(6) Subsystem(s) to add:mdids://my_driveline/subsystems. tbl/my_steer_two_axle. sub。

(7) 单击 OK,完成转向系统的替换,如图 6-18 所示。

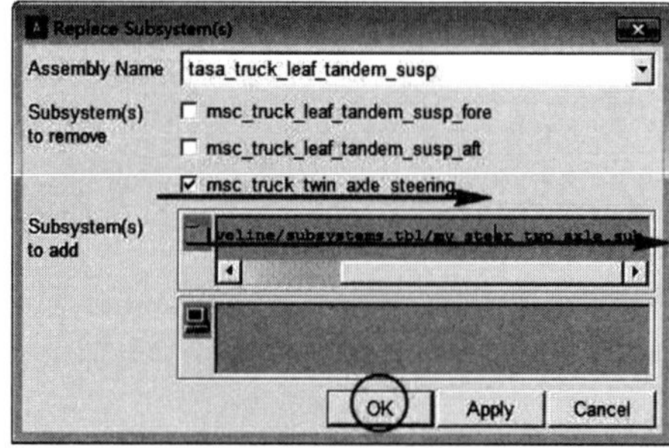

图 6-18 替换 TASA 试验台转向子系统

6.6.2 TASA 试验台修正

替换完成后的 TASA 试验台如图 6-19 所示，此时实验台并不能正确仿真，原因在于把左舵转向替换成右舵转向系统后，转向系统与转向轮毂的连接也需要修改，修改前后车桥与转向系统连接的输出通讯器，把左轮毂部件替换为右轮毂部件，此时 TASA 试验台修改成功，可以进行各种工况特性的仿真。

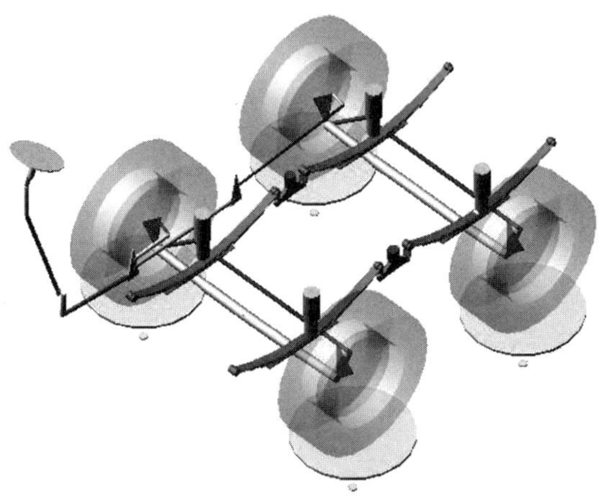

图 6-19 TASA 试验台（右舵转向系统）

6.6.3 双轴转向仿真

（1）单击 Simulate>Suspension Analysis>Steering 命令，弹出转向仿真对话框，如图 6-20所示。

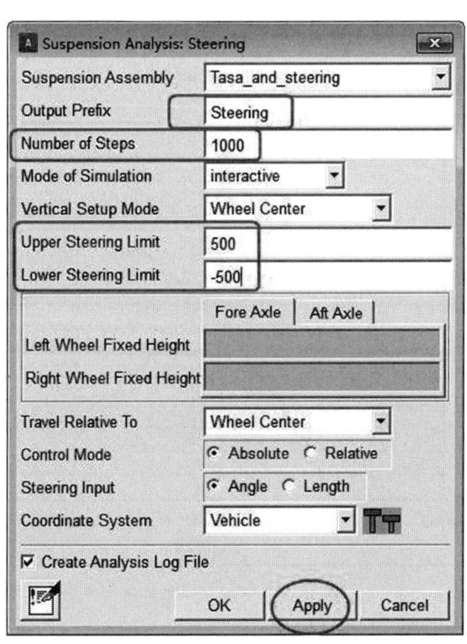

图 6-20 双轴转向仿真设置

(2) Output Prefix:Steering。

(3) Number of Steps:1000。

(4) Mode of Simulation:interactive。

(5) Vertical Setup Mode:Wheel Center。

(6) Upper Steering Limit:500。

(7) Lower Steering Limit:−500。

(8) Travel Relative To:Wheel Center。

(9) Control Mode:Absolute。

(10) Coordinate System:Vehicle。

(11) 单击 Apply,完成双轴转向仿真,如图 6-21 和图 6-22 所示。

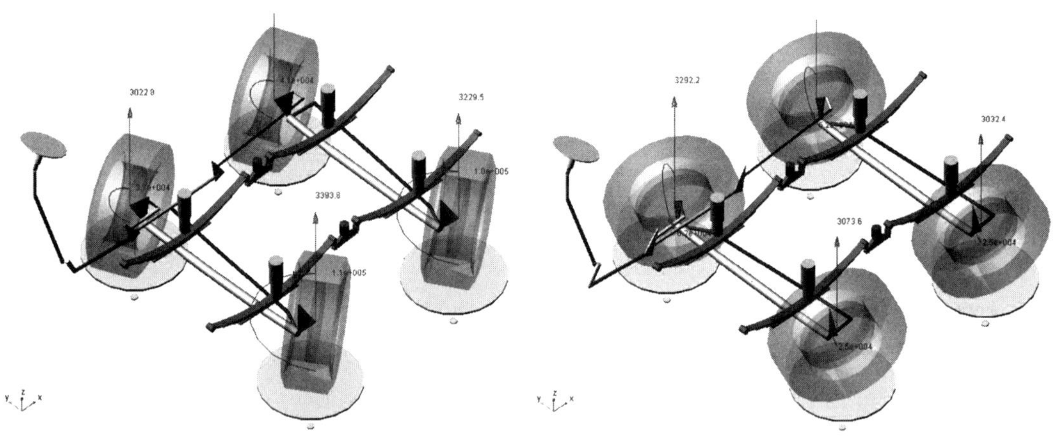

图 6-21　转向盘左转 500 度　　　　图 6-22　转向盘右转 500 度

(12) 按 F8,界面转换到后处理模块。

(13) 设置横坐标为方向盘转动的角度,即转向范围从−500 度至 500 度,计算前后车桥的四轮定位参数,如图 6-23 至图 6-26 所示,车辆侧向偏移量如图 6-27 所示。

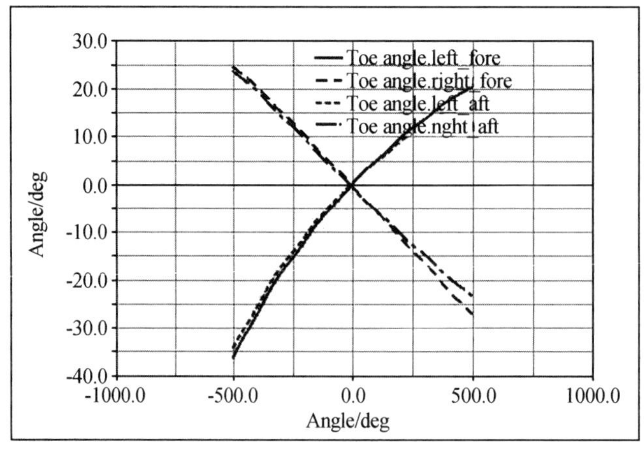

图 6-23　双轴前束角

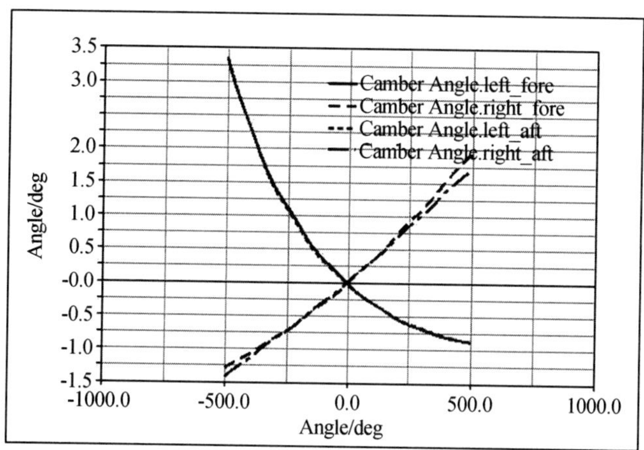

图 6-24　双轴外倾角

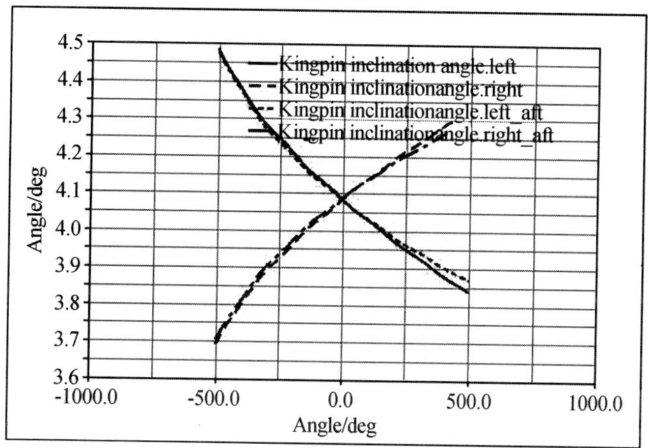

图 6-25　双轴主销内倾角

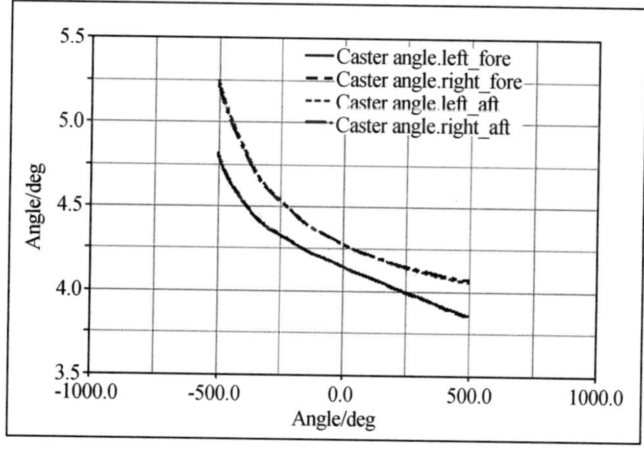

图 6-26　双轴主销后倾角

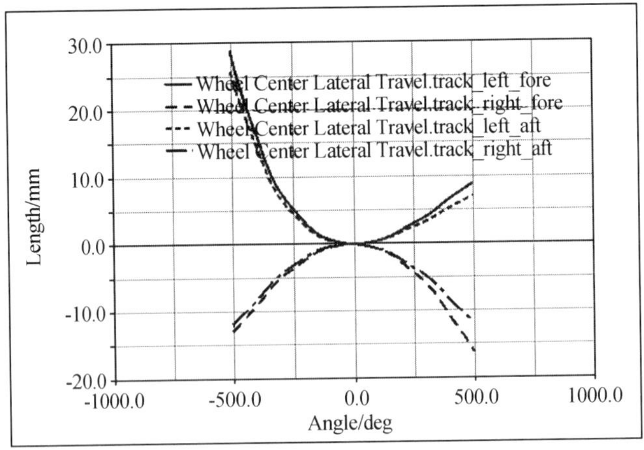

图 6-27　双轴车辆侧向偏移量

6.6.4　双轴跳动仿真

(1) 单击 Simulate>Suspension Analysis>Parallel Wheel Travel 命令，弹出双轴激振对话框，如图 6-28 所示。

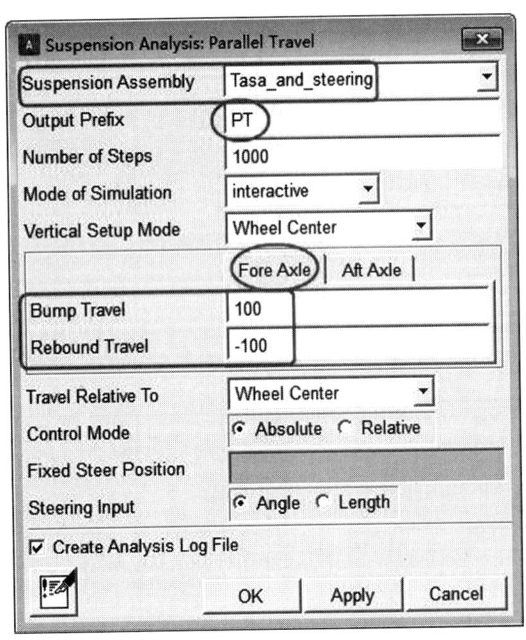

(a)

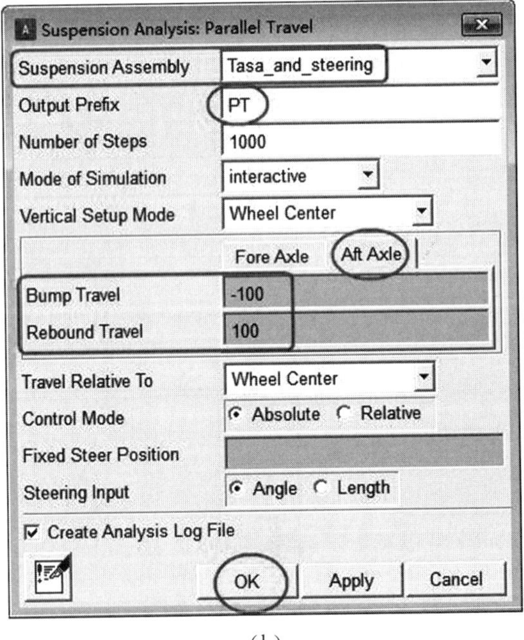

(b)

图 6-28　双轴同激振仿真(a)和双轴同向激振仿真(b)

(2) Output Prefix：PT。

(3) Number of Steps：1000。

(4) Mode of Simulation：interactive。

(5) Vertical Setup Mode：Wheel Center。

(6) 单击 Fore Axle：

① Bump Travel：100。

② Rebound Travel：−100。

(7) 单击 Aft Axle：

① Bump Travel：−100。

② Rebound Travel：100。

(8) Travel Relative To：Wheel Center。

(9) Control Mode：Absolute。

(10) Coordinate System：Vehicle。

(11) 单击 OK，完成双轴转向仿真。

(12) 按 F8，界面转换到后处理模块。

(13) 设置横坐标为车轮跳动位移，即跳动范围从−100 毫米至 100 毫米，计算前后车桥的四轮定位参数，如图 6-29 至图 6-32 所示，车辆侧向偏移量如图 6-33 所示。

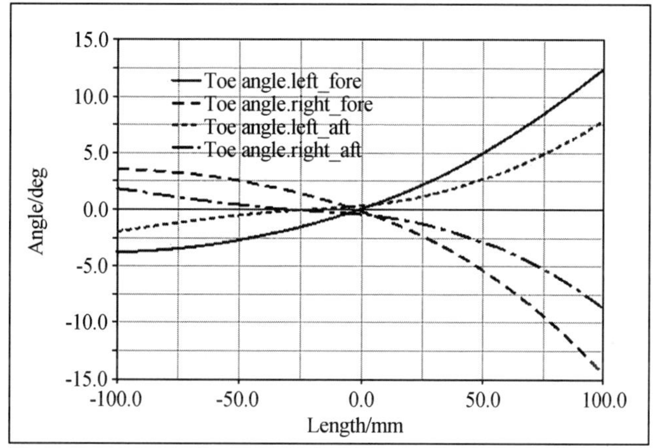

图 6-29　双轴前束角

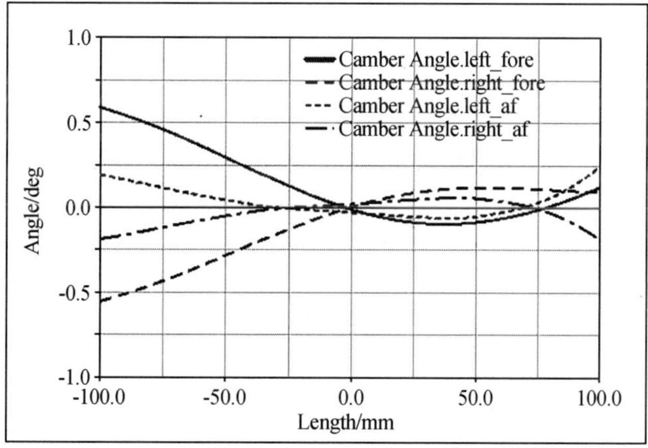

图 6-30　双轴外倾角

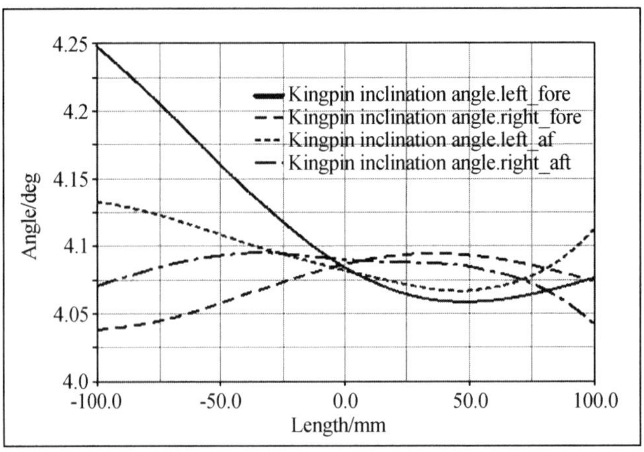

图 6-31　双轴主销内倾角

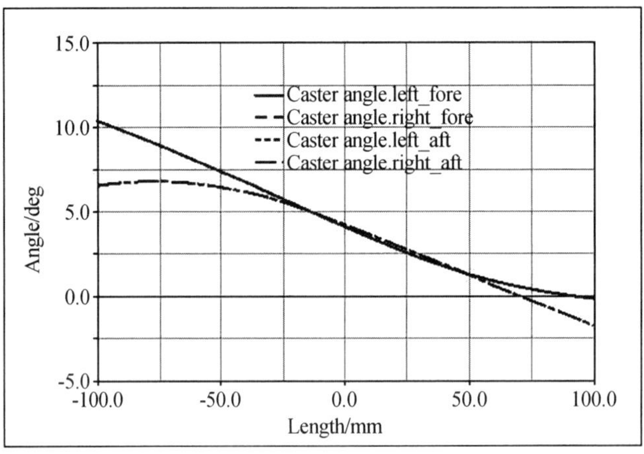

图 6-32　双轴主销后倾角

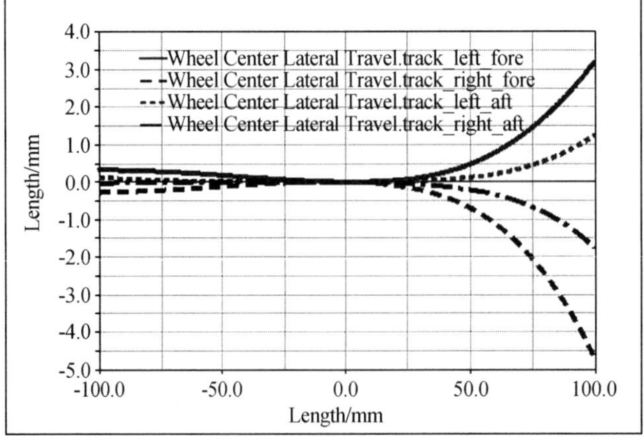

图 6-33　双轴车辆侧向偏移量

第 7 章　4×2 客货车模型

4×2 底盘驱动模式较为常见，商用牵引车、大中型客车及工程车辆等均采用此种底盘布置模式。采用板簧悬架的大型客车与牵引车很相似，区别主要在轴距大小及动力传动系统布置上。本章主要讨论 4×2 整车模型的构建，包括牵引车和客车。

7.1　驱动轴悬架模型

板簧模型_my_leaf_4. tpl 建立后，在此模型上增加外侧车轮与发动机相关通讯器即可完成驱动轴模型的创建。

板簧模型_my_leaf_4. tpl 包含的通讯器如下：

```
-----------------------------------------------------------------------------------------
Listing of input communicators in'_my_leaf_4'
Communicator Name:            Entity Class:      From Minor Role:     Matching Name:
cis_leafspring_to_body        mount              any                  leafspring_to_body
-----------------------------------------------------------------------------------------
Listing of output communicators in'_my_leaf_4'
Communicator Name:            Entity Class:      To Minor Role:       Matching Name:
co[lr]_camber_angle           parameter_real     inherit              camber_angle
co[lr]_suspension_mount       mount              inherit              suspension_mount
co[lr]_suspension_upright     mount              inherit              suspension_upright
co[lr]_toe_angle              parameter_real     inherit              toe_angle
co[lr]_wheel_center           location           inherit              wheel_center
cos_suspension_parameters_    array              inherit              suspension_parameters_
ARRAY                                                                 array
-----------------------------------------------------------------------------------------
```

建立完成后的驱动轴模型_my_bus_sus_r_leaf4. tpl 包含通讯器如下：

```
-----------------------------------------------------------------------------------------
Listing of input communicators in'_my_bus_sus_r_leaf4'
Communicator Name:                Entity Class:      From Minor Role:   Matching Name:
ci[lr]_tire_force                 force              rear               tire_force
ci[lr]_tripot_to_differential     mount              rear               tripot_to_differential
cis_leafspring_to_body            mount              any                leafspring_to_body
```

Listing of output communicators in'_my_bus_sus_r_leaf4'

Communicator Name:	Entity Class:	To Minor Role:	Matching Name:
co[lr]_camber_angle	parameter_real	rear	camber_angle
co[lr]_diff_tripot	*location*	*rear*	*tripot_to_differential*
co[lr]_lddrv_outside_whl_mount	*mount*	*rear*	*outside_whl_mnt*
co[lr]_lddrv_suspension_mount	*mount*	*rear*	*suspension_mount*
co[lr]_lddrv_suspension_upright	*mount*	*rear*	*suspension_upright*
co[lr]_outside_wheel_center	*location*	*rear*	*outside_wheel_center*
co[lr]_toe_angle	parameter_real	rear	toe_angle
co[lr]_wheel_center	location	rear	wheel_center
cos_axle_diff_mount	*mount*	*rear*	*axle_diff_mount*
cos_driveline_active	*parameter_integer*	*front*	*driveline_active*
cos_halfshaft_omega_left	*solver_variable*	*rear*	*halfshaft_omega_left*
cos_halfshaft_omega_right	*solver_variable*	*rear*	*halfshaft_omega_right*
cos_suspension_parameters_ ARRAY	array	rear	suspension_parameters_ array

在模型_my_leaf_4.tpl 中添加如上斜体标记的通讯器即可完成模型建立。其中通讯器 cos_halfshaft_omega_left、cos_halfshaft_omega_right 需要建立对应的变量，变量建模相对较为烦琐，请参考“驱动轴”章节。驱动轴模型建立完成后如图 7-1 所示。

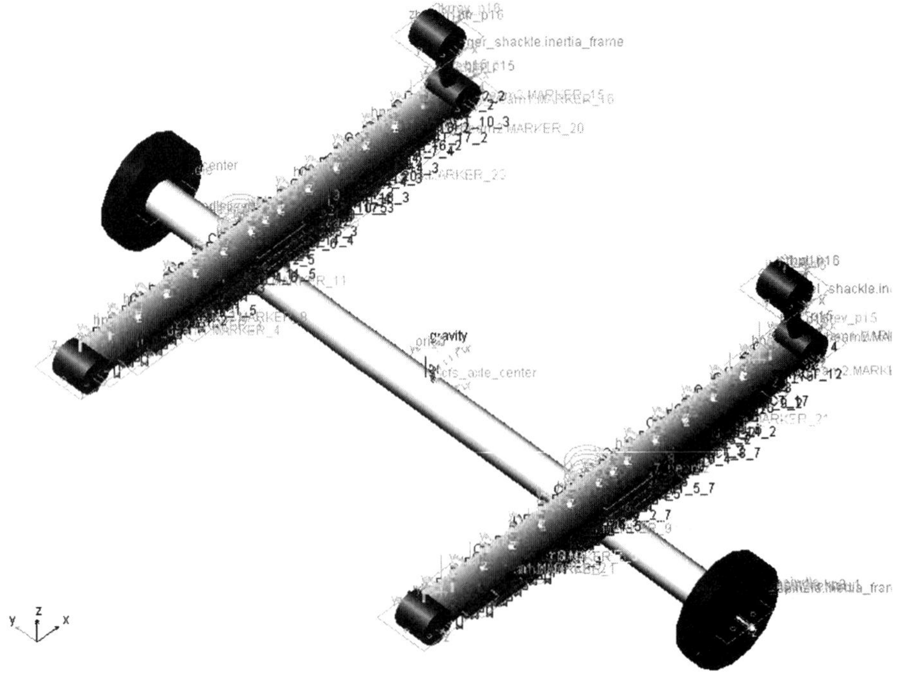

图 7-1　驱动轴悬架模型

7.2　4×2 牵引车模型

驱动轴悬架模型建立完成后，构建牵引车整车模型，如图 7-2 所示，调整轴距与实际车辆保持一致。整车装配完成后出现动力传动系统与轮胎力不匹配现象，整车不能正确仿真。

图 7-2　客货 4×2 整车

发动机通讯器调节如下：

(1) 修改通讯器名称 cil_tire_force 为 cil_tire_force_f，Matching Name：tire_force 不变。

(2) 添加通讯器 cil_tire_force_r，Matching Name：tire_force 不变。

发动机通讯器修改完成重新替换动力传动子系统，整车装配正确，仿真正确。

7.3　谐波脉冲转向仿真

(1) 单击 Simulate＞Full-Vehicle Analysis＞Open-loop Steering Events＞Ramp Steer 命令，弹出脉冲仿真对话框，如图 7-3 所示。

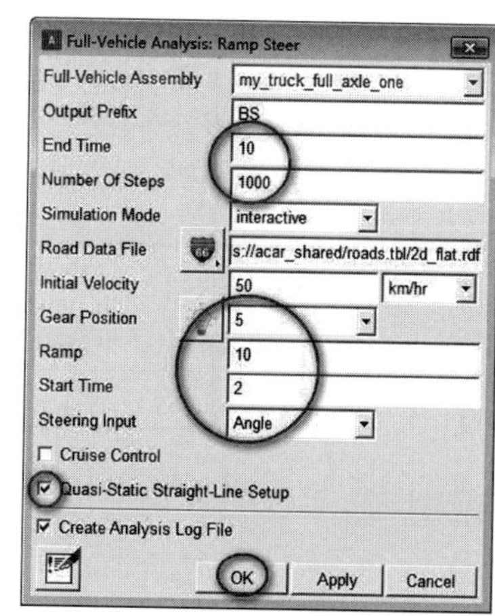

图 7-3　谐波脉冲仿真设置

(2) Output Prefix：BS。

(3) End Time：10。

(4) Number Of Steps：1000。

(5) Simulation Mode：interactive。

(6) Road Date File：mdids://FSAE/roads.tbl/2d_flat.rdf。

(7) Initial Velocity：50。

(8) Gear Position：5。

(9) Ramp：10。

(10) Start Time:2。

(11) 勾选 Quasi-Static Straight-Line Setup 复选框。

(12) 单击 OK,完成谐波脉冲仿真设置并提交运算。

仿真完成后,谐波脉冲仿真下整车运动轨迹如图 7-4 所示;前轴板簧 P1 衬套受力如图 7-5 和图 7-6 所示;后轴板簧 P1 衬套受力如图 7-7 和图 7-8 所示;车垂向加速度与侧向加速度如图 7-9 和图 7-10 所示。从仿真结果可以看出,前后轴衬套受力变化趋势相同,后轴受力大,同时伴有高频微小震荡现象;车身侧向加速度大,也伴有震荡现象。

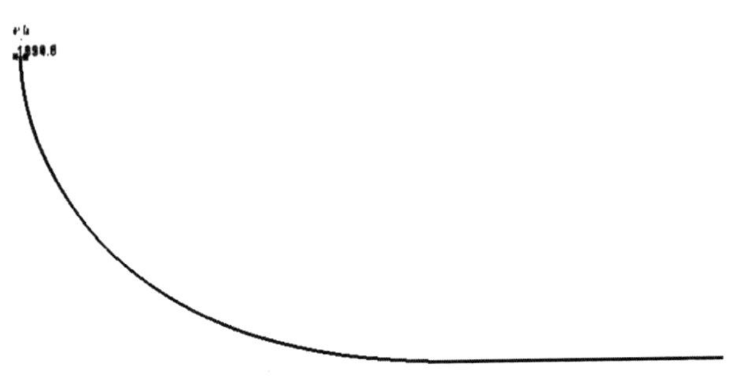

图 7-4　谐波脉冲转向整车运动轨迹

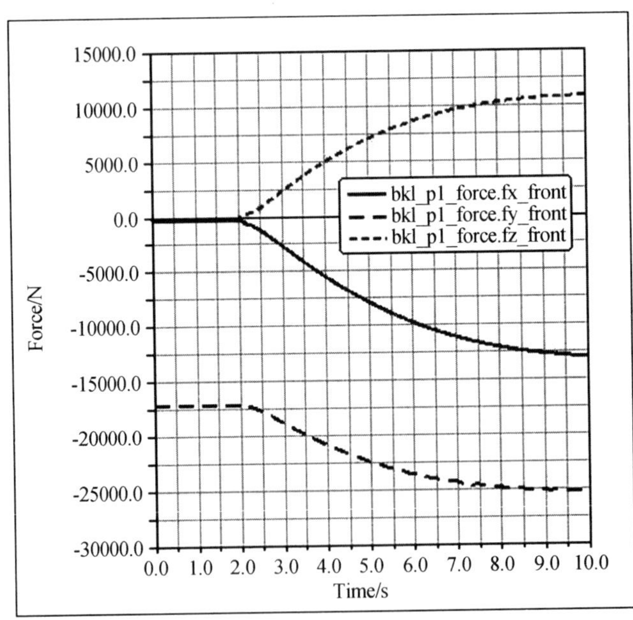

图 7-5　前轴板簧 P1 衬套受力

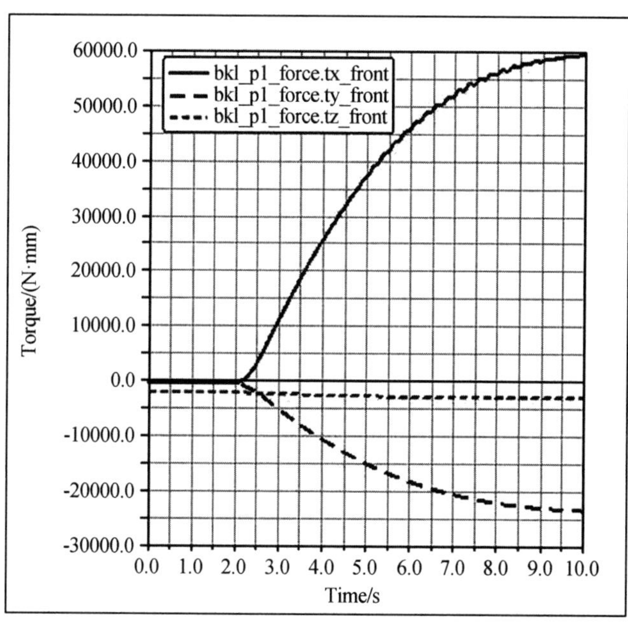

图 7-6　前轴板簧 P1 衬套扭转受力

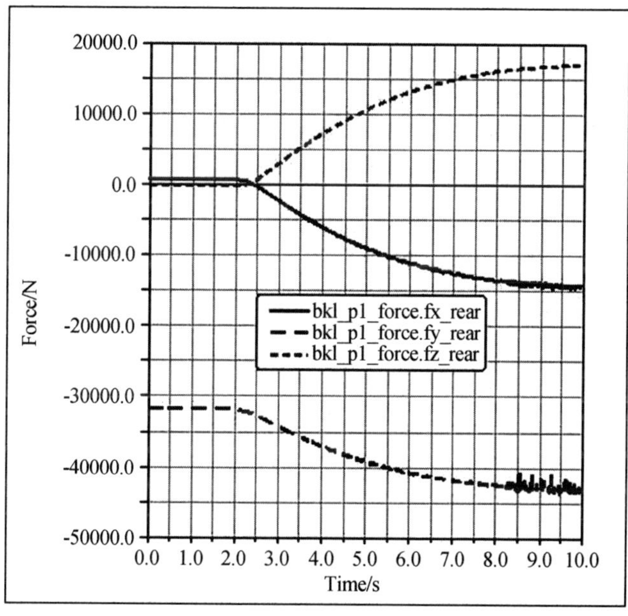

图 7-7　后轴板簧 P1 衬套受力

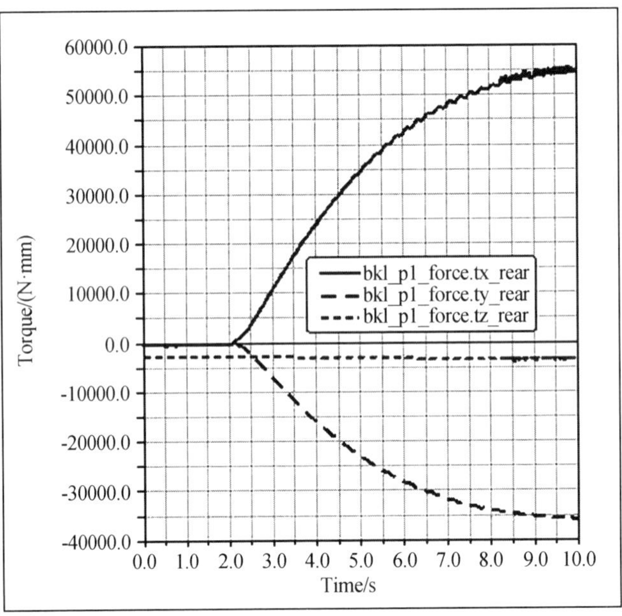

图 7-8　后轴板簧 P1 衬套扭转受力

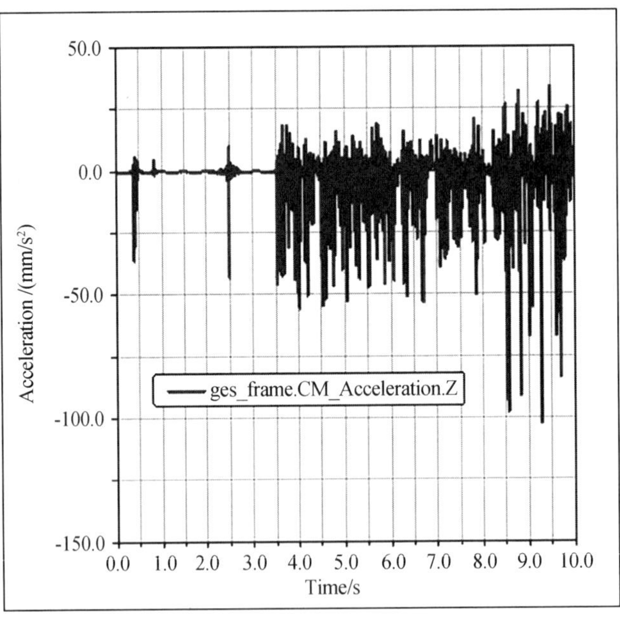

图 7-9　车身垂向加速度

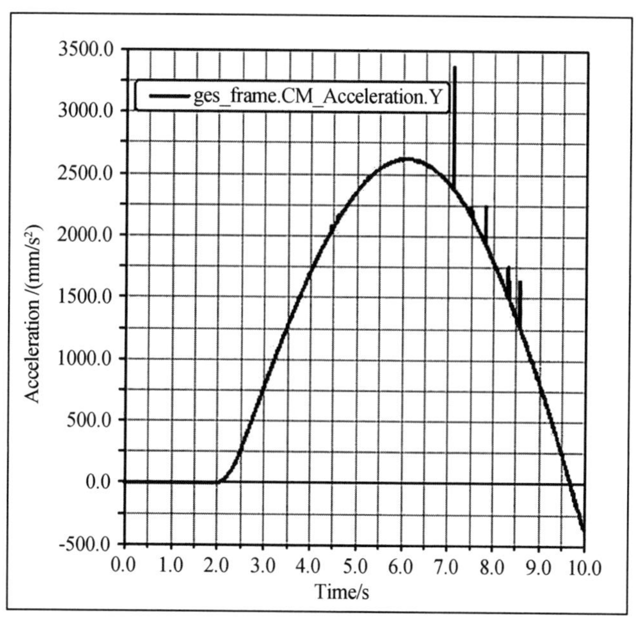

图 7-10　车身侧向加速度

7.4　4×2 客车模型

客车后轴驱动悬架与牵引车后悬架保持一致,4 片板簧替换为 3 片板簧,调节后轴驱动悬架与动力传动系统的位置,完成客车 4×2 整车建立。

客车整车前悬相对牵引车要长,因此导致客车转向系统拉缸长度较大,具体长度根据不同车型而定。模型调整完成后如图 7-11 所示

图 7-11　客车整车模型

7.5　超车仿真

(1) 单击 Simulate>Full-Vehicle Analysis>Open-loop Steering Events>Single Line Change 命令。

(2) Output Prefix:SLC。

(3) End Time:10。

(4) Number Of Steps:1000。

(5) Simulation Mode:interactive。

(6) Road Date File:mdids://FSAE/roads. tbl/2d_flat. rdf。

(7) Initial Velocity:50。

(8) Gear Position:5。

(9) Maximum Steer Value:200。

(10) Start Time:2。

(11) Cycle Length:6。

(12) 勾选 Quasi-Static Straight-Line Setup 复选框。

(13) 单击 OK,完成超车仿真设置并提交运算,如图 7-12 所示。

仿真完成后,超车仿真下整车运动轨迹如图 7-13 所示;发动机 X、Y、Z 三方向受力如图 7-14 至图 7-19 所示;变速箱输入输出转速变化如图 7-20 所示;变速箱输入输出扭矩变化如图 7-21 所示。

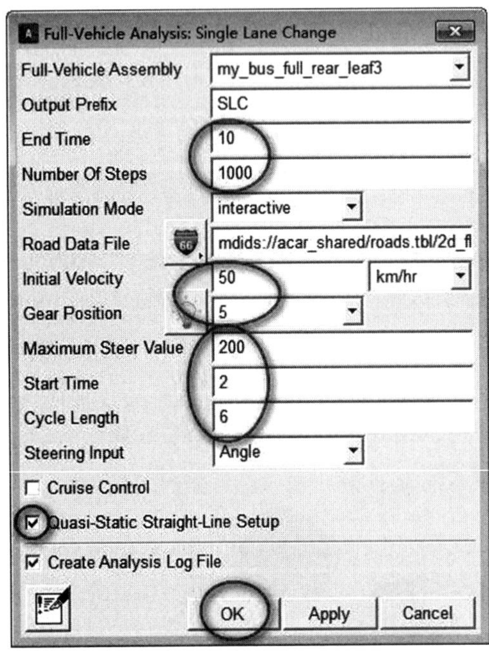

图 7-12　谐波脉冲仿真设置

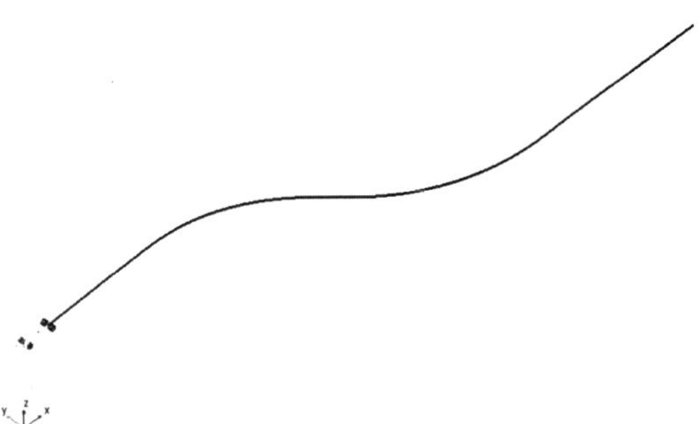

图 7-13　超车运动轨迹

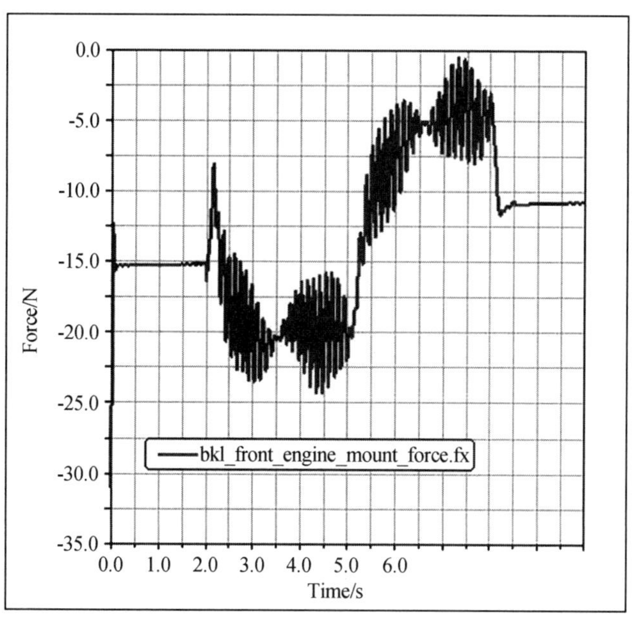

图 7-14　发动机 X 方向受力

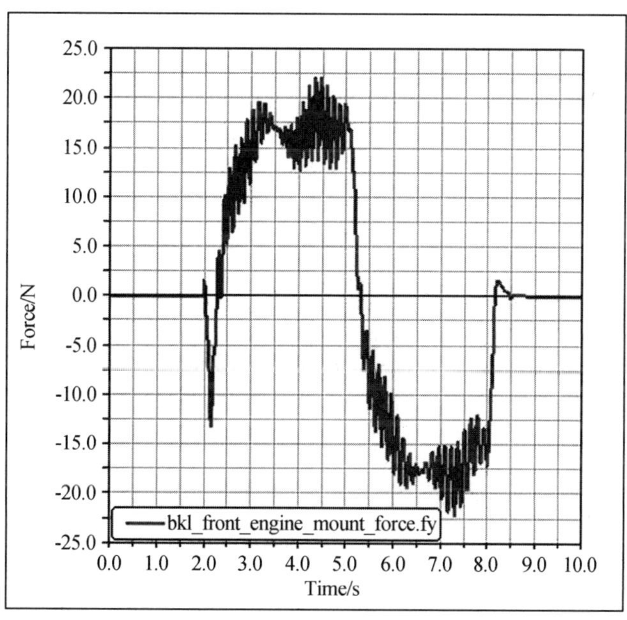

图 7-15　发动机 Y 方向受力

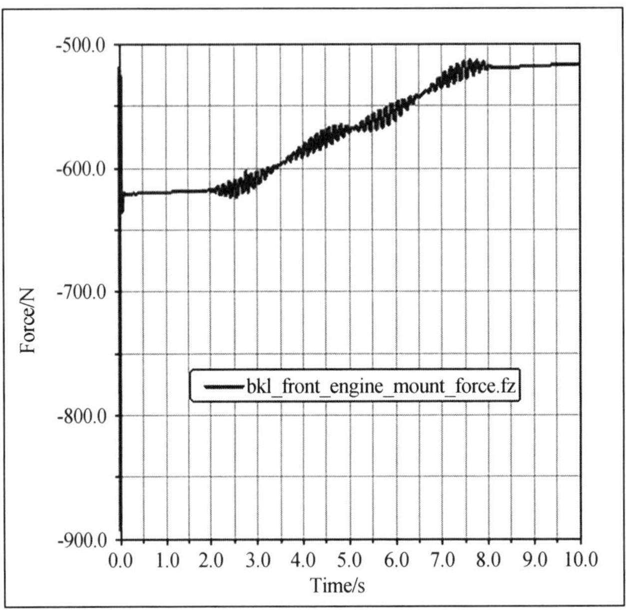

图 7-16　发动机 Z 方向受力

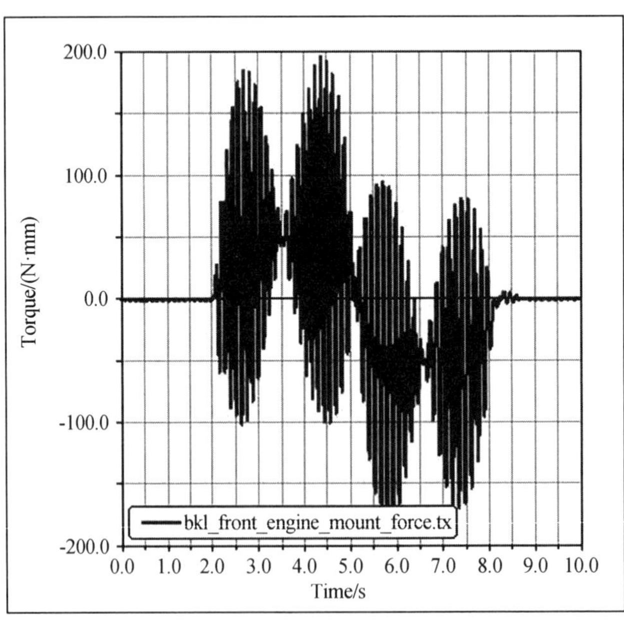

图 7-17　发动机 X 方向扭转受力

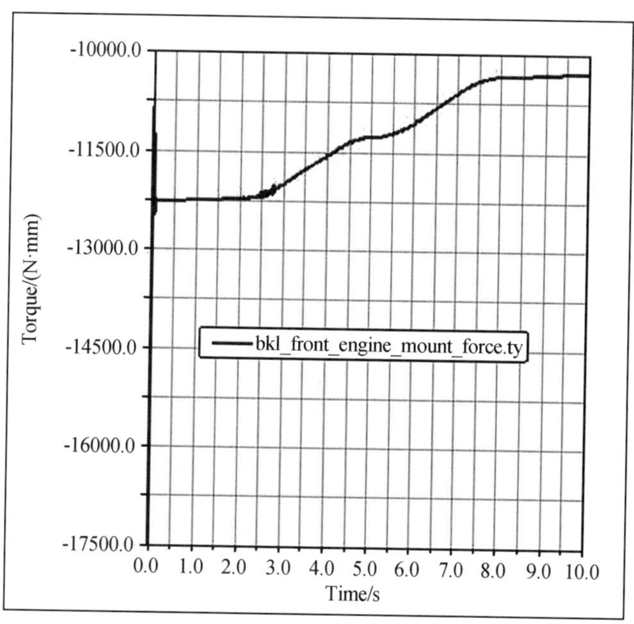

图 7-18　发动机 Y 方向扭转受力

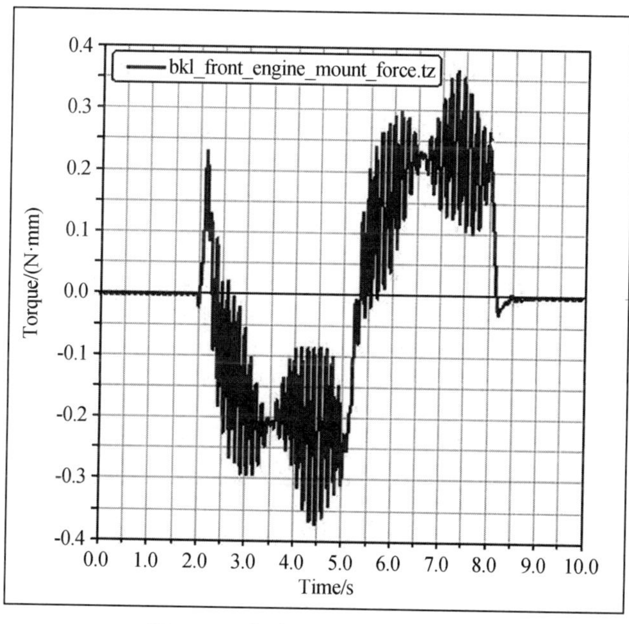

图 7-19　发动机 Z 方向扭转受力

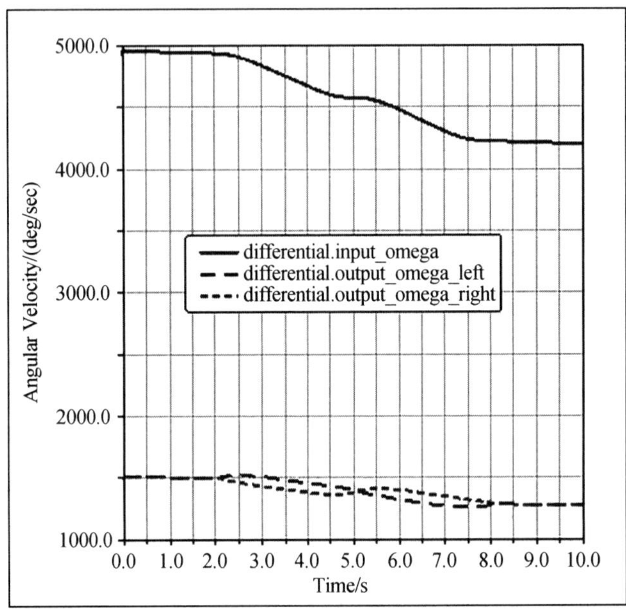

图 7-20　变速箱输入输出转速

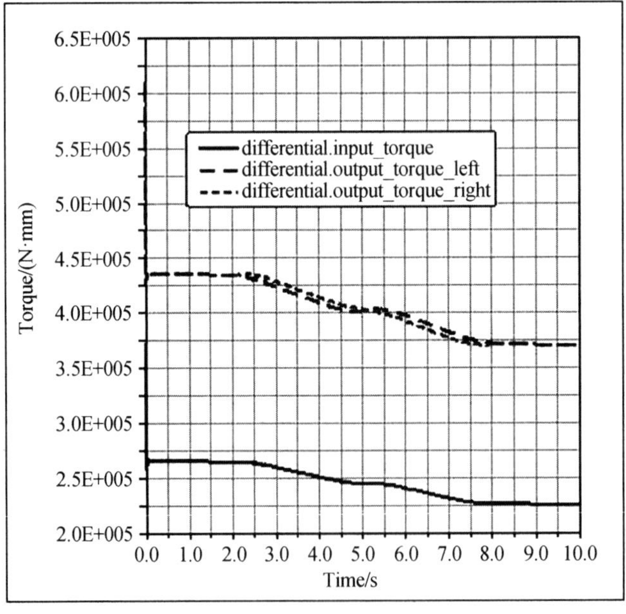

图 7-21　变速箱输入输出扭矩

注:重卡车身通讯器,通过车身上增加或者修改通迅器与子系统保持匹配,可以完成整车装配。

```
------------------------------------------------------------------------------------------------
Listing of input communicators in'_my_truck_body'
Communicator Name:              Entity Class:  From Minor Role:  Matching Name:
cis_std_tire_ref                location       inherit           std_tire_ref
1 input communicator  was found in'_my_truck_body'
------------------------------------------------------------------------------------------------
Listing of output communicators in'_my_truck_body'
Communicator Name:              Entity Class:  To Minor Role:    Matching Name:
co[lr]_cab_mount                mount          inherit           cab_mount
co[lr]_cab_suspension_shocks    mount          inherit           shock_to_cab,
co[lr]_cab_susp_shock_to_frame  mount          inherit           cab_susp_shock_to_frame
co[lr]_fd_shock_to_frame        mount          rear              shock_to_frame
co[lr]_fd_spring_to_frame       mount          rear              spring_to_frame
co[lr]_fifth_wheel_to_frame     mount          inherit           fifth_wheel_to_frame
------------------------------------------------------------------------------------------------
co[lr]_front_airtank_to_frame   mount          inherit           front_airtank_to_frame
co[lr]_front_engine_to_frame    mount          truck             front_engine_to_frame
co[lr]_front_susp_leafspring_mount mount       any               leaf_front
co[lr]_front_susp_shackle_mount mount          any               leaf_rear
co[lr]_front_susp_upper_shock   mount          front             front_susp_upper_shock
co[lr]_hood_frame_mount         mount          inherit           hood_frame_mount
co[lr]_lower_airbag_to_frame    mount          inherit           lower_airbag_to_frame
co[lr]_lower_front_fueltank_to_frame mount     inherit           lower_front_fueltank_to_frame
co[lr]_lower_middle_fueltank_to_frame mount    inherit           lower_middle_fueltank_to_frame
co[lr]_lower_radiator_to_frame  mount          inherit           ower_radiator_to_frame
co[lr]_lower_rear_fueltank_to_frame mount      inherit           lower_rear_fueltank_to_frame
co[lr]_main_exhaust_to_cab      mount          inherit           main_exhaust_to_cab
co[lr]_rd_shock_to_frame        mount          rear_2            shock_to_frame
co[lr]_rd_spring_to_frame       mount          rear_2            spring_to_frame
co[lr]_rear_airtank_to_frame    mount          inherit           rear_airtank_to_frame
co[lr]_rear_engine_to_frame     mount          inherit           rear_engine_to_frame
co[lr]_rear_suspension_to_frame mount          rear_2            hockeystick_to_frame,
co[lr]_stack_to_cab             mount          inherit           stack_to_cab
co[lr]_suspension_to_frame      mount          rear              hockeystick_to_frame,
co[lr]_upper_front_fueltank_to_frame mount     inherit           upper_front_fueltank_to_frame
co[lr]_upper_middle_fueltank_to_frame mount    inherit           upper_middle_fueltank_to_frame
co[lr]_upper_radiator_to_frame  mount          inherit           upper_radiator_to_frame
co[lr]_upper_rear_fueltank_to_frame mount      inherit           upper_rear_fueltank_to_frame
```

```
cos_aero_drag_force                solver_variable    inherit       aero_drag_force
cos_aero_frontal_area              parameter_real     inherit       aero_frontal_area
cos_air_density                    parameter_real     inherit       air_density
cos_body_subsystem                 mount              inherit       body_subsystem,
cos_cab_suspension                 mount              inherit       lateral_rod_to_cab,
cos_chassis_path_reference         marker             inherit       chassis_path_reference
cos_drag_coefficient               parameter_real     inherit       drag_coefficient
cos_driver_reference               marker             inherit       driver_reference
cos_fd_panhard_rod_to_frame        mount              rear          panhard_rod_to_frame
cos_lateral_rod_to_frame           mount              any           lateral_rod_to_frame
cos_leafspring_to_body             mount              inherit       leafspring_to_body
cos_lower_back_bbox_to_frame       mount              inherit       lower_back_bbox_to_frame
cos_lower_bump_stop_to_frame       mount              inherit       lower_bump_stop_to_frame
cos_lower_front_bbox_to_frame      mount              inherit       lower_front_bbox_to_frame
cos_main_exhaust_to_frame_1        mount              inherit       main_exhaust_to_frame_1
cos_main_exhaust_to_frame_2        mount              inherit       main_exhaust_to_frame_2
cos_main_exhaust_to_frame_3        mount              inherit       main_exhaust_to_frame_3
cos_main_exhaust_to_frame_4        mount              inherit       main_exhaust_to_frame_4
cos_main_exhaust_to_frame_5        mount              inherit       main_exhaust_to_frame_5
cos_main_exhaust_to_frame_6        mount              inherit       main_exhaust_to_frame_6
cos_main_exhaust_to_frame_7        mount              inherit       main_exhaust_to_frame_7
cos_main_exhaust_to_frame_8        mount              inherit       main_exhaust_to_frame_8
cos_measure_for_distance           marker             inherit       measure_for_distance
cos_pitman_mount                   mount              inherit       pitman_mount
cos_powertrain_to_body             mount              truck         powertrain_to_body
cos_press_valve_link_to_frame      mount              inherit       press_valve_link_to_frame
cos_rd_panhard_rod_to_frame        mount              rear_2        panhard_rod_to_frame
cos_steering_column_to_body        mount              inherit       steering_column_to_body
cos_subframe_to_body               mount              inherit       subframe_to_body
cos_upper_back_bbox_to_frame       mount              inherit       upper_back_bbox_to_frame
cos_upper_front_bbox_to_frame      mount              inherit       upper_front_bbox_to_frame
89 output communicators were found in'_my_truck_body'
-------------------------------------------------------------------------------------------
```

第 8 章　四柱振动台架

ADAMS/Car 在平顺性插件中有自带的四柱振动台架，读者在学习整车平顺性分析时可以随时调用。本章为了让读者更加深入地了解振动台架的工作原理及建模思路，从最简单的四柱振动台架讨论其完整的建模过程；振动台架模型建立完成后与 ATV 全地形车辆进行装配，分析车辆的垂向跳动、俯仰、侧倾及扭转工况。本章四柱振动台架建模采用快速调用 acme_4PostRig. cmd 文件方式（此文件为系统自带，读者也可以自行建立，具体过程请参阅六柱振动试验台架），对 acme_4PostRig. cmd 文件修正后并配合其他宏文件，建立四柱振动试验台架的私人工作站点。建立好的四柱振动台架如图 8-1 所示。

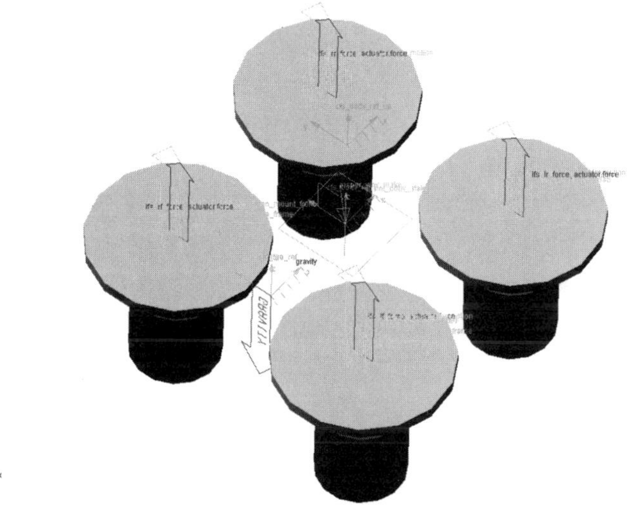

图 8-1　四柱振动试验台架模型

8.1　CMD 文件修改

编制_acme_4PostRig. cmd 文件内容：找到输出_acme_4PostRig. cmd 文件位置（制作好的文件存储在章节文件中），右击编辑文件，打开文件页面信息如下所示（由于输出 CMD 文件较大，此处仅展示开头部分文件内容，需要编制的内容请通过文件查找功能找寻）：

% _acme_4PostRig.cmd 文件头部信息：

```
! ---------------------------- Default Units for Model ----------------------------!
!
!
defaults units  &
  length = mm  &
  angle = deg  &
  force = newton  &
  mass = kg  &
  time = sec
!
defaults units  &
  coordinate_system_type = cartesian  &
  orientation_type = body313
!
! -------------------------- Default Attributes for Model --------------------------!
!
!
defaults attributes  &
  inheritance = bottom_up  &
  icon_visibility = on  &
  grid_visibility = off  &
  size_of_icons = 200.0  &
  spacing_for_grid = 1000.0
!
! ------------------------------ Plugins used by Model ------------------------------!
!
!
plugin load  &
  plugin_name = .MDI.plugins.acar
!
! ------------------------------ Adams View Model ------------------------------!
!
!
model create  &
      model_name = __acme_4PostRig  &
title = "ADAMS/Car template"
!
```

```
model attributes  &
  model_name = .__acme_4PostRig  &
  size_of_icons = 200.0
!
view erase
!
% 文件剩余内容不再展开;
```

(1) 编制:修改 string_value = "template"为 string_value = "testrig"。

```
!
variable create  &
  variable_name = ._acme_4PostRig.model_class  &
  string_value = "testrig" &
  comments = "Memory for ADAMS/Car model class"
!
group modify  &
  group_name = ._acme_4PostRig.kinematic_mode_active  &
  expr_active = (._acme_4PostRig.phs_kinematic_flag || ._acme_4PostRig.model
  _class == "testrig" ? 1: 0)
!
group modify  &
  group_name = ._acme_4PostRig.kinematic_mode_inactive  &
  expr_active = (!._acme_4PostRig.phs_kinematic_flag || ._acme_
  4PostRig.model_class == "testrig" ? 1: 0)
```

(2) 编制:增加以下内容:

```
!
variable create  &
  variable_name = ._acme_4PostRig.testrig_class  &
  string_value = "full_vehicle"  &
  comments = "Memory for ADAMS/Car testrig class"
!
marker create  &
  marker_name = ._acme_4PostRig.ground.std_tire_ref  &
  location = 0.0, 0.0, 0.0  &
  orientation = 0.0d, 0.0d, 0.0d
```

(3) 编制:对振动试验台与整车装配式进行定位;文件建立完成后默认振动实验台架定位到车轮中心,振动台与车轮中心接触,并非与轮胎接触,需要修改 Z 方向上的定位点。具体修改内容如下(读者请通过查找功能查询):

```
!
defaults coordinate_system  &
  default_coordinate_system = ground
!
marker modify  &
  marker_name = .__acme_4PostRig.ground.cfl_front_pad  &
  location =  &
      (.__acme_4PostRig.cil_front_wheel_center[1]),  &
      (.__acme_4PostRig.cil_front_wheel_center[2]),  &
  (.__acme_4PostRig.ground.std_tire_ref.loc[3])  &
  orientation =  &
      (ORI_RELATIVE_TO({0.0, 0.0, 0.0}degrees, .__acme_4PostRig.ground.origo))
!
marker modify  &
  marker_name = .__acme_4PostRig.ground.cfr_front_pad  &
  location =  &
      (.__acme_4PostRig.cir_front_wheel_center[1]),  &
      (.__acme_4PostRig.cir_front_wheel_center[2]),  &
(.__acme_4PostRig.ground.std_tire_ref.loc[3])  &
  orientation =  &
      (ORI_RELATIVE_TO({0.0, 0.0, 0.0}degrees, .__acme_4PostRig.ground.origo))
!
    marker modify  &
  marker_name = .__acme_4PostRig.ground.cfl_rear_pad  &
  location =  &
      (.__acme_4PostRig.cil_rear_wheel_center[1]),  &
      (.__acme_4PostRig.cil_rear_wheel_center[2]),  &
 (.__acme_4PostRig.ground.std_tire_ref.loc[3])  &
  orientation =  &
      (ORI_RELATIVE_TO({0.0, 0.0, 0.0}degrees, .__acme_4PostRig.ground.origo))
!
```

```
marker modify  &
  marker_name = .__acme_4PostRig.ground.cfr_rear_pad  &
  location =  &
      (.__acme_4PostRig.cir_rear_wheel_center[1]),  &
      (.__acme_4PostRig.cir_rear_wheel_center[2]),  &
  (.__acme_4PostRig.ground.std_tire_ref.loc[3])  &
  orientation =  &
      (ORI_RELATIVE_TO({0.0, 0.0, 0.0}degrees, .__acme_4PostRig.ground.origo))
!
```

(4) 编制：将文件中_acme_4PostRig.cmd中_acme_4PostRig全部替换为__acme_4PostRig(两个下划线)。

(5) 编制：将文件_acme_4PostRig.cmd重命名为acme_4PostRig.cmd(去掉下划线)。

(6) 编制：将文件acme_6PostRig.cmd拷贝至数据库D:/Test_postrig/aview_4_testrig.cdb/templates.tbl中。读者在做练习时，可拷贝到自己对应的数据库模型文件中即可。至此acme_6PostRig.cmd文件编制完成，接下来处理宏文件。

8.2 宏文件

宏文件可以通过新建文本文档，重命名为以下对应名称，并在文本文件中编写如下对应的内容(宏文件编制完成后，将以下所有宏文件拷贝至数据库D:/Test_postrig/acar_6_testrig.cdb/templates.tbl中)：

(1) acar_build.cmd文件，具体内容如下：

```
! ------------------- Create custom libraries for storage -------------------
library create library = .ACME
library create library = .ACME.macros

! ------------------- Read analysis macros and model -------------------
file command read file = (eval(getenv("MDI_ACAR_SITE")//"/macros_ana.cmd"))
file command read file = (eval(getenv("MDI_ACAR_SITE")//"/acme_4PostRig.cmd"))
file command read file = (eval(getenv("MDI_ACAR_SITE")//"/dboxes_ana.cmd"))

model display model = (NONE)
```

```
interface dialog execute &
dialog_box_name = . gui. msg_box &
undisp = yes
```

(2) macros_ana. cmd 文件，具体内容如下：

```
!
!   Adams/Car
!   Copyright (C) 2008 MSC. Software Corp.
!   All Rights Reserved.
!
! * * * * * * * * * * * * * * * * * * * * * * * * * * * * * * * * * * *

macro read macro_name = . ACME. macros. mac_ana_ful_fou_sub &
 file_name = (getenv("MDI_ACAR_SITE")//"/mac_ana_ful_fou_sub. cmd") &
 user_entered_command = "acme analysis full_vehicle four_post submit" &
 wrap_in_undo = no &
 create_panel = no
```

(3) dboxes_ana. cmd 文件，由于此文件内容较多，制作好的文件存放在章节文件中，请读者自行调阅，部分内容如下：

```
!
interface dialog_box create  &
  dialog_box_name  =  . ACAR. dboxes. dbox_ana_ful_fou_sub  &
  help_text  =  "Acme Analysis Full Vehicle Four Post Submit"  &
  location  =  635. 0, 317. 0  &
  height  =  392. 0  &
  width  =  404. 0  &
  units  =  pixel  &
  horiz_resizing  =  attach_left  &
  vert_resizing  =  attach_top  &
  title  =  "Acme Four Post Shaker Analysis"  &
  iconifiable  =  no  &
  start_commands  =  "int opt set opt = $ _self. f_units choice = \"mm\"",  &
                "int opt set opt = $ _self. f_excitation_mode choice = \"heave\"",  &
                "int opt set opt = $ _self. f_analysis_mode choice = \"interactive\"" &
```

```
  execution_commands = "acme analysis full_vehicle four_post submit  &",  &
                       "  `assembly = $f_assembly`  &",  &
                       "  `output_prefix = $f_output_prefix`  &",  &
                       "  `end_time = $f_end_time`  &",  &
                       "  `number_of_steps = $f_number_of_steps`  &",  &
                       "  `peak_displacement = $f_peak_displacement`  &",  &
                       "  `units = $f_units`  &",  &
                       "  `frequency_range = $f_frequency_range`  &",  &
                       "  `excitation_mode = $f_excitation_mode`  &",  &
                       "  `analysis_mode = $f_analysis_mode`  &",  &
                       "  `load_results = $f_load_results`  &",  &
                       "  `log_file = $f_log_file`"  &
  decorate = yes  &
  resizable = yes  &
  grab_all_input = no
!
interface label create  &
  label_name = .ACAR.dboxes.dbox_ana_ful_fou_sub.l_assembly  &
  location = 4.0, 2.0  &
  height = 25.0  &
  width = 160.0  &
  units = pixel  &
  horiz_resizing = attach_left  &
  vert_resizing = attach_top  &
  justified = left  &
  text = "Assembly"
!
interface field create  &
  field_name = .ACAR.dboxes.dbox_ana_ful_fou_sub.f_assembly  &
  location = 162.0, 2.0  &
  height = 25.0  &
  width = 240.0  &
  units = pixel  &
  horiz_resizing = expand  &
  vert_resizing = attach_top  &
  scrollable = no  &
  editable = yes  &
  required = yes  &
  execute_cmds_on_exit = no  &
```

```
    number_of_values = 1  &
    object_type = old_object  &
    type_filter = model
  !
  、
  、
  、
```

剩余内容省略，需要说明的是，如果要增加仿真工况，可以在此宏文件中修改或增加对应的命令菜单。

(4) mac_ana_ful_six_sub.cmd 文件，由于此文件内容较多，制作好的文件存放在章节文件中，请读者自行调阅。垂向、俯仰、侧倾、扭转工况对应内容展示如下：

```
  ! ……… Assign actuator functions based on excitation mode ……… %垂向振动工况
  if condition = ("$ excitation_mode" = = "heave")
    acar template_builder actuator set function &
      actuator = $ assembly. testrig. jms_left_front_actuator &
      function = "1 * $ peak_displacement * sin(. 5 * 360d * $ frequency_range/$ end
      _time * time *  * 2)"
    acar template_builder actuator set function &
      actuator = $ assembly. testrig. jms_right_front_actuator &
      function = "1 * $ peak_displacement * sin(. 5 * 360d * $ frequency_range/$ end
      _time * time *  * 2)"
    acar template_builder actuator set function &
      actuator = $ assembly. testrig. jms_left_rear_actuator &
      function = "1 * $ peak_displacement * sin(. 5 * 360d * $ frequency_range/$ end
      _time * time *  * 2)"
    acar template_builder actuator set function &
      actuator = $ assembly. testrig. jms_right_rear_actuator &
      function = "1 * $ peak_displacement * sin(. 5 * 360d * $ frequency_range/$ end
      _time * time *  * 2)"
  elseif condition = ("$ excitation_mode" = = "pitch")              %俯仰振动工况
    acar template_builder actuator set function &
      actuator = $ assembly. testrig. jms_left_front_actuator &
      function = "1 * $ peak_displacement * sin(. 5 * 360d * $ frequency_range/$ end
      _time * time *  * 2)"
    acar template_builder actuator set function &
      actuator = $ assembly. testrig. jms_right_front_actuator &
      function = "1 * $ peak_displacement * sin(. 5 * 360d * $ frequency_range/$ end
      _time * time *  * 2)"
```

```
  acar template_builder actuator set function &
    actuator = $ assembly. testrig. jms_left_rear_actuator &
    function = " - 1 * $ peak_displacement * sin(. 5 * 360d * $ frequency_range/$
    end_time * time * * 2)"
  acar template_builder actuator set function &
    actuator = $ assembly. testrig. jms_right_rear_actuator &
    function = " - 1 * $ peak_displacement * sin(. 5 * 360d * $ frequency_range/$
    end_time * time * * 2)"
elseif condition = ("$ excitation_mode" = = "roll")                %侧倾振动工况
  acar template_builder actuator set function &
    actuator = $ assembly. testrig. jms_left_front_actuator &
    function = "1 * $ peak_displacement * sin(. 5 * 360d * $ frequency_range/$ end
    _time * time * * 2)"
  acar template_builder actuator set function &
    actuator = $ assembly. testrig. jms_right_front_actuator &
    function = " - 1 * $ peak_displacement * sin(. 5 * 360d * $ frequency_range/$
    end_time * time * * 2)"
  acar template_builder actuator set function &
    actuator = $ assembly. testrig. jms_left_rear_actuator &
    function = "1 * $ peak_displacement * sin(. 5 * 360d * $ frequency_range/$ end
    _time * time * * 2)"
  acar template_builder actuator set function &
    actuator = $ assembly. testrig. jms_right_rear_actuator &
    function = " - 1 * $ peak_displacement * sin(. 5 * 360d * $ frequency_range/$
    end_time * time * * 2)"
elseif condition = ("$ excitation_mode" = = "warp")                %扭转振动工况
  acar template_builder actuator set function &
    actuator = $ assembly. testrig. jms_left_front_actuator &
    function = "1 * $ peak_displacement * sin(. 5 * 360d * $ frequency_range/$ end
    _time * time * * 2)"
  acar template_builder actuator set function &
    actuator = $ assembly. testrig. jms_right_front_actuator &
    function = " - 1 * $ peak_displacement * sin(. 5 * 360d * $ frequency_range/$
    end_time * time * * 2)"
  acar template_builder actuator set function &
    actuator = $ assembly. testrig. jms_left_rear_actuator &
    function = " - 1 * $ peak_displacement * sin(. 5 * 360d * $ frequency_range/$
    end_time * time * * 2)"
```

```
acar template_builder actuator set function &
   actuator = $ assembly. testrig. jms_right_rear_actuator &
   function = "1 * $ peak_displacement * sin(. 5 * 360d * $ frequency_range/$ end_time
    * time * * 2)"
end
```

8.3 私人站点建立

8.3.1 私人站点路径设置

(1) 启动目录中单击 Settings & License,位置如图 8-2 所示,弹出私人工作站点路径设置对话框,如图 8-3 所示。

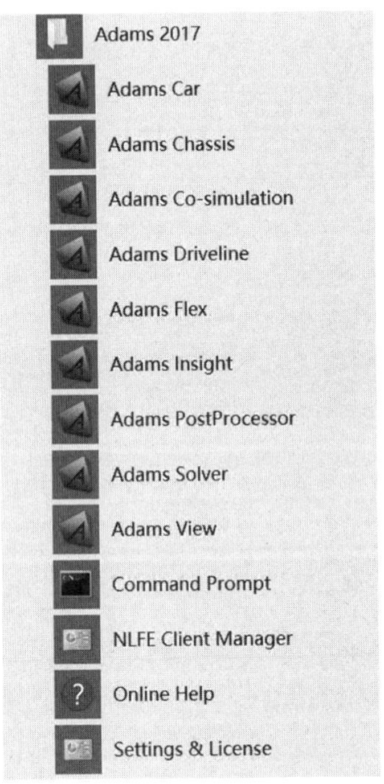

图 8-2 Adams 2017 启动目录

(2) 展开 ACar,选择 Preferences。

(3) siteDir:D:\Test_postrig\aview_4_testrig. cdb\templates. tbl。

(4) 单击 OK,完成私人工作站点路径设置。

8.3.2 通过命令调用四柱振动试验台模板

(1) 启动目录中单击 Command Prompt,位置如图 8-4 所示;在命令窗口中输入 adams2017,弹出对应提示信息,根据提示输入对应的命令符即可完成私人站点的创建并启动 ADAMS/Car 软件，此时启动后的软件中包含四柱振动实验台架。

（2）依次按顺序输入对应的命令符：adams2017→acar→cr-sitebin；adams2017→acar→ru-site→i，命令符如图 8-4 至图 8-6 所示。

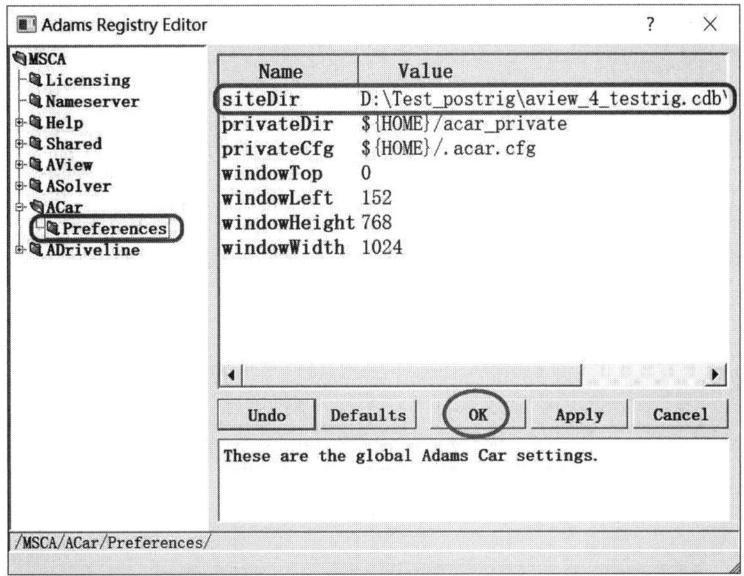

图 8-3　私人工作站点路径设置

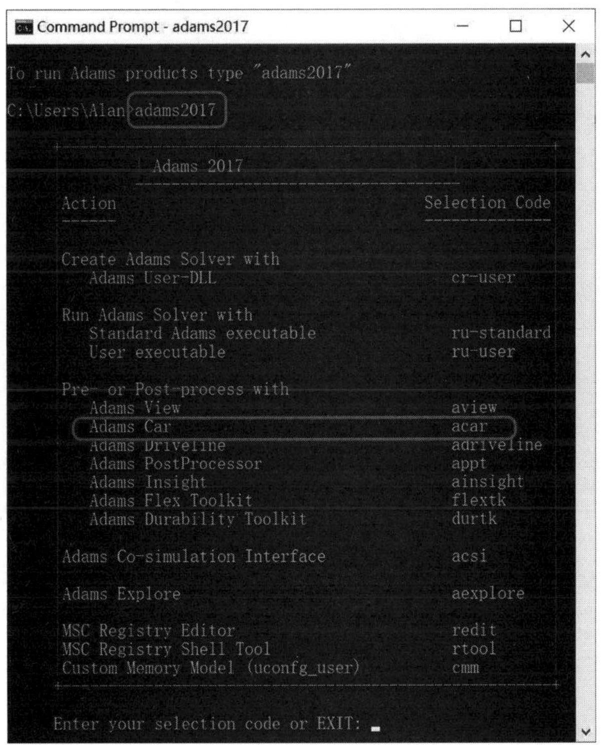

图 8-4　命令窗口 adams2017

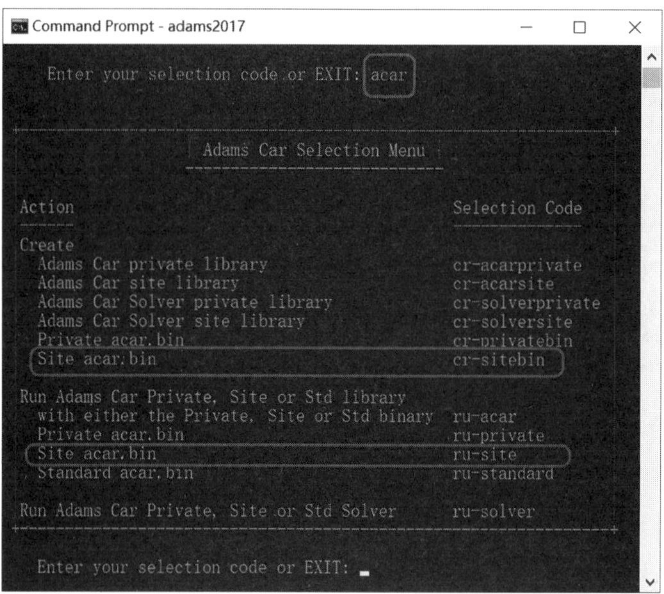

图 8-5　命令窗口 acar、cr-sitebin

图 8-6　命令窗口 ru-site、i

8.4　ATV 与试验台架装配

8.4.1　ATV 整车模型

(1) 单击 File>Open>Assembly 命令，弹出 ATV 整车模型对话框，如图 8-7 所示。

图 8-7 ATV 整车模型

(2) Assembly Name:mdids://my_book/assemblies.tbl/ATV_full.asy。

(3) 单击 OK,完成 ATV 整车模型的启动。

8.4.2 添加四柱振动试验台

(1) 单击 File>Manage Assemblies>Add Testrig 命令,弹出对话框,如图 8-8 所示。

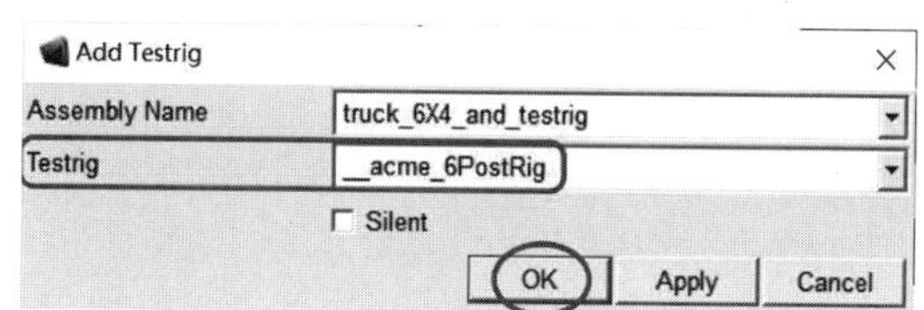

图 8-8 ATV 整车模型添加四柱试验台

(2) Assembly Name:truck_6×4_and_testrig。

(3) Testring:__acme_6PostRig。

(4) 单击 OK,完成四柱振动试验台的添加,此时整车与试验台架如图 8-9 所示。

图 8-9 ATV 整车与振动台架装配

8.5　ATV 整车工况

四柱振动试验台分析宏需要通过 Command Navigator（命令导航器菜单）调用仿真命令。

（1）单击 Tools＞Command Navigator 命令，弹出 Command Navigator 对话框，如图8-10所示。

（2）单击 acme＞analysis＞full_vehicle＞four_post＞submit 命令，弹出四柱振动试验台架设置对话框，如图 8-11 所示。

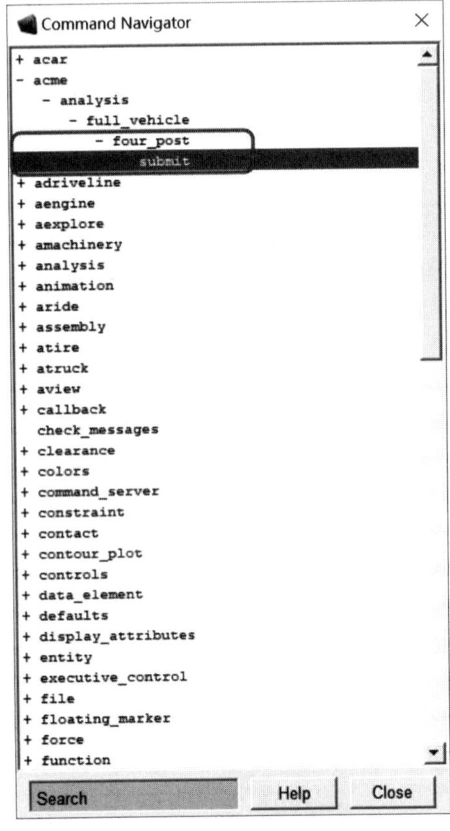

图 8-10　命令导航器窗口

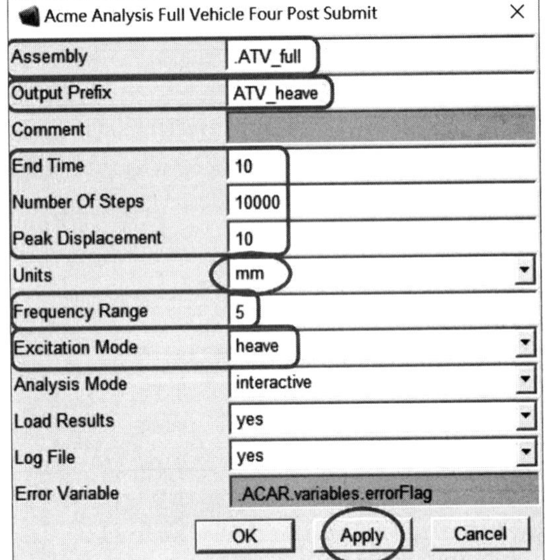

图 8-11　垂向振动工况参数设置

（3）ATV 整车垂向振动工况：

① Assembly：. ATV_full。

② Output Prefix：ATV_heave，垂向振动。

③ End Time：10。

④ Number Of Steps：10000。

⑤ Peak Displacement：10，振动台垂向跳动的距离。

⑥ Units：mm。

⑦ Frequency Range：5。

⑧ Excitation Mode：heave。

⑨ Analysis Mode：interactive。

⑩ 单击 Apply，完成 ATV 整车在四柱振动试验台架下的垂向跳动仿真，计算结果如图 8-12 和图 8-13 所示。

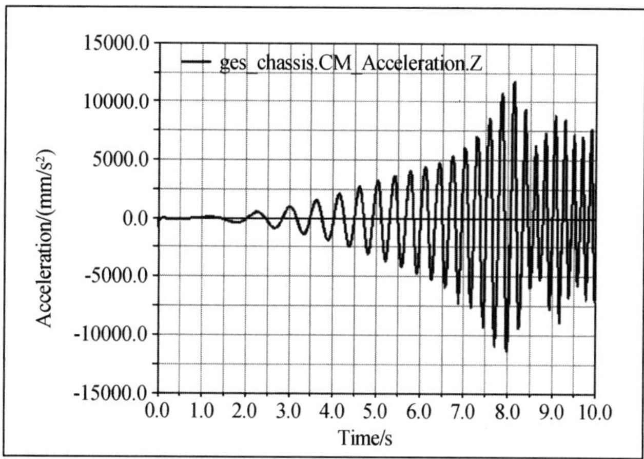

图 8-12　车身垂向加速度

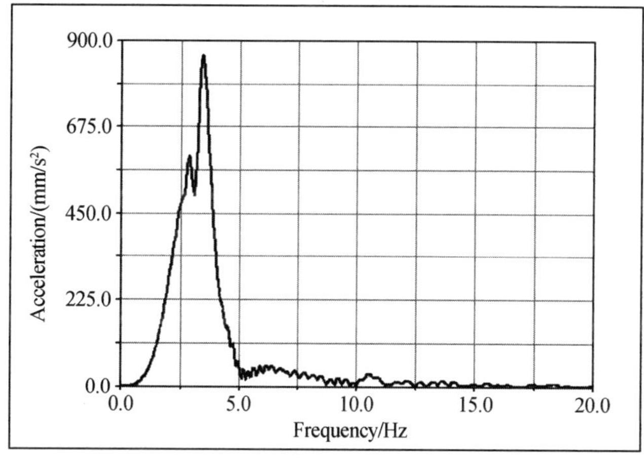

图 8-13　车身垂向加速度幅频(3.479 Hz)

(4) ATV 整车俯仰测试工况：

① Assembly：. ATV_full。

② Output Prefix：ATV_pitch，俯仰振动。

③ End Time：10。

④ Number Of Steps：10000。

⑤ Peak Displacement：10，振动台垂向跳动的距离。

⑥ Units：mm。

⑦ Frequency Range：5。

⑧ Excitation Mode:pitch。

⑨ Analysis Mode:interactive。

⑩ 单击 Apply,完成 ATV 整车在四柱振动试验台架下的俯仰跳动仿真,计算结果如图 8-14和图 8-15 所示。

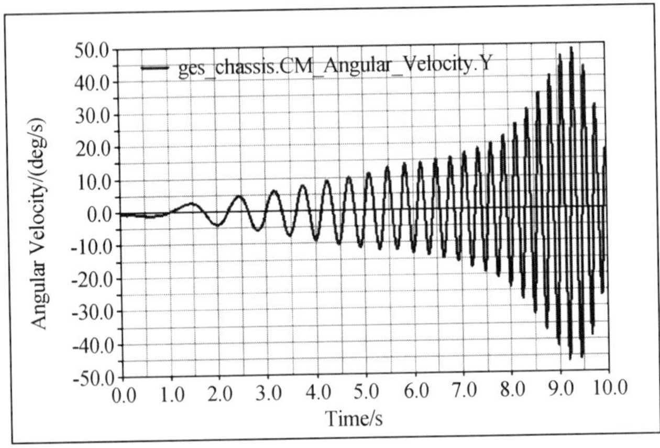

图 8-14　车身俯仰角速度

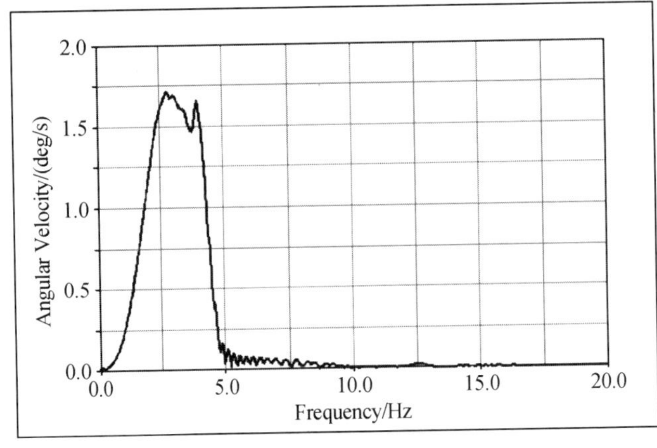

图 8-15　车身俯仰角速度幅频(2.8 Hz)

(5) ATV 整车侧倾测试工况:

① Assembly:. ATV_full。

② Output Prefix:ATV_roll,侧倾振动。

③ End Time:50。

④ Number Of Steps:10000。

⑤ Peak Displacement:10,振动台侧倾跳动的距离。

⑥ Units:mm。

⑦ Frequency Range:5。

⑧ Excitation Mode:roll。

⑨ Analysis Mode:interactive。

⑩ 单击 Apply，完成 ATV 整车在四柱振动试验台架下的侧倾跳动仿真，计算结果如图 8-16和图 8-17 所示。

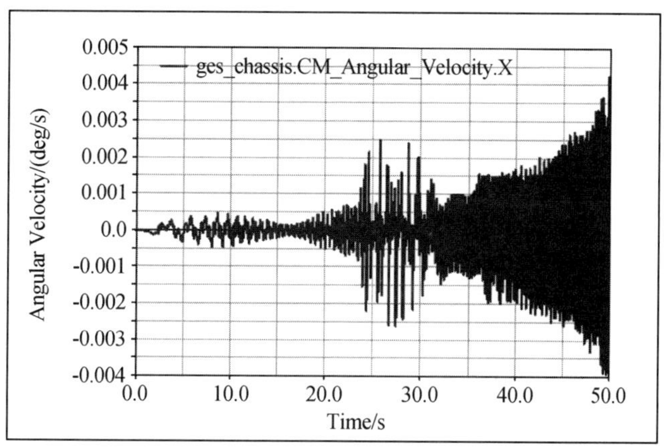

图 8-16　车身侧倾角速度

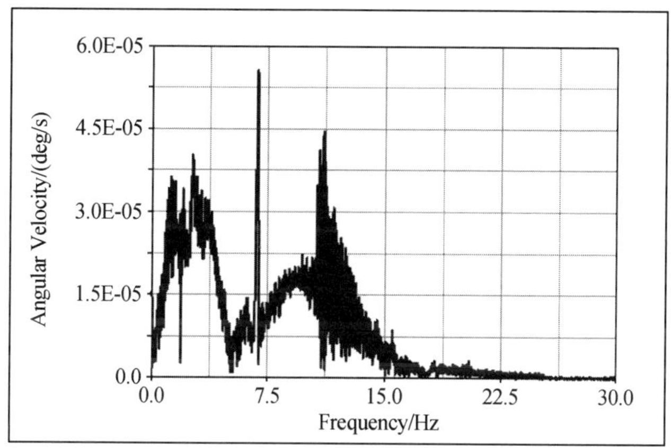

图 8-17　车身侧倾角速度幅频(6.84 Hz)

(6) ATV 整车扭转测试工况：

① Assembly：. ATV_full。

② Output Prefix：ATV_warp，扭转振动。

③ End Time：20。

④ Number Of Steps：10000。

⑤ Peak Displacement：10，振动台扭转跳动的距离。

⑥ Units：mm。

⑦ Frequency Range：5。

⑧ Excitation Mode：warp。

⑨ Analysis Mode：interactive。

⑩ 单击 Apply，完成 ATV 整车在四柱振动试验台架下的扭转跳动仿真，计算结果如图 8-18 和 8-19 所示。

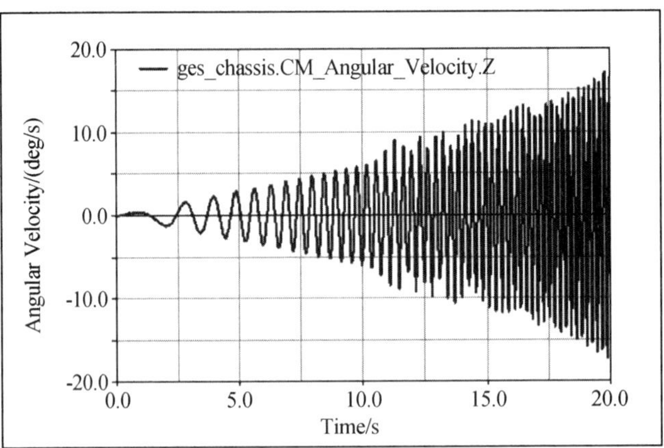

图 8-18　车身横摆角速度

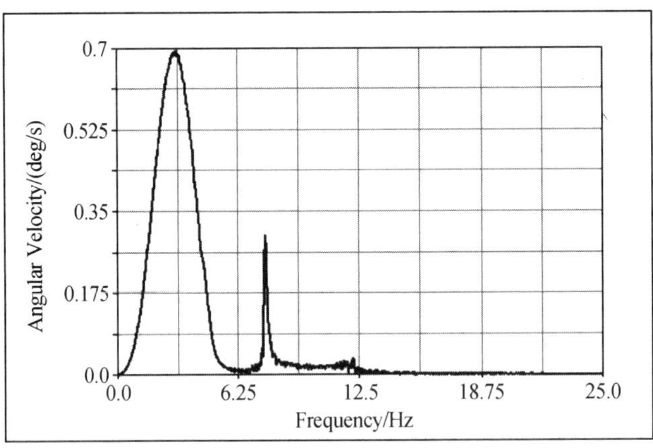

图 8-19　车身横摆角速度幅频(3.08 Hz)

第 9 章　麦弗逊悬架 PID 控制联合仿真

麦弗逊悬架应用较多，几乎所有乘用车前悬架系统均采用麦弗逊悬架。其结构简单，占用空间小。在 View 模块中建立好的麦弗逊悬架模型如图 9-1 所示。麦弗逊悬挂通常由两个基本部分组成：支柱式减震器和 A 字形托臂。减震器除减震功能外还有支撑整个车身的作用，结构很紧凑，把其和减震弹簧集成在一起，组成一个可以上下运动的滑柱；下托臂通常是 A 字形的设计，用于给车轮提供部分横向支撑力，以及承受全部的前后方向冲击力。整车重量和汽车在运动时车轮承受的所有冲击靠这两个部件承担。占用空间小带来的直接好处就是设计师能在发动机舱布置下更大的发动机，而且发动机的放置方式也能随心所欲。同时，在中型车上能放下大型发动机，在小型车上也能放下中型发动机，让各种发动机的匹配更灵活。经典的 PID 控制算法较为简单。PID 控制器（比例一积分一微分控制器）是工业控制应用中常见的反馈回路部件，由比例单元 P、积分单元 I 和微分单元 D 组成。PID 控制的基础是比例控制；积分控制可消除稳态误差，但可能增加超调；微分控制可加快大惯性系统响应速度以及减弱超调趋势。

图 9-1　麦弗逊悬架模型

9.1　麦弗逊悬架模型建立

麦弗逊悬架模型在 ADAMS/View 模块中建立，悬架的硬点参数参考 Car 模块共享数据库中麦弗逊悬架的硬点参数。通用模块与专业模块建模稍有不同。

(1) 启动 ADAMS/View，选择 New Model。

(2) Model Name：adams_view_zhengche。

(3) 单击 OK 完成新模型名称创建,如图 9-2 所示,接下来可以在窗口中完成模型任务。

(4) 单击硬点快捷方式,右击,在弹出的方框中输入－200.0,150.0,－450.0。

(5) 选中硬点右击选择 Rename:修改硬点名称为 rca_front。

(6) 单击 OK,完成硬点重命名。

(7) 重复以上步骤,完成图 9-3 中硬点的建立。

注:单击硬点快捷方式,在左侧命令窗口选择硬点表格 Point Table 创建图 3 中硬点,推荐采用硬点表格方式批量创建硬点,速度较快;悬架模型建立过程中,可以边建立硬点边建立部件、约束等,也可以批量完成硬点建立,接下来批量完成部件建立,最后建立约束。建模方法多样可行,总之模型准确无误是前提条件。

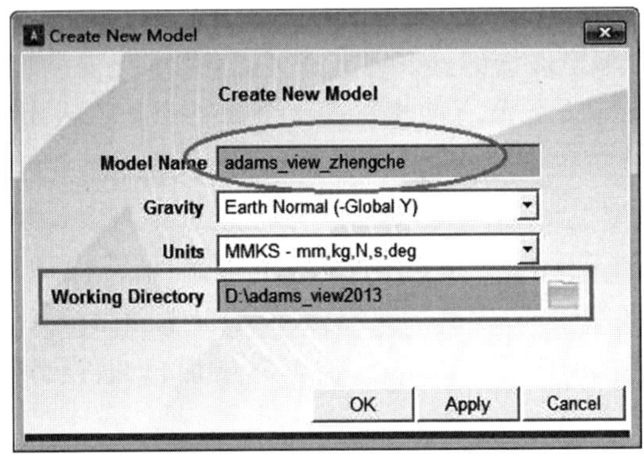

图 9-2　模型创建对话框

	Loc X	Loc Y	Loc Z
rca_front	-200.0	150.0	-450.0
rca_outer	0.0	150.0	-750.0
rca_rear	200.0	150.0	-450.0
r_tierod_outer	200.0	300.0	-400.0
r_tierod_inner	150.0	300.0	-750.0
r_wheel_center	0.0	300.0	-800.0
r_spring_lower	40.0	600.0	-650.0
r_spring_up	57.5	900.0	-603.8

图 9-3　硬点参数

9.1.1　下控制臂部件

(1) 单击 Cylinder,选择 Radius,在对应方框中输入 20,单位为毫米制。

(2) 选择硬点 rca_front 与 rca_outer,创建 PART_2。

(3) 重复上述步骤,选择硬点 rca_rear 与 rca_outer,创建 PART_3。

(4) 单击 Booleans,分别选择 PART_2 与 PART_3,完成部件的布尔合并,PART_2 与 PART_3 两个部件合并为一个独立的部件 PART_2。

(5) 选中部件 PART_2,右击选择 Rename,在弹出的修改名称对话框中输入 lca_arm。

(6) 单击 OK,完成部件名称的修改。

9.1.2　转向主销部件

(1) 单击 Cylinder，选择 New Part，勾选 Radius，在对应方框中输入 20。

(2) 选择硬点 r_wheel_center 与 rca_outer，创建 PART_3。

(3) 选中部件 PART_3，右击选择 Rename，在弹出的修改名称对话框中输入 up_right。

(4) 单击 OK，完成转向节部件名称的修改。

(5) 单击 Cylinder，选择 Add to Part，勾选 Radius，在对应方框中输入 20。

(6) 选择硬点 r_wheel_center 与 r_spring_lower，完成 up_right. CYLINDER_33 几何体的创建。

(7) 选择硬点 r_wheel_center 与 r_tierod_inner，完成 up_right. CYLINDER_32 几何体的创建。至此完成转向节部件的建立。

注：转向节部件的创建也可采用在 4 个硬点之间建立 3 个部件，最后采用布尔操纵合并 3 个部件为一个部件。不推荐采用此种方法，原因在于通过布尔合并后几何体的参数化失败，不能通过快捷方式调节部件几何的形状。

9.1.3　转向横拉杆部件

(1) 单击 Cylinder，选择 New Part，勾选 Radius，在对应方框中输入 15。

(2) 选择硬点 r_tierod_outer 与 r_tierod_inner，创建 PART_4。

(3) 选中部件 PART_4，右击选择 Rename，在弹出的修改名称对话框中输入 tierod_right。

(4) 单击 OK，完成转向横拉杆部件名称的修改。

9.1.4　转向节部件

(1) 菜单栏单击 Setting，选择 Working Grid，弹出 Working Grid Settings 对话框。

(2) 单击 Set Location，选择 Pick，在屏幕中选择硬点 r_wheel_center，此时主窗口中的坐标原点位于硬点 r_wheel_center。

(3) 单击 Set Orientation，选择 Global YZ 方向，弹出网格设置对话框，如图 9-4 所示。

(4) 单击 Cylinder，选择 New Part，勾选 Radius，在对应方框中输入 15；勾选 Length，在对应方框中输入 250。

(5) 在主窗口选择硬点 r_wheel_center，单击，保持圆柱体部件与 $-Z$ 轴平行，左击完成部件 PART_5 的创建。

(6) 选中部件 PART_5，右击选择 Rename，在弹出的修改名称对话框中输入 knuckle_right。

(7) 单击 OK，完成转向节部件名称的修改。

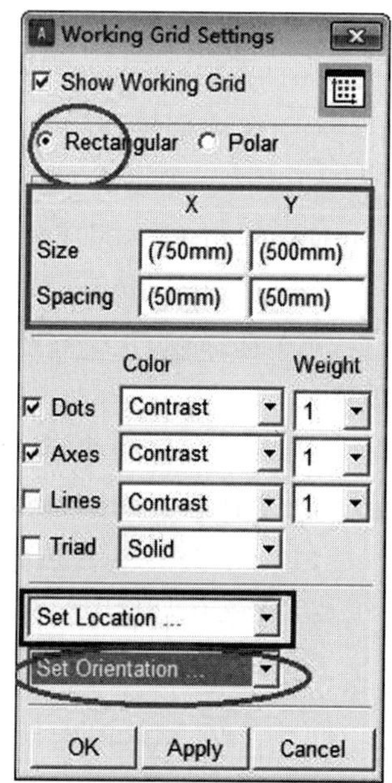

图 9-4　网格设置对话框

9.1.5 车轮部件创建

(1) 单击 Cylinder,选择 New Part,勾选 Radius,在对应方框中输入 350;勾选 Length,在对应方框中输入 215。

(2) 在主窗口选择方向点 MARKER_22,单击,保持圆柱体部件与 Z 轴平行,左击完成部件 PART_6 的创建。

(3) 选中部件 PART_6,右击选择 Rename,在弹出的修改名称对话框中输入 wheel_right。

(4) 单击 OK,完成车轮部件名称的修改。

(5) 菜单栏单击 Setting,选择 Working Grid,弹出 Working Grid Settings 对话框。

(6) 单击 Set Location,选择 Pick,在屏幕中选择硬点 r_wheel_center,此时主窗口中的坐标原点位于硬点 r_wheel_center。

(7) 单击 Set Orientation,选择 Global XY 方向。

(8) 单击 OK,完成网格位置与方向设置。

(9) 单击菜单栏快捷方式 Add a hole,左侧 Radius 输入 325,勾选 Depth,输入 215,选择轮胎部件 wheel_right 的侧面,接着选择方向点 MARKER_22,完成车轮部件的掏空。

9.1.6 弹簧底座部件创建

(1) 单击 Cylinder,选择 New Part,勾选 Radius,在对应方框中输入 50。

(2) 选择硬点 r_spring_lower 与 r_spring_up,创建 PART_7。

(3) 选中部件 PART_7 下的几何体 CYLINDER_34,右击选择 Modify。

(4) 在弹出的 Geometry Modify Shape Cylinder 对话框中修改 Length 值为 10。

(5) 单击 OK,完成弹簧底座部件 PART_7 的创建。

(6) 选中部件 PART_7,右击选择 Rename,在弹出的修改名称对话框中输入 spring_down。

(7) 单击 OK,完成弹簧底座部件名称的修改。

(8) 单击 Cylinder,选择 New Part,勾选 Radius,在对应方框中输入 50。

(9) 选择硬点 r_spring_up 与 r_spring_lower,创建 PART_8,在此注意选择硬点的顺序。

(10) 选中部件 PART_8 下的几何体 CYLINDER_35,右击选择 Modify。

(11) 在弹出的 Geometry Modify Shape Cylinder 对话框中修改 Length 值为 10。

(12) 单击 OK,完成弹簧底座部件 PART_8 的创建。

(13) 选中部件 PART_8,右击选择 Rename,在弹出的修改名称对话框中输入 spring_up。

(14) 单击 OK,完成弹簧底座部件名称的修改。

9.1.7 车身部件

1/4 悬架模型也需要建立简化车身模型,悬架系统包含车身部件模型较为精准。

(1) 单击 Sphere,选择 New Part,勾选 Radius,在对应方框中输入 30。

(2) 选择硬点 r_spring_up,创建 PART_9。

(3) 选中部件 PART_9,右击选择 Rename,在弹出的修改名称对话框中输入 body。

(4) 单击 OK,完成车身简化部件名称的修改。

(5) 选中部件 body,右击选择 Modify,弹出部件修改对话框。

(6) Define Mass By:在下拉菜单中选择 User Input,手动输入 1/4 车身的质量及惯量。

(7) Mass:250。

(8) Ixx:5.0E+007。

(9) lyy:1.5E+008。

(10) Izz:1.25E+008。

(11) 单击 OK,完成车身部件参数的修改。

9.1.8　弹簧与减震器

(1) 单击菜单栏 Force,选择 Flexible Connections 框的 Spring(创建弹簧与减震器)。

(2) Properties 栏中勾选 K&C,在 K 栏中输入 17,在 C 栏中输入 1.3。

(3) 选择 spring_up.cm 与 spring_down.cm 两个参考点,完成弹簧与减震器的创建;弹簧创建需要选择两个不同部件对应的点或者参考点,选择时可以右击部件在弹出的快捷 Select 对话框中选择相应点。

(4) 选中 SPRING_1,右击选择 Modify,弹出部件修改对话框,如图 9-5 所示。

(5) 在 Preload(预载荷,输入 1/4 车身的重力)中输入 2450.0,其余保持默认。

(6) 单击 OK,完成弹簧与减震器参数的设置。

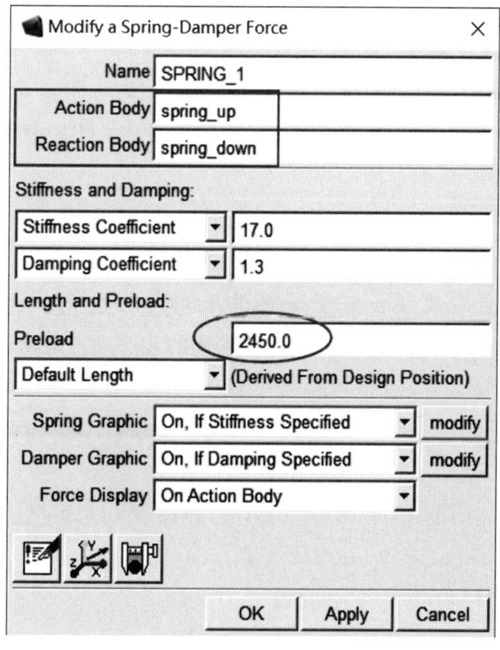

图 9-5　弹簧与减震器参数对话框

9.1.9 振动台

(1) 单击 Box,选择 New Part,勾选 Length、Height、Depth,分别输入 400、45、500。

(2) 选择位置 0.0,−50.0,0.0,单击,创建六面体部件 PART_10。

(3) 选中部件 PART_10 下的 MARKER_23,右击选择 Modify。

(4) Location:−200.0,−120.0,−1200.0。

(5) 单击 OK,完成 PART_10 的位置修改。

(6) 选中部件 PART_10,右击选择 Rename,在弹出的修改名称对话框中输入 test_patch。

(7) 单击 OK,完成振动台部件名称的修改。

(8) 菜单栏单击 Setting,选择 Working Grid,弹出 Working Grid Settings 对话框。

(9) 单击 Set Location,选择 Pick,在屏幕中选择参考点 test_patch. cm,此时主窗口中的坐标原点位于参考点 test_patch. cm 处。

(10) 单击 OK,完成网格位置与方向设置。

(11) 单击 Cylinder,选择 Add to Part,勾选 Length、Radius,在对应方框中输入 350、50。

(12) 选择参考点 test_patch. cm 处,方向与−Y 轴平行重合,单击,完成圆柱体 CYLINDER_25 的创建。

悬架建模探讨:

① 在建模过程中忽略车身部件,直接把弹簧与减震器与大地连接,这种模型对于研究车轮的运动学(狭义指车轮的运动空间)是可以满足要求的。

② 对于研究悬架的动力学车身部件不可忽略(实际整车在运行过程中,车轮与车身部件存在相对运动,绝对不可以忽略)。

③ 对于主动悬架的研究,必须考虑车身部件。有些文献即使考虑了车身,但仍存在以下错误:下控制及转向横拉杆与大地连接而非与车身连接,这样的模型虽然能正确进行仿真,但是其运动特性与真实悬架不符。

④ 从学术上讲,以上建立的麦弗逊悬架模型符合研究要求。但对于汽车工程研究院中真实的整车及悬架模型来说依然存在缺陷,原因在于整车的振动与簧载质量和非簧载质量有关,以上建立的麦弗逊悬架模型控制臂等部件采用简化的杆件而非真实的冲压件等。此外,在研发过程中,对应载荷的提取结果会影响部件的有限元、疲劳特性等研究,因此模型与实际越接近模型越精确。

9.1.10 悬架部件约束

(1) 菜单栏单击 Setting,选择 Working Grid,弹出 Working Grid Settings 对话框。

(2) 单击 Set Orientation,选择 Global YZ 方向。

(3) 单击 OK,完成网格位置与方向设置。

(4) 单击菜单栏 Connector,选择 Joint 框中的 Revolute Joint(铰接副)。

(5) 设置 Construction:2 Bodies −1 Location、Normal To Grid。

(6) 顺序选择两部件 lca_arm、body,再选择硬点 rca_rear,完成铰接副 JOINT_1 的创建。铰接副约束两个旋转自由度、3 个移动自由度，两个部件之间存在一个旋转自由度，同时需要注意下控制臂与车身之间只建立一个铰接副，而非在控制臂前后硬点之间建立两个铰接副，实际部件的约束与理论模型之间存在差异。铰接副的创建如图 9-6 所示。

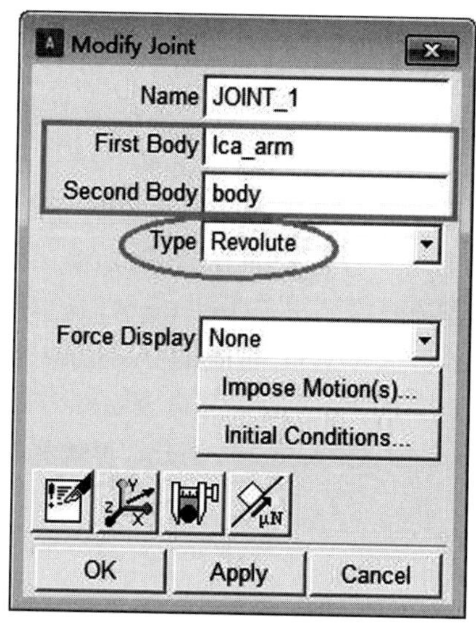

图 9-6　铰接副对话框

(7) 选中铰接副 JOINT_1，右击选择 Rename，在弹出的修改名称对话框中输入 rca_rear。

(8) 单击 OK，完成铰接副重命名为 rca_rear。

(9) 单击菜单栏 Connector，选择 Joint 框中的 Spherical Joint(球形副)。

(10) 设置 Construction：2 Bodies －1 Location、Normal To Grid。

(11) 顺序选择两部件 lca_arm、up_right，再选择硬点 rca_outer，完成铰接副 JOINT_2 的创建。球形副约束 3 个移动自由度，部件之间存在 3 个旋转自由度。

(12) 选中铰接副 JOINT_2，右击选择 Rename，在弹出的修改名称对话框中输入 rca_outer。

(13) 单击 OK，完成球形副重命名为 rca_outer。

(14) 单击菜单栏 Connector，选择 Joint 框中的 Fix Joint(固定副)。

(15) 设置 Construction：2 Bodies －1 Location、Normal To Grid。

(16) 顺序选择两部件 up_right、knuckle_right，再选择硬点 r_wheel_center，完成铰接副 JOINT_3 的创建。固定副约束两个部件之间的 6 个自由度。

(17) 选中铰接副 JOINT_3，右击选择 Rename，在弹出的修改名称对话框中输入 r_wheel_center。

(18) 单击 OK，完成固定副重命名为 r_wheel_center。

(19) 单击菜单栏 Connector，选择 Joint 框中的 Spherical Joint(球形副)。

(20) 设置 Construction：2 Bodies －1 Location、Normal To Grid。

(21) 顺序选择两部件 tierod_right、body，再选择硬点 r_tierod_outer，完成铰接副 JOINT_4 的创建。

(22) 选中铰接副 JOINT_4,右击选择 Rename,在弹出的修改名称对话框中输入 r_tierod_outer。

(23) 单击 OK,完成球形副重命名为 r_tierod_outer。

(24) 单击菜单栏 Connector,选择 Joint 框中的 Spherical Joint(球形副)。

(25) 设置 Construction:2 Bodies —1 Location、Normal To Grid。

(26) 顺序选择两部件 up_right、tierod_right,再选择硬点 r_tierod_inner,完成铰接副 JOINT_5 的创建。

(27) 选中铰接副 JOINT_5,右击选择 Rename,在弹出的修改名称对话框中输入 r_tierod_inner。

(28) 单击 OK,完成球形副重命名为 r_tierod_inner。

(29) 单击菜单栏 Connector,选择 Joint 框中的 Fix Joint(固定副)。

(30) 设置 Construction:2 Bodies —1 Location、Normal To Grid。

(31) 顺序选择两部件 wheel_right、knuckle_right,再选择参考点 MARKER_38,完成铰接副 JOINT_6 的创建。

(32) 选中铰接副 JOINT_6,右击选择 Rename,在弹出的修改名称对话框中输入 knuckle_right_fix。

(33) 单击 OK,完成固定副重命名为 knuckle_right_fix。

(34) 单击菜单栏 Connector,选择 Joint 框中的 Fix Joint(固定副)。

(35) 设置 Construction:2 Bodies —1 Location、Normal To Grid。

(36) 顺序选择两部件 spring_down、up_right,再选择硬点 r_spring_lower,完成铰接副 JOINT_7 的创建。

(37) 选中铰接副 JOINT_7,右击选择 Rename,在弹出的修改名称对话框中输入 r_spring_lower。

(38) 单击 OK,完成固定副重命名为 r_spring_lower。

(39) 单击菜单栏 Connector,选择 Joint 框中的 Cylindrical Joint(圆柱副)。

(40) 设置 Construction:2 Bodies —1 Location、Pick Geometry Feature。

(41) 顺序选择两部件 spring_down、spring_up,顺序选择硬点 r_spring_lower、r_spring_up,完成圆柱副 JOINT_8 的创建。圆柱副约束两部件之间的 3 个旋转自由度、两个移动自由度。

(42) 选中铰接副 JOINT_8,右击选择 Rename,在弹出的修改名称对话框中输入 r_spring_lower_cylindrical。

(43) 单击 OK,完成圆柱副重命名为 r_spring_lower_cylindrical。

(44) 单击硬点快捷方式,右击,在弹出的方框中输入 57.5,950,—603.8。

(45) 选中硬点,右击选择 Rename,修改硬点名称为 r_spring_up_ref。

(46) 单击 OK,完成硬点重命名。

(47) 单击菜单栏 Connector,选择 Joint 框中的 Hook Joint(胡克副)。

(48) 设置 Construction:2 Bodies —1 Location、Pick Geometry Feature。

(49) 顺序选择两部件 spring_up、body,顺序选择硬点 r_spring_up、r_spring_lower、r_

spring_up_ref,完成胡克副 JOINT_9 的创建。胡克副约束两部件之间的一个旋转自由度、3 个移动自由度。

(50) 选中铰接副 JOINT_9,右击选择 Rename,在弹出的修改名称对话框中输入 r_spring_up。

(51) 单击 OK,完成胡克副重命名为 r_spring_up。

(52) 单击菜单栏 Connector,选择 Joint 框中的 Translational Joint(移动副)。

(53) 设置 Construction:2 Bodies －1 Location、Pick Geometry Feature。

(54) 顺序选择两部件 body、. adams_view_zhengche. ground,再选择硬点 r_spring_up、r_spring_up_ref,完成铰接副 JOINT_10 的创建。

(55) 选中铰接副 JOINT_10,右击选择 Rename,在弹出的修改名称对话框中输入 r_spring_up_Translational。

(56) 单击 OK,完成固定副重命名为 r_spring_up_Translational。

(57) 单击菜单栏 Connector,选择 Joint 框中的 Translational Joint(移动副)。

(58) 设置 Construction:2 Bodies －1 Location、Pick Geometry Feature。

(59) 顺序选择两部件 test_patch、. adams_view_zhengche. ground,再选择参考点 MARKER_24,然后移动鼠标,保持箭头方向与 Y 轴平行,单击,完成铰接副 JOINT_11 的创建。

(60) 选中铰接副 JOINT_11,右击选择 Rename,在弹出的修改名称对话框中输入 test_patch_Translational。

(61) 单击 OK,完成固定副重命名为 test_patch_Translational。

(62) 单击菜单栏 Connector,选择基本约束栏 Primitives 框中的 In-Plane(点面副)。点面副限制一个部件在另一个部件的某个平面内运动,减少一个自由度。

(63) 设置 Construction:2 Bodies －1 Location、Pick Geometry Feature。

(64) 顺序选择两部件 wheel_right、test_patch,再选择参考点 MARKER_24,然后移动鼠标,保持箭头方向与 Y 轴平行,单击,完成基本点面副 JPRIM_1 的创建。

至此麦弗逊悬架模型与振动试验台模型建立完成,接下来的工作需要把路面的振动数据添加到振动试验台上,当然也可以用简单的正余弦驱动验证模型的正确性。

通过工具菜单栏 Tool 下的 Model Topology Map 可以显示不同部件之间的连接关系,在参考共享数据库模型建模时经常需要判定部件之间的连接关系。此外,还可以在命令窗口中用图形的方式显示部件之间的连接关系,用图形显示拓扑关系更加直观。

9.2　路面模型

对悬架性能分析时需要输入路面模型。根据国家标准,公路等级分为 8 种,在不同的路段测量,很难得到两个完全相同的路面轮廓曲线,通常是把测量得到的大量路面不平度随机数据,经数据处理得到路面功率谱密度。产生随机路面不平度时间轮廓有两种方法,一是由白噪声通过一个积分器产生,二是由白噪声通过一个成型滤波器产生。路面时域模型可用如下公式(9-1)描述。根据公式在 MATLAB/SIMULINK 中建立 B 级路面不同车速的仿真模型如图 9-7 所示,B 级路面不同车速的垂直位移计算结果如图 9-8 所示。

$$\dot{q}(t)=-2\pi f_0 q(t)+2\pi\sqrt{G_q V}w(t) \tag{9-1}$$

式中，$q(t)$为路面随机激励；$w(t)$为积分白噪声；f_0 为时间频率；G_q 为路面不平度系数；V 为汽车行驶速度。不同级别及对应不用的车速路面参数请查看相关资料。

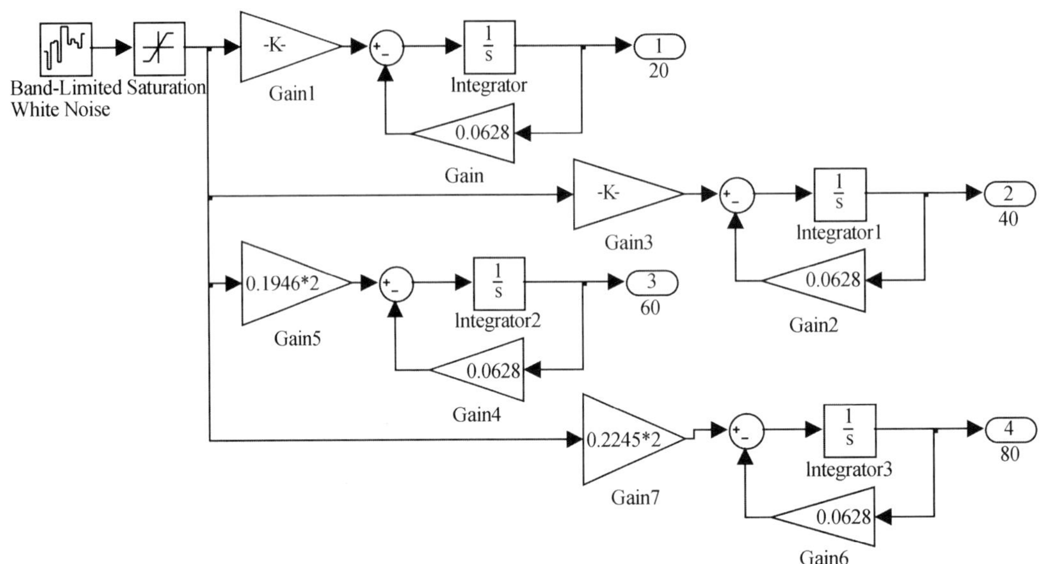

图 9-7　B 级路面不同车速时域仿真模型

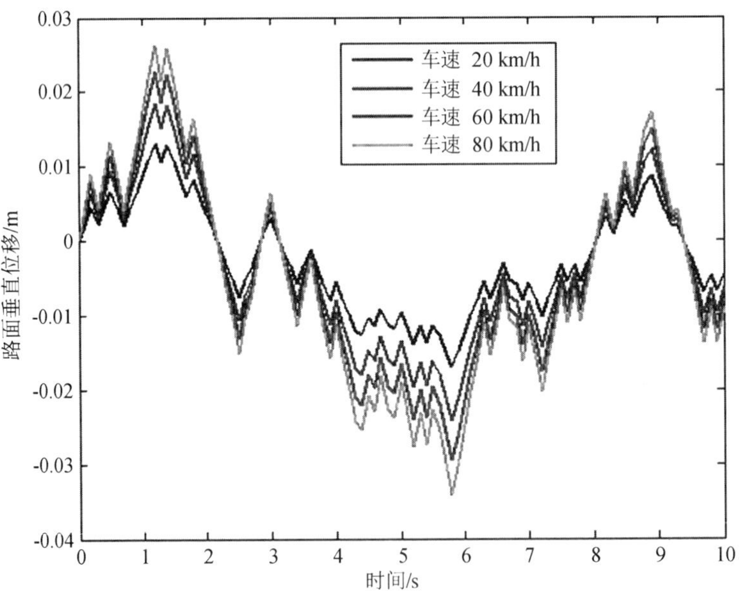

图 9-8　B 级路面各车速垂向位移

路面模型需要添加到振动试验台上。路面模型驱动添加有两种方式，在进行联合仿真时推荐采用方案二：

方案一：直接把 B 及路面的仿真数据通过函数 AKISPL( )添加到振动试验台上，在

ADAMS 软件中可以仿真在路面条件下麦弗逊悬架运动的真实状态，当更换路面时需要重复计算路面参数及重复添加驱动函数，尤其是在进行联合仿真时，过程较为烦琐。

方案二：在 ADAMS 中建立状态变量函数，把此状态函数通过 ADAMS/Control 模块设置为系统的输入接口，路面模型在 MATLAB/SIMULINK 模型中搭建如图 9-7 所示，输出结果直接与 ADAMS_SYS 的路面输入接口对接。此种方式的优点是可以预先建立好仿真需要的各种路面，联合仿真模型建立好后可以方便快速地更换不同路面。

9.3　路面驱动方案一

针对在 MATLAB/SIMULINK 中建立 B 级路面不同车速的仿真模型，仿真时间设置为 10 秒，运行仿真后在 MATLAB 的工作空间 Workspace 中会得到两组数据 tout 与 yout；在 D 盘中新建一个文本文件，命名为 road. txt；将 tout 作为第一列，yout 中的第一列复制到文本文件 road. txt 中保存。此处提供一个路面文件 road. txt 在光盘中，仅供参考。

(1) 打开 ADAMS/View 中所建立的麦弗逊悬架模型，在主菜单选 File>Import，弹出如图 9-9 所示对话框。

(2) File Type：Test Data(* . *)。

(3) 点选 Create Spline。

(4) File To Read：D：\road. txt。

(5) 其余保持默认，单击 OK，完成仿真路面数据导入。如果要更换其他路面模型，需要重复以上仿真过程及以上步骤的重新导入，相对较为烦琐。

打开 ADAMS 的数据库浏览器，如图 9-10 所示，SPLINE_2 为生成的样条曲线数据。双击打开 SPLINE_2，在弹出的 Information 窗口中显示如下信息(此信息包含的数据与路面文件 road. txt 中的数据相同)：

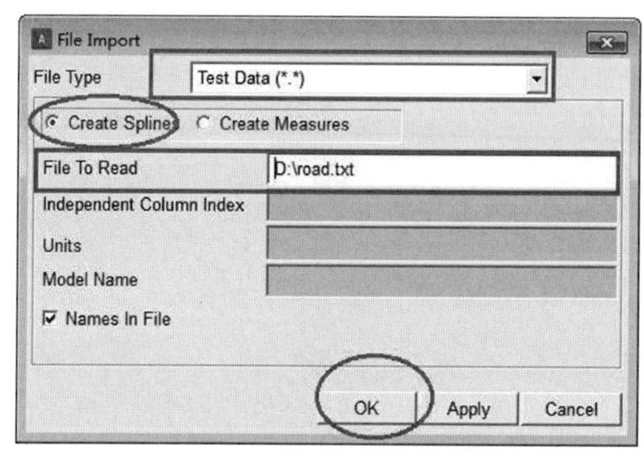

图 9-9　路面数据导入对话框

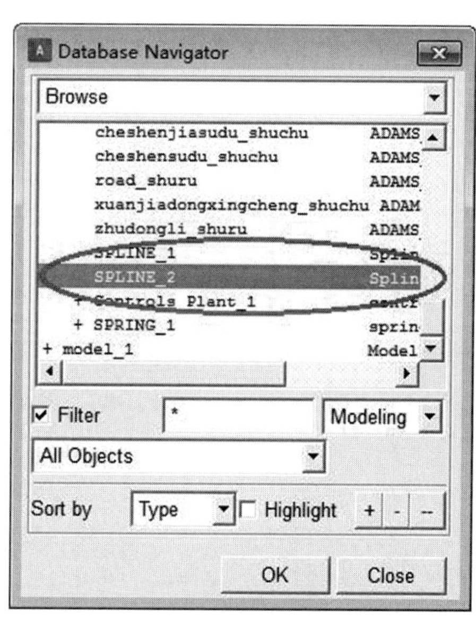

图 9-10　数据库浏览器对话框

SPLINE_2 样条数据：

```
Object Name    :  .adams_view_zhengche.SPLINE_2
Object Type    :  Spline
Parent Type    :  Model
Adams ID       :  0
Active         :  NO_OPINION
X Units        :  NO UNITS
Y Units        :  NO UNITS
Spline Points:
(X  = 1.0,   Y = 0.2008942924)
(X  = 2.0,   Y = 1.2036690038)
(X  = 3.0,   Y = 2.2319211241)
(X  = 4.0,   Y = 17.1592158991)
(X  = 5.0,   Y = 11.6840101222)
(X  = 6.0,   Y = 19.6574141868)
(X  = 7.0,   Y = 20.7626001622)
(X  = 8.0,   Y = 18.2043021902)
(X  = 9.0,   Y = 12.3320688983)
(X  = 10.0,  Y = 13.1176331434)
(X  = 11.0,  Y = 16.6482607299)
(X  = 12.0,  Y = 18.1223665756)
(X  = 13.0,  Y = 21.2087067783)
(X  = 14.0,  Y = 24.1851909962)
(X  = 15.0,  Y = 23.165983258)
(X  = 16.0,  Y = 30.8669520711)
(X  = 17.0,  Y = 27.4372350815)
(X  = 18.0,  Y = 13.9764209914)
(X  = 19.0,  Y = 4.2068003494)
(X  = 20.0,  Y = 15.5260556619)
(X  = 21.0,  Y = 12.7388426178)
(X  = 22.0,  Y = 6.6497175466)
(X  = 23.0,  Y = 1.3583780206)
(X  = 24.0,  Y = -3.3223270142)
(X  = 25.0,  Y = -6.3246530621)
(X  = 26.0,  Y = -9.3619599109)
(X  = 27.0,  Y = -10.6419856681)
(X  = 28.0,  Y = -1.241284351)
```

```
(X  = 29.0,  Y =  -0.7729604272)
(X  = 30.0,  Y = 7.2391497849)
(X  = 31.0,  Y = 12.0138478618)
(X  = 32.0,  Y = 14.0406498922)
(X  = 33.0,  Y = 10.2822107278)
(X  = 34.0,  Y = 7.3400461246)
(X  = 35.0,  Y = 5.822534108)
(X  = 36.0,  Y =  -2.1005830571)
(X  = 37.0,  Y = 11.3482505873)
(X  = 38.0,  Y = 17.4644483624)
(X  = 39.0,  Y = 13.1119102857)
(X  = 40.0,  Y = 6.9110780294)
(X  = 41.0,  Y = 5.9189550731)
(X  = 42.0,  Y = 10.6042550475)
(X  = 43.0,  Y = 8.8497533756)
(X  = 44.0,  Y = 0.7340467417)
(X  = 45.0,  Y =  -4.9846087554)
(X  = 46.0,  Y =  -5.1291263)
(X  = 47.0,  Y = 2.1813242014)
(X  = 48.0,  Y = 1.8578747187)
(X  = 49.0,  Y = 7.6197835954)
(X  = 50.0,  Y = 4.3011814626)
(X  = 51.0,  Y = 4.1085670937)
(X  = 52.0,  Y = 4.9545937392)
(X  = 53.0,  Y =  -5.3379970314)
(X  = 54.0,  Y =  -19.5222166417)
(X  = 55.0,  Y =  -16.8979451067)
(X  = 56.0,  Y =  -17.751622188)
(X  = 57.0,  Y =  -10.3357422219)
(X  = 58.0,  Y =  -10.6740149358)
(X  = 59.0,  Y =  -13.090919801)
(X  = 60.0,  Y =  -16.3579177288)
(X  = 61.0,  Y =  -12.1750299942)
(X  = 62.0,  Y =  -8.9585917002)
(X  = 63.0,  Y =  -3.5191306676)
(X  = 64.0,  Y = 8.7584919584)
(X  = 65.0,  Y = 12.5213179179)
```

```
(X  = 66.0,  Y = 1.7283436916)
(X  = 67.0,  Y = 2.5545743641)
(X  = 68.0,  Y = 11.9302113598)
(X  = 69.0,  Y = 5.6161232304)
(X  = 70.0,  Y = 5.4291102585)
(X  = 71.0,  Y = -3.9851221492)
(X  = 72.0,  Y = -1.6101060218)
(X  = 73.0,  Y = -4.6170343759)
(X  = 74.0,  Y = -14.3337974285)
(X  = 75.0,  Y = -10.7385528551)
(X  = 76.0,  Y = 2.6601640362)
(X  = 77.0,  Y = 6.6761759735)
(X  = 78.0,  Y = 5.538095211)
(X  = 79.0,  Y = 24.859606528)
(X  = 80.0,  Y = 20.5153212318)
(X  = 81.0,  Y = 27.3536586215)
(X  = 82.0,  Y = 31.9759557217)
(X  = 83.0,  Y = 36.5164598195)
(X  = 84.0,  Y = 36.7784670709)
(X  = 85.0,  Y = 28.0611391681)
(X  = 86.0,  Y = 32.1177054177)
(X  = 87.0,  Y = 33.3570934985)
(X  = 88.0,  Y = 24.3426326995)
(X  = 89.0,  Y = 41.814734247)
(X  = 90.0,  Y = 51.4731759113)
(X  = 91.0,  Y = 51.5084722166)
(X  = 92.0,  Y = 44.1394257716)
(X  = 93.0,  Y = 40.0990967222)
(X  = 94.0,  Y = 38.0502028171)
(X  = 95.0,  Y = 37.87671055)
(X  = 96.0,  Y = 32.4000817014)
(X  = 97.0,  Y = 26.7647784662)
(X  = 98.0,  Y = 23.5445126387)
(X  = 99.0,  Y = 17.9074381032)
(X  = 100.0,  Y = 25.2181669987)
(X  = 101.0,  Y = 19.5024043564)
(X  = 102.0,  Y = 23.4432401045)
```

对于有多个试验振动台的整车模型,可以依次导入不同的路面模型,设置在同一个模型中不同的振动试验台有不同的振动效果。

(6) 单击菜单栏 Motions,选择系统单元 Joint Motions 框中的创建移动约束副驱动快捷方式图标:Translations Joint Motions。

(7) 选择移动副 test_patch_Translational,完成移动副驱动 MOTION_1 的创建。

(8) 右击 MOTION_1,选择 Modify;在弹出的 Joint Motion 对话框中 Function(time)输入 100 * AKISPL(time,0,SPLINE_2,0),AKISPL()是 ADAMS 的一个函数,表示按 Akima 插值方法将样条数据"SPLINE_2"拟合成以时间为横轴的函数曲线。

(9) 单击 OK,完成 MOTION_1 的修改。

(10) 单击 Simulation,仿真时间设置为 10 秒,仿真步数设置为 1000,仿真前先悬架系统静平衡,计算完成后测量车身 Body 部件在 Y 方向的加速度,计算结果如图 9-11 所示。从计算结果看,车身的垂向加速在 100 mm/s^2,效果极好。

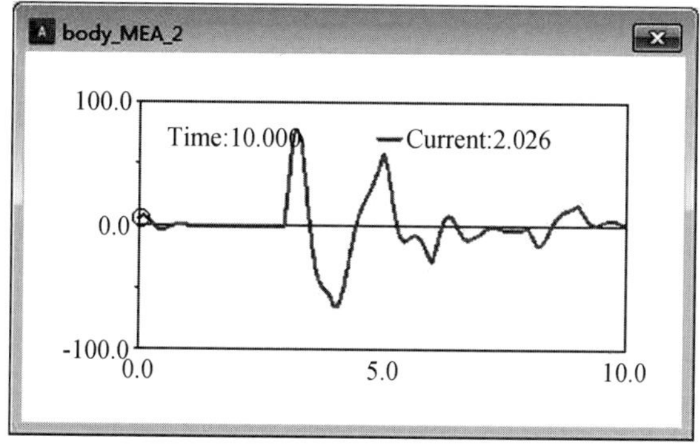

图 9-11　车身垂向加速度

检查模型麦弗逊悬架模型自由度,系统显示信息如下(所建立的悬架模型的部件数量、约束副等具体信息会显示出来,软件根据系统自由度计算公式,计算出所建立的麦弗逊悬架有两个自由度,模型正确无误):

```
VERIFY MODEL:.adams_view_zhengche

  2 Gruebler Count (approximate degrees of freedom)
  9 Moving Parts (not including ground)
  1 Cylindrical Joints
  1 Revolute Joints
  3 Spherical Joints
  2 Translational Joints
  3 Fixed Joints
  1 Hooke Joints
  1 Inplane Primitive_Joints
  1 Motions
```

```
2 Degrees of Freedom for .adams_view_zhengche

There are no redundant constraint equations.

Model verified successfully
```

9.4　路面驱动方案二

(1) 单击菜单栏 Elements，选择系统单元 System Elements 框中的创建状态变量快捷方式图标：Create a State Variable defined by an Algebraic Equation。

(2) Name：road_shuru。

(3) Definition：Run-Time Expression。

(4) F(time，…)=：0。

(5) 单击 OK，完成状态变量 road_shuru 的创建，如图 9-12 所示。

(6) 单击菜单栏 Motions，选择系统单元 Joint Motions 框中的创建移动约束副驱动快捷方式图标：Translations Joint Motions。

(7) 选择移动副 test_patch_Translational，完成移动副驱动 MOTION_1 的创建。

(8) 右击 MOTION_1，选择 Modify。

(9) 在弹出的 Joint Motion 对话框中 Function(time)输入 VARVAL(.adams_view_zhengche.road_shuru)。

(10) 单击 OK，完成 MOTION_1 的修改，如图 9-13 所示。

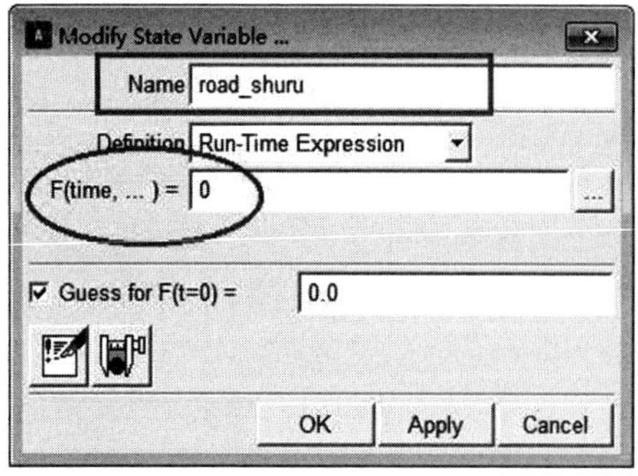

图 9-12　路面输入状态变量创建

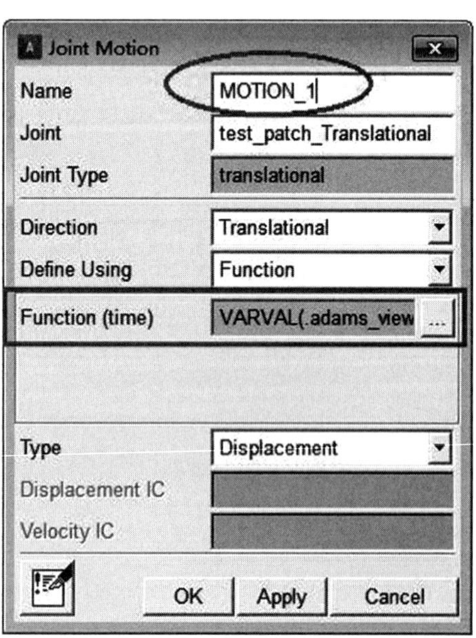

图 9-13　约束副驱动对话框

9.5 PID 控制器设计

PID 控制具有调节原理简单、参数容易整定和实用性强等优点，其控制规律如下：

$$u(t) = K_p e(t) + K_i \int_0^t e(t)\mathrm{d}t + K_d \frac{\mathrm{d}}{\mathrm{d}t} e(y) \tag{9-2}$$

式中，K_p 为比例系数；K_i 为积分时间常数；K_d 为微分时间常数；$e(t)$为实时误差，即车身速度与理想值之间的差值；$u(t)$为实时主动控制力。根据公式(9-2)建立好的 PID 控制器模型如图 9-14 所示。

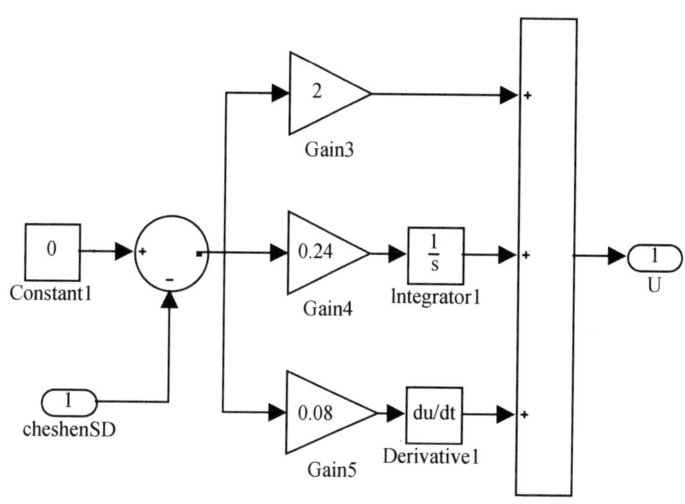

图 9-14　PID 控制器

9.6 半主动悬架联合仿真

相对于主动悬架，半主动悬架主要通过改变减震器的可变力输出来控制整车的震动特性，其性能与主动悬架接近，但比主动悬架结构简单、能耗小。上述所建立的麦弗逊多体悬架模型为被动悬架模型，要想进行半主动悬架或者主动悬架联合仿真，首先需要在被动悬架模型的基础上构造或者建立主动悬架模型。

9.6.1 半主动悬架模型

半主动悬架模型构建首先需要添加主动力，主动力主要根据控制算法计算得出。主动悬架模型可采用不同算法：模糊控制算法、PID 模糊、神经网络、自适应模糊等。

(1) 单击菜单栏 Elements，选择系统单元 System Elements 框中的创建状态变量快捷方式图标：Create a State Variable defined by an Algebraic Equation。

(2) Name：zhudongli_shuru。

(3) Definition：Run-Time Expression。

(4) F(time，…)＝：0。

(5) 单击 OK，完成状态变量 zhudongli_shuru 的创建，可参考图 9-12。

(6) 单击菜单栏 Force,选择 Applied Forces 框中的 Force 快捷方式,在两部件 spring_down、spring_up 之间建单向主动力。

(7) Run-time Direction:Two Bodies。

(8) Construction:2 Bodies-2 Location。

(9) Characteristic:Custom。

(10) 根据命令窗口提示顺序选择两部件 spring_down、spring_up,顺序选择参考点 spring_down. cm、spring_up. cm,完成主动力 SFORCE_1 的创建。

(11) 选中主动力 SFORCE_1,右击选择 Rename,修改名称为 zhudongli。

(12) 单击 OK,完成硬主动力的重命名。

(13) 右击 zhudongli,选择 Modify。

(14) 在弹出的 Modify Force 对话框中修改 Function,输入 VARVAL(. adams_view_zhengche. zhudongli_shuru),其余参数保持默认。

(15) 单击 OK,完成主动力 zhudongli 的函数修改,如图 9-15 所示。

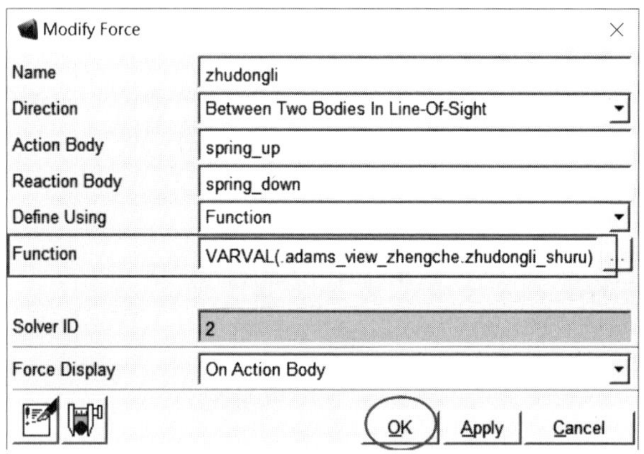

图 9-15 主动力修改对话框

注:建立车身速度、加速度、悬架动行程及车轮侧向滑移量状态输出函数,首先需要建立车身速度、加速度、悬架动行程及车轮侧向滑移量的测量函数。

(16) 单击菜单栏 Design Exploration,选择系统单元 Measures 框中的创建状态变量快捷方式图标:Create a new Function Measures,弹出函数构建对话框,如图 9-16 所示。

(17) Measure Name: . adams_view_zhengche. cheshenjiasudu。

(18) Units:acceleration。

(19) 选择 Acceleration along Y。

(20) 单击 Assist 弹出 Acceleration along Y 对话框。

(21) To_Marker 框中输入 body. cm,其余 From_Marker、Along_Marker、Ref_Frame 框保持默认不用输入,辅助对话框如图 9-17 所示,单击 OK,完成加速度函数 ACCY(. adams_view_zhengche. body. cm)的输入。

(22) 单击 Verify,检查函数 ACCY(. adams_view_zhengche. body. cm)正确无误。

(23) 单击 OK,完成函数构建。

(24) 重复以上步骤,建立以下测量函数,分别为车身速度、悬架动行程、车轮侧向滑移量:

① VY(. adams_view_zhengche. body. cm)。

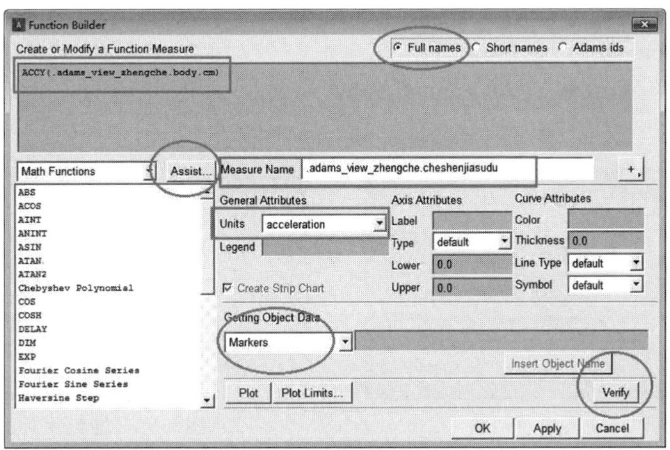

图 9-16　函数构建对话框

② DY(body. cm，wheel_right. cm)－DY(body_cm，ground. wheel_cm)＋11. 4。

③ DZ(MARKER_76，test_patch. cm)＋0. 3674。

(25) 单击菜单栏 Elements，选择系统单元 System Elements 框中的创建状态变量快捷方式图标：Create a State Variable defined by an Algebraic Equation。

(26) Name：. adams_view_zhengche. cheshenjiasudu_shuchu。

(27) Definition：Run-Time Expression。

(28) F(time，…)＝：ACCY(. adams_view_zhengche. body. cm)。

(29) 单击 OK，完成状态变量 cheshenjiasudu_shuchu 的创建，如图 9-18 所示。

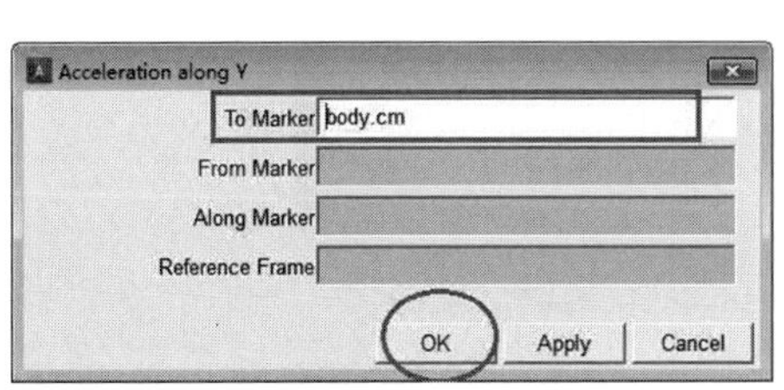

图 9-17　辅助对话框

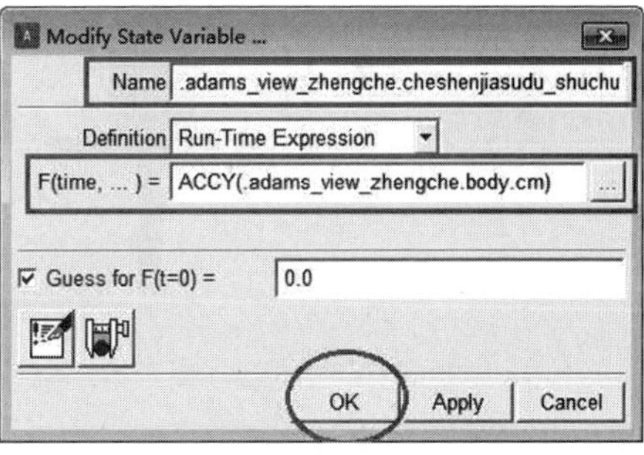

图 9-18　状态变量对话框

(30) 重复以上步骤，分别建立状态变量 cheshensudu_shuchu、xuanjiadongxingcheng_shuchu、cexianghuayiliang_shuchu。

(31) 单击菜单栏 Elements，选择数据块单元 Date Elements 框中的创建输入集快捷方式图标：Create an ADAMS plant input。

(32) Variable Name：. adams_view_zhengche. zhudongli_shuru，. adams_view_zhengche. road_shuru。

(33) 单击 OK，输入集. adams_view_zhengche. PINPUT_1 的创建。输入集如图 9-19 所示。

(34) 单击菜单栏 Elements，选择数据块单元 Date Elements 框中的创建输出集快捷方式图标：Create an ADAMS plant output。

(35) Variable Name：. adams_view_zhengche. cexianghuayiliang_shuchu，. adams_view_

zhengche. cheshenjiasudu_ shuchu,. adams_view_zhengche. cheshensudu_shuchu,. adams_view_zhengche. xuanjiadongxingcheng_shuchu。

(36) 单击 OK,完成输出集 . adams_view_zhengche. POUTPUT_1 的创建。输出集如图 9-20 所示。

图 9-19　输入集对话框

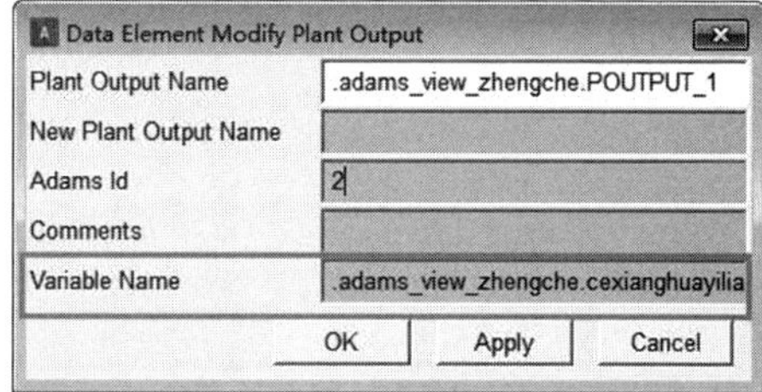

图 9-20　输出集对话框

至此,完成麦弗逊悬架被动模型到主动悬架模型的转变,建立好的主动悬架模型如图 9-21所示,不加控制系统,主动悬架模型依然可以在方案一下进行仿真,仿真结果准备无误;在方案二下也可进行仿真,但结果不正确,原因在于振动台架不动,悬架只是在重力作用下进行的静平衡计算。

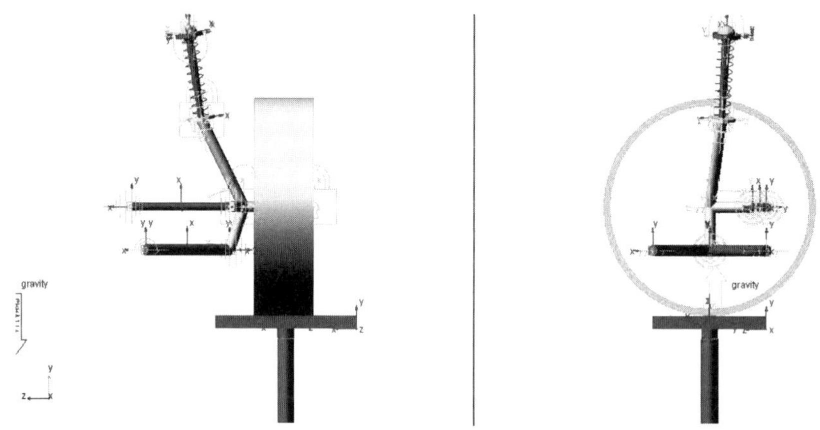

图 9-21　主动悬架模型

9.6.2　机控协同模型

通过 ADAMS/Control 模块系统机械模型与控制模型,ADMAS 与 MATLAB 软件路径统一设置为 D:/adams_view2013/adams_matlab。

(1) 单击菜单栏插件 Plugins,选择 Controls,单击,出现下拉列表选择 Plant Export 命令,弹出控制接口输出对话框,如图 9-22 所示。

(2) File Prefix:pid。

(3) Initial Static Analysis:Yes,此处需要进行静平衡,静平衡完成之后再进行计算。

(4) 单击 From Pinput,在弹出的数据命令窗口中选择子系统,双击 adams_view_zhengche 下的 PINPUT1。

(5) 单击 From Poutput,在弹出的数据命令窗口中选择子系统,双击 adams_view_zhengche 下的 POUTPUT1。

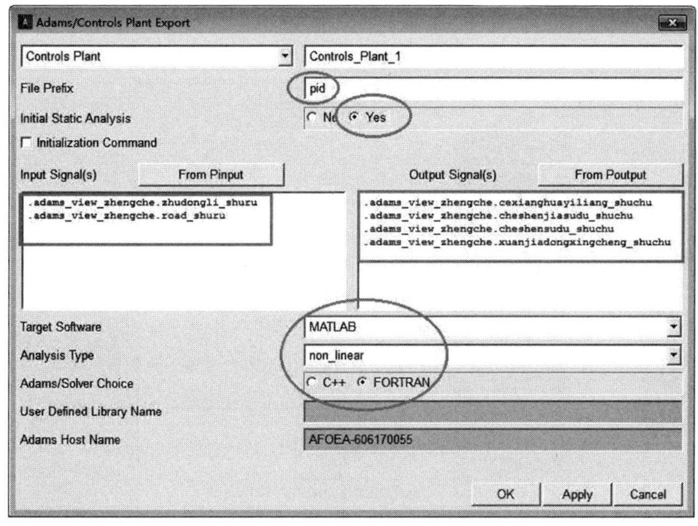

图 9-22　控制接口输出对话框

(6) Target Software:MATLAB。

(7) Analysis Type:non_linear。

(8) Adams/Solver Choice:FORTRAN。

(9) 其余保持默认,单击 OK,完成 ADAMS/Controls 模块下的输入输出集的创建。

(10) MATLAB 软件的命令窗口中输入 Controls_Plant_1。

(11) 单击 Enter 键,此时命令窗口显示输入输出集信息。

(12) 命令窗口中输入 adams_sys,单击 Enter 键调出 adams_plant 对话框,如图 9-23 所示。

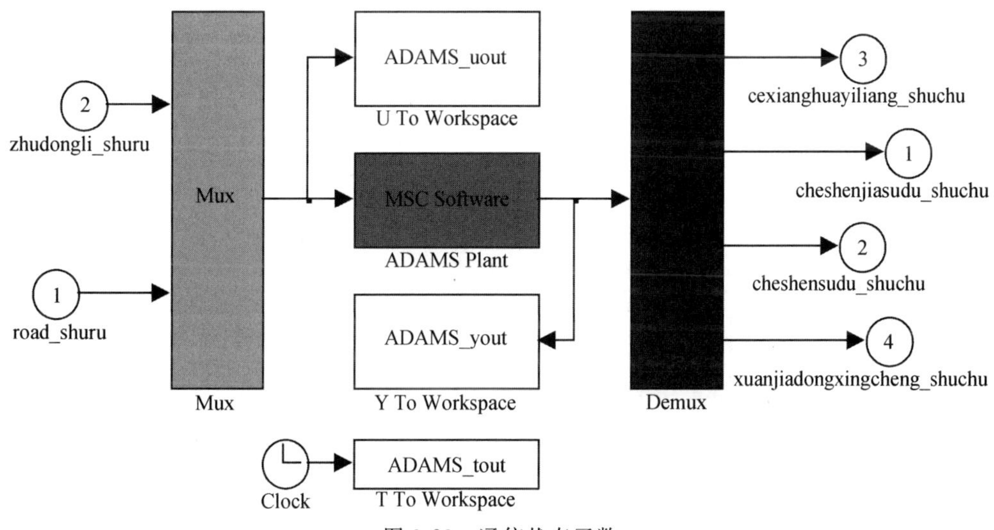

图 9-23　通信状态函数

导通 ADAMS 与 MATLAB 软件之间的通信,对路面及 PID 控制器进行封装,建立 ADAMS 主动悬架联合仿真模型如图 9-24 所示。在 B 级路面上车辆分别以 20 km/h、40 km/h、60 km/h、80 km/h 的速度直线行驶,计算主被动悬架的车身加速度、悬架动行程、车轮侧向滑移量。主被动悬架计算结果如图 9-25 至图 9-27 所示，仿真步长为 0.005 s，仿真时间为 10 s。

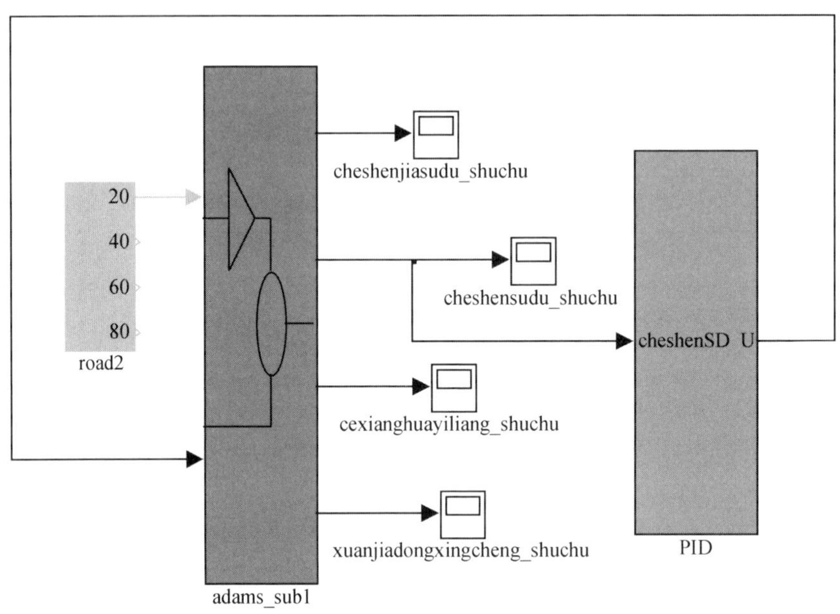

图 9-24 联合仿真模型

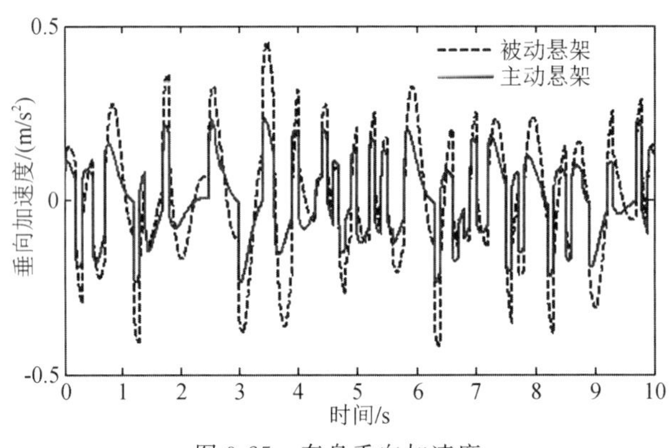

图 9-25 车身垂向加速度

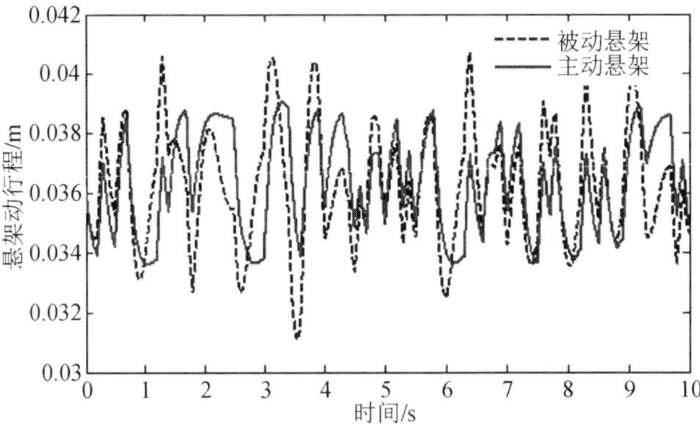

图 9-26 悬架动行程

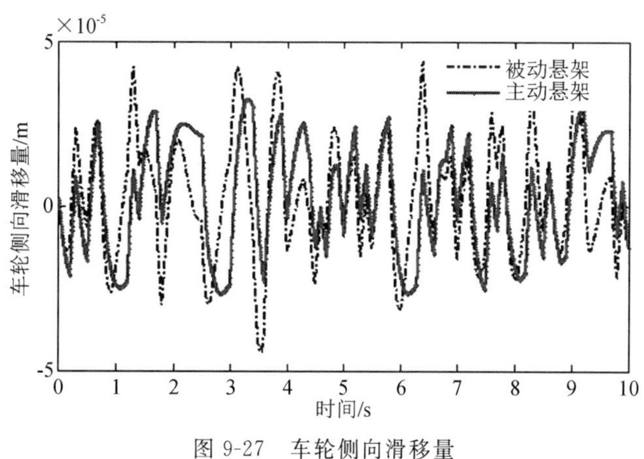

图 9-27　车轮侧向滑移量

从计算结果可以看出，主动悬架相对于被动悬架在性能上整体都有所提升。在不同车速阶段，车身垂向加速度、悬架动行程、轮胎动位移性能均有改善，其中车身垂向加速度改善尤为突出，在全速范围内改善车辆行驶的乘坐舒适性。随着车速的增加，悬架动行程及侧向滑移量稍有改善，增加整车行驶过程中的操作稳定性。各个速度段的悬架性能参数变化见表 9-1。

表 9-1　性能均方根值对比

均方根值	车速	主动悬架	被动悬架	优化比
垂直加速度/(m/s^2)	20 km/h	2.33E−1	4.52E−1	48.5
悬架动行程/m		3.90E−2	4.10E−2	4.9
侧向滑移量/m		2.80E−5	4.39E−5	36.2
垂直加速度/(m/s^2)	40 km/h	3.30E−1	6.40E−1	48.4
悬架动行程/m		4.02E−2	4.27E−2	5.9
侧向滑移量/m		3.85E−5	6.11E−5	37.0
垂直加速度/(m/s^2)	60 km/h	4.04E−1	7.84E−1	48.5
悬架动行程/m		4.11E−2	4.41E−2	6.8
侧向滑移量/m		4.67E−5	7.43E−5	37.1
垂直加速度/(m/s^2)	80 km/h	4.66E−1	9.04E−1	48.5
悬架动行程/m		4.18E−2	4.53E−2	7.7
侧向滑移量/m		5.35E−5	8.53E−5	37.3

图 9-28 和图 9-29 所示为车身加速度、悬架动行程的功率谱曲线。从功率谱曲线可以看出，整车运行过程中，主动悬架的幅值相对被动悬架都较小。同时可以看出，振幅最大值都出现在频率较小处，低频路面输入信息对整车的震动特性影响较大，悬架动行程在高频路面激励下车轮的震动得到较好的抑制。

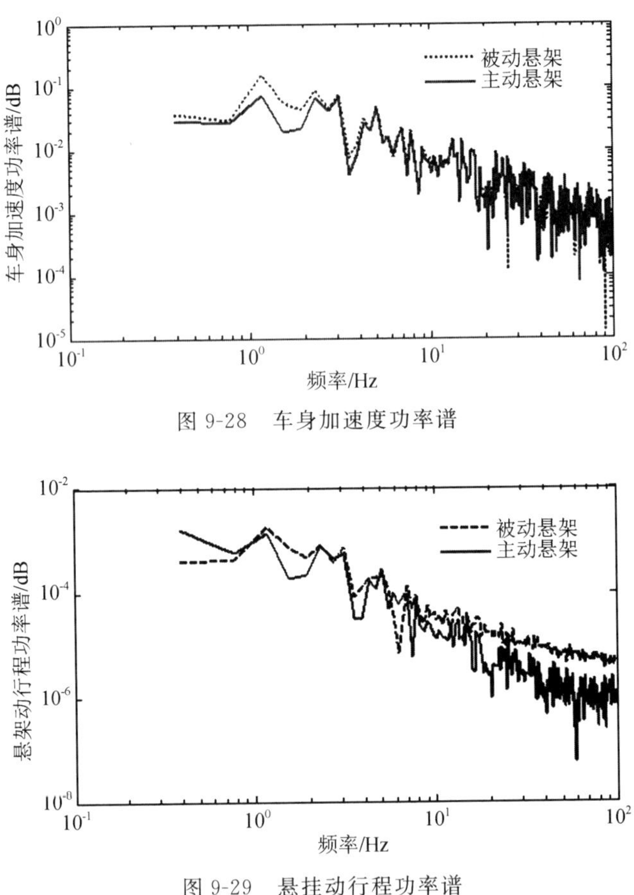

图 9-28　车身加速度功率谱

图 9-29　悬挂动行程功率谱

9.7　时频域、功率谱密度变换程序

程序一：

```
k = yout(:,1);
Fs = 100;                             % 采样频率(Hz)
N = 500;                              % 采样点数
t = [0:1/Fs:N/Fs];                    % 采样时刻
S = k;                                % 信号
Y = fft(S,N);                         % 做 FFT 变换
Ayy = abs(Y);                         % 取模
Ayy = Ayy/(N/2);                      % 换算成实际的幅度
F = ([1:N] - 1) * Fs/N;               % 换算成实际的频率值,Fn = (n - 1) * Fs/N
plot(F(1:N/2),Ayy(1:N/2));  % 显示换算后的 FFT 模值结果 title('幅度 - 频率曲线图');
```

程序二：

```
k = yout(:,1); k1 = yout(:,2);
Fs = 100;                %采样频率(Hz)
N = 500;                 %采样点数
t = [0:1/Fs:N/Fs];       %采样时刻
S = k;S1 = k1;           %信号
Y = fft(S,N);            %做 FFT 变换
Y1 = fft(S1,N);          %做 FFT 变换
Ayy = abs(Y);            %取模
Ayy = Ayy/(N/2);         %换算成实际的幅度
Ayy1 = abs(Y1);          %取模
Ayy1 = Ayy1/(N/2);       %换算成实际的幅度
F = ([1:N] - 1) * Fs/N;  %换算成实际的频率值,Fn = (n - 1) * Fs/N
plot(F(1:N/2),Ayy(1:N/2),F(1:N/2),Ayy1(1:N/2)); %显示换算后的 FFT 模值结果
                                                  title('幅度 - 频率曲线图
                                                  ');
```

程序三：

```
Nfft = 2048;
Fs = 200;
n = 0:N - 1;
t = n/Fs;
window = hanning(Nfft);
overlap = 128;
dflag = 'none';
xn = yout(:,1);
Pxx = psd(xn,Nfft,Fs,window,overlap,dflag); %Create frequency vector
f = (0:Nfft/2) * Fs/Nfft;
plot(f,10 * log10(Pxx));
set(gca,'XScale','log');set(gca,'YScale','log');
xlabel('Frequency (Hz)');ylabel('Power Spectrum (dB)');
%此部分中 f 的创建方法:它与函数 psd 的输出 Pxx 的长度有关。若 x 为实序列,当
Nfft 为奇数时 f = (0:(Nfft + 1)/2 - 1)/Nfft; %当 Nfft 为偶数时 f = (0:Nfft/2)/Nfft。
```

程序四：

```
Nfft = 2048;
Fs = 200;
```

```
n = 0:N - 1;
t = n/Fs;
window = hanning(Nfft);
overlap = 128;
dflag = 'none';
xn = yout(:,1); xn1 = yout(:,2);
Pxx = psd(xn,Nfft,Fs,window,overlap,dflag); % Create frequency vector
Pxx1 = psd(xn1,Nfft,Fs,window,overlap,dflag);
f = (0:Nfft/2) * Fs/Nfft;
plot(f,10 * log10(Pxx),f,10 * log10(Pxx1));
set(gca,'XScale','log');set(gca,'YScale','log');
xlabel('频率(Hz)');ylabel('车身加速度功率谱 (dB)');
```

% 此部分中 f 的创建方法:它与函数 psd 的输出 Pxx 的长度有关。若 x 为实序列,当 Nfft 为奇数时 f = (0:(Nfft + 1)/2 - 1)/Nfft; % 当 Nfft 为偶数时 f = (0:Nfft/2)/Nfft。

第 10 章　商用车驾驶室隔振联合仿真

驾驶室悬置系统的优劣关系到驾乘人员的乘坐品质感受。国内商用货车驾驶室多采用四点全浮支撑，即驾驶室前后端分别采用对称的弹簧与阻尼器进行支撑。以 6×4 底盘为基础的商用牵引货车及工程车辆常在国、省、乡道路面（减速带较多，即为阶跃或者正弦路面信号输入）及极差的工地路面运行，舒适性差，而主动驾驶室悬置系统可以有效地改善垂向振动特性，提升乘坐舒适感。针对驾驶室振动特性，本章基于商用牵引车整车平台建立主动驾驶室模型，此模型更能反映驾驶室的真实运行状态，同时又可以进行系统间参数的匹配。主动驾驶室采用模糊 PID-D 耦合算法，用车身加速度判别路面状态，对 PID 算法中的微分系数进行在线自适应实时调节，避免在较差路面及减速带路面造成定点冲击，适合多工况路面输入特性，提升驾驶室乘坐品质感。建立好的主动驾驶室模型如图 10-1 所示。

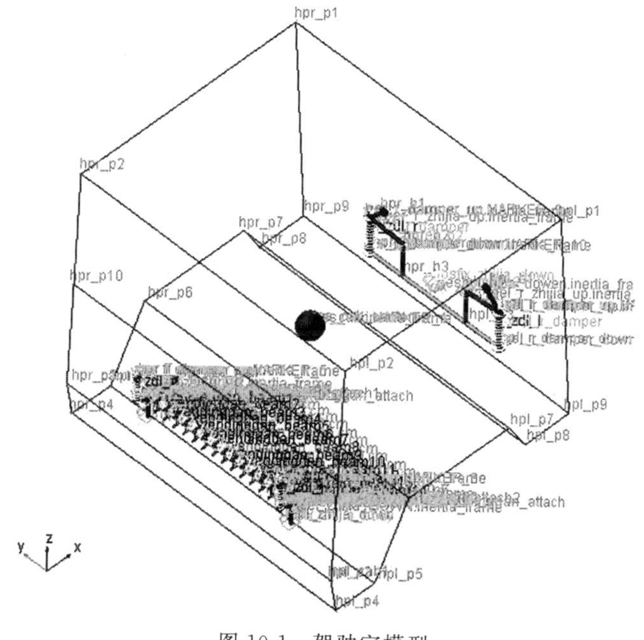

图 10-1　驾驶室模型

10.1　驾驶模型

(1) 启动 ADAMS/Car。

(2) 单击 File>New 命令，弹出建模对话框，如图 10-2 所示。

(3) Template Name：my_cab_zhudong。

(4) Major Role:cab。

(5) 单击 OK,完成驾驶室模板建立。

(6) 单击 Build>Hardpoint>New 命令,弹出创建硬点对话框,如图 10-3 所示。

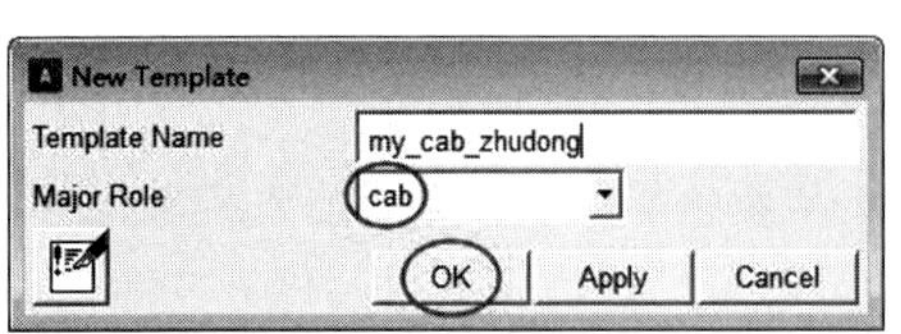

图 10-2 驾驶模板

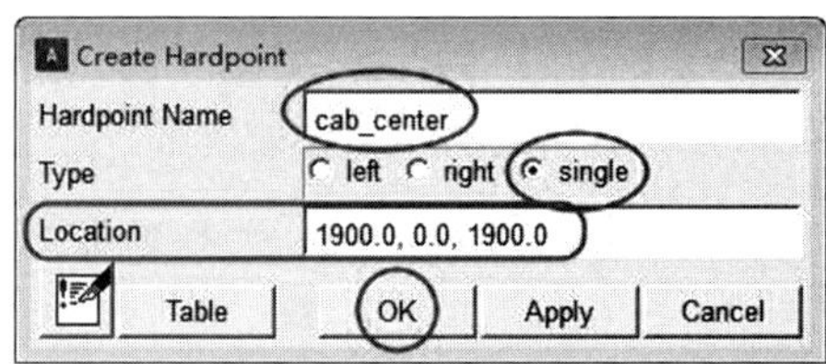

图-3 驾驶室硬点

(7) Hardpoint Name:cab_center。

(8) Type:single。

(9) Location:1900.0,0.0,1900.0。

(10) 单击 OK,完成 ._my_cab_zhudong.ground.hps_cab_center 硬点的创建。

(11) 重复上述步骤,完成表 10-1 中硬点参数的创建,创建过程中请注意左右对称的情况,具体请参考已经建立好的驾驶室模型,该模型存储于章节文件中。

表 10-1 驾驶室硬点参数

硬点名称	X 方向	Y 方向	Z 方向
r_damper_down	3028.0	−591.5	1352.0
r_damper_up	3028.0	−591.5	1657.0
weidinggan	1010.0	−456.0	1326.0
zhijia_down	1085.0	−665.0	1180.0
zhijia_front	1085.0	−665.0	1340.0
cab_center	1900.0	0.0	1900.0
cab1	900.0	−1225.0	1200.0
f_damper_down	985.0	−665.0	1390.0
f_damper_up	985.0	−665.0	1590.0
f_spring_down	1040.0	−552.5	1375.0
f_spring_up	1040.0	−552.5	1534.5
fzb_front	1085.0	−665.0	1340.0
fzb_rear	1324.0	−665.0	1340.0
b1	3028.0	−470.0	1792.6
b2	3028.0	−288.5	1635.0
b3	3028.0	−288.5	1352.0
b4	985.0	−665.0	1390.0
p1	2950.0	−1225.0	3000.0

续表

硬点名称	X 方向	Y 方向	Z 方向
p2	1000.0	−1225.0	3000.0
p3	900.0	−1225.0	1200.0
p4	950.0	−1225.0	900.0
p5	1300.0	−1225.0	900.0
p6	1600.0	−1225.0	1450.0
p7	2500.0	−1225.0	1450.0
p8	2650.0	−1225.0	1200.0
p9	3050.0	−1225.0	1200.0
p10	950.0	−1225.0	2050.0

10.1.1 驾驶室质心部件

(1) 单击 Build>Part>General Part>New 命令，弹出如图 10-4 所示对话框。

(2) General Part:. _my_cab_zhudong. ges_cab。

(3) Type:left。

(4) Location Dependency:Delta location from coordinate。

(5) Coordinate Reference:. _my_cab_zhudong. ground. hps_cab_center。

(6) Location:0,0,0。

(7) Orientation Dependency:User-entered values。

(8) Orient Using:Euler Angles。

(9) Eulcr Angles:0. 0,0. 0,0. 0。

(10) Mass:786. 0。

(11) Ixx:9. 38E+008。

(12) Iyy:7. 07E+008。

(13) Izz:8. 18E+008。

(14) Density:Material。

(15) Material Type:. materials. steel。

(16) 单击 OK，完成 . _my_cab_zhudong. ges_cab 部件的创建。

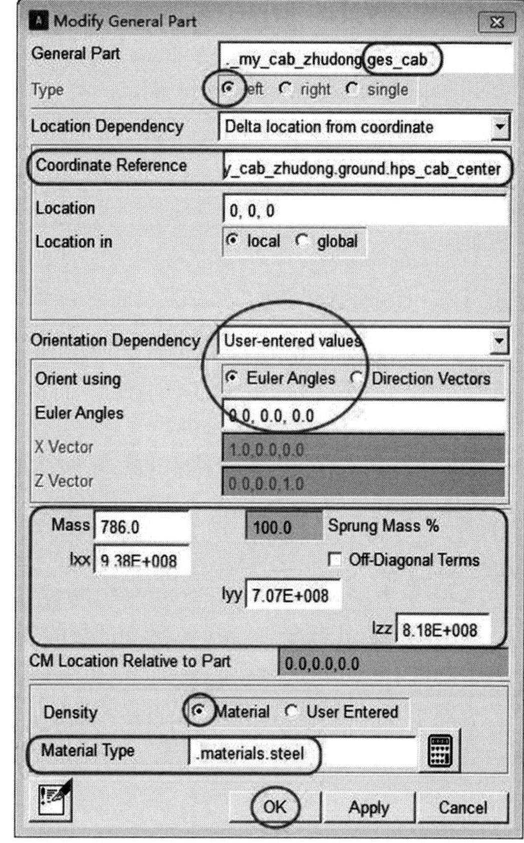

图 10-4　驾驶室简化质心部件

(17) 单击 Build>Geometry>Ellipsoid>New 命令，弹出如图 10-5 所示对话框。

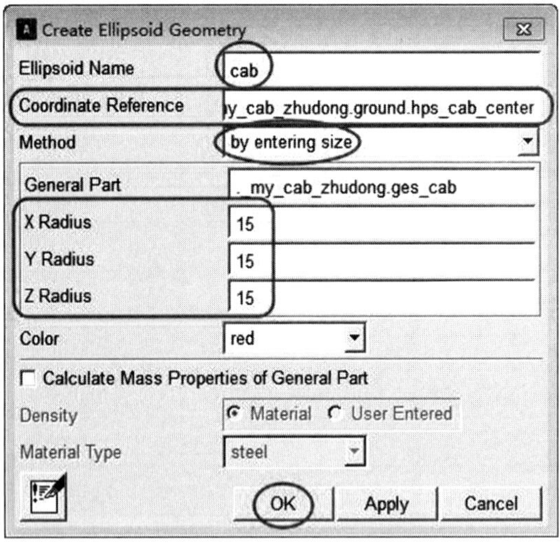

图 10-5　球形几何体

(18) Ellipsoid Name:cab。

(19) Coordinate Reference:. _my_cab_zhudong. ground. hps_cab_center。

(20) Method: by entering size。

(21) General Part:. _my_cab_zhudong. ges_cab。

(22) X Radius:15。

(23) Y Radius:15。

(24) Z Radius:15。

(25) Color:red。

(26) 不勾选 Calculate Mass Properties of General Part 复选框。

(27) Density:Material。

(28) Material Type:steel。

(29) 单击 OK,完成驾驶室 cab 几何体的创建。

10.1.2　后避震器上连接处部件

(1) 单击 Build>Part>General Part>New 命令,弹出的对话框,可参考图 10-4。

(2) General Part:. _my_cab_zhudong. gel_r_damper_up。

(3) Type:left。

(4) Location Dependency:Delta location from coordinate。

(5) Coordinate Reference:. _my_cab_zhudong. ground. hpl_r_damper_up。

(6) Location:0,0,0。

(7) Location in:local。

(8) Orientation Dependency:Orient axis along line。

(9) Coordinate Reference #1:. _my_cab_zhudong. ground. hpl_r_damper_down。

(10) Coordinate Reference #2:. _my_cab_zhudong. ground. hpl_r_damper_up。

(11) Axis:Z。

(12) Mass:1。

(13) Ixx:1。

(14) Iyy:1。

(15) Izz:1。

(16) Density:Material。

(17) Material Type:. materials. steel。

(18) 单击 OK,完成 . _my_cab_zhudong. gel_r_damper_up 部件的创建。

10.1.3 后避震器下连接处部件

(1) 单击 Build>Part>General Part>New 命令,弹出的对话框,可参考图 10-4。

(2) General Part:. _my_cab_zhudong. gel_r_damper_down。

(3) Type:left。

(4) Location Dependency:Delta location from coordinate。

(5) Coordinate Reference:. _my_cab_zhudong. ground. hpl_r_damper_down。

(6) Location:0,0,0。

(7) Location in:local。

(8) Orientation Dependency:Orient axis along line。

(9) Coordinate Reference #1:. _my_cab_zhudong. ground. hpl_r_damper_down。

(10) Coordinate Reference #2:. _my_cab_zhudong. ground. hpl_r_damper_up。

(11) Axis:Z。

(12) Mass:1。

(13) Ixx:1。

(14) Iyy:1。

(15) Izz:1。

(16) Density:Material。

(17) Material Type:. materials. steel。

(18) 单击 OK,完成 . _my_cab_zhudong. gel_r_damper_down 部件的创建。

10.1.4 前避震器上连接处部件

(1) 单击 Build>Part>General Part>New 命令,弹出对话框,可参考图 10-4。

(2) General Part:. _my_cab_zhudong. gel_f_damper_up。

(3) Type:left。

(4) Location Dependency:Delta location from coordinate。

(5) Coordinate Reference:. _my_cab_zhudong. ground. hpl_f_damper_up。

(6) Location:0,0,0。

(7) Orientation Dependency:User-entered values。

(8) Orient Using:Euler Angles。

(9) Euler Angles:0.0,0.0,0.0。

(10) Mass:1。

(11) Ixx:1。

(12) Iyy:1。

(13) Izz:1。

(14) Density:Material。

(15) Material Type:.materials.steel。

(16) 单击 OK,完成._my_cab_zhudong.gel_f_damper_up 部件的创建。

10.1.5 前避震器下连接处部件

(1) 单击 Build>Part>General Part>New 命令,弹出的对话框,可参考图 10-4。

(2) General Part:._my_cab_zhudong.gel_f_damper_down。

(3) Type:left。

(4) Location Dependency:Delta location from coordinate。

(5) Coordinate Reference:._my_cab_zhudong.ground.hpl_f_damper_down。

(6) Location:0,0,0。

(7) Orientation Dependency:User-entered values。

(8) Orient Using:Euler Angles。

(9) Euler Angles:0.0,0.0,0.0。

(10) Mass:1。

(11) Ixx:1。

(12) Iyy:1。

(13) Izz:1。

(14) Density:Material。

(15) Material Type:.materials.steel。

(16) 单击 OK,完成._my_cab_zhudong.gel_f_damper_down 部件的创建。

10.1.6 驾驶室前上支架部件

(1) 单击 Build>Part>General Part>New 命令,弹出的对话框,可参考图 10-4。

(2) General Part:._my_cab_zhudong.gel_zhijia_UP。

(3) Type:left。

(4) Location Dependency:Centered between coordinates。

(5) Centered between:Two coordinates。

(6) Coordinate Reference #1:._my_cab_zhudong.ground.hpl_fzb_rear。

(7) Coordinate Reference #2:._my_cab_zhudong.ground.hpl_zhijia_up_front。

(8) Orientation Dependency:User-entered values。

(9) Orient Using:Euler Angles。

(10) Euler Angles:0.0,0.0,0.0。

(11) Mass:1。

(12) Ixx:1。

(13) Iyy:1。

(14) Izz:1。

(15) Density:Material。

(16) Material Type:. materials. steel。

(17) 单击 OK,完成 . _my_cab_zhudong. gel_zhijia_UP 部件的创建。

10.1.7 驾驶室前上支架几何体

(1) 单击 Build>Geometry>Link>New 命令,弹出创建连杆对话框,如图 10-6 所示。

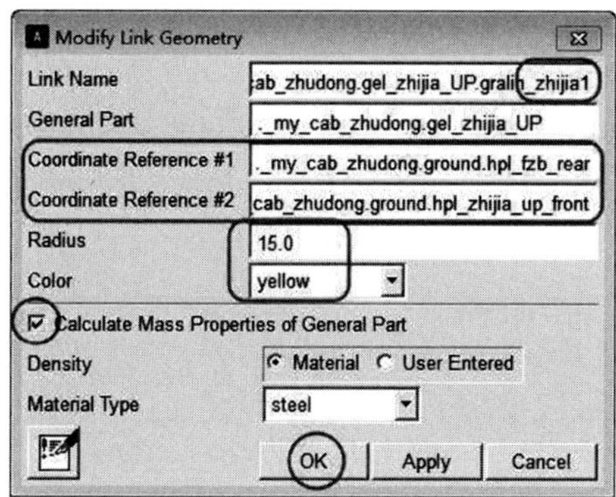

图 10-6 连杆几何体_zhijia1

(2) Link Name:. _my_cab_zhudong. gel_zhijia_UP. gralin_zhijia1。

(3) General Part:. _my_cab_zhudong. gel_zhijia_UP。

(4) Coordinate Reference #1:. _my_cab_zhudong. ground. hpl_fzb_rear。

(5) Coordinate Reference #2:. _my_cab_zhudong. ground. hpl_zhijia_up_front。

(6) Radius:15. 0。

(7) Color:yellow。

(8) 勾选 Calculate Mass Properties of General Part 复选框,当几何体建立好之后会更新对应部件的质量和惯量参数。

(9) Density:Material。

(10) Material Type:steel。

(11) 单击 Apply,完成 . _my_cab_zhudong. gel_zhijia_UP. gralin_zhijia1 几何体的创建。

(12) Link Name:. _my_cab_zhudong. gel_zhijia_UP. gralin_zhijia_2。

(13) General Part:. _my_cab_zhudong. gel_zhijia_UP。

(14) Coordinate Reference #1:. _my_cab_zhudong. ground. hpl_zhijia_up_front。

(15) Coordinate Reference #2:. _my_cab_zhudong. ground. hpl_b4。

(16) Radius:15. 0。

(17) Color:yellow。

(18) 勾选 Calculate Mass Properties of General Part 复选框。

(19) Density:Material。

(20) Material Type:steel。

(21) 单击 OK,完成 . _my_cab_zhudong. gel_zhijia_UP. gralin_zhijia_2 几何体的创建。

10.1.8 驾驶室前下支架部件

(1) 单击 Build>Part>General Part>New 命令,弹出的对话框,可参考图 10-4。

(2) General Part:. _my_cab_zhudong. gel_zhijia_DOWN。

(3) Type:left。

(4) Location Dependency:Centered between coordinates。

(5) Centered between:Two coordinates。

(6) Coordinate Reference #1:. _my_cab_zhudong. ground. hpl_fzb_front。

(7) Coordinate Reference #2:. _my_cab_zhudong. ground. hpl_zhijia_down。

(8) Orientation Dependency:User-entered values。

(9) Orient Using:Euler Angles。

(10) Euler Angles:0.0,0.0,0.0。

(11) Mass:1。

(12) Ixx:1。

(13) Iyy:1。

(14) Izz:1。

(15) Density:Material。

(16) Material Type:. materials. steel。

(17) 单击 OK,完成 . _my_cab_zhudong. gel_zhijia_DOWN 部件的创建。

10.1.9 驾驶室前下支架几何体

(1) 单击 Build>Geometry>Link>New 命令,弹出创建连杆对话框,可参考图 10-6。

(2) Link Name:. _my_cab_zhudong. gel_zhijia_DOWN. gralin_zhijia_A。

(3) General Part:. _my_cab_zhudong. gel_zhijia_DOWN。

(4) Coordinate Reference #1:. _my_cab_zhudong. ground. hpl_fzb_front。

(5) Coordinate Reference #2:. _my_cab_zhudong. ground. hpl_zhijia_down。

(6) Radius:15.0。

(7) Color:skyblue。

(8) 勾选 Calculate Mass Properties of General Part 复选框,当几何体建立好之后会更新对应部件的质量和惯量参数。

(9) Density:Material。

(10) Material Type:steel。

(11) 单击 OK,完成 . _my_cab_zhudong. gel_zhijia_DOWN. gralin_zhijia_A 几何体的

创建。

10.1.10　驾驶室后下支架部件

（1）单击 Build>Part>General Part>New 命令，弹出的对话框，可参考图 10-4。

（2）General Part：._my_cab_zhudong. ges_r_zhijia_down。

（3）Type：single。

（4）Location Dependency：Centered between coordinates。

（5）Centered between：Four coordinates。

（6）Coordinate Reference ＃1：._my_cab_zhudong. ground. hpl_r_damper_down。

（7）Coordinate Reference ＃2：._my_cab_zhudong. ground. hpr_r_damper_down。

（8）Coordinate Reference ＃3：._my_cab_zhudong. ground. hpr_b2。

（9）Coordinate Reference ＃4：._my_cab_zhudong. ground. hpl_b2。

（10）Orientation Dependency：User-entered values。

（11）Orient Using：Euler Angles。

（12）Euler Angles：0.0，0.0，0.0。

（13）Mass：1。

（14）Ixx：1。

（15）Iyy：1。

（16）Izz：1。

（17）Density：Material。

（18）Material Type：. materials. steel。

（19）单击 OK，完成 ._my_cab_zhudong. ges_r_zhijia_down 部件的创建。

10.1.11　驾驶室后下支架几何体

（1）单击 Build>Geometry>Link>New 命令，弹出创建连杆对话框，可参考图 10-6。

（2）Link Name：._my_cab_zhudong. ges_r_zhijia_down. gralin_zhijia_a。

（3）General Part：._my_cab_zhudong. ges_r_zhijia_down。

（4）Coordinate Reference ＃1：._my_cab_zhudong. ground. hpl_r_damper_down。

（5）Coordinate Reference ＃2：._my_cab_zhudong. ground. hpr_r_damper_down。

（6）Radius：15.0。

（7）Color：green。

（8）勾选 Calculate Mass Properties of General Part 复选框。

（9）Density：Material。

（10）Material Type：steel。

（11）单击 Apply，完成 ._my_cab_zhudong. ges_r_zhijia_down. gralin_zhijia_a 几何体的创建。

（12）Link Name：._my_cab_zhudong. ges_r_zhijia_down. gralin_zhijia_b。

（13）General Part：._my_cab_zhudong. ges_r_zhijia_down。

(14) Coordinate Reference #1:._my_cab_zhudong.ground.hpl_b2。

(15) Coordinate Reference #2:._my_cab_zhudong.ground.hpl_b3。

(16) Radius:15.0。

(17) Color:green。

(18) 勾选 Calculate Mass Properties of General Part 复选框。

(19) Density:Material。

(20) Material Type:steel。

(21) 单击 Apply,完成 ._my_cab_zhudong.ges_r_zhijia_down.gralin_zhijia_b 几何体的创建。

(22) Link Name:._my_cab_zhudong.ges_r_zhijia_down.gralin_zhijia_c。

(23) General Part:._my_cab_zhudong.ges_r_zhijia_down。

(24) Coordinate Reference #1:._my_cab_zhudong.ground.hpr_b2。

(25) Coordinate Reference #2:._my_cab_zhudong.ground.hpr_b3。

(26) Radius:15.0。

(27) Color:green。

(28) 勾选 Calculate Mass Properties of General Part 复选框。

(29) Density:Material。

(30) Material Type:steel。

(31) 单击 OK,完成 ._my_cab_zhudong.ges_r_zhijia_down.gralin_zhijia_c 几何体的创建。

10.1.12 驾驶室后上支架部件

(1) 单击 Build>Part>General Part>New 命令,弹出的对话框,可参考图 10-4。

(2) General Part:._my_cab_zhudong.gel_r_zhijia_up。

(3) Type:left。

(4) Location Dependency:Centered between coordinates。

(5) Centered between:Two coordinates。

(6) Coordinate Reference #1:._my_cab_zhudong.ground.hpl_b2。

(7) Coordinate Reference #2:._my_cab_zhudong.ground.hpl_r_damper_up。

(8) Orientation Dependency:User-entered values。

(9) Orient Using:Euler Angles。

(10) Euler Angles:0.0,0.0,0.0。

(11) Mass:1。

(12) Ixx:1。

(13) Iyy:1。

(14) Izz:1。

(15) Density:Material。

(16) Material Type:.materials.steel。

(17) 单击 OK，完成 ._my_cab_zhudong. gel_r_zhijia_up 部件的创建。

10.1.13　驾驶室后上支架几何体

(1) 单击 Build>Geometry>Link>New 命令，弹出创建连杆对话框，可参考图 10-6。

(2) Link Name:. _my_cab_zhudong. gel_r_zhijia_up. gralin_zhijia_a。

(3) General Part:. _my_cab_zhudong. gel_r_zhijia_up。

(4) Coordinate Reference ＃1:. _my_cab_zhudong. ground. hpl_b2。

(5) Coordinate Reference ＃2:. _my_cab_zhudong. ground. hpl_r_damper_up。

(6) Radius:15. 0。

(7) Color:red。

(8) 勾选 Calculate Mass Properties of General Part 复选框。

(9) Density:Material。

(10) Material Type:steel。

(11) 单击 Apply，完成 . _my_cab_zhudong. gel_r_zhijia_up. gralin_zhijia_a 几何体的创建。

(12) Link Name:. _my_cab_zhudong. gel_r_zhijia_up. gralin_zhijia_b。

(13) General Part:. _my_cab_zhudong. gel_r_zhijia_up。

(14) Coordinate Reference ＃1:. _my_cab_zhudong. ground. hpl_r_damper_up。

(15) Coordinate Reference ＃2:. _my_cab_zhudong. ground. hpl_b1。

(16) Radius:15. 0。

(17) Color:red。

(18) 勾选 Calculate Mass Properties of General Part 复选框。

(19) Density:Material。

(20) Material Type:steel。

(21) 单击 OK，完成 . _my_cab_zhudong. gel_r_zhijia_up. gralin_zhijia_b 几何体的创建。

10.1.14　安装部件 cab_to_body

(1) 单击 Build>Part>Mount>New 命令，弹出安装部件对话框，如图 10-7 所示。

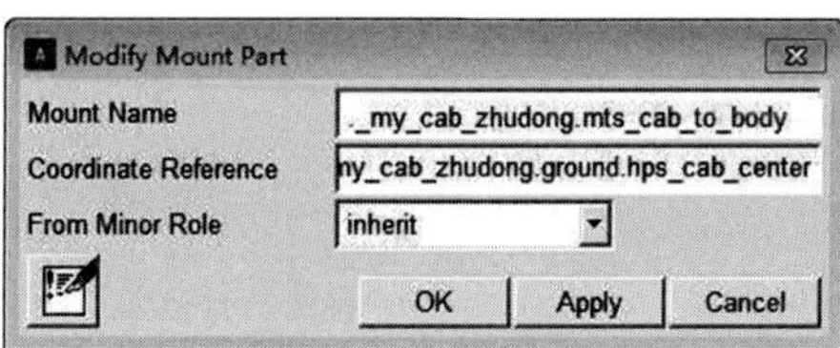

图 10-7　安装部件

(2) Mount Name:. _my_cab_zhudong. mts_cab_to_body。

(3) Coordinate Reference:. _my_cab_zhudong. ground. hps_cab_center。

(4) From Minor Role:inherit。

(5) 单击 OK,完成 . _my_cab_zhudong. mts_cab_to_body 安装部件的创建。

10.2　驾驶室前横向稳定杆

(1) 单击 Tools>Adams/View Interface 命令,建模界面切换 View 通用模块。

(2) 单击 Bodies>Flexible Bodies>Discrete Flexible Link 命令,弹出弹簧离散梁建模界面,如图 10-8 所示。

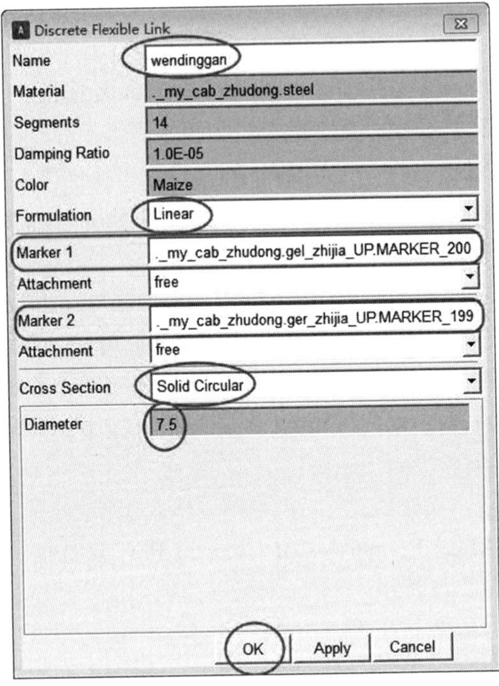

图 10-8　横向稳定杆(离散梁)

(3) Name:wendinggan。

(4) Material:. _my_cab_zhudong. steel。

(5) Segments:14。

(6) Damping Ratio:1. 0E—05。

(7) Formulation:Linear。

(8) Marker 1:. _my_cab_zhudong. gel_zhijia_UP. MARKER_200。

(9) Attachment:free。

(10) Marker 2:. _my_cab_zhudong. gel_zhijia_UP. MARKER_199。

(11) Attachment:free。

(12) Cross Section:Solid Circular。

(13) Diameter:7. 5。

(14) 单击 OK,完成前横向稳定杆离散梁的创建。

(15) 单击 Tools>Select Mode>Switch to A/Car Template Builder 命令，切换到 Adams/Car 专家界面。

10.3 驾驶室弹簧与避震器

10.3.1 弹 簧

(1) 单击 Build>Force>Spring>New 命令，弹出弹簧创建对话框，如图 10-9 所示。

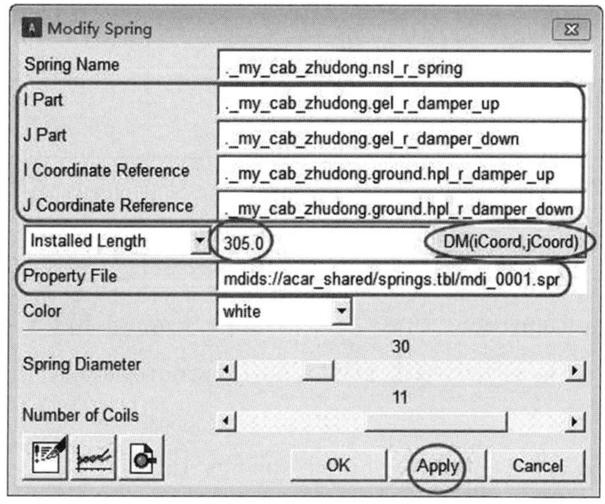

图 10-9 spring 弹簧创建对话框

(2) Spring Name:. _my_cab_zhudong. nsl_r_spring。

(3) I Part:. _my_cab_zhudong. gel_r_damper_up。

(4) J Part:. _my_cab_zhudong. gel_r_damper_down。

(5) I Coordinate Reference:. _my_cab_zhudong. ground. hpl_r_damper_up。

(6) J Coordinate Reference:. _my_cab_zhudong. ground. hpl_r_damper_down。

(7) Installed Length:305. 0，单击 DM(iCoord, jCoord)自动计算弹簧的安装长度并填入方框中。

(8) Property File:mdids://acar_shared/springs. tbl/mdi_0001. spr。弹簧刚度曲线如图 10-10 所示。

(9) Spring Diameter:30。

(10) Number of Coils:11。

(11) 单击 Apply，完成 . _my_cab_zhudong. nsl_r_spring 弹簧的创建。

(12) Spring Name:. _my_cab_zhudong. nsl_f_spring。

(13) I Part:. _my_cab_zhudong. gel_f_damper_up。

(14) J Part:. _my_cab_zhudong. gel_f_damper_down。

(15) I Coordinate Reference:. _my_cab_zhudong. ground. hpl_f_damper_up。

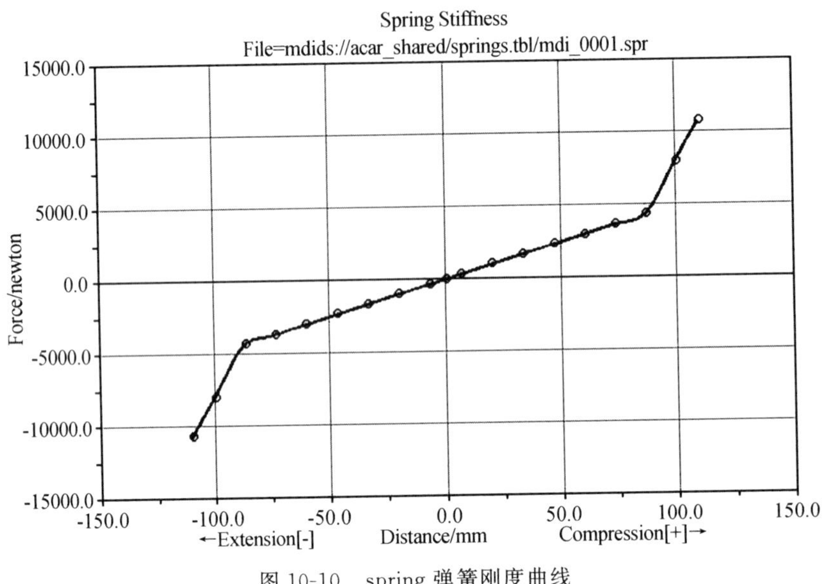

图 10-10　spring 弹簧刚度曲线

(16) J Coordinate Reference:._my_cab_zhudong.ground.hpl_f_damper_down。

(17) Installed Length:310.0,单击 DM(iCoord, jCoord)自动计算弹簧的安装长度并填入方框中。

(18) Property File:mdids://acar_shared/springs.tbl/mdi_0001.spr。

(19) Spring Diameter:26。

(20) Spring of Coils:8。

(21) 单击 OK,完成._my_cab_zhudong.nsl_f_spring 弹簧的创建。

10.3.2　避震器

(1) 单击 Build>Force>Damper>New 命令,弹出避震器创建对话框,如图 10-11 所示。

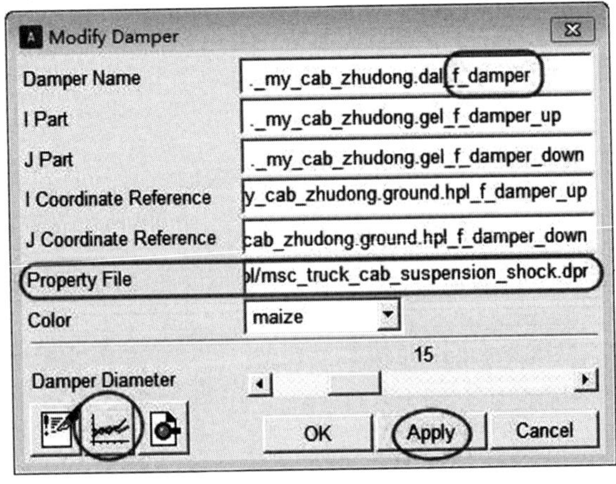

图 10-11　damper 避震器创建对话框

(2) Damper Name:. _my_cab_zhudong. dal_f_damper。

(3) I Part:. _my_cab_zhudong. gel_f_damper_up。

(4) J Part:. _my_cab_zhudong. gel_f_damper_down。

(5) I Coordinate Reference:. _my_cab_zhudong. ground. hpl_f_damper_up。

(6) J Coordinate Reference:. _my_cab_zhudong. ground. hpl_f_damper_down。

(7) Property File:mdids://atruck_shared/dampers. tbl/msc_truck_cab_suspension_shock. dpr。避震器特性曲线如图 10-12 所示。

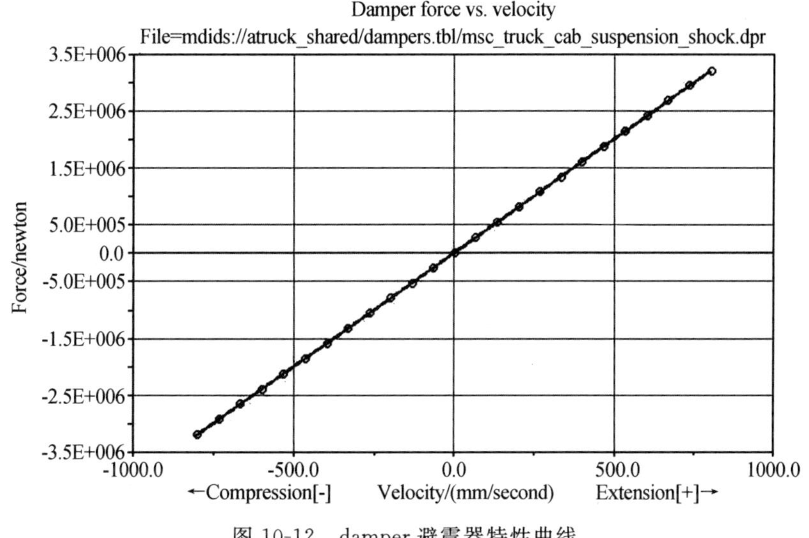

图 10-12　damper 避震器特性曲线

(8) Damper Diameter:15。

(9) Color:maize。

(10) 单击 Apply,完成 . _my_cab_zhudong. dal_f_damper 避震器的创建。

(11) Damper Name:. _my_cab_zhudong. dal_r_damper。

(12) I Part:. _my_cab_zhudong. gel_r_damper_up。

(13) J Part:. _my_cab_zhudong. gel_r_damper_down。

(14) I Coordinate Reference:. _my_cab_zhudong. ground. hpl_r_damper_up。

(15) J Coordinate Reference:. _my_cab_zhudong. ground. hpl_r_damper_down。

(16) Property File:mdids://atruck_shared/dampers. tbl/msc_truck_cab_suspension_shock. dpr。

(17) Damper Diameter:15。

(18) Color:maize。

(19) 单击 OK,完成 . _my_cab_zhudong. dal_r_damper 避震器的创建。

避震器属性文件信息如下:

```
$ ----------------------------------------------------------------- MDI_HEADER
[MDI_HEADER]
FILE_TYPE     =   'dpr'
FILE_VERSION   =   4.0
FILE_FORMAT   =   'ASCII'
$$ ---------------------------------------------------------------------- UNITS
[UNITS]
LENGTH   =   'mm'
ANGLE   =   'degrees'
FORCE   =   'newton'
MASS    =   'kg'
TIME    =   'second'
$$ ---------------------------------------------------------------------- CURVE
%   以下为避震器参数，即力和速度之间的关系，对于不同车型使用过的避震器，可以
    通过实验获取以下参数
[CURVE]
{ vel             force}
 -800.0           -3200000.0
 -733.3333        -2933333.3333
 -666.6667        -2666666.6667
 -600.0           -2400000.0
 -533.3333        -2133333.3333
 -466.6667        -1866666.6667
 -400.0           -1600000.0
 -333.3333        -1333333.3333
 -266.6667        -1066666.6667
 -200.0           -800000.0
 -133.3333      -533333.3333
 -66.6667         -266666.6667
0.0               0.0
66.6667           266666.6667
133.3333          533333.3333
200.0             800000.0
266.6667          1066666.6667
333.3333          1333333.3333
400.0             1600000.0
466.6667          1866666.6667
533.3333          2133333.3333
600.0             2400000.0
666.6667          2666666.6667
733.3333          2933333.3333
800.0             3200000.0
```

10.4　驾驶室约束关系

10.4.1　刚性约束

单击 Build>Attachments>Joint>New 命令，弹出创建约束件对话框，如图 10-13 所示。

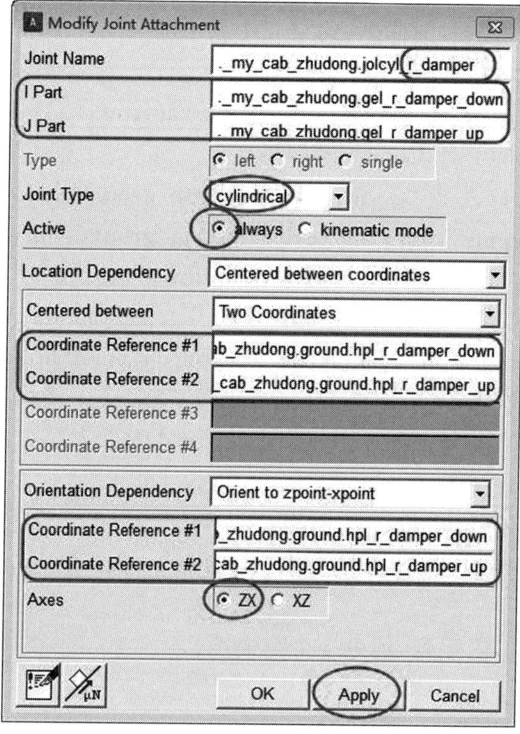

图 10-13　圆柱约束

(1) 部件 r_damper_down 与 r_damper_up 之间 cylindrical 约束：

① Joint Name：. _my_cab_zhudong. jolcyl_r_damper。

② I Part：. _my_cab_zhudong. gel_r_damper_down。

③ J Part：. _my_cab_zhudong. gel_r_damper_up。

④ Type：left。

⑤ Joint Type：cylindrical，圆柱副，约束 4 个自由度。

⑥ Active：always。

⑦ Location Dependency：Centered between coordinates。

⑧ Centered between：Two Coordinates。

⑨ Coordinate Reference ＃1：. _my_cab_zhudong. ground. hpl_r_damper_down。

⑩ Coordinate Reference ＃2：. _my_cab_zhudong. ground. hpl_r_damper_up。

⑪ Orientation Dependency：Orient to zpoint-xpoint。

⑫ Coordinate Reference ＃1：. _my_cab_zhudong. ground. hpl_r_damper_down。

⑬ Coordinate Reference ＃2:. _my_cab_zhudong. ground. hpl_r_damper_up。

⑭ 单击 Apply,完成 . _my_cab_zhudong. jolcyl_r_damper 圆柱副的创建。

(2) 部件 f_damper_down 与 f_damper_up 之间 cylindrical 约束:

① Joint Name:. _my_cab_zhudong. jolcyl_f_damper。

② I Part:. _my_cab_zhudong. gel_f_damper_down。

③ J Part:. _my_cab_zhudong. gel_f_damper_up。

④ Type:left。

⑤ Joint Type:cylindrical,圆柱副,约束 4 个自由度。

⑥ Active:always。

⑦ Location Dependency:Centered between coordinates。

⑧ Centered between:Two Coordinates。

⑨ Coordinate Reference ＃1:. _my_cab_zhudong. ground. hpl_f_damper_down。

⑩ Coordinate Reference ＃2:. _my_cab_zhudong. ground. hpl_f_damper_up。

⑪ Orientation Dependency:Orient axis along line。

⑫ Coordinate Reference ＃1:. _my_cab_zhudong. ground. hpl_f_damper_down。

⑬ Coordinate Reference ＃2:. _my_cab_zhudong. ground. hpl_f_damper_up。

⑭ 单击 Apply,完成 . _my_cab_zhudong. jolcyl_f_damper 圆柱副的创建。

(3) 部件 zhijia_DOWN 与 cab_to_body 之间 fixed 约束:

① Joint Name:. _my_cab_zhudong. jolfix_zhijia_body。

② I Part:. _my_cab_zhudong. gel_zhijia_DOWN。

③ J Part:. _my_cab_zhudong. mts_cab_to_body。

④ Type:left。

⑤ Joint Type:fixed,固定副,约束 6 个自由度。

⑥ Active:always。

⑦ Location Dependency:Delta location from coordinate。

⑧ Coordinate Reference:. _my_cab_zhudong. ground. hpl_f_damper_down。

⑨ Location:0,0,0。

⑩ Location in:local。

⑪ 单击 Apply,完成 . _my_cab_zhudong. jolfix_zhijia_body 固定副的创建。

(4) 部件 r_zhijia_down 与 cab_to_body 之间 fixed 约束:

① Joint Name:. _my_cab_zhudong. josfix_zhijia_down。

② I Part:. _my_cab_zhudong. ges_r_zhijia_down。

③ J Part:. _my_cab_zhudong. mts_cab_to_body。

④ Type:single。

⑤ Joint Type:fixed,固定副,约束 6 个自由度。

⑥ Active:always。

⑦ Location Dependency:Centered between coordinates。

⑧ Centered between:Four coordinates。

⑨ Coordinate Reference ＃1:. _my_cab_zhudong. ground. hpl_r_damper_down。

⑩ Coordinate Reference ＃2:. _my_cab_zhudong. ground. hpr_r_damper_down。
⑪ Coordinate Reference ＃3:. _my_cab_zhudong. ground. hpl_b2。
⑫ Coordinate Reference ＃4:. _my_cab_zhudong. ground. hpr_b2。
⑬ 单击 Apply,完成 . _my_cab_zhudong. josfix_zhijia_down 固定副的创建。
(5) 部件 r_zhijia_down 与 r_zhijia_up 之间 revolute 约束:
① Joint Name:. _my_cab_zhudong. jolrev_b2。
② I Part:. _my_cab_zhudong. ges_r_zhijia_down。
③ J Part:. _my_cab_zhudong. gel_r_zhijia_up。
④ Type:left。
⑤ Joint Type:revolute,铰接副,约束 5 个自由度。
⑥ Active:always。
⑦ Location Dependency:Delta location from coordinate。
⑧ Coordinate Reference:. _my_cab_zhudong. ground. hpl_b2。
⑨ Location:0,0,0。
⑩ Location in:local。
⑪ Orientation Dependency:User entered values。
⑫ Orient Using:Euler Angles。
⑬ Euler Angles:90. 0,90. 0,0。
⑭ 单击 Apply,完成 . _my_cab_zhudong. jolrev_b2 转动副的创建。
(6) 部件 zhijia_UP 与 zhijia_DOWN 间 revolute 约束:
① Joint Name:. _my_cab_zhudong. jolrev_zhijia_up_to_down。
② I Part:. _my_cab_zhudong. gel_zhijia_UP。
③ J Part:. _my_cab_zhudong. gel_zhijia_DOWN。
④ Type:left。
⑤ Joint Type:revolute,铰接副,约束 5 个自由度。
⑥ Active:always。
⑦ Location Dependency:Delta location from coordinate。
⑧ Coordinate Reference:. _my_cab_zhudong. ground. hpl_fzb_front。
⑨ Location:0,0,0。
⑩ Location in:local。
⑪ Orientation Dependency:Orient axis to point。
⑫ Coordinate Reference:. _my_cab_zhudong. ground. hpl_fzb_front。
⑬ Axis:Z。
⑭ 单击 Apply,完成 . _my_cab_zhudong. jolrev_zhijia_up_to_down 转动副的创建。
(7) 部件 zhijia_UP 与 wendinggan_elem1 之间 fixed 约束:
① Joint Name:. _my_cab_zhudong. josfix_f_wendinggan_right。
② I Part:. _my_cab_zhudong. ger_zhijia_UP。
③ J Part:. _my_cab_zhudong. wendinggan_elem1。
④ Type:single。

⑤ Joint Type:fixed,固定副,约束 6 个自由度。

⑥ Active:always。

⑦ Location Dependency:Delta location from coordinate。

⑧ Coordinate Reference:. _my_cab_zhudong. ground. hpr_fzb_front。

⑨ Location:0,0,0。

⑩ Location in:local。

⑪ 单击 Apply,完成 . _my_cab_zhudong. josfix_f_wendinggan_right 固定副的创建。

(8) 部件 zhijia_UP 与 wendinggan_elem15 之间 fixed 约束:

① Joint Name:. _my_cab_zhudong. josfix_f_wendinggan_left。

② I Part:. _my_cab_zhudong. wendinggan_elem15。

③ J Part:. _my_cab_zhudong. gel_zhijia_UP。

④ Type:single。

⑤ Joint Type:fixed,固定副,约束 6 个自由度。

⑥ Active:always。

⑦ Location Dependency:Delta location from coordinate。

⑧ Coordinate Reference:. _my_cab_zhudong. ground. hpl_fzb_front。

⑨ Location:0,0,0。

⑩ Location in:local。

⑪ 单击 OK,完成 . _my_cab_zhudong. josfix_f_wendinggan_left 固定副的创建。

10.4.2 柔性约束

单击 Build>Attachments>Bushing>New 命令,弹出创建衬套件对话框,如图 10-14 所示。

(1) 部件 r_zhijia_up 与 r_damper_up 之间 bushing 约束:

① Bushing Name:. _my_cab_zhudong. bgl_r_damper_up。

② I Part:. _my_cab_zhudong. gel_r_zhijia_up。

③ J Part:. _my_cab_zhudong. gel_r_damper_up。

④ Inactive:never。

⑤ Preload:0,0,0。

⑥ Tpreload:0,0,0。

⑦ Offset:0,0,0。

⑧ Roffset:0,0,0。

⑨ Geometry Length:20. 0。

⑩ Geometry Radius:30. 0。

⑪ Property File:mdids://atruck_shared/bushings. tbl/msc_truck_cab_suspension_shock. bus。

⑫ Location Dependency:Delta location from coordinate。

⑬ Coordinate Reference:. _my_cab_zhudong. ground. hpl_r_damper_up。

⑭ Location:0,0,0。

⑮ Location in:local。

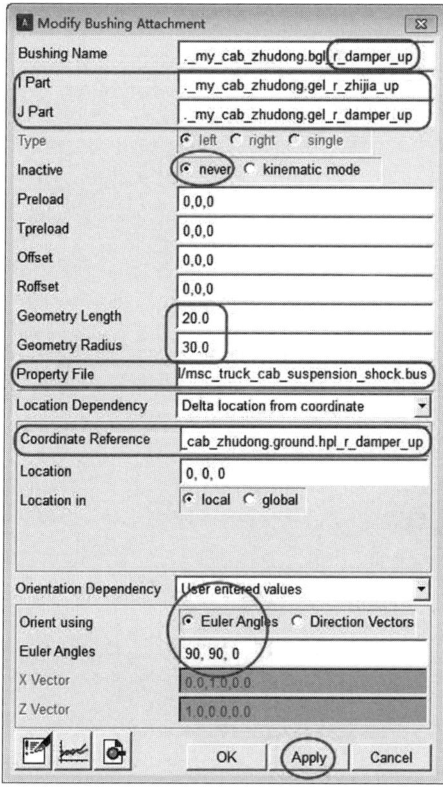

图 10-14　衬套连接——r_damper_up

⑯ Orientation Dependency：User entered values。

⑰ Orient Using：Euler Angles。

⑱ Euler Angles：90，90，0。

⑲ 单击 Apply，完成 . _my_cab_zhudong. bgl_r_damper_up 轴套的创建。

衬套信息如下：

```
$------------------------------------------------------------MDI_HEADER
[MDI_HEADER]
FILE_TYPE      =   'bus'
FILE_VERSION   =   4.0
FILE_FORMAT    =   'ASCII'
$-----------------------------------------------------------------UNITS
[UNITS]
LENGTH   =   'mm'
ANGLE    =   'degrees'
FORCE    =   'newton'
MASS     =   'kg'
TIME     =   'second'
```

```
$ ———————————————————————————————————————— DAMPING
[DAMPING]
FX_DAMPING   =   22.0
FY_DAMPING   =   22.0
FZ_DAMPING   =   22.0
TX_DAMPING   =   100.0
TY_DAMPING   =   100.0
TZ_DAMPING   =   0.0
$ ---------------------------------------------------------------- FX_CURVE
```

%衬套实验数据,可以通过有限元方法或者实验方法测出衬套在 X\Y\Z 三个方向的刚度与扭转刚度

```
[FX_CURVE]
{     x                    fx}
 -500.0                   -1100000.0
 -458.3333                -1008333.3333
 -416.6667                -916666.6667
 -375.0                   -825000.0
 -333.3333                -733333.3333
 -291.6667                -641666.6667
 -250.0                   -550000.0
 -208.3333                -458333.3333
 -166.6667                -366666.6667
 -125.0                   -275000.0
 -83.3333                 -183333.3333
 -41.6667                 -91666.6667
 0.0                      0.0
 41.6667                  91666.6667
 83.3333                  183333.3333
 125.0                    275000.0
 166.6667                 366666.6667
 208.3333                 458333.3333
 250.0                    550000.0
 291.6667                 641666.6667
 333.3333                 733333.3333
 375.0                    825000.0
 416.6667                 916666.6667
 458.3333                 1008333.3333
 500.0                    1100000.0
```

```
$---------------------------------------------------------------FY_CURVE
[FY_CURVE]
{      y                    fy}
 -500.0                     -1100000.0
 -458.3333                  -1008333.3333
 -416.6667                  -916666.6667
 -375.0                     -825000.0
 -333.3333                  -733333.3333
 -291.6667                  -641666.6667
 -250.0                     -550000.0
 -208.3333                  -458333.3333
 -166.6667                  -366666.6667
 -125.0                     -275000.0
 -83.3333                   -183333.3333
 -41.6667                   -91666.6667
 0.0                        0.0
 41.6667                    91666.6667
 83.3333                    183333.3333
 125.0                      275000.0
 166.6667                   366666.6667
 208.3333                   458333.3333
 250.0                      550000.0
 291.6667                   641666.6667
 333.3333                   733333.3333
 375.0                      825000.0
 416.6667                   916666.6667
 458.3333                   1008333.3333
 500.0                      1100000.0
$---------------------------------------------------------------FZ_CURVE
[FZ_CURVE]
{      z                    fz}
 -500.0                     -1100000.0
 -458.3333                  -1008333.3333
 -416.6667                  -916666.6667
 -375.0                     -825000.0
 -333.3333                  -733333.3333
 -291.6667                  -641666.6667
 -250.0                     -550000.0
```

```
-208.3333          -458333.3333
-166.6667          -366666.6667
-125.0             -275000.0
-83.3333           -183333.3333
-41.6667           -91666.6667
0.0                0.0
41.6667            91666.6667
83.3333            183333.3333
125.0              275000.0
166.6667           366666.6667
208.3333           458333.3333
250.0              550000.0
291.6667           641666.6667
333.3333           733333.3333
375.0              825000.0
416.6667           916666.6667
458.3333           1008333.3333
500.0              1100000.0
$---------------------------------------------------------------TX_CURVE
[TX_CURVE]
{      ax              tx}
 -500.0            -5000000.0
 -458.3333         -4583333.3333
 -416.6667         -4166666.6667
 -375.0            -3750000.0
 -333.3333         -3333333.3333
 -291.6667         -2916666.6667
 -250.0            -2500000.0
 -208.3333         -2083333.3333
 -166.6667         -1666666.6667
 -125.0            -1250000.0
 -83.3333          -833333.3333
 -41.6667          -416666.6667
 0.0               0.0
 41.6667           416666.6667
 83.3333           833333.3333
 125.0             1250000.0
 166.6667          1666666.6667
```

```
208.3333          2083333.3333
250.0             2500000.0
291.6667          2916666.6667
333.3333          3333333.3333
375.0             3750000.0
416.6667          4166666.6667
458.3333          4583333.3333
500.0             5000000.0
$---------------------------------------------------------------TY_CURVE
[TY_CURVE]
{     ay                ty}
-500.0            -5000000.0
-458.3333         -4583333.3333
-416.6667         -4166666.6667
-375.0            -3750000.0
-333.3333         -3333333.3333
-291.6667         -2916666.6667
-250.0            -2500000.0
-208.3333         -2083333.3333
-166.6667         -1666666.6667
-125.0            -1250000.0
-83.3333          -833333.3333
-41.6667          -416666.6667
0.0               0.0
41.6667           416666.6667
83.3333           833333.3333
125.0             1250000.0
166.6667          1666666.6667
208.3333          2083333.3333
250.0             2500000.0
291.6667          2916666.6667
333.3333          3333333.3333
375.0             3750000.0
416.6667          4166666.6667
458.3333          4583333.3333
500.0             5000000.0
$---------------------------------------------------------------TZ_CURVE
[TZ_CURVE]
```

```
{       az                  tz}
-500.0                      0.0
-458.3333                   0.0
-416.6667                   0.0
-375.0                      0.0
-333.3333                   0.0
-291.6667                   0.0
-250.0                      0.0
-208.3333                   0.0
-166.6667                   0.0
-125.0                      0.0
-83.3333                    0.0
-41.6667                    0.0
0.0                         0.0
41.6667                     0.0
83.3333                     0.0
125.0                       0.0
166.6667                    0.0
208.3333                    0.0
250.0                       0.0
291.6667                    0.0
333.3333                    0.0
375.0                       0.0
416.6667                    0.0
458.3333                    0.0
500.0                       0.0
```

(2) 部件 r_zhijia_down 与 r_damper_down 之间 bushing 约束：

① Bushing Name：. _my_cab_zhudong. bgl_r_damper_down。

② I Part：. _my_cab_zhudong. ges_r_zhijia_down。

③ J Part：. _my_cab_zhudong. gel_r_damper_down。

④ Inactive：never。

⑤ Preload：0，0，0。

⑥ Tpreload：0，0，0。

⑦ Offset：0，0，0。

⑧ Roffset：0，0，0。

⑨ Geometry Length：20.0。

⑩ Geometry Radius：30.0。

⑪ Property File：mdids：//atruck_shared/bushings. tbl/msc_truck_cab_suspension_shock. bus。

⑫ Location Dependency：Delta location from coordinate。

⑬ Coordinate Reference：. _my_cab_zhudong. ground. hpl_r_damper_down。

⑭ Location：0，0，0。

⑮ Location in：local。

⑯ Orientation Dependency：User entered values。

⑰ Orient Using：Euler Angles。

⑱ Euler Angles：90，90，0。

⑲ 单击 Apply，完成 . _my_cab_zhudong. bgl_r_damper_down 轴套的创建。

（3）部件 zhijia_UP 与 cab 之间 bushing 约束：

① Bushing Name：. _my_cab_zhudong. bgl_zhijia_UP_rear。

② I Part：. _my_cab_zhudong. gel_zhijia_UP。

③ J Part：. _my_cab_zhudong. ges_cab。

④ Inactive：never。

⑤ Preload：0，0，0。

⑥ Tpreload：0，0，0。

⑦ Offset：0，0，0。

⑧ Roffset：0，0，0。

⑨ Geometry Length：20. 0。

⑩ Geometry Radius：30. 0。

⑪ Property File：mdids：//acar_shared/bushings. tbl/mdi_0001. bus。

⑫ Location Dependency：Delta location from coordinate。

⑬ Coordinate Reference：. _my_cab_zhudong. ground. hpl_fzb_rear。

⑭ Location：0，0，0。

⑮ Location in：local。

⑯ Orientation Dependency：Orient axis to point。

⑰ Coordinate Reference：. _my_cab_zhudong. ground. hpr_fzb_rear。

⑱ Axis：Z。

⑲ 单击 Apply，完成 . _my_cab_zhudong. bgl_zhijia_UP_rear 轴套的创建。

（4）部件 r_zhijia_up 与 cab 之间 bushing 约束：

① Bushing Name：. _my_cab_zhudong. bgl_b1。

② I Part：. _my_cab_zhudong. gel_r_zhijia_up。

③ J Part：. _my_cab_zhudong. ges_cab。

④ Inactive：never。

⑤ Preload：0，0，0。

⑥ Tpreload：0，0，0。

⑦ Offset：0，0，0。

⑧ Roffset:0,0,0。

⑨ Geometry Length:20.0。

⑩ Geometry Radius:30.0。

⑪ Property File:mdids://atruck_shared/bushings.tbl/msc_truck_cab_suspension_lateral_bar.bus。

⑫ Location Dependency:Delta location from coordinate。

⑬ Coordinate Reference:._my_cab_zhudong.ground.hpl_b1。

⑭ Location:0,0,0。

⑮ Location in:local。

⑯ Orientation Dependency:User entered values。

⑰ Orient Using:Euler Angles。

⑱ Euler Angles:90,90,0。

⑲ 单击 Apply,完成 ._my_cab_zhudong.bgl_b1 轴套的创建。

(5) 部件 f_damper_up 与 cab 之间 bushing 约束:

① Bushing Name:._my_cab_zhudong.bgl_f_damper_up。

② I Part:._my_cab_zhudong.gel_f_damper_up。

③ J Part:._my_cab_zhudong.ges_cab。

④ Inactive:never。

⑤ Preload:0,0,0。

⑥ Tpreload:0,0,0。

⑦ Offset:0,0,0。

⑧ Roffset:0,0,0。

⑨ Geometry Length:20.0。

⑩ Geometry Radius:30.0。

⑪ Property File:mdids://acar_shared/bushings.tbl/mdi_0001.bus。

⑫ Location Dependency:Delta location from coordinate。

⑬ Coordinate Reference:._my_cab_zhudong.ground.hpl_f_damper_up。

⑭ Location:0,0,0。

⑮ Location in:local。

⑯ Orientation Dependency:Orient axis to point。

⑰ Coordinate Reference:._my_cab_zhudong.ground.hpr_f_damper_up。

⑱ Axis:Z。

⑲ 单击 Apply,完成 ._my_cab_zhudong.bgl_f_damper_up 轴套的创建。

(6) 部件 f_damper_down 与 zhijia_UP 之间 bushing 约束:

① Bushing Name:._my_cab_zhudong.bgl_f_damper_down。

② I Part:._my_cab_zhudong.gel_f_damper_down。

③ J Part:._my_cab_zhudong.gel_zhijia_UP。

④ Inactive:never。

⑤ Preload:0,0,0。

⑥ Tpreload:0,0,0。

⑦ Offset:0,0,0。

⑧ Roffset:0,0,0。

⑨ Geometry Length:20.0。

⑩ Geometry Radius:30.0。

⑪ Property File:mdids://acar_shared/bushings.tbl/mdi_0001.bus。

⑫ Location Dependency:Delta location from coordinate。

⑬ Coordinate Reference:._my_cab_zhudong.ground.hpl_f_damper_down。

⑭ Location:0,0,0。

⑮ Location in:local。

⑯ Orientation Dependency:Orient axis to point。

⑰ Coordinate Reference:._my_cab_zhudong.ground.hpr_f_damper_down。

⑱ Axis:Z。

⑲ 单击 Apply,完成._my_cab_zhudong.bgl_f_damper_down 轴套的创建。

10.5　主动驾驶室函数设定

10.5.1　状态变量

(1) 单击 Build > System Elements > State Variable>New 命令,弹出创建状态变量对话框,如图 10-15 所示。

(2) Name:._my_cab_zhudong.frot_left。

(3) Definition: Run-Time Expression。

(4) F(time,…)=:0。

(5) 单击 Apply 完成状态变量._my_cab_zhudong.frot_left 的创建。

(6) 重复上述步骤,完成以下状态变量的建立:

① ._my_cab_zhudong.front_right。

② ._my_cab_zhudong.rear_left。

③ ._my_cab_zhudong.rear_right。

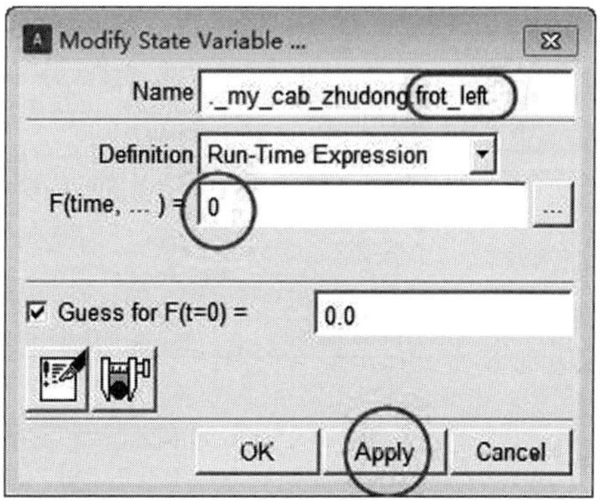

图 10-15　状态变量——frot_left

10.5.2　主动力

(1) 切换到 ADAMS/View 界面。

(2) 单击菜单栏 Force,选择 Applied Forces 框的 Force 快捷方式,在两部件 spring_down、spring_up 之间建单向主动力。

(3) Run-time Direction:Two Bodies。

(4) Construction:2 Bodies －2 Location。

(5) Characteristic:Custom。

(6) 根据命令窗口提示顺序选择两部件. _my_cab_zhudong. gel_f_damper_up、. _my_cab_zhudong. gel_f_damper_down,再顺序选择参考点 spring_down. cm、spring_up. cm,完成主动力 SFORCE_1 的创建。

(7) 选中主动力 SFORCE_1,右击选择 Rename,修改名称为 f_zdl_l。

(8) 单击 OK,完成硬主动力的重命名。

(9) 右击 zhudongli,选择 Modify。

(10) 在弹出的 Modify Force 对话框中修改 Function,输入 VARVAL(. _my_cab_zhudong. frot_left),其余参数保持默认。

(11) 单击 Apply,完成主动力 f_zdl_l 的修改函数,如图 10-16 所示。

(12) 重复上述步骤,完成以下主动力的创建:

① . _my_cab_zhudong. f_zdl_r。

② . _my_cab_zhudong. r_zdl_l。

③ . _my_cab_zhudong. r_zdl_r。

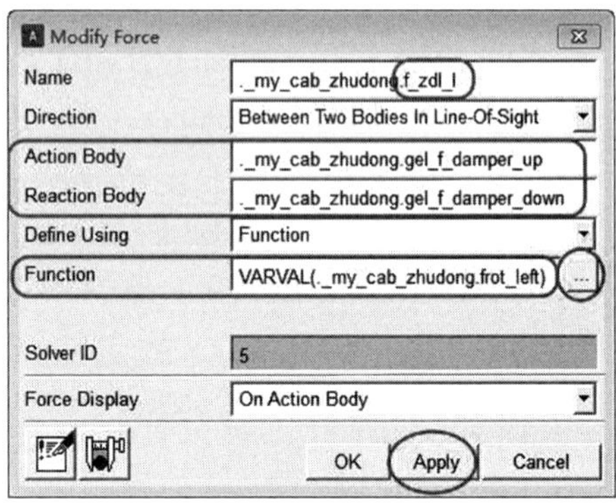

图 10-16 主动力修改对话框

10.5.3 测量函数

构建主动驾驶室模型,需要输出驾驶与支撑悬置连接处的速度及其他参数。测量函数的建立如图 10-17 所示。

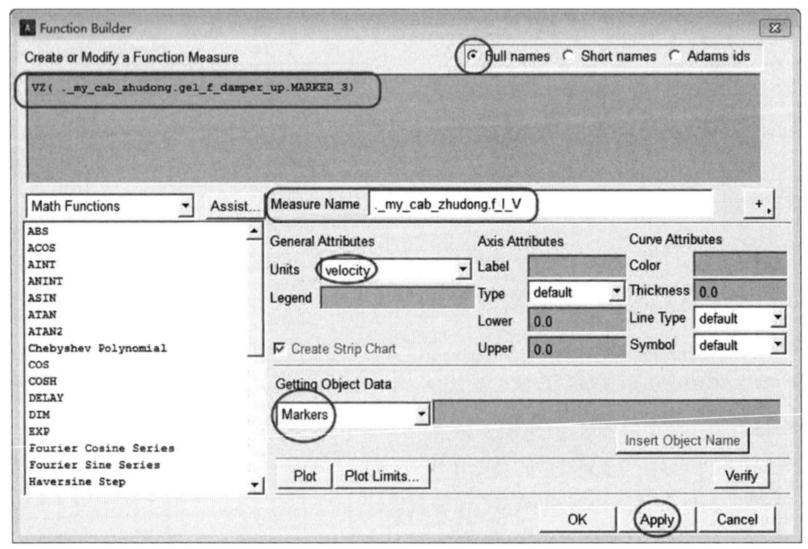

图 10-17 测量函数构建

(1) 单击菜单栏 Design Exploration,选择系统单元 Measures 框中的创建状态变量快捷方式图标:Create a new Function Measure,弹出函数构建对话框。

(2) Measure Name:. _my_cab_zhudong. f_l_V。

(3) Units:velocity。

(4) 选择 Velocity along Z。

(5) 单击 Assist,弹出 Velocity along Z 对话框。

(6) To _Marker 框中输入 gel_f_damper_up. MARKER_3,其余 From Marker、Along Marker、Reference Frame 框保持默认不用输入,辅助对话框如图 10-18 所示,单击 Apply,完成加速度函数 VZ(. _my_cab_zhudong. gel_f_damper_up. MARKER_3)的输入。

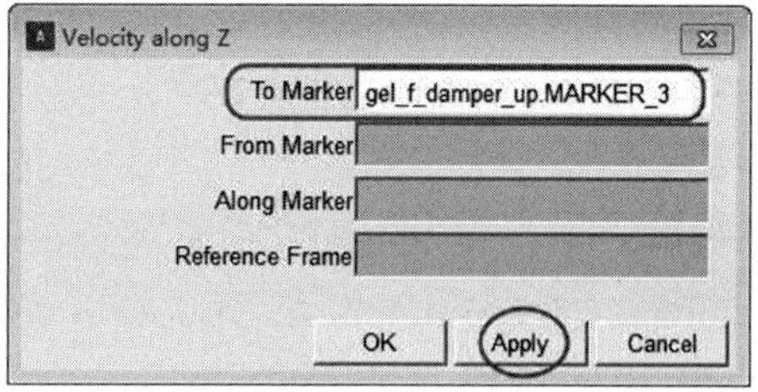

图 10-18　辅助对话框

(7) 单击 Verify,检查函数 VZ(. _my_cab_zhudong. gel_f_damper_up. MARKER_3)正确无误。

(8) 单击 OK,完成函数构建。

(9) 重复以上步骤,完成以下测量函数的建立:

① VZ(. _my_cab_zhudong. ger_f_damper_up. MARKER_5)。

② VZ(. _my_cab_zhudong. gel_r_damper_up. MARKER_7)。

③ VZ(. _my_cab_zhudong. ger_r_damper_up. MARKER_9)。

④ ACCZ(. _my_cab_zhudong. gel_f_damper_up. MARKER_3)。

⑤ ACCZ(. _my_cab_zhudong. ger_f_damper_up. MARKER_5)。

⑥ ACCZ(. _my_cab_zhudong. gel_r_damper_up. MARKER_7)。

⑦ ACCZ(. _my_cab_zhudong. ger_r_damper_up. MARKER_9)。

⑧ ACCX(. _my_cab_zhudong. ges_cab. MARKER_1)。

⑨ ACCY(. _my_cab_zhudong. ges_cab. MARKER_1)。

⑩ ACCZ(. _my_cab_zhudong. ges_cab. MARKER_1)。

⑪ WX(. _my_cab_zhudong. ges_cab. MARKER_1)。

⑫ WY(. _my_cab_zhudong. ges_cab. MARKER_1)。

⑬ WZ(. _my_cab_zhudong. ges_cab. MARKER_1)。

10.5.4　输入输出集

(1) 切换到 ADAMS/Car 专家界面。

(2) 单击 Build>Date Elements>Plant Input>New 命令,弹出创建状态变量对话框,如图 10-19 所示。

(3) Variable Name:. _my_cab_zhudong. frot_left,. _my_cab_zhudong. front_right,. _my_cab_zhudong. rear_left,. _my_cab_zhudong. rear_right。

(4) 单击 OK,完成. _my_cab_zhudong. PINPUT_1 输入集的创建。

(5) 单击 Build>Date Elements>Plant Output>New 命令,弹出创建状态变量对话框,如图 10-20 所示。

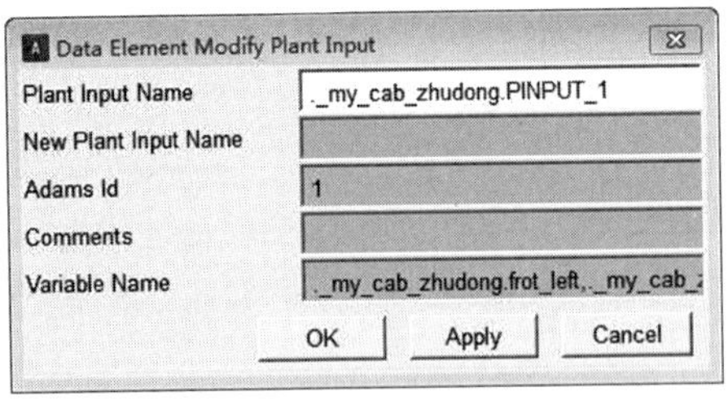

图 10-19　输入集

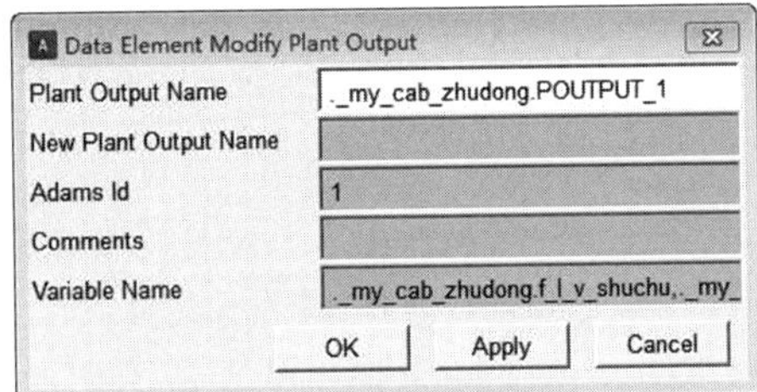

图 10-20　输出集

(6) Variable Name:._my_cab_zhudong.f_l_v_shuchu,._my_cab_zhudong.f_r_v_shuchu,._my_cab_zhudong.r_l_v_shuchu,._my_cab_zhudong.r_r_v_shuchu,._my_cab_zhudong.f_l_av_shuchu,._my_cab_zhudong.f_r_av_shuchu,._my_cab_zhudong.r_l_av_shuchu,._my_cab_zhudong.r_r_av_shuchu,._my_cab_zhudong.cab_wx_shuchu,._my_cab_zhudong.cab_wy_shuchu,._my_cab_zhudong.cab_wz_shuchu,._my_cab_zhudong.cab_AX_shuchu,._my_cab_zhudong.cab_AY_shuchu,._my_cab_zhudong.cab_AZ_shuchu。

(7) 单击 OK,完成._my_cab_zhudong.POUTPUT_1 输出集的创建。

至此,主动驾驶室模型建立完成,保存主动驾驶室模型,切换到 ADAMS/Car 标准界面,建立主动驾驶室子系统,并在 6×2 整车上添加主动驾驶室子系统。6×2 整车模型建立请参考《车辆系统动力学仿真》一书。由于 6×2 整车模型极为复杂,此处不再详细叙述其建模过程。

10.6　6×4 整车平台

相对于独立的驾驶室模型,整车平台环境下研究驾驶室的动态特性更符合驾驶室真实的工作状态。整车平台下可以详细地考虑驾驶室与其他系统的匹配特性,同时可以考虑不同的路面特性。整车平台下的缺点是建模工作量较大,系统的匹配与调试较为复杂,计算量大。整车平台如图 10-21 所示,包含车架、推杆式平衡悬架、前转向悬架、右舵转向系统、制动、动力传动及轮胎多个系统。整车共包含 977 个自由度。

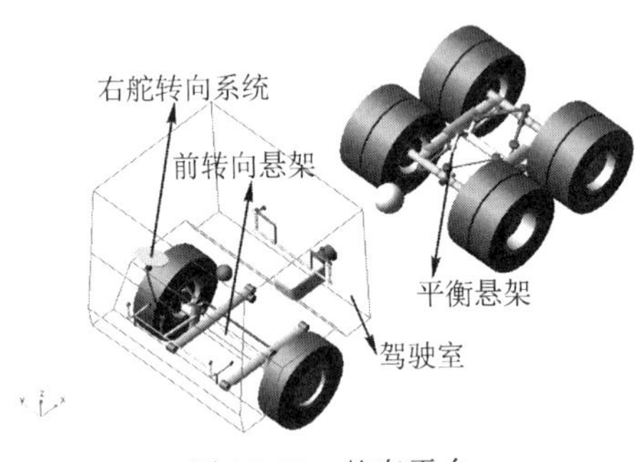

图 10-21　整车平台

包含主动驾驶室系统的 6×2 整车模型打开信息如下(可以从打开信息中看出整车包含的系统及通讯器匹配情况。如果熟悉 ADAMS/Car 通讯器的特性,可以凭经验判断整车装配是否存在小的缺陷:如果整车装配不正确,装配信息会有适当的提示。采用高版本的软件,装配过程会自动更新或转换为适用于高版本软件的模型):

```
Opening the assembly:'my_truck_full_DX_496_cab'…
Opening the rear wheel subsystem:'msc_truck_drive_wheels'…
```

```
Opening the rear_2 wheel subsystem:'msc_truck_drive_wheels_2'…
Opening the front wheel subsystem:'msc_truck_steer_wheels'…
Opening the body subsystem:'my_truck_body'…
Opening the front steering subsystem:'my_truck_steering'…
Converting template from version 2014.0 to 2015.0 …
---------------------------------------------------------------------
Template has been converted to version 2015.0.
Opening the front suspension subsystem:'my_truck_sus_f'…
Converting template from version 2014.0 to 2015.0 …
---------------------------------------------------------------------
 - Converting bushing: bgl_damper_down…
 - Converting bushing: bgr_damper_down…
 - Converting bushing: bgl_damper_up…
 - Converting bushing: bgr_damper_up…
 - Converting bushing: bkl_p1…
 - Converting bushing: bkr_p1…
 - Converting bushing: bkl_p15…
 - Converting bushing: bkr_p15…
 - Converting bushing: bkl_p16…
 - Converting bushing: bkr_p16…
 - Converting damper: dal_damper…
 - Converting damper: dar_damper…
---------------------------------------------------------------------
Template has been converted to version 2015.0.
Opening the powertrain subsystem:'my_truck_powertrain'…
Opening the brake_system subsystem:'my_truck_brake'…
Converting template from version 2014.0 to 2015.0 …
---------------------------------------------------------------------
Template has been converted to version 2015.0.
Opening the rear suspension subsystem:'my_truck_driveaxle_DX_496'…
Opening the cab subsystem:'my_cab_zhudong'…
Converting template from version 2014.0 to 2015.0 …
---------------------------------------------------------------------
 - Converting bushing: bgl_b1…
 - Converting bushing: bgr_b1…
 - Converting bushing: bgl_f_damper_down…
 - Converting bushing: bgr_f_damper_down…
```

```
- Converting bushing: bgl_f_damper_up…
- Converting bushing: bgr_f_damper_up…
- Converting bushing: bgl_r_damper_down…
- Converting bushing: bgr_r_damper_down…
- Converting bushing: bgl_r_damper_up…
- Converting bushing: bgr_r_damper_up…
- Converting bushing: bgl_zhijia_UP_rear…
- Converting bushing: bgr_zhijia_UP_rear…
- Converting damper: dal_f_damper…
- Converting damper: dar_f_damper…
- Converting damper: dal_r_damper…
- Converting damper: dar_r_damper…
-------------------------------------------------------------------------------
Template has been converted to version 2015.0.
Assembling subsystems…
Assigning communicators…
WARNING: The following input communicators were not assigned during assembly:
% 以下为不匹配的输入通讯器,但不影响整车的正常仿真
testrig.cis_downforce_coefficient
testrig.cis_crankshaft_ratio
testrig.cis_transmission_efficiency
testrig.cis_drive_torque_bias_front
testrig.cil_svs_ride_height_front
testrig.cir_svs_ride_height_front
testrig.cil_svs_ride_height_rear
testrig.cir_svs_ride_height_rear
testrig.cis_svs_trim_part
testrig.cis_engine_idle_speed
Assignment of communicators completed.
Assembly of subsystems completed.
Full vehicle assembly ready.
```

10.7　ADAMS/Controls 设置

通过 ADAMS/Controls 模块系统机械模型与控制模型，ADMAS 与 MATLAB 软件路径统一设置为 D:/cab_cosimulation。

(1) 单击菜单栏插件 Plugins，选择 Controls 单击，出现下拉列表选择 Plant Export 命

令，弹出控制接口输出对话框，如图 10-22 所示。

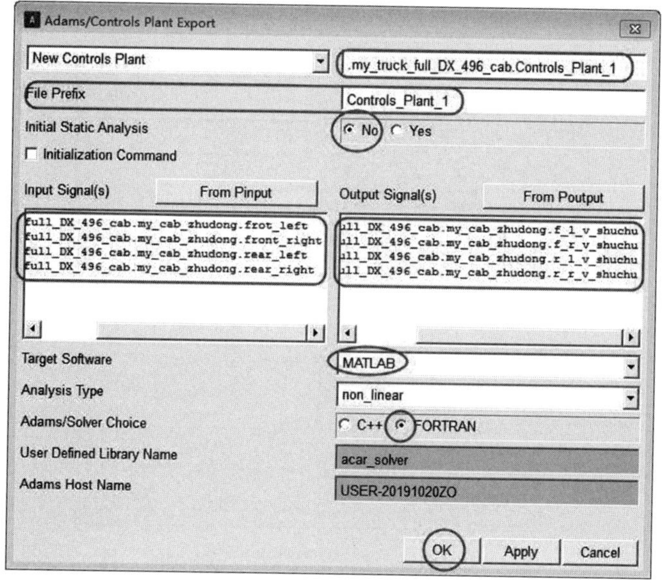

图 10-22　控制接口输出对话框

(2) File Prefix：Controls_Plant_1。

(3) Initial Static Analysis：No。

(4) 单击 From Pinput，从输入集中快速输入以下变量：

①. my_truck_full_DX_496_cab. my_cab_zhudong. frot_left。

②. my_truck_full_DX_496_cab. my_cab_zhudong. front_right。

③. my_truck_full_DX_496_cab. my_cab_zhudong. rear_left。

④. my_truck_full_DX_496_cab. my_cab_zhudong. rear_right。

(5) 单击 From Poutput，从输出集中快速输入以下变量(可以删除输出集中不必要的变量，此处只保留主动驾驶室连接的速度变量)：

①. my_truck_full_DX_496_cab. my_cab_zhudong. f_l_v_shuchu。

②. my_truck_full_DX_496_cab. my_cab_zhudong. f_r_v_shuchu。

③. my_truck_full_DX_496_cab. my_cab_zhudong. r_l_v_shuchu。

④. my_truck_full_DX_496_cab. my_cab_zhudong. r_r_v_shuchu。

(6) Target Software：MATLAB。

(7) Analysis Type：non_linear。

(8) Adams/Solver Choice：FORTRAN。

(9) 其余保持默认，单击 OK，完成 ADAMS/Controls 模块下的输入输出集的创建。

10.8　匀速直线仿真

(1) 单击 Simulate>Full-Vehicle Analysis>Straight Line Events>Acceleration 命令，

弹出整车加速仿真对话框，如图 10-23 所示。

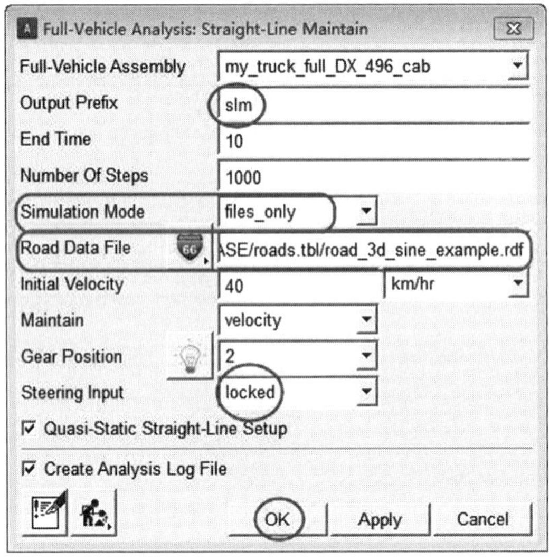

图 10-23　匀速仿真设定

(2) Output Prefix：slm。

(3) End Time：10。

(4) Number Of Steps：1000。

(5) Simulation Mode：files_only。

(6) Road Date File：mdids：//FSAE/roads. tbl/road_3d_sine_example. rdf。

(7) Initial Velocity：40 km/hr。

(8) Maintain：velocity。

(9) Gear Position：2。

(10) Steering Input：locked。

(11) 勾选 Quasi-Static Straight-Line Setup 复选框。

(12) 单击 OK，完成匀速直线行驶仿真设置并提交运算。

10.9　ADAMS 与 MATLAB 协同

10.9.1　协同方案一

用记事本打开文件 Controls_Plant_1. m：

(1) 修改 ADAMS_prefix ＝'slm_maintain'。

(2) 修改 ADAMS_init ＝'file/command＝Controls_Plant_1_controls. acf'为 ADAMS_init＝'file/command＝file/command＝slm_maintain_controls. acf'。

(3) 具体操作过程如下(程序修改部分用下划线斜体区别)：

```
% Adams / MATLAB Interface - Release 2015. 0. 0
system('taskkill /IM scontrols. exe /F>NUL');clc;
global ADAMS_sysdir; % used by setup_rtw_for_adams. m
global ADAMS_host; % used by start_adams_daemon. m
machine = computer;
datestr(now)
if strcmp(machine,'SOL2')
  arch = 'solaris32';
elseif strcmp(machine,'SOL64')
  arch = 'solaris32';
elseif strcmp(machine,'GLNX86')
  arch = 'linux32';
elseif strcmp(machine,'GLNXA64')
  arch = 'linux64';
elseif strcmp(machine,'PCWIN')
  arch = 'win32';
elseif strcmp(machine,'PCWIN64')
  arch = 'win64';
else
  disp('% % % Error: Platform unknown or unsupported by Adams/Controls. ') ;
  arch = 'unknown_or_unsupported';
  return
end
if strcmp(arch,'win64')
  [flag, topdir] = system('adams2015_x64 - top');
else
  [flag, topdir] = system('adams2015 - top');
end
if flag = = 0
  temp_str = strcat(topdir,'/controls/', arch);
  addpath(temp_str)
  temp_str = strcat(topdir,'/controls/','matlab');
  addpath(temp_str)
  temp_str = strcat(topdir,'/controls/','utils');
  addpath(temp_str)
  ADAMS_sysdir = strcat(topdir,'');
else
```

```
    addpath('D:\MSC~1.SOF\ADAMS_~1\2015\controls/win64');
    addpath('D:\MSC~1.SOF\ADAMS_~1\2015\controls/win32');
    addpath('D:\MSC~1.SOF\ADAMS_~1\2015\controls/matlab');
    addpath('D:\MSC~1.SOF\ADAMS_~1\2015\controls/utils');
    ADAMS_sysdir = 'D:\MSC~1.SOF\ADAMS_~1\2015\';
  end
  ADAMS_exec = 'acar_solver';
  ADAMS_host = 'USER-20191020ZO';
  ADAMS_cwd = 'D:\cab_cosimulation'  ;
  ADAMS_prefix = 'slm_maintain';
  ADAMS_static = 'no';
  ADAMS_solver_type = 'Fortran';
  if exist([ADAMS_prefix,'.adm']) == 0
    disp('');
    disp('%%% Warning: missing ADAMS plant model file(.adm) for Co-simulation or Function Evaluation.');
    disp('%%% If necessary, please re-export model files or copy the exported plant model files into the');
    disp('%%% working directory.  You may disregard this warning if the Co-simulation/Function Evaluation');
    disp('%%% is TCP/IP-based (running Adams on another machine), or if setting up MATLAB/Real-Time Workshop');
    disp('%%% for generation of an External System Library.');
    disp('');
  end
  ADAMS_init = 'file/command= slm_maintain_controls.acf';
  ADAMS_inputs  = 'my_cab_zhudong.frot_left!my_cab_zhudong.front_right!my_cab_zhudong.rear_left!my_cab_zhudong.rear_right';
  ADAMS_outputs = 'my_cab_zhudong.f_l_v_shuchu!my_cab_zhudong.f_r_v_shuchu!my_cab_zhudong.r_l_v_shuchu!my_cab_zhudong.r_r_v_shuchu';
  ADAMS_pinput = 'Controls_Plant_1.ctrl_pinput';
  ADAMS_poutput = 'Controls_Plant_1.ctrl_poutput';
  ADAMS_uy_ids  = [
                   532
                   533
                   534
                   535
```

```
                    547
                    548
                    549
                    550
                  ];
ADAMS_mode   = 'non-linear' ;
tmp_in   = decode( ADAMS_inputs   ) ;
tmp_out = decode( ADAMS_outputs ) ;
disp(' ') ;
disp('% % % INFO: ADAMS plant actuators names:') ;
disp( [int2str([1:size(tmp_in,1)]'),blanks(size(tmp_in,1))',tmp_in] ) ;
disp('% % % INFO: ADAMS plant sensors  names:') ;
disp( [int2str([1:size(tmp_out,1)]'),blanks(size(tmp_out,1))',tmp_out] ) ;
disp(' ') ;
clear tmp_in tmp_out ;
% Adams / MATLAB Interface - Release 2015. 0. 0
```

10.9.2　协同方案二

用记事本打开文件 slm_maintain. m，如下参数与 Controls_Plant_1. m 文件对应的参数相同，可以把 Controls_Plant_1. m 中对应的参数复制粘贴过来保存即可。

(1) 修改 ADAMS_outputs ='、、、、、、、'。

(2) 修改 ADAMS_poutput ='、、、、、、、'。

(3) 修改 ADAMS_uy_ids='、、、、、、、'。

具体操作过程如下(程序修改部分用斜体区别：斜体与 Controls_Plant_1. m 文件对应的参数相同)：

```
% Adams / MATLAB Interface - Release 2015. 0. 0
system('taskkill /IM scontrols. exe /F>NUL');clc;
global ADAMS_sysdir; % used by setup_rtw_for_adams. m
global ADAMS_host; % used by start_adams_daemon. m
machine = computer;
datestr(now)
if strcmp(machine,'SOL2')
   arch = 'solaris32';
elseif strcmp(machine,'SOL64')
   arch = 'solaris32';
elseif strcmp(machine,'GLNX86')
```

```
  arch = 'linux32';
elseif strcmp(machine,'GLNXA64')
  arch = 'linux64';
elseif strcmp(machine,'PCWIN')
  arch = 'win32';
elseif strcmp(machine,'PCWIN64')
  arch = 'win64';
else
  disp('% % % Error: Platform unknown or unsupported by Adams/Controls.');
  arch = 'unknown_or_unsupported';
  return
end
if strcmp(arch,'win64')
  [flag, topdir] = system('adams2015_x64 -top');
else
  [flag, topdir] = system('adams2015 -top');
end
if flag == 0
  temp_str = strcat(topdir,'/controls/', arch);
  addpath(temp_str)
  temp_str = strcat(topdir,'/controls/','matlab');
  addpath(temp_str)
  temp_str = strcat(topdir,'/controls/','utils');
  addpath(temp_str)
  ADAMS_sysdir = strcat(topdir,'');
else
  addpath('D:\MSC~1.SOF\ADAMS_~1\2015\controls/win64');
  addpath('D:\MSC~1.SOF\ADAMS_~1\2015\controls/win32');
  addpath('D:\MSC~1.SOF\ADAMS_~1\2015\controls/matlab');
  addpath('D:\MSC~1.SOF\ADAMS_~1\2015\controls/utils');
  ADAMS_sysdir = 'D:\MSC~1.SOF\ADAMS_~1\2015\';
end
ADAMS_exec = 'acar_solver';
ADAMS_host = '';
ADAMS_cwd = 'D:\cab_cosimulation'   ;
ADAMS_prefix = 'slm_maintain';
ADAMS_static = 'no';
ADAMS_solver_type = 'Fortran';
```

```
if exist([ADAMS_prefix,'.adm']) == 0
   disp('') ;
   disp('%%% Warning: missing ADAMS plant model file(.adm) for Co-simulation
   or Function Evaluation.') ;
   disp('%%% If necessary, please re-export model files or copy the exported
   plant model files into the') ;
   disp('%%% working directory.  You may disregard this warning if the Co-
   simulation/Function Evaluation') ;
   disp('%%% is TCP/IP-based (running Adams on another machine), or if
   setting up MATLAB/Real-Time Workshop') ;
   disp('%%% for generation of an External System Library.') ;
   disp('') ;
end
ADAMS_init = 'file/command=slm_maintain_controls.acf' ;
ADAMS_inputs  = 'my_truck_brake.front_left_INPUT!my_truck_brake.front_right
_INPUT!my_truck_brake.mid_left_INPUT!my_truck_brake.mid_right_INPUT!my_truck
_brake.rear_left_INPUT!my_truck_brake.rear_right_INPUT!my_cab_zhudong.frot_
left!my_cab_zhudong.front_right!my_cab_zhudong.rear_left!my_cab_zhudong.rear
_right' ;
ADAMS_outputs = 'my_cab_zhudong.f_l_v_shuchu!my_cab_zhudong.f_r_v_shuchu!
my_cab_zhudong.r_l_v_shuchu!my_cab_zhudong.r_r_v_shuchu' ;
ADAMS_pinput = 'Controls_Plant_1.ctrl_pinput' ;
ADAMS_poutput = 'Controls_Plant_1.ctrl_poutput' ;
ADAMS_uy_ids  = [
                 532
                 533
                 534
                 535
                 547
                 548
                 549
                 550
                ] ;
ADAMS_mode  = 'non-linear' ;
tmp_in  = decode( ADAMS_inputs  ) ;
tmp_out = decode( ADAMS_outputs ) ;
disp('') ;
disp('%%% INFO: ADAMS plant actuators names:') ;
```

```
disp( [int2str([1:size(tmp_in,1)]'),blanks(size(tmp_in,1))',tmp_in] ) ;
disp('% % % INFO: ADAMS plant sensors  names:') ;
disp( [int2str([1:size(tmp_out,1)]'),blanks(size(tmp_out,1))',tmp_out] ) ;
disp(' ') ;
clear tmp_in tmp_out ;
% Adams / MATLAB Interface - Release 2015.0.0
```

(4) MATLAB 软件中命令窗口中输入 Controls_Plant_1。

(5) 单击 Enter 键，此时命令窗口显示如下信息（信息包含输入输出集信息）：

```
Controls_Plant_1

 % % % INFO: ADAMS plant actuators names:
1 my_cab_zhudong.frot_left
2 my_cab_zhudong.front_right
3 my_cab_zhudong.rear_left
4 my_cab_zhudong.rear_right
 % % % INFO: ADAMS plant sensors  names:
1 my_cab_zhudong.f_l_v_shuchu
2 my_cab_zhudong.f_r_v_shuchu
3 my_cab_zhudong.r_l_v_shuchu
4 my_cab_zhudong.r_r_v_shuchu
```

(6) 运行 adams_sys，调出 adams_plant 对话框，如图 10-24 所示。

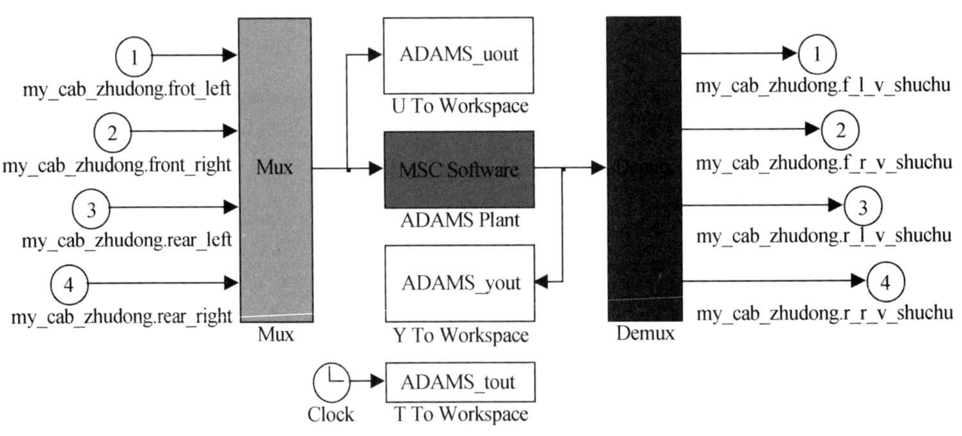

图 10-24　adams_plant 对话框

10.10 模糊 PID-D 耦合算法

6×4 驱动底盘形式主要用于工程车辆和商用牵引车，工程车辆一般工作路面较差，牵引车多在国道及高速路面运输。对于不同的路面工作状态，驾驶室输出的振动特性不同。当工作路面较差且整车运行速度较小时，输入信号等同于阶跃信号，在驾驶室主动悬置系统控制过程中会造成定点冲击，增加驾驶室的瞬间振动。对于固定的路面信号输入，微分先行 PID 控制可以有效地改善瞬时定点冲击现象，但当路面输入改变时，已调整好的系统调节参数已不适用。针对此问题提出模糊 PID-D 耦合算法，通过车身加速度判定路面的输入状态，然后通过模糊算法在线自适应调节 PID-D 微分系数，使整车在各状态运行时都可以适度地减小及避免定点冲击，改善驾驶室的舒适性。

磁流变阻尼器实验请参考《磁流变式驾驶室悬置系统隔振研究》一文。

以左前磁流变阻尼器为例，模糊 PID-D 耦合算法公式推导如下：

$$u(t) = K_{\mathrm{p}}e(t) + K_{\mathrm{i}}\int_0^t e(t)\mathrm{d}t + K_{\mathrm{d1}}F_1\frac{\mathrm{d}}{\mathrm{d}t}e(t) - K_{\mathrm{d2}}F_2\frac{\mathrm{d}}{\mathrm{d}t}y(t) \tag{10-1}$$

$$e(t)=0-y(t) \tag{10-2}$$

$$F_1=\Omega(V_z) \tag{10-3}$$

$$F_2=1-\Omega(V_z) \tag{10-4}$$

将公式(10-2)～(10-4)代入公式(10-1)中，整理得

$$u(t) = -K_p y(t) - K_I\int_0^t y(t)\mathrm{d}t - \frac{\mathrm{d}}{\mathrm{d}t}y(t) - \Omega(V_z)\left[K_{\mathrm{d1}}\frac{\mathrm{d}}{\mathrm{d}t}y(t) - K_{\mathrm{d2}}\frac{\mathrm{d}}{\mathrm{d}t}y(t)\right] \tag{10-5}$$

式中，$e(t)$为输入输出之间误差；$y(t)$为驾驶室与阻尼器连接处垂向速度；K_{p} 为缩放系数；K_{i} 为积分系数；K_{d1} 为误差反馈预设微分系数；K_{d2} 为输出反馈预设微分系数；F_1、F_2 为微分在线调节系数，由模糊算法根据路面状态输出；$u(t)$为磁流变阻尼器输出控制力；$\Omega(V_z)$为模糊控制规则。

微分在线调节系数由模糊算法输出，输入为车身垂向加速度。系统模糊控制规则见表 10-2。建立好的模糊 PID-D 控制系统如图 10-25 所示。

表 10-2　微分系数调节模糊规则

$\dot{y}(t)$	−3	−2	−1	0	1	2	3
F_1	0.1	0.2	0.5	0.8	0.5	0.2	0.1
F_2	0.9	0.8	0.5	0.2	0.5	0.8	0.9

车身垂向加速度论域：

$$E=[-1500,1500] \tag{10-6}$$

量化因子：

$$K=3/E=0.002 \tag{10-7}$$

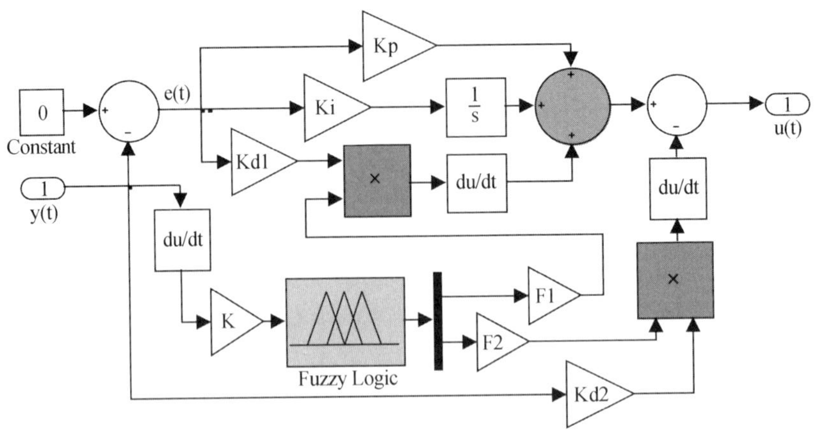

图 10-25　模糊 PID-D 系统

10.11　机控联合仿真

10.11.1　路面模型

按要求编制连续正弦波路面文件谱，波纹路面宽 2 m，路面摩擦系数为 0.9，路面垂向峰值为 10 mm，波长 8 m，路面特征为"sine"，波纹路面无偏移。编制好的正弦波路面如图 10-26 所示。

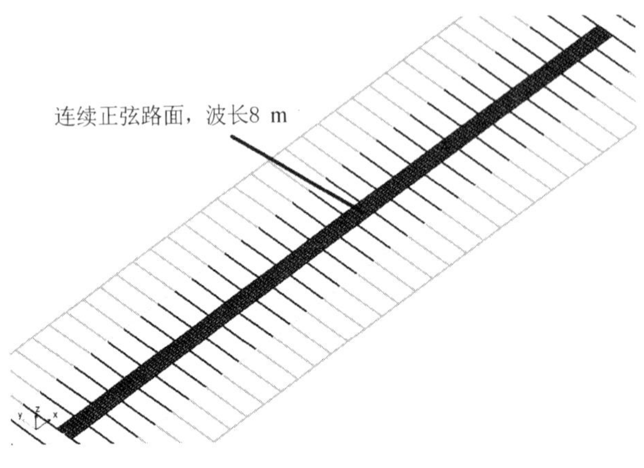

图 10-26　正弦路面模型

10.11.2　速度保持仿真

整车保持匀速直线行驶状态，速度 40 km/h，方向盘锁定，仿真计算时间为 10 s。计算结果如图 10-27 至图 10-29 所示，图中 passive 为常规阻尼器仿真结果曲线，active 为磁流变阻尼器仿真结果曲线。从图中可以看出，驾驶室垂向加速度改善明显，极值从 1026.98 降低为 403.50，均方根值从 415.65 降低为 107.47，垂向加速度极值与均方根性能分别提升 60.71%与 74.14%；驾驶室横摆角速度极值从 0.0224 降低为 0.0173，均方根值从 0.0074 降低为 0.0050，横摆角速度极值与均方根性能分别提升 22.77%与 32.43%；驾驶室侧倾角速度极值从 1.4662 降低为 0.7720，均方根值从 0.3195 降低为 0.2720，侧倾角速度极值与均方根性能分别提升 47.35%与 14.87%。

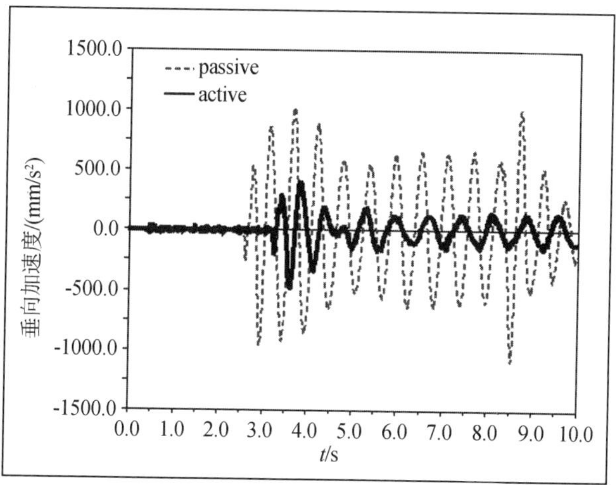

图 10-27　驾驶室垂向加速度 Z

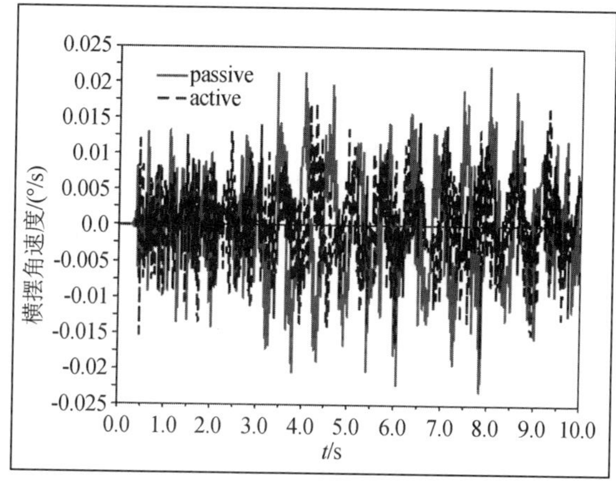

图 10-28　驾驶室横摆角速度 Z

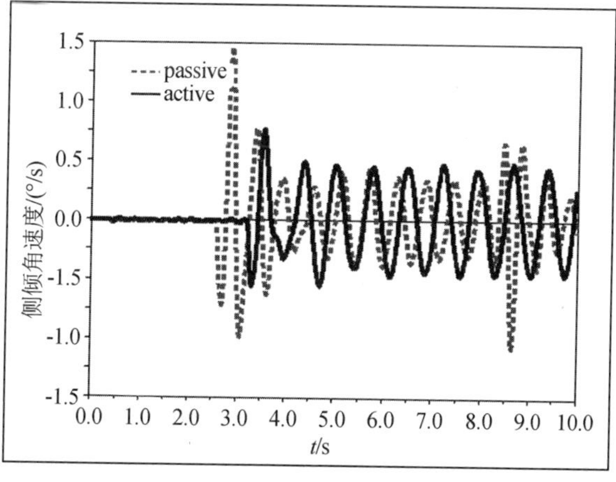

图 10-29　驾驶室侧倾角速度 X

10.11.3 转向桥避震器

牵引车轴距较长，同时转向桥板簧刚度相对后轴平衡悬架刚度要小很多，在经过坑洼路面时导致整车的俯仰角过大，因而导致安装在车架上的驾驶振动过大。针对此问题，提出在转向桥加装阻尼器，阻尼器安装位置如图 10-30 所示。更换驾驶室阻尼器特性文件为图 10-31所示的变频率实验数据。按同工况进行速度保持仿真，车身垂向加速度计算结果如图 10-32 和图 10-33 所示，auxiliary 为转向桥加装阻尼器仿真结果曲线。从图中可以看出，驾驶室垂向加速度极值为 243.57，均方根值为 37.54，驾驶室在磁流变主动阻尼器的基础上极值与均方根性能继续提升 39.64%与 65.07%；功率谱显示在全频域范围内，驾驶室性能均提升，低频段改善明显。

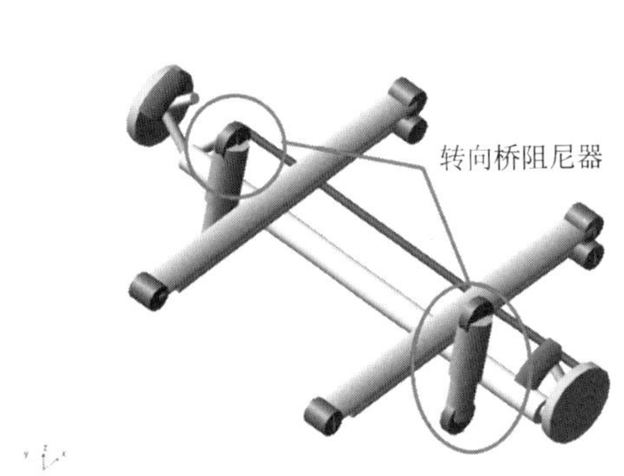

图 10-30 转向桥阻尼器

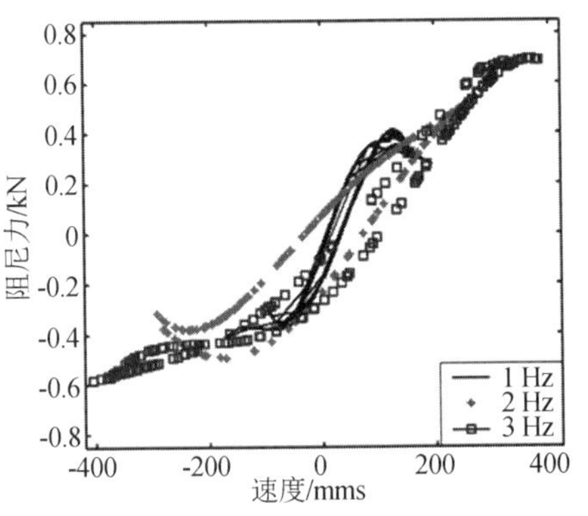

图 10-31 阻尼力与速度特性/变频率

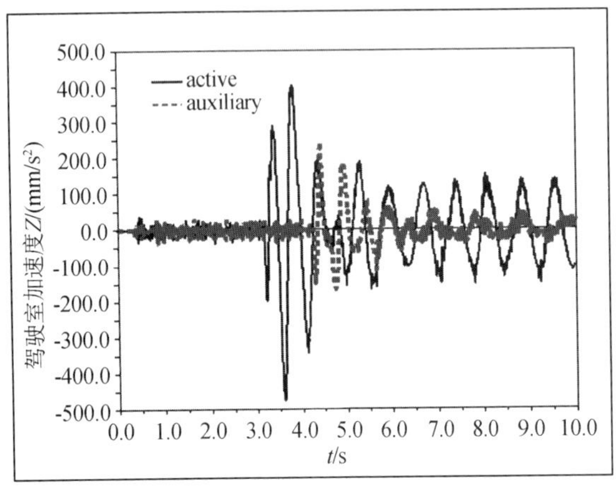

图 10-32 驾驶室垂向加速度/阻尼器

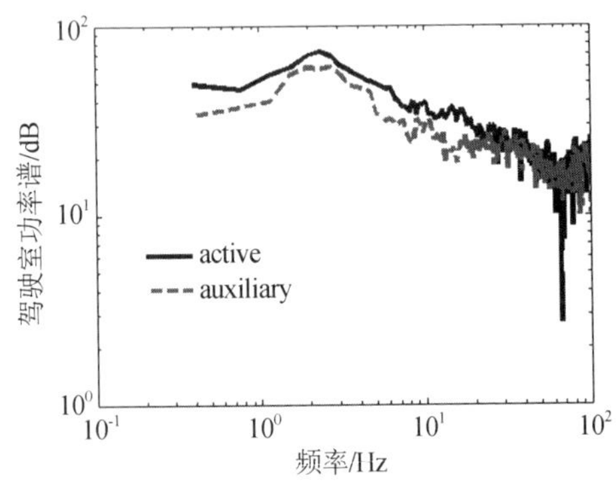

图 10-33 驾驶室垂向加速度功率谱

10.12 驾驶室计算结论

(1) 磁流变阻尼器变电流实验表明，随着电流的增加，阻尼力增加，阻尼特性为非重合曲线；变频率实验表明，随着频率的增加，阻尼力亦增加，同时阻尼器有效工作区域范围增加，适当提升阻尼器工作频率对系统有益。

(2) 采用模糊 PID-D 耦合算法后，驾驶室垂向加速度、横摆角速度、侧倾角速度指标参数均有改善，其中驾驶室垂向加速度改善较为明显，垂向加速度极值与均方根性能分别提升 60.71%与 74.14%。

(3) 转向桥加装阻尼器后，驾驶室在磁流变主动阻尼器的基础上极值与均方根性能继续提升 39.64%与 65.07%；功率谱显示在全频域范围内提升，低频段改善明显。

(4) 整车平台下研究驾驶室与其他系统匹配、优化等特性对车辆理论及工程研究均具有指导意义。

第 11 章　平衡悬架与推杆特性研究

通过 Car 模块编写白驱动轴状态参数程序及 Beam 离散梁方法建立平行式推杆与 V 形推杆平衡悬架模型，采用 View 模块自建四柱振动试验台测试平衡悬架垂向与扭转总刚度分别为 5515.2 N/mm 与 2677.8 N/mm。推力杆传力模型表明，随着推杆角度的增加，推杆抵消侧向平衡力增加，传递到车架上的侧向力减小。连续减速带制动极限工况仿真表明，V 形推杆随着开口角度的增加，商用整车稳定性指标参数持续提升，同时验证了推力杆传递模型的正确性；但 V 形推杆安装受到车架宽度物理空间限制，只能安装在车架边梁上。建立好的平衡悬架与振动台耦合模型如图 11-1 所示。

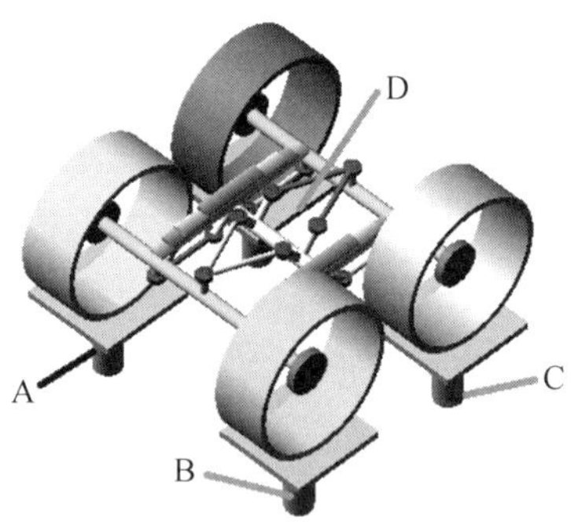

图 11-1　平衡悬架与振动台架（A、B、C、D 均为振动台）

11.1　平衡悬架模型

国内商用牵引车与国外同类型车辆设计及执行标准不同，主要体现在国外商用牵引车底盘全部采用拖曳式非独立单驱动桥或者双轴系及多轴系车桥，弹性元件多采用空气弹簧；国内商用货运牵引车、水泥搅拌车、消防车及特殊工程车辆后悬架多采用推杆式平衡悬架。平衡式悬架物理动力学模型难点主要体现在：① 板簧精确模型建立；② 双轴系及多轴系集成参数的建立。文献中平衡悬架模型建模主要采用 3 种方法：① 采用弹簧质量系统建立双轴系及多轴系，此模型只考虑悬架的系统的垂向振动特性；② 在 View 模块建立平衡悬架模型，此模型为物理动力学悬架模型，与真实的平衡悬架模型贴近，缺点是平衡悬架模型缺少集成参数，只能作为单一的系统部件进行研究，且基于 View 模块商用整车模型建立及匹配复杂程度高；③ 平衡悬架装配体有限元模型，此模型主要对悬架的总刚度、零部件进行分析，并不能较好地考虑悬架的动力学特性。文献[1-2]主要对平衡悬架板簧间的摩擦粗糙问题进行了二次开发并提出了一种动刚度公式定义方法，提升板簧模型的准确性；文献[3-5]采用弹簧质量模型建立牵引车及挂车的数模并采用 MATLAB 计算模型的垂向特性，但并没有系统考虑平衡悬架的侧向特性及物理结构因素；文献[6-10]采用有限元法对装配体平衡悬架对称模型进行模态分析，从疲劳和耐久特性角度找出平衡悬架系统及零部件损伤与破坏的原因。针对此问题，提出 Car 模块中通过编写白驱动轴状态参数程序，采用与钢板弹簧模型合并特性可以把驱动轴悬架模型任意拓展的 N 轴系，用此种方法建立的平衡悬架可以快速用于组装整车并与其他子系统进行匹配，以在整车架构下研究平衡悬架推杆结构特性变化对整车稳定性的影响。

平衡悬架建模的核心是钢板弹簧模型与悬架集成参数，双轴及多轴模型参数需要采用通用模块合并功能实现，Car 模块并不支持多轴集成参数。钢板弹簧采用非线性梁建模，完成平衡悬架模型建立，如图 11-2 所示，平衡悬架共包含 476 个自由度。

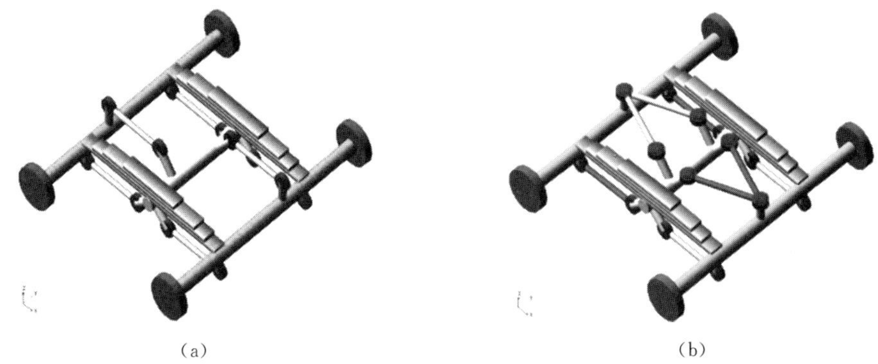

(a)　(b)

图 11-2　平行式推杆(a)与 V 形推杆(b)平衡悬架模型

11.2　白双驱动轴程序

白双驱动轴指驱动轴模型仅包含描述动力传递的方程及车辆定位主销参数等，并不考虑其物理结构。平衡悬架的双驱动轴参数需要通过单驱动轴合并功能实现。单驱动轴状态参数程序如下：

(1) 左半轴转速程序：halfshaft_omega_left：1004.0，(._my_bus_drive_axle.gel_hub.jxl_joint_i_7.adams_id)，(._my_bus_drive_axle.gel_drive_axle.jxl_joint_j_7.adams_id)，(._my_bus_drive_axle.gel_drive_axle.jxl_joint_j_7.adams_id)，(._my_bus_drive_axle.cil_tire_force_adams_id)。

(2) 右半轴转速程序：halfshaft_omega_right：1004.0，(._my_bus_drive_axle.ger_hub.jxr_joint_i_7.adams_id)，(._my_bus_drive_axle.ger_drive_axle.jxr_joint_j_7.adams_id)，(._my_bus_drive_axle.ger_drive_axle.jxr_joint_j_7.adams_id)，(._my_bus_drive_axle.cir_tire_force_adams_id)。

(3) 左右半轴转速差程序：delta_halfshaft_omega：(varval(._my_bus_drive_axle.halfshaft_omega_left)－varval(._my_bus_drive_axle.halfshaft_omega_right))＊9.5493。

(4) 差速器力矩程序：differential_torque：sign(AKISPL(ABS(varval(._my_bus_drive_axle.delta_halfshaft_omega))，0，._my_bus_drive_axle.gss_differential)，varval(._my_bus_drive_axle.delta_halfshaft_omega))。

白双驱动轴通过两个单轴系驱动轴合并建立，合并过程包含单驱动轴程序。合并完成后白双驱动轴模型，如图 11-3 所示。

图 11-3　白双驱动轴模型

11.3　振动台模型

采用 Beam 梁建立 4 片装配体钢板弹簧对称模型，如图 11-4 所示，板簧对应 Beam 块之间采用接触属性模拟簧片之间的摩擦特性，点面副约束限制 Beam 块之间的运动方向，起到弹簧夹的作用。板簧在 X 方向对称中心的上下 Beam 块之间采用 3 个固定副约束，此固定副起到板簧无效长度作用，即板簧通过骑马螺栓与车轴固定后，骑马螺栓固定长度范围对板簧的刚度并没有影响。Beam 块的参数为 30×100，单位：mm。

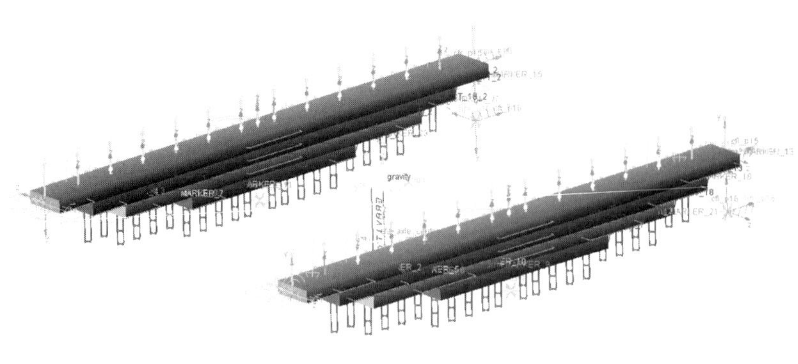

图 11-4　对称板簧模型

构建平衡悬架刚度仿真测试台架如图 11-1 所示。在轮毂处建立 4 个刚性轮胎，轮胎与轮毂采用固定副约束；修改轮毂与白驱动轴之间的旋转约束副为固定约束副；4 个垂向振动试验台与大地采用移动副约束；刚性轮胎与振动台采用点面虚约束，此约束副的主要作用是保证刚性轮胎在振动台架的平面上进行移动。

11.4　垂向刚度测试

A 振动台与 B 振动台在移动副上分别施加驱动位移函数：50.0 * SIN(180d * time)，运行仿真时间 1 s，A、B 试验台垂向运动 50 mm 后返回初始位置，经计算平衡悬架垂向总刚度如图 11-5 所示，平衡悬架垂向刚度曲线为闭合非重合曲线，由于板簧前端与白车轴之间的移动副存在间隙，接触瞬间产生撞击导致力较大，接触间隙抵消后板簧力回复到整车状态。

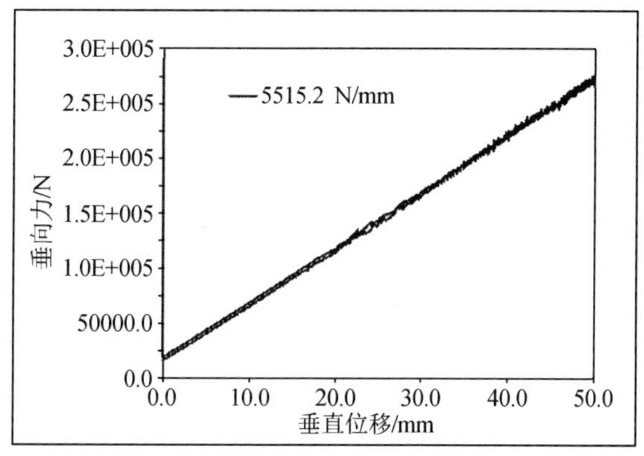

图 11-5　平衡悬架垂向刚度

11.5　扭转刚度测试

平衡悬架在经过坑洼路面时整车车桥会产生扭转刚度，测试时，A 振动台施加驱动位移函数：50.0 * SIN(180d * time)，其余 3 个试验振动台放空保持静止，运行仿真时间 1 s，经计算平衡悬架扭转刚度如图 11-6 所示，扭转刚度曲线同为闭合非重合曲线。

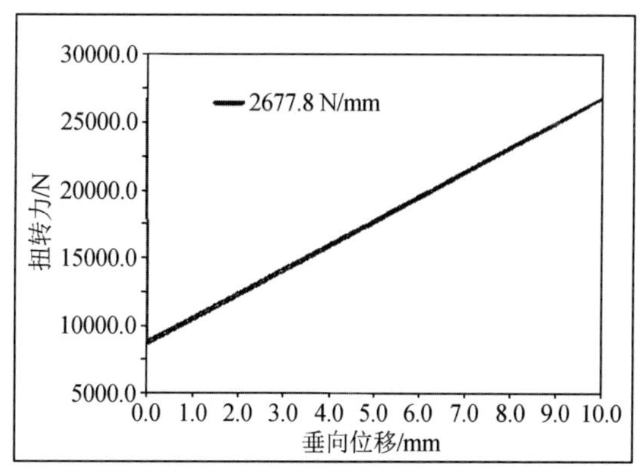

图 11-6　平衡悬架扭转刚度

11.6 推杆传力模型

推杆开口角度大小会影响到平衡悬架的侧向力，侧向力大小是影响整车稳定性最关键的参数。整车动力传动路径如图 11-7 所示，由传动轴同时驱动前后驱动桥，前后驱动桥通过推杆与车架连接处 B、C、B'、C'点传递纵向驱动力带动整车行驶。推杆受力模型如图 11-8 所示

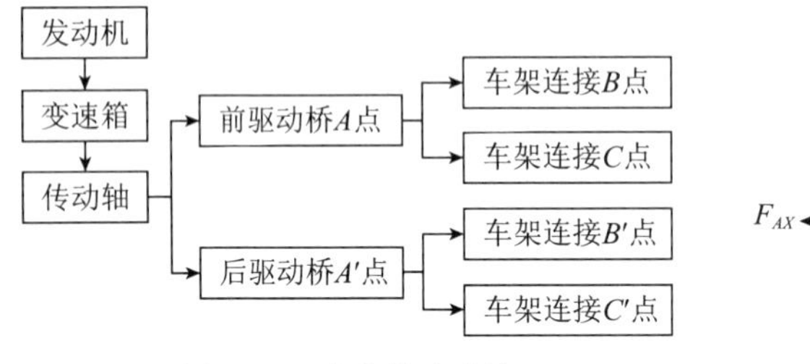

图 11-7　动力传动路线

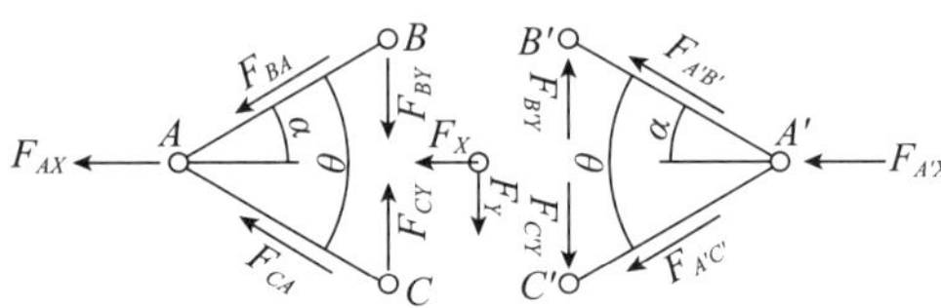

图 11-8　推杆受力模型

推杆受力公式如下：

$$F_X = (F_{AX} + F_{A'X}) \tag{11-1}$$

$$F_{AX} = F_{BA} + F_{CA} \tag{11-2}$$

$$F_{A'X} = F_{A'B'} + F_{A'C'} \tag{11-3}$$

$$F_{BY} = F_{BA}\sin\alpha \tag{11-4}$$

$$F_{CY} = F_{CA}\sin\alpha \tag{11-5}$$

$$F_{B'Y} = F_{A'B'}\sin\alpha \tag{11-6}$$

$$F_{C'Y} = F_{A'C'}\sin\alpha \tag{11-7}$$

$$\theta = 2\alpha \tag{11-8}$$

公式(11-2)至(11-7)代入公式(11-1)中整理得

$$F_X\sin\alpha = F_{BY} + F_{CY} + F_{B'Y} + F_{C'Y} = F_Y \tag{11-9}$$

式中，F_X 为 X 方向驱动力；F_Y 为平衡悬架平衡力；F_{AX} 为连接 A 点 X 方向驱动力；$F_{A'X}$ 为连接 A'点 X 方向驱动力；F_{BA} 为前推力杆 BA 方向传递力；F_{CA} 为前推力杆 CA 方向传递力；$F_{A'B'}$ 为后推力杆 $A'B'$方向传递力；$F_{A'C'}$ 为后推力杆 $A'C'$方向传递力；F_{BY} 为连接 B 点 Y 方向驱动力；F_{CY} 为连接 C 点 Y 方向驱动力；$F_{B'Y}$ 为连接 B'点 Y 方向驱动力；$F_{C'Y}$ 为连接 C'点 Y 方向驱动力；θ 为推杆夹角；α 为推杆侧边与车辆纵轴线的夹角。

公式(11-4)与(11-5)为前推杆在 Y 方向上的平衡力，大小相等，方向相反；公式(11-6)与(11-7)为后推杆在 Y 方向上的平衡力，大小相等，方向相反；从公式(11-9)可以看出，随着推杆夹角 θ 增加，推杆侧向平衡力 F_Y 增加，即驱动力 F_X 通过平衡悬架推杆平衡抵消掉的力增加，因而传递车架上的力减少，整车稳定性提升。

11.7　稳定性仿真

考虑 3 种 V 形推杆安装方式：① V 形推杆角度为 17.4°，此时 V 形推杆开口与中轴中心部位连接；② V 形推杆角度为 35.2°，此时 V 形推杆开口与中轴左右侧中心部位连接；③ V 形推杆角度为 49.6°，此时 V 形推杆开口与车架连接。车架宽度限制 V 形推杆开口的最大角度。为检验推杆对平衡悬架的稳定特性的影响，需要整车在特殊路面下进行极限工况测试。构造连续减速带路面模型如图 11-9 所示，路面包含 3 个等间距分别为 10 m 的减速带，路面宽度为 12 m，路面摩擦系数为 0.9，减速带断面宽度为 0.35 m，高度为 0.05 m。整车模型的难点是平衡悬架模型建立及系统之间的匹配。构建的 6×4 整车模型如图 11-10 所示，包含后平衡悬架、前转向桥、右舵转向系统、发动机、简化刚性车型、盘式制动系统、前后轮胎模型，其包含 841 个自由度。整车在制动过程中通过减速度，更能检验平衡悬架的稳定特性，同时更能体现不同推杆位置与角度对稳定性的影响。整车制动参数设置如下：初始制动速度为 50 km/h，制动开始时间为第 4 秒，制动减速度设置为 0.6 G，制动过程中方向盘角度锁定，制动过程为闭环控制。

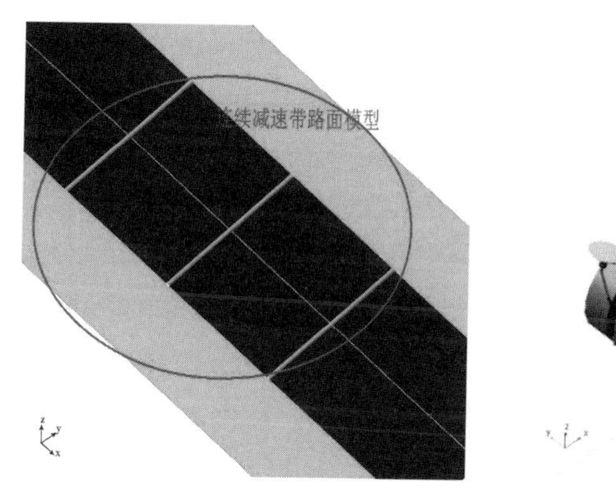

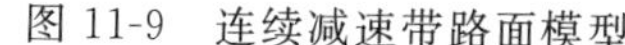
图 11-9　连续减速带路面模型

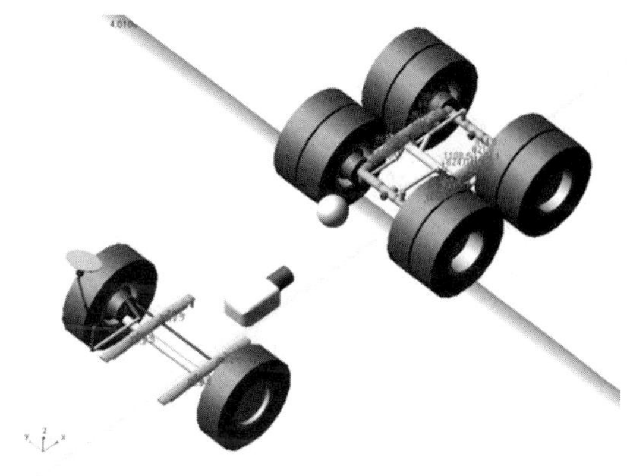

图 11-10　6×4 整车模型

计算结果如图 11-11 至图 11-14 所示，图中 B1 为基于平行推杆式平衡悬架整车参数变化曲线，B2 为基于 V 形推杆(35.2°)式平衡悬架整车参数模式下变化曲线。侧向加速度 B1 的均方根值为 33.61，幅值最大绝对值为 307.72；B2 的均方根值为 8.69，幅值最大绝对值为 60.74，均方根性能提升 74.14%，最大震荡幅值改善 80.26%。侧倾角速度 B1 的均方根值为 0.33，幅值最大绝对值为 2.92；B2 的均方根值为 0.16，幅值最大绝对值为 0.87，均方根性能提升 51.52%，最大震荡幅值改善 70.21%。俯仰角速度 B1 的均方根值为 5.37，幅值最大绝对值为 20.50；B2 的均方根值为 4.91，幅值最大绝对值为 17.92，均方根性能提升 8.57%，最大震荡幅值改善 12.59%。横摆角速度 B1 的均方根值为 0.081，幅值最大绝对值为 0.57；B2 的均方根值为 0.037，幅值最大绝对值为 0.14，均方根性能提升 54.32%，最大震荡幅值改善 75.44%。

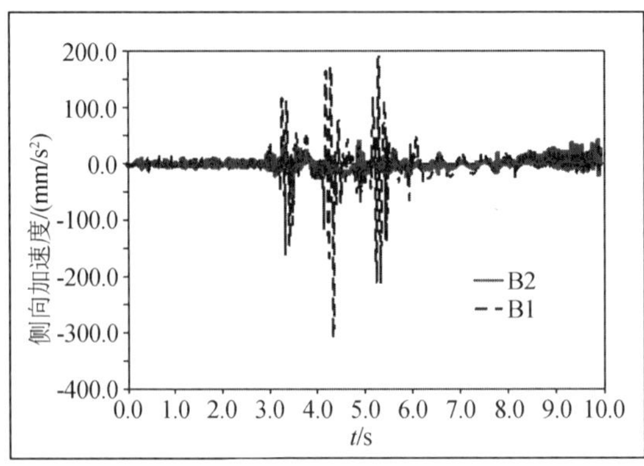

图 11-11　侧向加速度(平行式、V 形)

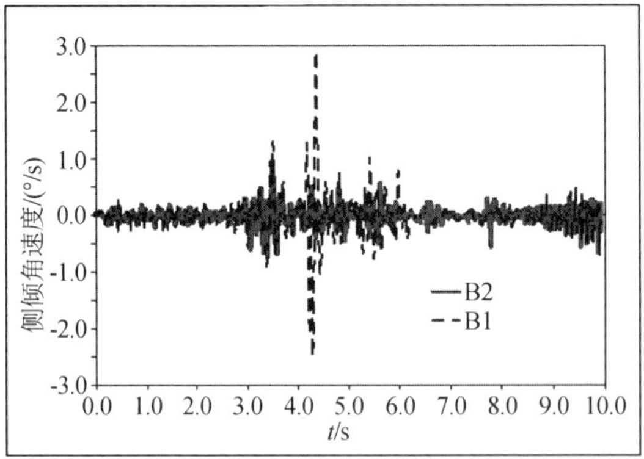

图 11-12　侧倾角速度(平行式、V 形)

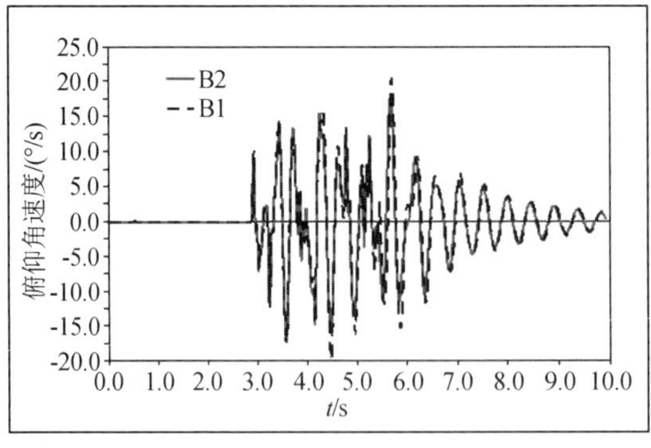

图 11-13　俯仰角速度(平行式、V 形)

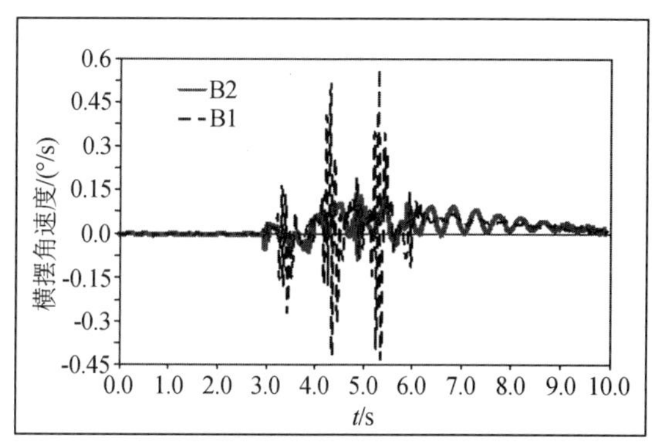

图 11-14　横摆角速度(平行式、V 形)

当 V 形推杆角度为 17.4°与 49.6°时，整车稳定性参数见表 11-1。从表中数据可以看出，随着推杆角度的增加，整车稳定参数指标都明显提升。

表 11-1　稳定性指标参数

稳定性参数	推杆角度 θ/°	均方根值	最大幅值/(deg/s)
侧倾角速度	17.4	0.48	5.23
	49.6	0.14	0.65
俯仰角速度	17.4	5.02	17.56
	49.6	4.87	17.58
横摆角速度	17.4	0.054	0.33
	49.6	0.036	0.17

11.8　平衡悬架特性结论

(1) 通过编写白驱动轴状态参数程序及 Beam 梁法建立平行杆式与 V 形推杆式平衡悬架精准模型，振动台架仿真计算出平衡悬架总垂向刚度与扭转刚度分别为 5515.2 N/mm 与 2677.8 N/mm。

(2) 推杆传力模型表明，随着 V 形推杆开口角度的增加，推杆 Y 方向抵消平衡力增加，通过推杆传递到车身上的侧向力减少，稳定性提升。

(3) 整车连续减速带制动仿真表明，相对于平行推杆式平衡悬架，V 形推杆式平衡悬架在提升整车稳定性方面优势明显，且随着 V 形推杆开口角度增加，稳定性能持续提升，同时验证了推力杆模型的正确性。

(4) 平衡悬架模型对于商用整车模型建立及系统分析具有理论与工程上的指导意义。

参考文献

[1] 段亮,杨树凯,宋传学,等.平衡悬架钢板弹簧动态特性的研究[J].机械工程学报,2016,52(6):153-158.

[2] 段亮,杨树凯,宋传学,等.某多轴商用车平衡悬架高精度建模与分析[J].汽车工程,2016,38(2):229-233.

[3] 李相彬,赵又群.装有平衡悬架半挂汽车列车的平顺性建模与仿真分析[J].重庆理工大学学报(自然科学),2011,25(11):18-23.

[4] 陶坚,任恒山.三轴平衡悬架载货汽车平顺性建模研究[J].广西工学院学报,2006(2):41-44.

[5] 杨啟梁.平衡悬架的振动特性分析[J].武汉科技大学学报(自然科学版),2007(2):168-170.

[6] 苏继龙,连兴峰.载重汽车3种结构形式平衡悬架模态分析[J].计算机辅助工程,2012,21(2):21-24.

[7] 樊卫平.TL3400矿用自卸车平衡悬架有限元分析[J].武汉理工大学学报,2007(6):137-139.

[8] 冯琦,王宗彦,王凡,等.某型重卡平衡悬架结构综合优化设计[J].机械设计与制造,2016(1):258-261.

[9] 王军,刘世忠,卢效珍.载重汽车平衡悬架橡胶轴承非线性有限元分析[J].机械工程与自动化,2015(1):44-45.

[10] 张俊荣,李建林,邓勇,等.40 t重型汽车平衡悬架用推力杆的强度设计[J].汽车技术,2008(3):19-22.